中国石油企业协会
对外经济贸易大学一带一路能源贸易与发展研究中心

中国油气产业发展分析与展望报告蓝皮书

（2021–2022）

王志刚　蒋庆哲　董秀成　高潮洪　主编

中国石化出版社

图书在版编目(CIP)数据

中国油气产业发展分析与展望报告蓝皮书.2021—2022/王志刚等主编.—北京:中国石化出版社,2022.3
ISBN 978-7-5114-6585-6

Ⅰ.①中… Ⅱ.①王… Ⅲ.①石油工业-经济发展-研究报告-中国-2021—2022 ②天然气工业-经济发展-研究报告-中国-2021—2022 Ⅳ.①F426.22

中国版本图书馆 CIP 数据核字(2022)第 039334 号

中国石化出版社出版发行

地址:北京市东城区安定门外大街 58 号
邮编:100011 电话:(010)57512500
发行部电话:(010)57512575
http://www.sinopec-press.com
E-mail:press@sinopec.com
北京富泰印刷有限责任公司印刷
全国各地新华书店经销
*
710×1000 毫米 16 开本 21.75 印张 399 千字
2022 年 4 月第 1 版 2022 年 4 月第 1 次印刷
定价:198.80 元

中国油气产业发展分析与展望报告蓝皮书
（2021—2022）

编 委 会

前　言

人类社会进入工业文明以来，油气产业在全球范围内得到迅速发展，油气成为世界经济和社会发展的主体能源，成为支撑人类社会工业文明的重要基础和全球经济发展的血液，在国际经济、政治和军事领域发挥着越来越重要的作用。在当今世界，无论是发达国家还是发展中国家，都无一例外地高度重视本国油气产业发展，都在根据世界能源发展形势和本国国情制定油气产业发展战略和政策，迎接国际政治和经济环境变化对油气产业发展带来的机遇和挑战。

对于任何一个国家来说，油气产业发展有其自身的现实特征与理论逻辑，在日益复杂变幻的油气产业发展环境中，各个国家都需要围绕本国的油气产业发展历史阶段、现状、问题、趋势和理念等进行系统分析和整体审视。一方面，油气产业正在面临人类历史上前所未有的外部环境变化，从经济、社会、生态、环境、政治、外交、军事、文化、交通和家庭等各个层面，都可以感受到油气产业正在承受着各种压力、影响和冲击；另一方面，油气产业发展并非孤立，而是存在着诸多利益攸关者，关系到许多相关产业乃至整体经济和社会的发展，正在日益引起国际组织、政府部门、相关产业、相关企业、广大消费者、社会公众、非政府组织、媒体和学术界等高度关注。目前，油气产业发展已经成为中国国民经济发展和社会进步的重大议题，和中国生态文明建设与构建人类命运共同体战略息息相关。

《中国油气产业发展分析与展望报告蓝皮书》(简称《蓝皮书》)是目前中国公开出版发行的唯一一部全面分析和研究中国油气产业发展现状和趋势展望的《蓝皮书》，它由中国石油企业协会和对外经济贸易大学一带一路能源贸易与发展研究中心合作完成，按年度向全社会公开出版发行。《蓝皮书》共分五大部分：国际篇、国内篇、合作篇、专题篇和附件。国际篇，主要分析国外宏观外部环境对中国油气产业发展的影响，包括国际政治环境对中国油气产业发展的影响、国际经济环境对中国油气产业发展的影响、世界油气产业发展分析与展望等；国内篇，从产业整体发展角度重点分析中国油气产业发展现状和趋势展望，包括中国宏观经济及油气产业政策分析与展望、中国油气市场发展分析与展望、中国油气勘探产业发展分析与展望、中国油气开发产业发展分析与展望、中国油气工程技术服务产业发展分析与展望、中国炼化产业发展分析与展望、中国油气管道产业发展分析与展望；合作篇，包括中国油气产业国际合作分析与展望、中国对外油气贸易分析与展望等；专题篇，与国际篇、国内篇和合作篇等形成补充关系，主要从专题角度分析油气产业发展的相关问题，每个专题形成一篇独立文章；附件，包括按时间顺序编写的全年油气产业发展大事记和一些国内外油气产业发展的重要数据信息。

《蓝皮书》不是一般意义上的年鉴，更不以大块文字和数据图表堆积为主，而是以年度分析和来年展望为基本特征。国际篇、国内篇、合作篇和专题篇具有很强的相关性和互补性，但各部分在编写上又独立成篇成文，因此读者可以根据需要和兴趣分别阅读。附件，主要是大事记和辅助数据资料，供读者在阅读时参考。《蓝皮书》以文字分析为主，辅以必要的数据和图表，文字描述力求言简意赅，分析和展望力求强调逻辑性、高度性、概括性和权威性，分析结论力求对相关部门和油气企业实际工作具有指导性。《蓝皮书》作者主要来自中国石油企业协会、对外经济贸易大学一带一路能源贸易与发展研究中心、中国石油大学（北京）中国油气产业发展研究中心、中国石化经济技术研究院、中国石化勘探开发研究院等单位，作者团队长期从事油气产业发展研究，具有国内一流专业基础和专业水准。作者团队本着促进中国油气产业发展的良好愿望，除从产业发展整体上分析外，还对有关产业热点问题坦率提出看法和观点，希望引起社会关注和讨论。同时，努力进行全面、系统和深入研究，试图得出有助于读者全面了解中国油气产业发展的正确结论，这正是作者团队追求的目标，也是其义务和责任。《蓝皮书》具有较强的权威性和较好的实效性，对于理论研究者和实际工作者都具有一定的参考价值。

王志刚、蒋庆哲、高潮洪统领了《蓝皮书》架构设计并负责组织全书编撰；董秀成负责《蓝皮书》最终统撰与核定；彭元正、严绪朝、连建家、徐孚、王琳、孙仁金、刘毅军等参与了书稿修改和审定工作。各章节分工如下：国际篇，国际政治环境对中国油气产业发展的影响（曾叶丽、冯泽），国际经济环境对中国油气产业发展的影响（曾叶丽、李佳蔓），世界油气产业发展分析与展望（韩亚琳、明倩、董康银）；国内篇，中国宏观经济及油气产业政策分析与展望（杨鑫磊、窦悦、卫静、冯乃超），中国油气市场发展分析与展望（张海霞、王旻、赵惠根、柴晶晶），中国油气勘探产业发展分析与展望（刘洋、孙即才、刘贵贤、孔朝阳），中国油气开发产业发展分析与展望（顾家晖、刘贵贤、孙即才、孔朝阳），中国油气工程技术服务产业发展分析与展望（刘杨、玛丽亚木），中国炼化产业发展分析与展望（董必俊、赵君、董聪），中国油气管道产业发展分析与展望（孙梅、栗智、贾晶、杨欢欢、陈裕欣、张雪珂、叶玲玲、石成业、刘雨航）；合作篇，中国油气产业国际合作发展分析与展望（王博、吴爱玲、张琼），中国对外油气贸易发展分析与展望（曾叶丽、王建达）；专题篇，新形势下中美竞争对中国能源安全影响研究（董秀成、董康银、赵君），后疫情时代全球能源格局演进和重塑路径研究（董秀成、董康银、窦悦），“双碳”目标下成品油销售企业低碳转型发展探究（张海霞、赵惠根），智能油田建设的思考（张海霞、施涛），费改税对石油化工行业绿色技术创新与 ESG 表现的影响（王珮、李文心、杨淑程、孟玲伟、刘逸杨），全球 LNG 贸易新趋势及中国能源企业 LNG 业务发展建议（赵旭），“冰上丝绸之路”背景下中俄油气资源合作（赵晓梦），“放管服”背景下成品油流通行业高质量发展举措（董聪、梁泽龙），当前是否存在全球性能源危机（陆如泉），碳中和目标下天然气产业发展的多情景构想（李孥、王建良、刘睿、唐旭），碳中和时代，石油向左向右（刘贵洲、窦立荣、金宇翔、郝多、陈宽亚），新时代下油气行业高质量发展内涵与实现路径（刘睿、王建良、李孥、刘正权），调整计价方式规避原油招标风险案例分析及多维空间石油经营风险规避方法思考（钱一晨），上海原油期货实货交割回顾与问题探讨（王鹏、魏浩、陈捷），国内油品类期货运行情况及功能发挥（李云旭），2021 年中国油气产业发展大事记（顾家晖），2021 年国内外油气产业相关数据（刘洋）。

最后，衷心感谢各位专家和老师在本书编撰过程中给予的指导与帮助！

编委会

2022 年 3 月

目　录

国　际　篇

国　内　篇

合 作 篇

专 题 篇

附　　件

国 际 篇

2021年，新型冠状病毒持续肆虐全球，尽管这一年在疫苗研制与普及方面获得了突破，但是新冠病毒还是给全球政治、经济带来了挑战。各国防疫政策的差异性给全球能源发展带来了不确定性。第32届夏季奥林匹克运动会、美国从阿富汗撤军，为全球动荡社会环境的好转带来了一线生机。2021年同样也是全球政治格局变化的一年，在美国的精心炮制下，疫情政治化被提上台面，在严重腐蚀国际社会团结合作的同时，也给其自身公共健康带来了巨大的风险。2021年，在能源供给减少与能源需求回升的双重压力下，油气能源价格飙升。紧张的地缘政治因素放大了能源供需矛盾。

2021年，全球经济持续复苏，复苏势头却难言强劲，大多数国家的经济增长率均上调回正数，但全球新型冠状病毒肺炎疫情（简称新冠肺炎疫情）对各国经济的冲击持久，就业增长放缓、通货膨胀加剧、粮食安全及气候变化等给各经济体带来多方面的挑战。全球新冠疫苗的大范围推广，有助于推动全球经济加快复苏。各国继续根据本地疫情状况和经济形势调整政策组合，以期实现最大程度的可持续就业。在财政政策方面，各国继续将医疗卫生支出作为支出重点。同时，各国还通过提供再培训和支持措施，促进劳动力的重新配置。在货币政策方面，各国谨慎权衡，既要应对通胀和金融风险，也要支持经济复苏。世界宏观经济格局变化对全球油气市场提出了新的挑战，中国经济的强劲复苏也为中国油气产业发展提供了更有力的支撑。

2021年，全球油气开发投资前景得到改善，世界油气勘探开发投资较2020年提升了7%，世界油气新增探明储量增加66亿桶油当量。同时，受新冠肺炎疫情得到较好控制、疫苗接种率持续提升、工业经济活动逐步复苏等因素叠加影响，2021年世界油气产量和消费量涨幅明显，世界油气价格总体呈波动上升态势；世界石油炼制产业的发展空间进一步扩大，其中北美、亚太地区炼油厂开工率位居高位。展望2022年，预计国际油气公司勘探投资仍将继续增长，但投资重心将逐步转向低碳与新能源业务；受“碳达峰碳中和”目标约束的影响，世界油气需求量和产量增幅放缓；国际油气价格预计于上半年大幅回升，下半年有所回落。

国际政治环境对中国油气产业发展的影响

2021年，美国从阿富汗撤军，其战略重心转向针对中国和俄罗斯，同时也没有放弃对中东和乌克兰政局的掌控。英国脱欧是2021年欧洲发生的一件大事，同时欧洲新冠肺炎疫情持续蔓延使得欧洲各国疲于应对。在新冠肺炎疫情引起的不安情绪下，夹杂气候问题给各国带来的压力，冷战思维抬头，去全球化、气候问题政治化、疫情政治化、奥运会政治化成为2021年国际政治的主题。频发的地缘政治冲突和OPEC+内部博弈冲击了2021年国际油气市场，2021年冬季欧洲遭遇天然气供应危机。以气候问题政治化的碳排放问题也给中国经济发展、中国油气市场和中国主要油气企业带来了巨大压力，并上升为国家必须严肃面对的政治题目。

一、国际政治环境分析及展望

（一）中国共产党成立百年开启新征程

2021年对于中国国家政治来说是具有里程碑意义的一年。2021年7月1日，天安门广场铺展盛世图景，庆祝中国共产党成立100周年大会隆重举行。这意味着，经过全党全国各族人民持续奋斗，我们实现了第一个百年奋斗目标，在中华大地上全面建成小康社会，历史性地解决了绝对贫困问题，正在意气风发向着全面建成社会主义现代化强国的第二个百年奋斗目标迈进。2021年又是中国“十四五”规划的开局之年，国家对未来构建新发展格局进行顶层设计。3月12日，国务院发布了《中华人民共和国国民经济和社会发展第十四个五年规划和2035年远景目标纲要》。纲要对中国未来5年计划和15年计划提出了全面、宏伟的建设发展蓝图。

但是，中国也面临着前所未有的复杂局面。三股势力（暴力恐怖势力、民族分裂势力、宗教极端势力）继续向中国国内渗透，美国政府的新亚太战略针对中国发展较为明显，世界上诸多亲美国家在中国对外贸易和正常国际交流上制造障碍。区别于2021年7月23日在东京举行的第32届夏季奥林匹克运动会，部分西方国家意图将奥运会政治化，对2022年2月4日在北京召开的第24届冬季奥林匹克运动会极力抵制。

中国政府继续稳定推行“一带一路”倡议，在抗击新冠肺炎疫情方面，中国以人民为中心的政治体制优势显著，有力保障了国内经济正常运行，社会持续稳定和各项政务顺利推行。

（二）美国亚太战略中心转向中俄

2021 年 1 月 20 日，乔·拜登宣誓就任美国总统，拜登政府对华政策和战略已日渐清晰。特朗普政府曾经把中国界定为“修正主义国家”“规则和秩序破坏者”“一种长期和全面的挑战”“经济侵略者”等。拜登政府组阁以来，对中国的界定也很不友好。拜登就任总统后第一次专门就美国外交政策发表演讲，并把中国视为美国“最严重的竞争者”；在美国国务卿提名听证会上，安东尼·布林肯表示，他赞同特朗普政府的许多对外政策倡议，认为在所有其他国家中，中国对美国构成了“最大威胁”；美国国防部长奥斯汀也在多个场合称中国是“美国的竞争者甚至挑战者”。

2021 年，拜登政府亚太战略有了较大调整。美国亚太战略重心从中东地区转到亚太和东欧，跟中国和俄罗斯两国同时双线对抗。这不仅体现在美国在军事、外交、对外贸易、商业、军备竞赛等各个领域开始跟中国和俄罗斯两国正面冲突，另外，美国在乌克兰局势、美国民主峰会、布林肯访问东南亚、美国商业部制裁中国企业等方面动作不断。拜登政府不但延续了特朗普政府的政策，甚至还采取了一些进一步恶化中美关系的行动。

2022 年的美国会保持推进亚太战略，中国和俄罗斯仍将是美国亚太战略的核心假想敌。针对中国“人权问题”、台湾问题的各种挑衅，对“台独”“藏独”“港独”“疆独”“蒙独”势力的支持，对中国高科技企业、核心技术和研究人员的封锁打压不会停止，甚至打压范围会蔓延到太空领域。针对俄罗斯领土主权问题与邻国矛盾，借机对俄罗斯进行贸易、金融和科技等领域的制裁，甚至发动战争。

（三）中亚、东欧地区政治环境趋好

2021 年 7 月 2 日，美国国防部和阿富汗国防部确认，美国和北大西洋公约组织（简称北约）军队已全部撤离驻阿富汗最大军事基地巴格拉姆空军基地，该基地已正式移交阿富汗国民军和安全部队。随着美军的最终撤离，阿富汗终于结束了 20 年的战乱。2021 年 9 月 8 日，阿富汗塔利班宣布组建新政府，并向外界公布了新政府的基本架构和部分政府官员名单。随后召开了协商性质的会议，产生了一个代表所有阶层的新政府。

2021 年是中亚国家取得独立 30 周年。中亚各国将继续推进政治改革，首先完善法律基础，为实现国家发展战略创造良好环境；其次稳步落实国家经济发展战略，尽快实现全面复工复产，落实好经济发展目标；再者继续严厉打击恐怖主义、极端主义、毒品走私、有组织犯罪活动等，维护国家的大局稳定；最后仍将延续大国平衡的务实外交，积极开展地区国家间合作。2022 年，从整体上看，中亚国家在各领域的发展或总体向好。

（四）欧洲政治多变

2021 年 1 月 1 日，英国正式脱欧；1 月 31 日，英国提出申请加入跨太平洋伙伴全面进步协议（CPTPP）。2021 年，美国和英国、澳大利亚宣布建立新的三边安全联盟（AUKUS），美国直接承诺会为澳大利亚提供核潜艇建造技术，还会向该国派相关顾问。

2021 年，法国在军火贸易中频繁遇到挫折。澳大利亚在签订 AUKUS 协议后，单方面撕毁了之前与法国签订的高达 660 亿美元的军售合同。因此，法国立即召回驻美国和澳大利亚两国的大使，引发了一场政治风波。此外，印度也不再维持之前与法国良好的军火买卖往来，尽管之前双方签署的总价值达88 亿美元的 36 架阵风战斗机合同还在履行当中，仍然在 2021 年断绝了与法国之间的新合作。

德国方面，默克尔卸任德国总理，其 16 年连任四届的执政生涯也就此结束。新上任的德国总理舒尔茨在接下来的执政中可能也会受到来自默克尔的一些影响。根据数据统计，德国社会民主党主导组阁谈判以 25. 7%的得票率在大选中胜出。中德关系在其上任初期，保持了默克尔时期的友好、平稳态势。

对于欧洲，2021 年是遭遇能源危机的一年。一方面，“绿色政治”对欧洲的能源开发与使用起到了决定性影响；另一方面，欧洲、俄罗斯与美国复杂的政治关系，也使欧洲进口油气受到掣肘。受到政治摩擦和博弈的影响，来自俄罗斯的天然气供应量减少，导致整个欧洲的天然气库存减少，在此背景下，不少欧洲国家转而寻求进口美国天然气，以解决燃料供应问题。但是，在对美国天然气的竞购中，欧洲买家出价又不占优势，使得欧洲无法通过进口美国天然气解决其供应问题。天然气供应趋紧直接导致欧洲天然气价格持续上涨，并引发业内对电力短缺和停电的担忧。

（五）非洲政局动荡

2021 年 7 月 12 日，南非总统拉马福萨宣布，因前总统祖马被捕导致的骚乱已造成多人死亡，给南非经济带来巨大损失，政府将动用所有资源平定骚乱。南非国防军宣布，根据该国联合行动和情报机构提出的援助请求，已开始部署国防军平息当前的骚乱。南非国防军称，其目标是协助南非警察和其他执法机构为南非提供安全的生活和工作环境，部署军队的时间和人数将根据各地相关执法机构对当地情况的评估而确定。

2021 年 9 月 5 日，几内亚发生军事政变。该国特种部队指挥官马马迪·敦布亚表示其部队已扣押总统孔戴并解散政府，同时成立“全国团结和发展委员会”接管权力。联合国、非洲联盟等组织在事件发生后发表声明，谴责任何以武力夺取政权的行为。西非国家经济共同体(西共体)于 9 月 16 日举行的特别峰会上要求几内亚政变军人领导人在 6 个月内进行过渡，举行选举使该国恢复宪法秩序，并立即释放孔戴。9 月 27 日，几内亚“全国团结和发展委员会”公布过渡宪章，敦布亚将作为该国过渡总统，同时组建以总理为首的过渡政府和由 81 人组成的全国过渡委员会。10 月 1 日，敦布亚在位于首都科纳克里的穆罕默德五世宫宣誓就任该国过渡总统。

（六）中东地区形势趋缓

2021 年，中东各国和解迹象明显。2021 年初，沙特、埃及、阿联酋和巴林宣布同卡塔尔复交，实现了双边关系正常化。8 月 28 日，在伊拉克首都巴格达召开了“巴格达合作与伙伴关系峰会”，这是一次显示中东和解的重要会议。卡塔尔、埃及、约旦、阿联酋、沙特、伊朗和土耳其等国领导人或外长与会，其中最引人注目的是沙特外交大臣和伊朗外长均出席。与会各方在地区和国际层面达成共识，呼吁加强政治、经济和安全伙伴关系，推动建设性对话，并在共同利益基础上加深理解。在应对新冠肺炎疫情方面，与会各方呼吁通过分享疫苗机制和交流成功经验，促进卫生部门建立有效合作，以共同应对新冠肺炎疫情带来的挑战及疫情对卫生、社会和经济造成的重大影响。以沙特为首的中东国家逐渐在伊朗问题、也门问题、叙利亚问题、土耳其问题上寻求缓和，同埃及关系实现了破冰。

中东政治形势变化和美国的中东战略调整密不可分。2021 年，拜登政府对特朗普政府时期的“极限施压”举措进行调整，从阿富汗撤军，明确提出“回归伊核协议”“取消对伊制裁”，但是另一方面又不放弃对中东的战略。美国进行“阿拉伯海联合军事演习”，向叙利亚边境地区发射导弹，组建了“海军第 59 特遣部队”等，引发 10 月 12 日伊朗大规模防空演习。从整体上看，美国中东战略有所调整，逐渐从“极限施压”向整合中东地区盟国力量，在远程主导下共管中东地区事务的战略资源节约模式转变。

二、国际政治环境对全球油气产业发展的影响

（一）气候问题促使全球加速去油气化

2021 年，环境恶化的压力迫使世界各国在经济发展与能源政策上作出调整，这也迫使油气产业向清洁化、低碳化发展。联合国最新发布的评估报告显示，即便在温室气体排放量大幅减少的最佳情况下，地球也可能在 20 年内升温 1.5 摄氏度。联合国政府间气候变化专门委员会（IPCC）发布最新评估报告《气候变化 2021：自然科学基础》。这份由 60 多个国家的 234 名科学家联手作出的气候报告，首次以"红色警告"来评估气候危机，称地球环境在短短几百年内已经被人类大幅改变，第 26 届联合国气候变化大会（COP26）于 2021 年 11 月召开，用以号召更强有力、大范围、持续的减排活动。

根据行业咨询机构伍德麦肯兹的预测，如果要将升温幅度控制在 1.5 摄氏度，到 2050 年，需要有近 44%来自电气化和效率提升的减排、33%来自原料变更和燃料转换的减排、23%来自碳捕捉和封存等除碳技术的减排。全球多国对此已有共识，减碳降温刻不容缓。中国气象局气候变化中心发布的《中国气候变化蓝皮书（2021）》，也作出类似判断，称气候系统的综合观测和多项关键指标表明，极端天气气候事件风险进一步加剧，全球变暖趋势仍在持续。

这一背景推动了 2021 年全球去油气化发展。欧洲经济委员会发布的报告强调，如果全球不希望碳中和目标落空，需要配合部署其他可持续低碳或零碳技术，以实现全球能源系统和能源密集型产业的脱碳。然而，也有部分国家对于减排仍然持抵触情绪。例如，澳大利亚总理莫里森曾公开对 IPCC 的严厉警告表示反对，从而造成了 2021 年 8 月 10 日，一群抗议者聚集在首都堪培拉的莫里森官邸外，并试图在墙壁上喷洒"气候关怀责任"的字样。澳大利亚是全球最大煤炭出口国、大型天然气生产和出口国，同时也是人均二氧化碳排放量第二大经合组织国家，该国此前宣布争取"尽快"实现温室气体中和，最理想目标是 2050 年前，但迄今仍未作出任何进一步承诺，如具有约束力的日期、碳交易机制等。

（二）地缘政治引发国际油气市场动荡频繁

2021 年，全球重点资源国的安全形势呈恶化态势，地缘政治的不确定引发市场对国际油气供给不确定的担忧，这种担忧会在价格上迅速作出反应。2021 年 11 月 23 日，美国白宫当日宣布，美国能源部将从战略石油储备中释放 5000 万桶原油，以缓解经济从新冠肺炎疫情中复苏时出现的石油供需不匹配问题并降低油价。尽管美国期望借助自己的国际影响力号召更多国家释放石油储备，以增

加全球石油供给，但收效甚微。俄罗斯卫星通讯社 12 月 27 日报道，俄罗斯国防部副部长亚历山大·福明公开表示，北约在为与俄罗斯进行大规模武装冲突做准备。消息公布后，国际原油价格大幅飙升，WTI 原油涨超 4%，一度站上 76 美元/桶大关；布伦特原油盘中一度触及 79 美元/桶。

政治局势同样影响各大石油公司的油气投资项目。反对派武装和政府军的武装冲突以及反对派武装发起的恐怖袭击，已经成为 2021 年国际石油投资的最大威胁。2021 年 4 月 26 日，道达尔公司宣布，该公司主导投资建设的莫桑比克 1 区 LNG 项目，因所在帕尔马（Palma）地区发生的恐怖袭击导致当地数十人死亡，而不得不对该项目宣布“不可抗力”，公司宣称，项目生产将推迟到 2026 年。这种情况在苏丹、埃塞俄比亚等国也不同程度存在。美军从阿富汗撤离虽然对阿富汗的国内形势稳定有益，但是塔利班政府的外交态度仍然存在诸多不确定。阿富汗这一大国博弈的“中间地带”仍对中亚五国等周边地区的安全形势带来严重挑战。

（三）伊朗能否重返国际市场将影响国际油气供给格局

一方面，美伊谈判迎来新阶段，2021 年拜登上台以来，美国有意重启伊核协议，从 2021 年 4 月开始与伊朗在奥地利首都维也纳展开了会谈。6 月强硬派的易卜拉欣·莱希在伊朗总统大选中胜出后，谈判一度陷入僵局。11 月，伊朗宣布中断数月的维也纳会谈重启。11 月 29 日，伊核协议相关各方再次聚集在维也纳，对各自关切的问题展开协商。伊朗首席谈判代表、副外长巴盖里表示，在第七轮会谈中，经过一周多的密集谈判，相关方面在第七轮会谈达成两份新的文件，这两份文件将作为未来维也纳会谈的基础。尽管各方并未公布具体的文件内容，但据巴盖里透露，两份文件分别围绕美国解除对伊制裁草案以及核问题展开。尽管欧美各国的表态中混合着乐观和强硬的态度，但总体基调仍是希望伊核问题尽快重回谈判桌。而一旦伊核协议得以恢复，伊朗就可以重返国际石油市场，缓解全球石油供应压力。

另一方面，伊朗积极开展周边外交，拓展回旋空间，在增强地区影响力上下功夫。伊朗同沙特、以色列等中东地区大国长期不睦，缠斗不断。面对美国经济制裁和新冠肺炎疫情双重枷锁，伊朗内外压力上升，开拓周边外交成为伊朗与美国周旋、改善自身处境的重要措施之一。2021 年 8 月以来，总统莱希领导的新一届伊朗政府将周边国家作为外交重点方向，提出“邻国优先、亚洲优先”的口号，致力于改善同周边国家关系，挖掘经济合作潜力，积极扩大对外贸易，以期削弱制裁影响。

（四）全球“碳中和”目标引领全球天然气市场发展

全球“碳中和”目标的提出，也令碳排量更低的天然气需求日趋升高。全球很多国家，特别是面临减排压力和能源结构转型的发展中国家，积极投资新建气电厂，对天然气的需求不断增加。中国在2020年即已成为全球最大的液化天然气客户，其2021年的需求比2020年同期增长20%。这种增长预计将在未来几年持续下去，而这会给液化天然气供应带来更大压力。越南正在提出数十亿美元的液化天然气再气化项目，该项目正在考虑将进口液化天然气作为其未来首选的化石燃料。尽管越南在2021年之前不进口任何液化天然气，但计划到2030年进口1000万吨。南亚和东南亚国家计划建造数十座新的燃气发电厂以满足更多电力需求。但日益增长的反天然气情绪和日趋严苛的甲烷排放审查使多个出口项目陷入停滞。由于新增产能难以赶超需求增速，难以缓解的供不应求状况使得国际天然气价格持续上涨。

欧洲天然气供应在2021年出现严重短缺，价格强劲上涨。除了经济复苏带来的需求增长因素和全球遭遇海运运能危机带来的成本大幅增加外，政治因素也部分影响了天然气供应。作为欧洲天然气最主要的供应国——俄罗斯，因为美国、欧盟、乌克兰与其的多角外交风波而面临困局，连通俄欧的“北溪2号”输气管未开通，直接导致2021年冬季欧洲供气危机。欧洲天然气生产也受到环境政策影响。例如，荷兰格罗宁根大型天然气田因环境问题而被关闭。来自其他出口国(如美国、澳大利亚、卡塔尔和阿根廷等)的天然气资源，由于新建液化和气化设施滞后，也难以缓解欧洲及亚太主流消费市场的供给短缺。根据标准普尔全球普氏能源咨询公司的数据，天然气供应增长停滞带来的价格上行压力将持续到2024—2025年。

(五) 欧美俄博弈导致欧洲油气危机爆发

欧洲油气危机爆发在2021年欧美地区的能源危机中展现得淋漓尽致，欧洲国家是在能源转型道路上走得最激进的国家。对欧洲内部来说，政治民粹化、气候政治化在欧洲国家越来越严重。在欧洲，各国政府“顺应民意”强力干预能源转型，德国、法国弃油弃煤弃核，大搞可再生能源，导致欧洲能源命悬天然气。就欧洲与能源出口国的关系来说，欧洲是一个天然气贫乏的地区，天然气依赖于俄罗斯和挪威，其中从俄罗斯进口的天然气占到欧洲消费总量的一半。但是，俄罗斯与欧洲微妙的外交关系，使得能源贸易同样受到限制。欧洲天然气供给矛盾导致天然气价格攀升，为了解决能源危机，时任德国总理默克尔与俄罗斯建设“北溪2号”天然气管道。但是，“北溪2号”遭到欧洲议会和美国的反对。因2014年克里米亚危机，欧美联合制裁俄罗斯，但俄罗斯反过来用天然气与欧洲谈条件。当时的美国总统特朗普就“北溪2号”项目对德国及欧洲相关企业、个人实施制裁。所以，欧洲的气候政治化引发能源危机，天然气又上升为国际政治问题，进而掣肘了欧洲的政治与外交，这也为欧洲2021年天然气供给短缺埋下伏笔。

2021年，俄罗斯、美国和欧洲主要围绕"北溪2号"天然气管线项目进行博弈，三方已达成结果上的默契，该条管线建成投产已经成为定局。但是实际上，在"北溪2号"管线即将建成通气的情况下，俄罗斯首先要确保对这条新管线的供气量，因而俄罗斯天然气工业股份公司（Gazprom）不太愿意利用现有的通往欧洲的管网系统向欧洲供气，而且特别不愿意利用过境乌克兰的管道。2021年以来，Gazprom甚至"有意无意"降低了通过现有管道对欧洲和德国的输气量。欧洲与俄罗斯的政治博弈将在未来一段时间内继续影响欧洲的油气市场。

与此同时，欧美关系也对欧洲的能源战略产生很大影响。美国则将环境发展与能源安全作为政治筹码，新冠肺炎疫情全球化进一步推动全球政治思潮大幅左转，民主党人拜登借此风潮上台。气候政治是民主党采取的传统手段，环保主义者、高校知识分子、媒体与新能源势力对拜登的期望值很高。拜登比之前的民主党总统更为激进，在其正式上任第一天，就签署文件表示美国将重返《巴黎协定》。此前，特朗普令美国退出了该协定。拜登重新恢复其"3550承诺"，即"到2035年，通过向可再生能源过渡实现无碳发电；到2050年实现碳中和"。2021年4月，拜登公布了更为激进的减排目标：到2030年，美国温室气体排放量将较2005年的水平减少50%~52%，美国计划到2050年前实现碳中和。在北约与俄罗斯的对峙中，在中国与美国的矛盾中，寻求合适的政治立场；在自身失衡的能源供给结构中，在政治需求与经济发展中，切实找出一条平衡之路，成为欧洲面临的重大发展议题。

三、国际政治环境对中国油气产业发展的影响

（一）坚持低碳发展为中国油气企业发展带来挑战与机遇

坚持低碳发展是中国对世界作出的庄严承诺。以科技创新为驱动、绿色低碳为导向的能源转型变革正在全球范围内深入推进。中国作为负责任的大国，坚决贯彻新发展理念，坚定不移推进能源高质量发展。并力争于2030年前实现碳达峰、2060年前实现碳中和。为了实现这一目标，中国需要付出艰苦努力。中国着力优化能源结构，提高非化石能源在一次能源消费中的比重；深化能源和相关领域改革，加快建设全国用能权、碳排放权交易市场，完善能源"双控"制度；鼓励开展低碳技术创新，引导形成绿色低碳的生产生活方式。

低碳发展对油气产业发展在减排质量与减排日程上提出了更加严格要求的同

时，也为中国油气产业发展带来了新机遇。借助降低油气勘探开发活动中的碳排放，可再生能源与传统能源融合发展等多项举措，中国油气企业发展将走向高质量发展的新道路。一方面，中国油气企业需要在保证国家油气供应安全的基础上，大力推进天然气的使用，积极探索和开展新能源生产，推动企业进行绿色发展和转型，这无疑会对中国主营传统油气的国有企业带来莫大的挑战，同时也会引发油气企业与煤炭、电力的其他能源产业企业之间在新能源领域的新一轮竞争；另一方面，随着全球化石能源使用比例下降，可再生能源替代化石能源成为趋势，中国油气企业去油气化发展也是必然。与其被时代选择和淘汰，现在能够主动进行结构转型，开拓绿色能源品种，寻求高质量发展，无疑也是巨大的发展机遇。

（二）"一带一路"倡议和中俄交好助力中国能源安全保障

中国除了进行低碳绿色转型外，还大力支持发展中国家能源绿色低碳发展。2021年4月20日，国家主席习近平在博鳌亚洲论坛2021年年会开幕式发表题为《同舟共济克时艰，命运与共创未来》的主旨演讲，演讲中强调继续高质量共建"一带一路"，必须践行"共商、共建、共享"原则，弘扬开放、绿色、廉洁理念，努力实现高标准、惠民生、可持续目标。2021年10月14日，国家主席习近平以视频方式出席第二届联合国全球可持续交通大会开幕式并发表题为《与世界相交、与时代相通，在可持续发展道路上阔步前行》的主旨讲话。同一天，国务院副总理韩正以视频方式出席"2021俄罗斯能源周"国际论坛时，提到中国不再新建境外煤电项目，彰显大国责任与担当，并阐述了中俄在国际能源领域的战略合作方向。俄罗斯现阶段能源规划符合当前中国社会发展目标，有助于缓解现阶段中国"减碳降排"的压力。一方面，俄罗斯强调可再生能源的发展，为中俄在技术交流与能源贸易上争取共同利益最大化提供了可能。另一方面，俄罗斯在其规划中已经明确在能源贸易领域采取"东""中""西"三线并重的策略。尤其针对东线，加强了与中国的能源贸易份额，并对运输路径、油气管道铺设进行了规划与建设。2021年，中国自俄罗斯进口能源产品3342.9亿元人民币，同比增长47.4%。俄罗斯稳居中国第一大能源进口来源国，保持第二大原油进口来源国、第一大电力进口来源国地位。在亚洲能源需求旺盛和欧美与俄罗斯关系紧张的双重影响下，俄罗斯存在进一步扩大与中国开展能源贸易、能源投资的可能。

中国推行"一带一路"绿色发展，加强与沿带沿路各国良好的能源合作，与俄罗斯进行传统能源和新能源的积极合作。这一系列外交举措为中国树立了负责任的大国形象，为海外油气合作和海外油气安全建立了良好的环境。这些政策举措，一方面有利于保障中国境内外油气管道、核电机组等重大项目稳定运行、顺利推进，和开展上中下游一体化合作，保障中国油气进口和海外投资的安全；另一方面积极在传统能源合作之外挖潜，积极拓展可再生能源、氢能、储能、智慧能源、能源金融等领域国际合作，推进和深化能源基础研究、关键技术研发及创新成果转化。此外，中俄能源合作关系良好也有利于进一步深化全球合作，共同践行多边主义，推动构建公平公正、普惠包容的全球能源治理格局。

在油气价格安全方面，石油的人民币结算也得到了推进。据“今日俄罗斯”网站报道，俄罗斯天然气工业股份公司首席执行官亚历山大·久科夫在俄罗斯东方经济论坛称，未来往返中俄的飞机加油费用将用卢布和人民币结算，不再继续使用美元。虽然只是先行的一小步，但这也预示着未来摆脱美国油元体系控制的可能性。

（三）“碳中和”目标推动中国天然气产业快速发展

全球“碳中和”目标带动了全球对天然气的巨大需求，中国对天然气的需求和进口也呈现快速增加的趋势。与此同时，中国国内天然气产业也正在经历巨大发展。

2021年10月26日，国务院印发《2030年前碳达峰行动方案的通知》（国发〔2021〕23号），提出要合理调控油气消费，加快推进页岩气、煤层气、致密油（气）等非常规油气资源规模化开发。有序引导天然气消费，优化利用结构，优先保障民生用气，大力推动天然气与多种能源融合发展，因地制宜建设天然气调峰电站，合理引导工业用气和化工原料用气。支持车船使用液化天然气作为燃料。引导企业转变用能方式，鼓励以电力、天然气等替代煤炭等。

截至2021年12月，中国天然气产业的国内外上市公司已经超过12家，除了中国石油、中国石化、中国海油三家传统国有油气公司以外，还包括水发燃气、新天然气、中国燃气、华润燃气、昆仑能源、广汇能源、新奥股份、九丰能源、洪通燃气等多家发展良好的业内上市企业，具有良好的行业发展潜力。

同时，随着中国能源结构向天然气倾斜，中国天然气燃气设备和储运设备市场也发展迅速。天然气燃气设备（即将天然气和空气及其他多种气源按一定比例掺混在一起达到用户需要的燃气热值的民用或工业用燃烧设备）、压缩天然气储运设备（Compressed Natural Gas，简称CNG；相关设备包括天然气压缩机、高压储运钢瓶、天然气运输车、压缩机天然气加气站等）、液化天然气储运设备（Liquid Natural Gas，简称LNG；如天然气液化设备、LNG运输船、LNG接收站、LNG运输车、LNG气化站及LNG加气站等）都面临巨大需求，吸引了大量投资。

（四）警惕中美澳关系给天然气进口安全带来的不确定性

中国天然气进口依存度持续增加，2021年中国是全球最大的LNG进口国，依存度达到44.9%，其中液化天然气进口占天然气进口的83.21%，最大来源国前三位分别是澳大利亚、美国和卡塔尔，来自三国的LNG进口量分别占总进口量的39.29%、11.58%和11.36%。

澳大利亚是中国一个重要的能源和原材料贸易伙伴，也是中国LNG的重要来源国，但自2018年开始中澳关系频繁出现摩擦，2021年中澳关系持续恶化。2021年5月6日，中国国家发展改革委称，自即日起无限期暂停国家发展改革委与澳联邦政府相关部门共同牵头的中澳经济对话机制下一切活动。2021年，美国与中国签署了一笔截至2021年底最大的LNG进口协议。11月4日，中国石化同美国维吉公司签订天然气合同。该合同期限长达20年，维吉公司每年将向中国石化提供400万吨液化天然气，经过转化之后，可以满足3000多万户家庭一年的需求。此次合作的贸易总额高达数百亿美元，具有里程碑意义。

从澳大利亚和美国进口LNG对于满足中国天然气进口需求、促进气源结构多元化具有积极意义。从风险评估上看，美国对中国有经济再挂钩的需求，澳大利亚有98%的顺差贸易来自对华贸易，能源贸易合作似乎是安全的。但是，考虑到美国和澳大利亚在对华政策上，仍然采取了施压对抗、限制打压的策略，甚至在中国主权问题上进行挑衅，中国自美国和澳大利亚进口LNG的风险也应该得到足够重视。中国仍需要加大国内天然气产能建设投资，加快增产上产步伐，此外，生产阶段在保证增产上产的同时，也应重视储气库和自用炼厂的调节阀作用，借以提高增量与减量的调控管理能力，达到优化气田产能的目的。

（五）阿富汗和平利好中阿油气通道合作

美国拜登政府推行印太战略，不断强化与日本、澳大利亚、印度组成的“四方安全对话”，积极拉拢东盟国家加入围堵中国的同盟体系，更是与英国、澳大利亚建立全新安全伙伴合作框架“AUKUS”（三边安保联盟协定），帮助澳大利亚配备核潜艇舰队，无疑使经由霍尔木兹海峡、印度洋和马六甲海峡的传统海上航线面临极大地缘政治风险。

阿富汗是陆上丝绸之路的支点国家，具有不可替代的地理优势。通过阿富汗建设连接伊朗等波斯湾富油气国家的油气管线，打通欧亚大陆南线油气大通道，进而通过埃及连通非洲主要油气出口国，将对未来全球油气格局产生重大而深远的影响，为中国带来安全、广阔的油气合作空间。以中阿两国良好的政治关系作为基石，支持和帮助阿富汗融入亚欧非互联互通，加强中国和阿富汗在油气方面合作，对双方都有重大利好。

国际经济环境对中国油气产业发展的影响

2021 年全球经济持续复苏，经济增长 5.9%，大多数国家的经济增长率均上调回正数，但新冠肺炎疫情对各国经济的冲击持久。就业增长放缓、通货膨胀加剧、粮食安全及气候变化等问题给各经济体带来多方面挑战。在全球经济“断层”加深、复苏不确定性上升且更趋复杂的新形势下，预计 2022 年全球经济将增长 4.4%。2021 年全球在开发病毒检测、治疗和疫苗等方面正在取得重大进展，推进大面积检测，加大对治疗方法及疫苗的研发投入，这有助于避免新变种毒株的出现，并推动 2022 年全球经济更快复苏。中国经济由于疫情控制方面的努力，在 2021 年表现良好，国际新的经济环境也给中国油气企业发展带来了新变化。具体世界经济增长数据见表 1。

表 1　2020—2022 年世界经济增长态势　　%

分　类	2020	2021	2022(P)
世界经济	-3.5	5.9	4.4
发达国家	-4.9	5	3.9
美国	-3.4	5.6	4
欧元区	-7.2	5.2	3.9
日本	-5.1	1.6	3.3
新兴市场和发展中国家	-2.4	6.5	4.8

数据来源：国际货币基金组织(IMF)，世界经济展望(World Economic Outlook)。

一、2021 年国际宏观经济环境分析

从总体上看，2021 年世界各国的经济逐步复苏，整体的世界经济增长率从 2020 年的-3.5%上升至 5.9%。2021 年，全球疫后经济复苏的基数效应远强于上次金融危机后的复苏。尽管全球经济部分领域呈现改善迹象，但疫情对经济的冲击还在持续。尤其是在疫情得到彻底控制前，全球疫情复发的风险依然存在。在行业发展上，疫情导致服务业遭受重创而衰退，过去电子业遭受重创后常常会有递延或累积的需求反弹，服务业则不同，且因服务业具有劳动力密集的显著特征，

衰退严重将冲击劳动力市场。预计 2022 年全球经济将稳步恢复，但复苏将不平衡。

（一）亚洲各国经济表现较为良好

2021 年在新冠肺炎疫情冲击下，亚洲经济经历了经济增速大幅波动，但经济表现明显好于世界其他地区。在全球经济紧张局势加剧及疫情的共同影响之下，2021 年亚洲新兴市场和发展中经济体经济增长 7.2%，2022 年预计增长 5.9%，一些亚洲经济体正逐步实现新冠疫苗的大规模接种，疫情得到有效控制的可能性不断增加。亚洲发展中经济体 2022 年的通货膨胀率将保持在可控水平，从而为货币宽松政策支持疫后复苏提供了空间。但 2022 年亚洲经济复苏还面临各种非疫情因素的影响，尤其是银行业、资本市场和外汇市场蕴含的风险不容低估，并且不排除个别经济体出现货币危机的可能性，个别新兴经济体和发展中国家也可能因违约引发主权债务危机。

2021 年，随着疫情防控进入常态化阶段，中国经济增长为 8.1%。中国经济得到持续改善，以国内大循环为主体、国内国际双循环相互促进的新发展格局在逐步形成。面对复杂严峻的国内外环境，中国经济总体保持恢复态势，主要宏观指标处于合理区间，在总体平稳的基础上继续向着高质量发展，为实现经济社会发展目标打下良好基础。2021 年上半年，中国的经济增长远高于年初制定的 6% 以上的年度增长目标，也高于全球平均增速和主要经济体增速。中国持续推进绿色低碳发展、减少对房地产和债务依赖等举措，释放出不走粗放增长老路、坚定迈向高质量发展的政策信号。2021 年下半年，中国经济增速略有放缓。低碳目标下的经济结构调整优化正在进行中，工业产能利用率处于较高水平，企业资产负债率下降，教育、卫生等补短板投资增速快于全部投资增长，供给侧结构性改革成果持续巩固。

2021 年日本经济受新冠肺炎疫情的影响，增长 1.6%，汇率市场和利率市场整体稳定。日本政府在 2021 年进入第二轮紧急状态，经济活动受限使餐饮和住宿等服务消费陷入低迷，居民消费环比锐减，直接影响了经济复苏。由于新冠肺炎疫情影响，访日游客数量大量减少，服务贸易逆差上升，第 32 届夏季奥运会的举办也没能提振日本旅游业。进出口方面，日本出口额持续低于 2007 年的最高水平，缺乏国际竞争力。在日元持续贬值的情况下，国内需求疲软。随着经济低增长而来的还有日本人口老龄化、严重的通货紧缩等问题。2022 年，得益于新冠疫苗接种率的提高、一贯的通胀目标与超宽松货币政策，日本经济有望恢复，但是随之引起日元贬值问题进一步加剧，导致进口产业与消费恢复疲软。日本央行将继续实施企业融资计划，预计2022年经济增速为3.3%。未来影响日本经济运行的主要因素是疫情发展、美联储政策引发的外围经济环境变化及自身恢复性。

2021年，东盟新兴经济体及韩国的经济增长表现较好，但是仍然面临新冠肺炎疫情加剧和量宽退出的双重阴影。泰国旅游业占经济增长约1/5，疫情对泰国经济造成的打击较为严峻。菲律宾严格的疫情防控措施难以切实施行，日新增病例一直攀升，经济增长降幅最大。马来西亚疫情防控工作实施较好，但付出的经济代价较高。为了帮助民众和企业渡过难关，政府推出了一系列高额的经济刺激计划。尽管如此，经济增长仍同比不断下降。印度尼西亚自疫情暴发以来，两次实施“大规模社会限制”，又两次放松限制重启经济。期间，新增病例持续攀升，且增势不减。在新增病例并未明显减少的情况下，雅加达及周边地区已放松至“社会限制过渡期”。东盟大多数国家除受本地新冠肺炎疫情影响外，其经济波动很大程度上还受外部环境影响，经济波动与发达国家基本同步。但基于其经济内生动力较大，预计疫后东盟复苏动力将明显强于欧美。

（二）欧洲国家经济发展差异明显

2021年，欧元区经济增长5.2%，其中德国2.7%、法国6.7%、意大利6.2%和西班牙4.9%。2021年英国经济增速为7.2%。2021年上半年，欧元区经济增长强劲，但下半年受德尔塔变异病毒再起，以及供应链中断、通胀压力不断上升的影响，呈现温和增长态势。不过欧洲出台了力度超过金融危机时期的宽松货币和财政刺激政策，欧元区经济所面临的风险总体偏向均衡，如果没有突发性健康事件，随着新冠疫苗接种率的进一步提升，经济前景显著恶化的可能性较低，经济运行仍能保持在复苏轨道之上。2021年下半年，欧元区经济活动再度放缓，逐月下行至低点。受到德尔塔变异病毒的影响，欧元区家庭消费支出、固定资产投资、贸易账户盈余整体表现稳定，失业率温和下行。

同时，在能源价格飙升和供应链问题的双重作用下，欧元区内通胀水平持续走高，创下10年以来的最高纪录。欧盟统计局数据显示，在欧元区GDP环比断崖式下跌情况中，西班牙衰退最为严重，表现最好的德国也高于美国同期的降幅。在采取一系列严格的新冠肺炎疫情控制手段后，欧洲疫情一度得到较好控制，经济也出现快速回暖。但放松隔离和重启经济也使疫情快速反弹，欧洲疫情再度呈失控态势，日新增病例连创新高，欧洲经济复苏势头明显放缓。包括欧洲央行在内的权威机构认为，欧元区经济前景已经恶化，特别是西班牙和法国，如果不能有效控制疫情，有可能进入二次衰退。如果西班牙衰退程度最终达到德国的两倍，任何复苏基金或救助计划都难以帮助其走出困境。欧洲南北经济差距进一步扩大，还将增加欧盟国家在利益分配上发生冲突的危险，从而削弱成员国集体应对风险的能力。

2022 年欧元区经济增速预计为 3.9%，其中德国 3.8%、法国 3.5%、意大利 3.8%和西班牙 5.8%。同时，2022 年英国经济增速预计为 4.7%。首先，欧洲已具备开始大规模接种新冠疫苗的条件。其次，欧洲的外部环境预期也会得到明显改善。美国政府换届后加快修复美欧关系，双方的贸易争端也有望得到化解。此外，为阻止欧洲经济前景恶化，欧洲央行已经明确表示，将研究出台进一步支持经济和通胀上行的货币宽松政策。预计欧元区融资条件有望在更长时间内保持宽松。预计欧元区最早要到 2022 年下半年之后才能恢复到其疫情前的经济产出水平。

（三）北美地区疫情蔓延与经济复苏共存

2021 年，美国经济增长 5.6%，预计 2022 年为 4.0%，2023 年为 2.6%。为稳定市场，美联储多次紧急降息 50 个和 100 个基点，联邦基金利率降至 0.25%的低点，并宣布采取不设上限的量化宽松措施，先后推出多项货币政策工具，直接为实体企业提供信贷支持。在超级宽松货币政策下，美联储资产负债表在急剧膨胀，与美国 GDP 比值从新冠肺炎疫情暴发前的约 20%快速升至 35%以上。新冠肺炎疫情对实体经济的冲击不断显现，申请失业金人数猛增，消费者信心指数一再创下新低。为稳定经济，美国政府先后出台了大规模的财政刺激措施，在史无前例的货币政策和财政纾困措施刺激下，美国股市开始反弹，在经济断崖式下跌的同时，主要经济指标明显回暖。但同时，美国新冠肺炎疫情并未得到有效控制，新增病例和死亡人数不断攀升，经济持续复苏前景由此蒙上阴影。美国经济复苏形势很大程度上将取决于新冠肺炎疫情控制情况。美国境内和海外新冠肺炎确诊病例数再度攀升，使未来经济复苏面临挑战。来自新冠疫苗研发方面的积极消息虽然有益于经济中期增长，但重大挑战和不确定性仍然存在。2021 年下半年，美国经济情况整体向好，新冠肺炎疫情对美国经济的负面影响逐步消退，国内经济和生活基本恢复正常。造成美国下半年经济增速较低的主要原因是基数效应，并非经济增长出现显著放缓。美国的制造业与服务业都在继续扩张，但供应链受阻及劳动力市场的结构性问题继续制约着其经济增长。由于物流等生产端瓶颈造成供应端难以满足市场强劲的需求，2021 年 9 月美国通胀再次抬头，部分产品的价格持续处于高位。美联储表示，通胀现象将比预期持续得更久，但这种情况主要是新冠肺炎疫情对供应端造成的短期破坏因素导致，不太可能演变成长期通胀。

2021 年，加拿大经济增长为 4.7%，预计 2022 年将放缓至 4.1%，2023 年为 2.8%，经济在持续的疫情危机中依然脆弱。2021 年加拿大经济增长的最大贡献者是家庭支出和住宅建设，新房建设等都以接近历史的水平增长。在通胀上升和经济增长放缓的背景下，2021 年下半年加拿大就业人数增长超出预期，其中兼职就业人口相对减少，全职就业人口相对大幅增加，同时劳动参与率也有所提高。加拿大就业市场复苏良好，全职就业人口的不断增加表明就业市场继续逐步步入正轨。而良好的就业复苏也预示着加拿大央行将进一步收紧。此外，在经济脆弱的情况下，加拿大应继续高度重视财政扶持措施，政府应继续提供财政支持，直到经济复苏进入全面推进。

(四) 拉美地区通胀形势严峻

2021 年，拉美地区主要经济体经济从新冠肺炎疫情冲击中缓步回暖。展望 2022 年，“高通胀”和“不确定性”是拉美经济复苏面临的主要挑战。2021 年，拉丁美洲和加勒比地区经济增速为 6.8%，其中巴西为 4.7%、墨西哥为 5.3%，低利率、宽松财政政策等为经济复苏创造了有利局面。预计 2022 年拉丁美洲和加勒比地区经济增速为 2.4%。拉美各国央行在上调利率以冷却大范围通胀方面走在全球前列，加息始于 2021 年 3 月，由于物价上涨速度加快，该地区收紧政策的力度较世界大多数地区都要大。随着哥伦比亚加息落定，所有以通胀为目标的拉美主要央行在 2021 年内均提高了利率。拉美最大经济体巴西 2021 年已加息多次，调整货币政策到一个“明显限制性”的区间，使 2021 年的通胀达到目标。消费品通胀居高不下，工业品因为原材料成本上升、供应限制和需求从服务转向商品，价格上涨趋势并未消退，短期内通胀仍构成压力。虽然新冠肺炎疫情对整个拉美地区造成的供应冲击几乎一致，但各国政府的反应大有不同。在巴西，加息周期抵消 2020 年极低水平的通胀反弹，可长期干旱和政府拒绝控制财政支持计划进一步刺激了通胀。与新兴市场相比，由于其政治波动和财政脆弱性的历史，拉美经济体往往有更高的国家风险溢价。更不稳定的资本流动可能意味着汇率在短期内发生剧烈变化。这反过来又会影响当地的通胀心理，并可能导致通胀上升得更快。

(五) 非洲地区多数国家经济受新冠肺炎疫情影响严重

2021 年，撒哈拉以南非洲国家的经济增长率为 4.0%，预计 2022 年为 3.7%，与发达经济体经济增长率 5.0%及新兴市场及发展中国家经济增长率 6.5%相比，撒哈拉以南非洲 4.0%的经济增长率相对缓慢。该地区的复苏步伐慢于发达经济体，导致收入差距进一步扩大。受全球主要新冠疫苗生产国限制疫苗出口及优先恢复本国经济的措施影响，撒哈拉以南非洲完成全程接种的人口远低于发达经济体近

60%的接种率，也离国际货币基金组织（IMF）计划的2021年、2022年全球接种率目标40%、70%的差距较大。非洲国家由于新冠疫苗短缺，将不得不采取封锁或其他限制措施，这将加大对最脆弱社会群体的影响，加剧国家间的不平等，引发通货膨胀，带来粮食安全问题，并可能导致社会和政治不稳定因素增加。特别是，该地区的复苏进程取决于全球新冠肺炎疫情的走势和该地区新冠疫苗接种工作的进展，同时也极易受到全球经济活动和金融市场扰动的影响，且将根据新冠疫苗的供应节奏而变化。此外，新冠肺炎疫情对该地区经济影响不一，高度依赖旅游业的经济体受到的冲击最大。

从主要国家来看，2021年区域内经济规模较大的尼日利亚经济增长为3.0%、南非为4.6%。预计2022年尼日利亚经济增长将为2.7%，南非将为1.9%。受新冠肺炎疫情影响，非洲国家的公共债务急剧增加。加纳在新冠肺炎疫情暴发后首次发行了30亿美元的欧元债券。尼日利亚在2021年9月发行了40亿美元的欧元债券。此外，在各国之间分化趋势加剧的同时，各国内部也出现了分化，这是因为疫情对该地区最脆弱群体产生了尤其严重的冲击。这场危机使撒哈拉以南非洲地区约3000万人口陷入极度贫困，这不仅扩大了各收入阶层之间的不平等，而且还导致一国内部各个地区之间的不平等恶化，这可能会加剧社会矛盾和政治动荡风险。在此背景下，食品价格上涨，加之收入减少，会威胁到该地区在减少贫困、医疗卫生和食品保障方面已经取得的进展。

（六）俄罗斯经济增长放缓

2021年，俄罗斯经济增长4.5%，接近顶峰，面临出口收入下降、就业、单一工业城镇的问题，丧失在全球能源领域领导地位的潜在风险，预算收入的损失，能源公司在没有转型的情况下的问题及其可能的破产。到2035年，俄罗斯公民收入水平可能会下降。由于抑制全球通货膨胀、保证商品价格稳定及紧缩的财政政策的失败，俄罗斯经济在2021年下半年大幅放缓。由于增长滞后及基础设施和刺激计划过于温和，俄罗斯在全球经济中所占的份额下降。从投资资本上看，2021年俄罗斯的资本外流明显加快，俄罗斯人购买了外国资产，公司获得了更多的收入，这些收入留在了外国账户中。俄罗斯成为资本净出口国已经约30年了，但对资本流动的严格限制将引起市场的强烈负面反应，并可能导致卢布的进一步下跌和股市的回撤。从国际形势看，2021年世界经济失衡情况十分严重，俄罗斯将再次面临经济衰退。2022年初，俄罗斯主要金融机构被排除在SWIFT系统之外，将给俄罗斯经济带来较大影响，而且这种影响还将持续比较长的一段时间。

二、2021 年国际宏观经济对全球油气产业影响分析

随着各类经济复苏政策的实施，2021 年全球经济逐渐回暖，经济增速大幅反弹。然而，全球油气产业仍然面临较大压力，全球石油需求复苏，原油价格攀升高位。2021 年，在受到新冠肺炎疫情影响、全球经济增长缓慢复苏的背景下，10 月初，国际原油价格攀升至 7 年来的高位。原油价格一路上涨，经济持续复苏支撑原油需求，天然气和煤炭价格大幅上涨将带动燃料转换下推动原油需求进一步上涨，“OPEC+”维持增产目标不变，短期内原油供给难言大幅增加。

（一）全球经济逐渐回暖拉动全球油气需求复苏

2021 年，全球经济增长 5.9%，比 2020 年-3.5%的增长率有大幅回升。其中，基础设施建设的推进、交通运输业的恢复等将拉动油气需求的反弹。2021 年 11 月初，随着世界各国领导人就如何应对气候变化展开讨论，英国石油公司(BP)称全球石油需求已反弹至疫情之前 1 亿桶/日的关键水平以上。尽管遏制温室气体排放的努力日益紧迫，但化石燃料的消耗正在恢复。尽管航空行业还没有完全从疫情中恢复过来，但石油产量仍飙升至每天 1 亿桶。上一次消费量如此之高时，美国页岩钻探公司正在全力开采页岩油气，而 OPEC 及其盟国仅持有适度的产能储备。美国石油日产量比新冠肺炎疫情前的水平低了 170 万桶左右，因为页岩企业专注于提高投资者回报，而不是追求增长。“OPEC+”正在恢复在新冠肺炎疫情期间闲置的供应，但速度对于许多主要能源消费国来说太慢了。根据高盛的数据，全球每天石油供应短缺约 250 万桶。2021 年，全球的石油需求已经从新冠肺炎疫情中得到了足够的恢复，石油市场处于一个相对良好的状况。中国石油于 2021 年 12 月发布的《世界与中国能源展望(2021 年版)》预计，到 2040 年以前，在世界范围内石油和天然气仍将维持主体能源地位，在一次能源消费中的占比保持在 50%左右。其中，石油和天然气的占比分别在 18%~30%和 25%~28%之间。世界石油消费峰值可能在 2025 年前后来临，天然气消费峰值将在 2040 年前后到来。在国际社会共同努力应对全球气候变化的前提下，到 2060 年，油气资源在全球一次能源消费中的占比或将降到 23%，届时石油和天然气的占比分别为 10%和 13%。

（二）全球能源供应收缩致使短期原油价格攀升至高位

受能源供应减少和石油库存持续下降的影响，原油价格在 2021 年 10 月初攀升至 7 年来的高位。布伦特原油期货上涨超过 10 美元/桶，价格超过 83 美元/桶，WTI 原油交易价格高于 80 美元/桶。新冠肺炎病例数量减少和流动性增加正在为

扩大石油需求提供支持。全球汽油需求比新冠肺炎疫情暴发前的水平低 2%。尽管主要石油消费国呼吁大幅增加产量，以阻止全球石油库存下降和价格上涨，但“OPEC+”在 11 月石油产量仅提高 40 万桶/日。与 2021 年第一季度 900 万桶/日的缓冲产能相比，到 2022 年第二季度，有效闲置产能可能会降至 400 万桶/日以下，并且仅集中在少数中东国家。

“OPEC+”产油国仍保持偏紧的供应，同时美国能源部表示，没有动用石油储备的计划，推动油价持续上行。原油市场方面，供应持续紧张而市场需求又在不断增加，推动国际油价继续攀升。两大原油期货产品主力合约的价格在 2021 年 10 月初均创下七年来新高。原油市场已经出现了显著的期货倒挂现象，具体来说就是近期交货的原油价格已经明显超过了远期交货原油的价格。通常，远期交货的原油因为有存储费用，价格往往更高。这表明原油的短期供应持续紧张。现货溢价显示出市场对石油的渴望程度很高。12 月交货的纽约轻质原油期货价格收于每桶 84. 65 美元，涨幅为 1. 06%。12 月交货的伦敦布伦特原油期货价格收于每桶 86. 40 美元，涨幅为 0. 48%。由于能源供应受到严重限制，油价正被推至多年来的高点。

（三）全球金融动荡迫切需要油气国际结算货币多元化

随着全球金融动荡，美国经济实力的相对降低，石油—美元作支撑的生产—消费链条受到挑战，世界迫切需要多元化的国际货币体系。美元在国际贸易活动中拥有等同于黄金的流通地位，为刺激经济迅速复苏，美联储肆意大量印刷美元。与此同时，市场上并没有足够的商品供应，供需的严重失衡引发国内通货膨胀。超发的美元被用来购进其他国家的原材料和商品，国内市场泛滥的货币外流至全球，在缓解通货膨胀压力的同时，还获得了大量的商品。美联储执行的一系列货币量化宽松政策，在利用外国资本刺激本国经济发展的同时，也让其他国家来承担美国国内经济所带来的一系列问题。

2021 年，美国继续执行货币量化宽松政策，加之不断攀升的债务比例，导致美国石油-美元体系进一步被削弱，伊朗等原油出口国为应对美元带来的风险，进一步提高人民币、欧元在本国外汇市场的地位。2021 年 12 月，美国参议院批准了规模约 1 万亿美元的基础设施法案和 1. 7 万亿美元的包括社保在内的一揽子经济刺激救助方案。美国财政部数据显示，2021 年 11 月，美国财政预算赤字为 1913. 35 亿美元，同比增加 16%。2021 年，中国和伊朗签署了长达 25 年的合作协议。同时，伊朗与俄罗斯、委内瑞拉、欧洲多国进行合作，以人民币和欧元为石油贸易结算货币，进一步削弱美元体系。《伊朗金融论坛报》援引数据显示，

2021年上半年，人民币在伊朗外汇储备中占有将近20%的比重。伊朗政府在外汇市场上，还把人民币和欧元一起作为其主要的货币，并通过法律手段进行本币更换，以支持国内生产。

（四）全球绿色投资推动油气产业向清洁化和数字化转型

2021年，全球油气行业有5%左右的投资进入包括太阳能、风能在内的多种新能源领域。换句话说，仍有90%以上的资本继续投向油气项目，并呈现从"油"向"气"、从"常规"向"非常规"、从"陆上"向"海上"、从"浅层浅水"向"深层深水"转变的大趋势，由此迫使石油公司必须更加依靠技术创新，推动数字化、智能化转型，解决勘探难题、克服环境约束、降低开发成本，打造"技术主导"的竞争新优势。全球油气行业技术创新进入黄金期，更加注重技术的实用性和针对性。在能源转型的大背景下，油气行业日益重视对低碳减排及新能源业务领域的投入，积极布局新能源项目，通过不断优化资产组合和业务结构保持公司竞争力。

新技术集成、融合创新引领油气产业向清洁化和数字化方向发展。后疫情时代，经济复苏更加依赖技术创新，各国也更加强调科技创新的作用，多学科、多领域技术创新齐头并进，学科间交叉融合创新互动更加频繁，多技术集大成系统创新颠覆行业发展。在此背景下，油气行业发展将深受相关学科创新影响，外部技术跨界融合将给油气行业指明新的发展方向，特别是数字化、智能化技术发展将引领油气行业新趋势，大数据、云计算、虚拟现实、区块链等新型信息技术与油气行业的深度融合发展，正引领油气行业开展颠覆性的技术创新，以数字化为特征的新技术将给油气产业链带来巨大变革。

国际石油公司普遍设立了清洁能源板块，并在新能源和低碳化技术方面广泛开展公司与公司、公司与大学/研究机构的合作研发，建立产业联盟、引入风险投资、参与工业联合项目等，形成更加深入和广泛的跨界融合，如专注于电池快充技术的以色列公司与英国石油公司的能源转型联盟、美国的能源管理软件公司与道达尔的可再生能源联盟、荷兰海伊特新燃料的风险投资等。为满足数字化、智能化发展的需要，油气领域跨界合作日益普遍，如道达尔和谷歌云、雪佛龙和微软、壳牌和惠普等，通过建立创新联盟、风险投资涌入，形成更加深入和广泛的创新融合。

三、2021年国际经济对中国油气产业的影响分析

"双碳"目标下，加快打造绿色油气田、绿色炼化产业、绿色储运体系、绿

色技术支撑、加强国际合作将成为油气行业迈向绿色低碳发展的重要路径。中国油气产业将大力实施绿色洁净发展战略，积极推进化石能源洁净化、洁净能源规模化、生产过程低碳化，坚定不移迈向净零排放，引领中国油气产业低碳转型进程。同时，与全球合作伙伴一道，全力推动能源行业绿色低碳转型、可持续高质量发展。

（一）多国量化宽松政策提高石油人民币结算竞争力

2021 年，在全球新冠肺炎疫情的影响下，世界各地的经济发展都不同程度地受到影响，甚至许多国家企业被迫停业。为了能够解决金融危机，恢复其国内的经济，对其负债的情况有所缓解，从 2020 年 3 月开始，美国推行无限制的量化宽松政策，大量印发美元。这对世界上以美元为储备货币，以及国际市场上以美元为结算货币的大宗商品价格造成了打击。同时美国美元的大量发行对于以美元结算的石油贸易，也造成了很大影响。

为了能够摆脱美国的限制，已经有许多国家开始采取“去美化”的措施。世界范围内已经有 57 个国家正在“去美化”，伊朗就是其中的典型代表。伊朗作为石油出口大国，在美国的干预下，其石油产业大受影响，从 2019 年到 2021 年，伊朗的石油出口量及经济营收大幅下降。为此，伊朗不得不大力发展其国内的其他产业。在此背景下，中国则成为伊朗的主要出口国，随着双方之间的不断合作，伊朗在国际货币使用上逐渐转变为人民币，中国也开始使用本国货币来结算石油，人民币地位不断提高。2021 年 4 月的相关数据显示，人民币在世界各国的储备份额呈现上升的趋势，已经增长到 2. 25%，而美元份额则在 2021 年 5 月下降到 38%左右，在 2000 年其份额高达 73%，由此可知，美元的地位在大大下降。不仅如此，欧元已经超过美元的地位，成为世界上使用最多的货币，占比达到了 39. 03%。随着中国的不断发展，人民币可以凭借其稳定性成为更有竞争力的货币。

（二）全球低碳经济约束促使中国油气产业加速绿色转型

2021 年，中国为应对不断加强的全球低碳经济约束，主动出台了一系列政策措施加速油气产业绿色转型。中国国家能源局研究制定并发布的《2021 年能源工作指导意见》中明确要求，要加快清洁低碳转型发展，深入落实中国碳达峰、碳中和目标要求，推动能源生产和消费革命，高质量发展可再生能源，大幅提高非化石能源消费比重，控制化石能源消费总量，着力提高利用效能，持续优化能源结构。2021 年，中国对转型发展的要求主要体现在大力发展非化石能源、增强清洁能源消纳能力、推动能源清洁高效利用三个方面。

在全球低碳经济约束和中国全面加速绿色经济转型发展背景下，中国主要油气企业全面贯彻绿色发展理念，聚焦天然气、氢能、核能、太阳能等新能源产业研发应用，为能源结构转型开辟了新路径。2021年，在构建多元化清洁能源供应体系方面，中国主要油气企业取得了积极突破。2021年，中国石油年产天然气当量超过1亿吨，天然气与石油的比值进一步提高；中国石化年产氢气量继续提升，建成多个油氢合建示范站，可形成全氢能产业链；中国海油以提升天然气资源供给能力和加快发展新能源产业为重点，推动实现清洁低碳能源占比提升。

(三)国际油价走高有助于国有石油公司全产业链实现盈利

从勘探开采、炼化到成品油销售，国有石油公司均实现了各个板块的全面盈利。在增储上产的总基调下，国内和国际的油气产量均持续攀升，其中上游勘探和开发占比较大的中国石油和中国海油，上游利润增速明显，支柱作用显现。中国石油2021年半年报显示，其经营业绩创下7年来同期最好水平，中国石油和中国石化的营业收入领跑全球油企，油气行业已强势复苏。国际油价走高和石油公司的提质增效促使公司各项经营指标创出新高。无论从上游勘探开发、炼化加工，还是下游消费，2021年中国三大国有石油公司都有全面利好的支撑，已全面复苏，实现全产业链盈利。

以中国石油为例，中国石油充分利用中国经济快速恢复、市场需求回升、国际油价上行等有利时机，统筹推进绿色低碳转型、生产经营、改革创新等各项工作，油气两大产业链平稳运行，发展质量和效益大幅提升。具体来说，第一，炼化结构调整深入推进。公司炼油与化工业务坚持市场导向，优化原油资源配置，调整炼油产品结构，持续推进减油增化。第二，成品油销售质量持续提升。公司销售业务继续坚持以市场为导向、以客户为中心，根据市场变化及时调整营销策略，坚持做精零售，全力做强批发和直销，努力提高销量、提升效益。统筹网络建设，积极布局加气业务，服务北京冬奥会首座加氢站——太子城服务区加氢站正式投用。非油业务积极探索线上线下全渠道销售模式，经营毛利创下历史最好水平。第三，天然气销售量效齐增。公司天然气销售业务抓住“双碳”大背景下中国天然气需求旺盛的有利时机，全力扩市场、优结构、强服务、重合作，积极开发直供直销客户，加强与大中型城燃集团、发电集团客户的战略合作。优化销售结构，加大线上竞价交易力度，销售效益大幅增长。第四，提质增效成效显著。大力推进市场升级、管理升级、质量升级，持续深化提质增效。油气单位操作成本、炼油单位现金加工成本和成品油吨油营销成本得到有效控制。坚持效益导向，实施精准投资，严控投资规模，投资结构得到进一步优化。

（四）国际能源市场风险推动中国“油气增储上产”工作

中国原油对外依存度达 70%以上，天然气对外依存度也在逐年增加。全球新冠肺炎疫情导致的去全球化趋势对中国的油气进口产生了较大影响。全世界多国推行的宽松货币政策也使得国际大宗商品价格飙升。为了保障中国油气供应安全，2021 年 4 月，中国国家能源局研究制定并发布了《2021 年能源工作指导意见》，指出当前国内外形势错综复杂，能源安全风险不容忽视，落实碳达峰、碳中和目标，实现绿色低碳转型发展任务艰巨。2021 年要大力发展非化石能源，强化能源供应保障基础，推动油气增储上产仍是重要任务。

意见明确提出，2021 年全国能源生产总量达到 42 亿吨标准煤左右，石油产量 1.96 亿吨左右，天然气产量 2025 亿立方米左右，非化石能源发电装机力争达到 11 亿千瓦左右。意见还提出，强化能源供应保障基础。在上游方面具体提出以下要求：推动油气增储上产，确保勘探开发投资力度不减，强化重点盆地和海域油气基础地质调查和勘探，推动东部老油田稳产，加大新区产能建设力度；加快页岩油气、致密气、煤层气等非常规资源开发；稳妥推进煤制油气产业高质量升级示范。在中游方面具体提出以下要求：进一步提升能源储运能力，立足“全国一张网”，推进天然气主干管网建设和互联互通；积极推进东北、华北、西南、西北等“百亿立方米”级储气库群建设，抓好 2021 年油气产供储销体系建设及管道、地下储气库和 LNG 接收站等一批重大工程建设；加快《石油储备条例》制修订。

2021 年，在落实“双碳”目标的大背景下，中国仍然强调“推动油气增储上产，确保勘探开发投资力度不减”，这充分说明油气资源在中国经济发展中的重要地位。2022 年，中国油气勘探与生产业务仍将实施资源战略，持续优化油气生产运行，实施老油田稳产，推进新区效益建产。同时，加大油气勘探开发力度，力图国内油气勘探在重点盆地取得重大发现。

世界油气产业发展分析与展望

2021年，油气开发投资前景得到进一步改善，世界油气勘探开发投资较2020年提升了7%，世界油气新增探明储量增加66亿桶油当量。同时，受新冠肺炎疫情控制较好、疫苗接种率持续提升、工业经济活动逐步复苏等因素叠加影响，2021年世界油气产量和消费量涨幅明显，世界油气价格总体呈波动上升态势；世界石油炼制产业的发展空间进一步扩大，其中北美、亚太地区炼油厂开工率位居高位。展望2022年，预计国际油气公司勘探投资仍将继续增长，但投资重心将逐步转向低碳与新能源业务；受“碳中和”工作持续推进影响，世界油气需求量和产量增幅放缓；国际油气价格预计在2022年上半年大幅回升，在下半年有所回落。

一、世界油气新增探明储量总体呈下降趋势

(一) 受诸多因素共同影响，多国可采石油资源总量出现下调

2021年，受地质条件复杂、勘探活动广泛、压裂技术改进、页岩油钻探的上行潜力降低等多重因素共同影响，世界油气新增探明储量呈下滑趋势。2021年全球新增探明油气储量下降至66亿桶油当量，较2020年的80.6亿桶油当量降低约18.2%，其中石油新增探明储量23.76亿桶油当量。Rystad Energy最新研究报告显示，俄罗斯在“Yensai Khatanga”盆地的“KB”地区发现了石油储量约为23亿桶的新盆地；意大利埃尼公司在科特迪瓦发现了石油储量约为15亿~20亿桶的帕伦油田，是除俄罗斯外的最大发现。

(二) 世界天然气新增探明储量保持下滑态势

2021年，世界天然气新增探明储量也遭遇较大打击。全球新增探明油气储量66亿桶油当量，天然气新增探明储量超过石油，占总新增探明储量的64%。根据Rystad Energy公布的最新研究报告，2021年除俄罗斯外，世界各地新增天然气探明储量创下自2008年以来的最低水平。

二、世界油气勘探开发投资有所回升

（一）世界油气上游产业勘探开发投资有所回升，但不及可再生能源投资

2021 年，新冠肺炎疫情得到较好控制、疫苗接种率持续提升，经济逐步复苏，投资前景得到明显改善。根据国际能源署(IEA)公布的数据，2021 年全球能源需求增长 4.6%，助推油气消费价格走高。尽管许多能源公司仍处于脆弱的财务状况，但有迹象表明，能源开发商正利用宽松货币政策和政府支持规划基础设施开发和新项目投资。2021 年，世界油气勘探开发投资额度为 3510 亿美元，较 2020 年的 3280 亿美元增长约 7%，但大部分投资流向电力和最终用途部门，而非传统燃料生产不及增长 2%后达到 3670 亿美元的可再生能源投资。

（二）后疫情时代，世界所有区域油气勘探开发投资均小幅增加

IEA 数据显示，2021 年，世界所有区域油气勘探开发投资额均出现一定程度回升。根据 Rystad Energy 公布的数据，受新冠肺炎疫情得到控制和油价攀升至高位的双重影响，2021 年全球陆上钻井数量为 54000 口，较 2020 年的 46000 口增加约 12%。海上钻井数量从 2020 年的不到 2300 口增至近 2500 口。其中，北美地区勘探开发资本支出增长 200 亿美元，增幅为 22.5%，亚太地区勘探开发投资增长 11.4%。拉丁美洲地区油气勘探开发步伐加快，2021 年同比增长 31.0%，其中巴西国家石油公司承诺在 2021—2025 年间投资 550 亿美元，其中 84.5%(465 亿美元)将用于勘探和生产活动，2021 年投入 81 亿美元用于油气勘探开发。圭亚那方面，2021 年油气勘探开发活动大幅增加。中东地区方面，据 BNC Network 的报道，海湾国家在 2021 年第一季度宣布在石油和天然气领域投资价值高达 100 亿美元的新项目，油气项目投资值仅次于公用事业投资，其中沙特和卡塔尔占海湾国家第一季度投资总额的 54%和 21%。东南亚方面，印度尼西亚能源和矿产资源部长阿里芬·塔斯里夫提出将加快制定有效财政政策，鼓励投资者增加在印度尼西亚的油气勘探和生产，以实现到 2030 年每天生产 100 万桶石油和 120 亿立方米天然气的目标。

（三）国际油气公司削减油气勘探开发规模，全面增加低碳技术投资

2021 年，碳排放规模较大的能源公司如俄罗斯天然气工业股份公司(Gazprom)、中国石油(CNPC)、中国石化(SINOPEC)、埃克森美孚公司(Exxon Mobil)和俄罗斯石油公司(ROSNEFT)仍将较多投资资金用于油气等化石燃料的勘探开发，2015 年至 2021 年上半年其在低碳技术方面投资仅占 3%。与此同时，

为更好地应对全球能源需求增长和日益严峻的环境问题，更好地契合“脱碳”这一油气行业的核心战略主题，越来越多的国际能源公司根据其自身的资源禀赋、业务优势与风险偏好加快低碳和新能源业务投资开发。2021 年上半年，油气行业公司在低碳资产方面的投资总计达 127 亿美元，约占总体资本支出的 8.7%，较 2020 年上半年投资额高出一倍多。其中，道达尔能源公司(Total)、挪威国家石油公司(Equinor)、英国石油公司(BP)、荷兰皇家壳牌(Shell)和西班牙国家石油公司(Repsol)继续保持投资优势，总计投资共占 2021 年上半年行业整体低碳支出的 71%。根据 IEA 公布的数据，2021 年美国埃克森美孚公司在油田勘探和开发方面的投资额为 160 亿~190 亿美元，较 2020 年同比下降 25%。

三、世界油气产量总体呈上升趋势

根据 2021 年 OPEC 公布的《石油市场报告》，受新冠肺炎疫情进程放缓、疫苗接种率不断提高、油气价格持续走高等诸多因素影响，2021 年全球石油产量先降后升，天然气产量总体呈小幅上升趋势。

(一) 受疫情放缓与高油价共同作用，全球石油产量先降后升

2021 年初，全球第二轮新冠肺炎疫情暴发，各国重启封锁措施，工业经济活动受限，石油勘探开发受阻，产量有所下滑。随着新冠疫苗接种有序推进，全球大部分地区经济得到复苏，石油市场基本面不断改善，石油需求有明显增长迹象。

2021 年全球石油产量约 44.23 亿吨，同比增长 1.3%，增量主要来源国家为“OPEC+”国家。4 月以来，伴随国际油价高速回升，“OPEC+”国家逐步缩小限产规模，其中，OPEC 国家生产石油 15.41 亿吨，同比增长 2.3%。尽管沙特阿拉伯、伊拉克、阿联酋三国以及非洲重要产油国尼日利亚和安哥拉石油产量均有所下降，但伊朗大幅增长 16.3%至 1.55 亿吨，利比亚石油产量翻番增至 0.65 亿吨，且卡塔尔稳步提升。

美国方面，2021 年石油总产量约为 8.25 亿吨，与 2020 年持平，仍是全球第一大产油国。俄罗斯增长 2%至 5.34 亿吨，跃居全球第二。沙特阿拉伯石油产量降至 5.3 亿吨，同比下降 1.1%。加拿大石油产量增长 5.3%至 2.7 亿吨。中国方面由于勘探开发力度较大，2021 年石油产量增长 1.8%至 1.99 亿吨。挪威受益于北海 Johan Sverdrup 项目的投产，2021 年石油产量增长 2.5%。西欧地区石油产量明显下滑，同比降低 1.8%，其中受管道事故影响，英国 2021 年石油产量下降 11.5%。

（二）疫情复苏下需求回弹，全球天然气产量小幅上升

据英国石油公司报道，过去20年世界天然气消费量增长了1.64倍，从2000年的2399.99亿立方米增加到2019年的3929.24亿立方米。根据IEA公布的数据，2021年全球天然气产量小幅上升。具体而言，美国天然气产量基本与2020年持平；俄罗斯、中亚地区天然气产量增幅较大。

四、世界油气消费需求回升

据OPEC最新数据显示，2021年，全球油气消费需求出现回升。2021年，世界石油需求量较2020年上升550万桶/日至9890万桶/日，达到疫情前97%的水平。2021年，经合组织国家石油消费需求同比增长2.48%，非经合组织国家同比增长3.34%，全球共计需求增长5.82%。2021年前三季度，全球天然气市场需求旺盛，消费量同比出现较大涨幅，但增速仍低于新冠肺炎疫情暴发前的水平。

（一）疫情好转背景下，全球三大地区石油消费量均有所回升

2021年，各国逐渐从新冠肺炎疫情中复苏，疫苗接种率不断提高，工业经济活动逐渐恢复。根据OPEC公布的最新数据，2021年，北美地区石油需求出现强劲反弹，这主要是因为美国新冠疫苗接种计划加速推进，工业生产活动稳定开展，工业燃料消费需求得到提振，进而造成石油需求回升。欧洲方面，石油需求同比小幅增长。具体而言，除德国石油需求量同比出现下降外，其余国家均有一定增长，其中，英国、意大利、法国消费增幅较明显，这主要是由于疫情防控措施放松、欧洲内部跨国旅游活动不断增加，运输燃料消费增加，其中涨幅最大的是喷气煤油、轻质馏分油、汽油和柴油。以中国和印度等新兴经济体为代表的亚太地区，石油消费市场有所回暖。其中，中国石油需求保持增长态势，尽管局部地区有零星疫情与管控措施，但中国总体经济形势向好，石化原料需求旺盛。印度方面，石油需求同比增长0.4万桶/日，主要是受到飞机业务恢复的影响，但仍低于疫情前的水平。

（二）疫情好转与低碳发展叠加，全球天然气消费量迅速回弹

根据IEA公布的相关报告，2021年，全球天然气市场需求保持强劲态势，但供给端持续收紧；全球LNG贸易量实现同比正增长，但增速仍低于新冠肺炎疫情暴发前的水平。美国方面，天然气消费量同比小幅下降。电力部门方面，尽管年初极寒天气导致消费需求攀升，但持续走高的天然气价格也在一定程度上削弱其市场竞争力，导致煤炭和可再生能源（包括水电）消费量出现一定程度的增

长；工业部门消费量同比小幅下降，住宅和商业部门消费量合计同比出现增长。欧洲方面，受严寒气候影响，供暖周期延长，电力部门消费需求量不断增加，2021 年欧洲天然气消费量出现较大涨幅。亚太地区方面，各国疫情控制状况良好，工业经济活动迅速恢复，叠加季风气候影响，天然气消费增长强劲。

五、世界油气价格总体呈上升趋势

（一）2021 年上半年国际油价呈上升态势，下半年维持震荡回升

2021 年，国际油价总体保持上升态势。根据《国际原油市场月评》公布的数据，1 月，一方面受沙特自愿大幅减产及市场预期拜登上任后将推出大规模经济刺激政策和限制美国原油供应的能源政策的影响，国际油价继续走高；另一方面，油价涨幅在一定程度上受新冠肺炎疫情持续蔓延与疫苗接种进度缓慢限制。

1 月，西得克萨斯中质（WTI）、布伦特（Brent）和阿曼原油期货均价分别为 52.1 美元/桶、55.29 美元/桶和 54.97 元/桶，环比分别上涨 5.03 美元/桶、5.07 美元/桶和 4.83 美元/桶。

2 月，受到美国原油大幅降库、拜登政府积极推进经济刺激法案、美国极寒恶劣天气导致产量骤降、市场资金持续涌入油市等诸多因素叠加影响，国际原油价格一度升至 2020 年 1 月 8 日以来的最高水平。WTI、布伦特、阿曼原油期货均价分别为 59.06 美元/桶、62.28 美元/桶和 61.01 美元/桶，环比分别上升 6.96 美元/桶、6.99 美元/桶和 6.04 美元/桶。

3 月，国际油价呈现上升、下降、再上升波动态势。上旬，受沙特自愿减产决定、美国原油库存下降、美国国会通过拜登政府 1.9 万亿美元刺激法案等因素影响，国际油价进一步上升，11 日布伦特原油期货价格最高升至 69.63 美元/桶。3 月中旬，受欧洲新冠疫苗接种进程遇阻且疫情形势恶化打压需求影响，国际油价明显回调，23 日布伦特油价最低降至 60.79 美元/桶。3 月底，苏伊士运河阻塞引发市场对原油运输受阻的担忧、“OPEC+”可能保持减产规模的市场估计都使得油价出现反弹情形。3 月，WTI、布伦特、阿曼原油期货均价分别为 62.36 美元/桶、65.70 美元/桶和 64.39 美元/桶，环比分别上升 3.3 美元/桶、3.42 美元/桶和 3.38 美元/桶。

4 月初，国际油价有所下降，这主要是因为“OPEC+”达成逐渐增产决定及新一轮新冠肺炎疫情对原油消费的冲击。此后，美国国民经济运行良好、国际能源署与 OPEC 不断调高石油需求预测、美国原油库存下降等因素致使国际油价反弹。4 月，WTI、布伦特、阿曼原油期货均价分别为 61.70 美元/桶、65.33 美元/桶和

63.27 美元/桶，环比分别下降 0.66 美元/桶、0.37 美元/桶和 1.12 美元/桶。

5 月初，中国国民经济运转良好、美国原油库存大幅下降、欧美等大部分地区解除新冠肺炎疫情封锁多因素叠加，致使国际油价有所提升，18 日布伦特原油期货价格一度达到 70 美元/桶。5 月中旬，伴随疫情在亚洲多地蔓延、伊核谈判取得进展，国际油价出现明显下降。5 月末，受大多数投行看好大宗商品、拜登再次提出 6 万亿美元经济刺激计划的影响，国际油价持续走高。5 月，WTI、布伦特、阿曼原油期货均价分别为 65.16 美元/桶、68.31 美元/桶和 66.44 美元/桶，环比分别上升 3.46 美元/桶、2.98 美元/桶和 3.17 美元/桶。

6 月，伴随欧美经济复苏转好、“OPEC+”会议决定保持现有增产计划、美国原油库存大幅下降，国际油价持续走高。25 日布伦特原油期货结算价为 76.18 美元/桶，创下 2018 年 10 月 30 日以来的最高油价纪录。6 月，WTI、布伦特、阿曼原油期货均价分别为 71.35 美元/桶、73.41 美元/桶和 71.75 美元/桶，环比分别上升 6.19 美元/桶、5.1 美元/桶和 5.31 美元/桶。

7 月，德尔塔变异毒株蔓延致使多国重启疫情封锁、美国国民经济运行数据良好等多重因素交织影响，国际油价呈震荡态势。7 月，WTI、布伦特、阿曼原油期货均价分别为 72.43 美元/桶、74.29 美元/桶和 72.73 美元/桶，环比分别增长 1.08 美元/桶、0.88 美元/桶和 0.98 美元/桶。

8 月，德尔塔变异毒株传播迅速，全球疫情逐步恶化，国际油价出现连续下跌情形，20 日布伦特原油期货最低降至 65.18 美元/桶，创下 2021 年 5 月 21 日以来的最低价格。截至 8 月 27 日，8 月 WTI、布伦特、阿曼原油期货均价分别为 67.60 美元/桶、70.25 美元/桶和 69.22 美元/桶，环比分别下跌 4.83 美元/桶、4.04 美元/桶和 3.51 美元/桶。

9 月以来，全球疫情有所放缓，主要经济体经济发展稳步回升，国际油价震荡回升。与此同时，受中国宣布投放国家储备原油、沙特超预期下调亚洲原油售价等多重因素影响，国际油价涨幅受到限制。9 月 20 日以来，布伦特原油期货价格连续 5 日上涨，涨至 2018 年 10 月以来新高。截至 9 月 24 日，9 月 WTI、布伦特原油期货均价分别为 70.70 美元/桶、73.97 美元/桶，环比分别上升 3.1 美元/桶、3.72 美元/桶。

10 月，受煤炭、天然气等能源供应紧张、价格高企等因素影响，国际油价持续走高。10 月 24 日，布伦特原油期货最高价格升至 86.40 美元/桶。截至 26 日，10 月 WTI、布伦特、阿曼原油期货均价分别为 80.92 美元/桶、83.63 美元/桶、81.72 美元/桶，环比分别上涨 10.22 美元/桶、9.66 美元/桶、8.73 美元/桶。

11 月，“OPEC+”国家坚持既定增产计划、全球石油需求旺盛等因素为国际油价提供支撑，但受欧洲、南非新冠肺炎疫情进一步蔓延影响，国际油价承压回落。11 月 WTI、布伦特、阿曼原油期货均价分别为 78.65 美元/桶、80.85 美元/桶和 79.70 美元/桶，环比分别下降 2.27 美元/桶、2.78 美元/桶和 2.02 美元/桶。

12 月，受抗新冠病毒药物效果显著、美国原油库存超预期下降、部分 OPEC 产油国石油生产遭遇不可抗力等多因素影响，国际油价明显回升。30 日，布伦特最高升至 79.32 美元/桶。

（二）国际天然气价格呈走高—下降—走高的波动上升态势

2021 年，国际天然气价格先上升，中期下跌，最后上升，整体呈波动上升态势。根据《国际天然气市场月评》的数据，1 月，美国亨利中心（Henry Hub，简称 HH）、荷兰天然气交易机构（Title Transfer Facility，简称 TTF）和亚洲液化天然气现货三大市场天然气价格均环比上升，其中欧洲市场涨幅最大。HH 现货均价 2.78 美元/百万英热，环比上涨 8.2%，受冬季亚洲市场天然气现货供应趋紧、需求大幅上升影响，东北亚 LNG 现货均价 16 美元/百万英热，环比上升 104%。

2 月，受极端天气影响，美国采暖需求大幅上升，拉高天然气消费需求，进而导致 HH 均价出现短期骤涨，HH 现货均价 5 美元/百万英热，环比上涨 79.9%。欧洲市场方面，民商采暖需求稳定，但受风力发电供应持续平稳、煤炭价格持续走低等因素影响，天然气整体消费需求有所下降，TTF 均价 6.3 美元/百万英热，环比下跌 14.1%。亚太市场方面，受春节等传统节日、假期影响，中国、日本与韩国天然气消费疲软，亚洲整体需求下降，同时天然气供应较为稳定，东北亚 LNG 现货价格出现环比回落。

3 月，美国气候回暖，国内天然气生产从强冷极端天气中恢复，且国内产量与国际进口量均有所提升，供需基本面恢复至极端天气影响前水平，HH 现货均价 2.65 美元/百万英热，环比下跌 47.0%。欧洲市场方面，3 月气温先降后升，民商用气需求稳定，尽管月内挪威气田出现两次断供，但储气库抽提气量持续支撑区内供应，整体供需基本平衡，TTF 现货均价降至 6.13 美元/百万英热，环比下跌 2.7%。受气温升高影响，亚洲主要进口国需求下降；同时，美国等地区持续增加天然气供应，整体供需宽松，东北亚 LNG 现货价格环比显著下降。

4 月，美国气温升高，民商需求均有所下降，天然气勘探开发活动稳定，国内产量稳中有升，整体供需宽松。4 月 HH 现货均价 2.6 美元/百万英热，环比下跌 1.9%。欧洲方面，受反季节寒流、风电减产等因素影响，整体消费需求上升，本土天然气产量稳定，供需基本面收紧，TTF 现货均价涨至 7.23 美元/百万英热，环比上涨 17. 9%。亚太地区方面，受各国尤其是韩国补库需求旺盛、天然气交易价格上升影响，东北亚 LNG 现货价格 6. 89 美元/百万英热，环比上涨 15%。

5 月，美国方面，居民、商业和工业用气需求小幅上升，本土产量稳定且进口气量有所上升，供需基本面趋紧，HH 现货均价 2. 93 美元/百万英热，环比上涨 12. 7%。欧洲市场方面，气温升高、区内替代能源发电量下降导致天然气消费需求上升明显，此外受挪威气田意外停电、常规检修影响，区内供应下降，TTF 现货均价涨至 8. 92 美元/百万英热，环比上涨 23. 4%。亚太市场方面，受新冠肺炎疫情二次暴发影响，东北亚各国天然气需求稳定并有小幅下降。但受澳大利亚、印度尼西亚等主要供应国液化项目进入维护期影响，东北亚区域现货供应下降，叠加欧亚气价联动效应，东北亚 LNG 现货均价 9. 02 美元/百万英热，环比上涨 30. 9%。

6 月，美国气温稳步上升提振发电用气需求，叠加国内产量稳定、自加拿大进口的管道气量小幅上升，整体供需宽松，HH 现货均价 3. 2 美元/百万英热，环比上涨 9. 2%。欧洲市场方面，气温升高、风电减产和碳交易价格持续上升导致天然气需求继续走高；挪威气田再度短供加剧区域内供应紧张形势，整体供需基本面偏紧，TTF 现货均价涨至 10. 0 美元/百万英热，环比上涨 12. 1%。亚太市场方面，中日韩等主要进口国现货需求稳定，孟加拉国、泰国等新兴进口国现货需求上升；澳大利亚、印度尼西亚等主要供应国部分液化项目仍处于维护阶段，亚洲市场现货供应下降，导致东北亚 LNG 现货价格环比大幅上涨。

7 月，受美国西北部持续高温和得克萨斯州风力发电量下降影响，美国天然气总需求持续增长；供给方面，自加拿大进口的管道气量稳定，供需收紧，HH 现货均价 3. 79 美元/百万英热，环比上涨 18. 4%。欧洲市场方面，受夏季高温、风电产量上升、碳交易价格回落等多因素叠加影响，天然气需求整体偏高；此外，挪威气田检修完成，对区域内供应有一定弥补，但整体供需基本面依然偏紧。7 月 TTF 现货均价涨至 12. 3 美元/百万英热，环比上涨 23%，同比上涨 645. 5%。

8 月，北美市场方面，气温持续升高助推民商用气需求上涨，本国天然气产量与进口来自加拿大的液化天然气量均出现小幅下降，基本供需收紧，造成 HH 现货价格大幅上涨至 4. 1 美元/百万英热，环比上升 8. 2%，同比上涨 84. 7%。欧洲市场方面，夏季高温及补库需求导致天然气需求上升，叠加区内天然气供应紧张形势加剧，TTF 现货均价涨至 15 美元/百万英热，环比上涨 22%。亚太市场方面，中国进口澳大利亚多个液化气项目仍在停产检修，美国 Cameron LNG 液化项目短期停产，整体供应紧张形势有所加剧，供需基本面收紧。9 月交付的东北亚 LNG 现货均价 15. 1 美元/百万英热，环比上涨 16. 7%，同比上涨 439%。

9 月，受供应偏紧影响，三大市场天然气价格出现不同程度上涨。受飓风和热带风暴等自然灾害影响，北美市场天然气产量出现下滑，HH 月均价环比上涨 22. 7%，同比上涨 152. 8%。欧洲方面，环保政策落地实施、风力发电下降等因素推高天然气需求，TTF 月均价 20. 93 美元/百万英热，环比上涨 39. 5%。亚太市场方面，供应紧张造成东北亚 LNG 现货价格环比大幅升高。

10 月，三大市场天然气价格继续保持上涨态势。受出口增加和气温降低等因素影响，美国天然气需求有所增加，HH 月均价环比上涨 9. 3%。欧洲市场天然气供需持续收紧，TTF 月均价 29 美元/百万英热，维持历史同期高位。亚太市场方面，受区域市场需求竞争激烈及心理预期等因素影响，东北亚 LNG 现货价格再创新高，环比上涨 69. 2%。

11 月，三大市场天然气供应紧张形势有所缓解。其中，受气温降低、天然气出口增加影响，北美地区天然气需求仍居高位；同时，美国本土天然气产量和自加拿大进口管道气量持续上升，供需基本面仍然偏紧，11 月 HH 现货月均价为 5. 3 美元/百万英热，环比下降 3. 6%，同比上涨 100. 8%。欧洲方面，实际供应有所上升，一定程度上缓解了需求旺盛的现状，TTF 现货月均价为 27. 0 美元/百万英热，环比下跌 6. 9%。亚太市场天然气主要需求国进入传统旺季，助推东北亚天然气现货价格上涨。

12 月，北美市场受民商与发电用气需求下跌、本土天然气供应显著增加等因素影响，HH 现货月均价为 3. 9 美元/百万英热，环比下跌 26. 4%。欧洲市场用气需求基本保持稳定，但受俄罗斯亚马尔管道多日暂停供气与北溪二号项目推迟投产影响，TTF 现货价格出现短暂飙升，之后随供应回升而有所回落。亚太市场受传统天然气需求旺季影响，东北亚 LNG 现货价格仍居于高位，环比上涨 12. 8%。

六、世界石油炼制产业的发展空间进一步扩大

（一）全球原油加工量持续增长

受新冠肺炎疫情好转、油价走高及需求旺盛等因素影响，2021 年，全球原油加工量整体呈上升态势，总体运营表现好于 2020 年。相较于 2020 年全年日均原油加工量 7551. 2 万桶，2021 年这一数据为 7730 万桶，同比增长 2. 4%，但仍低于 2019 年 8160 万桶的水平。美国方面，年初受席卷美国大部地区的严寒天气影响，炼油厂大幅减产，此后炼油设施逐步恢复，原油加工量呈现先缩减后增加

的趋势，据美国能源信息署(EIA)公布的数据，2021 年全年日均原油加工量分别增长 7.3%。中东地区原油加工增长较快，日均原油加工量增长 7.4%，欧洲地区增幅为 1.9%，非洲地区则下降 5.3%。根据墨西哥国家石油公司公布的数据，2021 年第三季度原油加工量达到 69.5 万桶/日，同比增长 15%。中国方面，2021 年 1—9 月，原油加工量较 2020 年同比增长 6.2%，较 2019 年同比增长 9.4%。印度方面，政府公布的数据显示，尽管国内新冠肺炎感染人数屡创新高，但印度炼油厂仍在避免大幅削弱原油加工量，2021 年 9 月，日均原油加工量达 445 万桶。

（二）全球炼油厂开工率不断提高，各地区具体表现不同

2021 年，新冠肺炎疫情对全球能源消费抑制作用减弱，各国炼油厂开工率稳中有升，但表现略有不同。根据 EIA 公布的数据，2021 年 2 月，美国炼油厂受极端严寒天气影响导致大范围停工，此后炼油基础设施逐步得到恢复，4 月创下自 2020 年 3 月以来的最高开工率，10 月炼油厂开工率达 89.6%。此外，截至 2021 年 10 月 23 日，美国东海岸炼油厂的利用率升至 93%，创下自 2019 年 5 月以来的最高水平。随着亚太地区国家疫情好转，经济活动逐渐恢复，亚太地区炼油厂开工率出现回升。其中，2021 年 9 月，印度炼油厂平均开工率为 88.69%，环比增长 2%；截至 10 月 23 日，日本炼油厂平均开工率为 71.2%。韩国方面，受原油进口总量增长与冬季燃料需求攀升影响，SK 创新(SK Innovation)、现代炼油公司(Hyundai Oilbank)、韩国石油提炼公司(S-Oil Corp.)和 GS 加德士(GS Caltex)等主要炼油商纷纷提高开工率，自 2020 年初以来，该国顶级炼油商 SK 创新的开工率一直低于 70%，2021 年已提升至 75%左右，GS 加德士(GS Caltex)也将其开工率提高到 90%以上。

（三）全球炼油利润有所增长，其中北美地区涨幅最大

2021 年，随着各国逐渐摆脱新冠肺炎疫情限制、能源需求逐渐复苏，全球炼油利润不断走高，原油和汽油等燃料生产利润自疫情暴发以来首次出现反弹，主要地区炼油商利润有所增加。其中，美国炼油利润增幅最大，阿格斯含硫原油(ASCI)焦化毛利从 2020 年的 3.7 美元/桶增长至 10.75 美元/桶，涨幅高达 290%；此外，尽管美国航空燃油需求恢复滞后，但美国汽油和馏分油消费量已反弹至 5 年平均水平，并高于疫情前水平。欧洲方面，路孚特 Eikon 数据显示，10 月西北欧地区炼油利润突破 9 美元/桶，创下 2020 年 4 月以来最高水平，西北欧布伦特原油裂化毛利从 1.44 美元/桶上升至 2.62 美元/桶，同比增长 181.9%，但仍低于疫情前水平。亚洲地区炼油利润率增长明显，这主要是受到工业经济需求持续恢复、燃料消费需求旺盛稳健、煤炭与天然气价格攀升等诸多因素叠加影响，9月，阿曼在亚洲开设炼油厂的利润平均上升了2美元/桶。

七、2022年世界油气产业发展展望

（一）国际油气公司勘探投资有望继续增长，投资重心逐步向低碳与新能源转移

鉴于新冠肺炎疫情短期不会完全结束，经济疲软仍将持续较长时间，预计2022年全球油气公司将实时调整自身勘探开发与投资策略。此外，伴随着碳减排、碳中和的深入推进，国际油气公司将充分根据自身实力、经营策略、发展阶段，逐步增加对低碳和新能源领域的相关投资。相较于其他化石燃料，天然气造成的二氧化碳排放量相对较少，预计国际油气公司将持续增加对天然气的勘探开发投资。

（二）碳中和工作持续推进，世界油气需求量与产量增量放缓

尽管2021年新冠肺炎疫情在许多国家出现反复，且存在病毒频繁变异的情形，但与此同时，中国、美国、欧洲等国家和地区的新冠疫苗接种人数仍不断上升，疫情总体呈长期可控态势，此外叠加工业经济活动持续恢复因素，在未出现重大政策变动的情况下，预计2022年世界油气需求量仍将保持增长态势。除此之外，《区域全面经济伙伴关系协定》（RCEP）于2022年1月1日起正式生效，亚太地区经济交流不断增多，有望推动全球经济回暖，预计2022年亚太地区油气需求量将保持小幅增长。但考虑到碳中和、碳减排工作的持续推进，预计2022年世界油气需求量与产量增长幅度较小。

（三）国际油气价格预计上半年大幅上升，下半年有所回落

考虑到新冠肺炎疫情得到有效抑制、各国疫苗接种率不断提升、工业经济活动持续复苏、《区域全面经济伙伴关系协定》（RCEP）正式生效以及俄乌冲突影响，预计2022年上半年全球油气消费需求仍将保持较高水平，助推国际油气价格出现大幅走高。在较高疫苗接种率的情况下，高传染性的新冠毒株的变异并不会造成新一轮的大范围疫情封锁，油气消费需求也不会受到较多影响。鉴于OPEC国家和以俄罗斯为首的盟友，即“OPEC+”，坚持石油增产计划，若增产计划持续实施，预计2022年下半年将出现供过于求的现象，油气供需基本面趋于宽松。此外，油气价格也将受到疫情反复的影响，出现起伏波动，因此，预计2022年下半年国际油气价格总体保持区间震荡态势。

（四）世界炼油产能和开工率有望继续走高，炼油毛利继续增加

考虑到2021年全球新冠肺炎疫情得到有效控制及世界经济复苏，预计2022年世界炼油产能和开工率将继续提高。其中，随着2022年1月1日起《区域全面经济伙伴关系协定》（RCEP）正式生效，预计中国、印度、韩国等亚太地区国家将有望成为世界炼油产能恢复的中坚力量。此外，鉴于全球油气消费需求不断提升，预计2022年全球炼油毛利仍将继续提高。在国际油价保持高位、“碳达峰碳中和”目标实现压力加剧的形势下，世界炼油业将进一步加快转型，行业总体经营情况将继续回升。

国 内 篇

2021年，在摆脱了新冠肺炎疫情的干扰与经济复苏的背景下，中国经济上涨明显，常态化进程全面推进。2021年是“十四五”规划开始部署实施的第一年，在加快构建双循环新发展格局统领下，科技自立自强的布局、产业链供应链的安全性布局、国内大循环的畅通与短板的补足、扩大内需战略的启动等举措，不仅引发了经济主体预期的改变，同时也替代了非常规刺激政策成为需求扩张的基础性力量。回顾2021年，国内原油产量保持稳定，进口量持续增长，进口来源稳定，原油加工量下降，需求减少，全年油价震荡上行；国内成品油产量稳步增长，进口量锐减，出口量呈下降趋势，成品油企业盈利明显改善，市场维持“两大多小”竞争格局；天然气产量、进口量保持增长态势，国内供需基本平衡，价格大幅上涨，交易市场化程度更高。展望2022年，预计随着全球经济复苏和石油需求提振，原油库存量将继续释放，国内原油产量稳中有升，进口量将不断减少，原油需求增速将放缓，价格持续波动，油价均值将小幅上涨；预计成品油供给继续保持增长，进口量有所减少，需求保持低速增长，定价机制进一步完善。

2021年，中国持续加大勘探资金和科技投入力度，着力攻克深层技术难题，油气勘探工作卓有成效，油气勘探领域捷报频传。中国油气行业通过不断提高油气田开采技术，加快国产化进程，积极推进智能化、数字化、自动化进程，充分发挥规模经济作用，推动油气产量稳定增长。国内油气工程技术服务市场进一步回暖，油服企业业绩转好，最大程度降低了新冠肺炎疫情带来的不利影响。此外，在“十四五”规划和实现“双碳”目标的背景下，高碳的炼化行业与油气管网行业积极推进数字化建设，加快绿色低碳转型。在供给侧过剩、需求放缓的大背景下，炼化产业集中度不断提高，呈现多元化竞争格局，随着产业链布局的不断延伸，优质民营炼化企业中长期成长空间逐步打开。

中国宏观经济及油气产业政策分析与展望

2021年，在全球经济复苏与基数效应的双重作用下，中国宏观经济增速上升明显，呈前高后低的运行态势，这不仅意味着中国经济强劲增长，也标志着中国经济常态化进程的全面推进。2021年是“十四五”规划开始部署实施的第一年，在加快构建双循环新发展格局统领下，科技自立自强的布局、产业链供应链的安全性布局、国内大循环的畅通与短板的补足、扩大内需战略的启动等举措，不仅引发了经济主体预期的改变，同时也替代了非常规刺激政策成为需求扩张的基础性力量。2021年，油气产业政策着力于加强能源项目监管，增强能源安全保障能力，强化能源安全风险管控，加强价格监管及推进价格机制改革。展望2022年，油气产业政策将注重加快油气稳产增产和相关基础设施建设，保障能源安全；推进油气市场化、法制化制度建设，深化油气体制改革；强化能源监管，注重发展推广天然气和加强市场监督；加快推进能源科技创新，发展智慧能源系统；稳步推行“十四五”规划，拓展能源国际合作，实现油气产业的高质量发展。

一、2021年中国宏观经济运行概要

2021年，中国经济保持了较为强劲的复苏势头。根据国家统计局发布的数据，2021年，中国全年国内生产总值(GDP)为1143670亿元，按可比价格计算，同比增长8.1%。全年经济增速呈前高后低的发展态势。工业生产者出厂价格指数(PPI)增速持续上涨并创历史新高，全年居民消费价格指数(CPI)温和上涨，剪刀差快速扩大。居民收入保持恢复性增长，带动城乡收入差距持续缩小。固定资产投资规模持续恢复，同时投资结构持续优化。对外贸易积极因素持续增多，进出口贸易规模逐季提升。同时，随着网络信息技术日益成熟，中国产业升级态势迅猛，经济新动能更加强劲。

（一）经济持续改善，经济增速前高后低

2021年，随着全球新冠肺炎疫情形势好转，世界经济逐步复苏，但仍面临较多不确定性。中国经济在统筹推进疫情防控和经济社会发展的情况下，始终保持稳中求进的发展态势，货币财政政策都趋向于“正常化”目标而非强刺激，2021

年实现国内生产总值1143670亿元，比2020年增加127684元，经济持续改善。按可比价格计算，比2020年增长8.1%，提高5.8个百分点。其中，第一产业增加值83086亿元，比2020年增长7.1%，提高4.1个百分点；第二产业增加值450904亿元，比2020年增长8.2%，上升5.6个百分点；第三产业增加值609680亿元，比2020年增长8.2%，提高6.1个百分点。分季度看，四个季度国内生产总值同比增速分别为18.3%、7.9%、4.9%和4.0%，保持了较为强劲的复苏势头，全年经济增速呈前高后低的发展态势。

2021年是“十四五”规划的开局之年，新一轮对外开放及“一带一路”倡议的扎实推进稳定和激发了外部需求，巩固了中国在全球产业链、供应链和价值链中的地位。随着中国疫情防控进入常态化阶段，中国经济得到持续改善，以国内大循环为主体、国内国际双循环相互促进的新发展格局正在逐步形成，新的比较优势开始发挥作用。全球新增新冠肺炎感染病例时有起伏，但随着医疗系统全面启动、新冠疫苗接种推进和部分国家自然免疫能力的提高，由经济重启和支持政策推动的全球经济总体复苏仍在持续进程中。但各国经济复苏所处阶段存在明显差异，发达国家由政策刺激和经济重启推动的强劲反弹已渐入尾声，复苏斜率明显趋缓，经济进一步复苏需要依赖就业的增长和经济内生动力的增强，这是一个相对缓慢的过程。一些疫苗接种率较低的发展中经济体和低收入国家复苏进程仍存在非常大的不确定性。随着发达国家复苏斜率趋缓，全球需求快速反弹的局面告一段落。面对国内外形势的变化，中国在统筹疫情防控和经济社会发展过程中，主动加快了经济转型步伐，经济增速明显上升，第一、第二季度经济增速分别达18.3%和7.9%，随后受疫情冲击等各种因素“震荡叠加”的影响，中国第三、第四季度经济上升势头明显下降，分别为4.9%和4.0%。整体上，中国经济稳增长压力可控，全年实现8.1%的增长，经济常态化转型态势良好。

（二）全年PPI持续上涨，CPI增速低位震荡

2021年以来，随着中国防疫工作成效显著带动经济率先复苏，同时受2020年同期低基数效应、国内部分高耗能行业阶段性供给收缩的影响，中国全年工业生产者出厂价格指数(PPI)总体呈持续较快上涨趋势。2021年1—3月，PPI同比增速分别为0.3%、1.7%、4.4%，1月由负转正，随后涨幅快速扩大；环比增速分别为1%、0.8%、1.6%，3月环比增速创下2017年以来的最高值。第一季度平均同比增速为2.1%，明显高于2020年第一季度平均同比增速-0.6%。PPI同比和环比增速的上升主要受生产资料价格的影响。1—3月，生产资料价格同比增速分别为0.5%、2.3%、5.8%，导致PPI上涨约0.35个百分点、1.71个百分

点、4.32个百分点；生活资料同比增速分别为-0.2%、-0.2%、0.1%，导致PPI上涨约-0.06个百分点、-0.05个百分点、0.04个百分点。随后，受全球经济复苏和大宗商品价格上涨的影响，第二季度PPI涨幅迅速扩大，4—6月，PPI同比增速分别为6.8%、9.0%、8.8%。第三季度受全球新冠肺炎疫情导致的供需缺口和原材料供应短缺等因素的影响，煤炭、石油和天然气等以能源为代表的大宗商品价格大幅上升，进一步拉动PPI增速持续上涨。7—9月，PPI同比增速分别为9.0%、9.5%、10.7%。进入第四季度，PPI同比增速在10月再创新高，达13.5%，11月略有回落但仍处于历史高位，12月PPI同比增速为10.3%。总体来看，2021年，中国PPI涨幅上升明显，全年累计同比增速为8.1%，较2020年年均-1.8%的增速大幅上升。

2021年，中国全年居民消费价格总体较为平稳，CPI和核心CPI增速相较于2020年均有所下降，并呈低位震荡趋势。2021年1—3月，CPI同比增速分别为-0.3%、-0.2%、0.4%，第一季度平均同比增速为0，其中扣除食品和能源的核心CPI增速第一季度平均亦为0，相较于2020年CPI和核心CPI年均2.5%和0.8%的增速均有所下降。除了与2020年底CPI居民消费价格基数较高有关以外，食品价格同比增速大幅下降也是导致第一季度CPI增速下降的主要原因。随着高基数效应逐渐减弱，第二季度CPI增速有所回升，4—6月，CPI增速分别达0.9%、1.3%、1.1%。之后，在猪肉价格下降等因素带动下，第三季度CPI涨幅逐渐回落，7—9月，CPI同比上涨1.0%、0.8%、0.7%。随着消费需求季节性增加，加之第二轮中央储备猪肉收储工作有序开展，猪肉价格自10月中旬起略有回升，第四季度CPI涨幅再次回升，10—12月，CPI增速分别达1.5%、2.3%、1.5%。其中，10月受特殊天气、局部地区疫情扩散及生产运输成本增加等因素叠加影响，鲜菜价格上涨16.6%，影响10月CPI上涨约0.34个百分点，占总涨幅近五成。总体来看，中国2021年消费价格总体涨幅较小，全年居民消费价格平均涨幅为0.9%，明显低于2020年CPI平均增速3.6%。

从消费品和服务的分类角度来看，2021年第一季度CPI涨幅较2020年年均增速大幅下降由消费品和服务价格同比增速共同下降所致。2021年第一季度非食品价格同比增速为-0.1%，小幅低于2020年年均增速0.4%。其中，1月、2月、3月食品价格同比增速分别为1.6%、-0.2%、-0.7%，影响CPI上涨约0.30个百分点、-0.05个百分点、-0.12个百分点；非食品价格同比增速分别为-0.8%、-0.2%、0.7%，影响CPI上涨约-0.64个百分点、-0.15个百分点、0.56个百分点，3月非食品价格由降转升的主要原因是国际原油价格上涨带动国内汽油和柴油价格分别上涨 11.9%和 12.8%。之后，随着国民经济持续稳定恢复，国内服务消费也持续恢复，服务价格逐步回升，前三季度平均上涨 0.7%，涨幅比 2020 年同期扩大 0.4 个百分点。其中，出行类价格回升较快，飞机票和宾馆住宿价格分别上涨 10.6%和 2.0%，涨幅比 2021 年上半年均有扩大；家庭服务、教育服务和养老服务价格涨幅相对稳定，前三季度分别上涨 2.5%、2.0%、1.7%。全年来看，2021 年，CPI 同比上涨 0.9%，涨幅比 2020 年上升 2.7%，其中，食品价格下降 1.4%，涨幅回落 12 个百分点，影响 CPI 上涨约 0.26 个百分点。食品中，猪肉价格下降 30.3%。非食品价格上涨 2.1%，涨幅上涨 1.7 个百分点，影响 CPI 上涨约 1.69 个百分点。全年扣除食品和能源价格的核心 CPI 上涨 0.8%，涨幅与 2020 年持平。

（三）居民收入保持恢复性增长，城乡收入差距持续缩小

2021 年，中国人均可支配收入同比名义增长 9.1%，增速比 2020 年增长 4.4 个百分点；扣除价格因素，同比实际增长 8.1%，增速比 2020 年增长 6 个百分点。从收入来源看，工资性收入仍然是居民收入的主要来源，经营净收入和财产净收入增长态势良好，转移净收入持续平稳增长。具体来说，中国居民人均工资性收入 19629 元，同比增长 9.6%，占可支配收入的比重达 55.9%；人均经营收入 5893 元，增长 11.0%，占可支配收入的比重为 16.8%；人均财产净收入 3076 元，增长 10.2%，占可支配收入的比重为 8.8%；人均转移净收入 6531 元，增长 5.8%，占可支配收入的比重为 18.6%。中国居民人均收入全面提升与 2021 年中国就业形势逐渐好转有关。

分城乡看，2021 年，中国城镇居民人均可支配收入实际增长 7.1%，增速比 2020 年上涨 5.9 个百分点；农村居民人均可支配收入实际增长 9.7%，增速比 2020 年上涨 4 个百分点。城乡居民收入比由 2021 年 2.56 下降为 2.50，城乡居民收入差距相对持续缩小。从收入来源看，城市居民人均工资性收入增速较低是城市人均可支配收入水平增速不高的主要原因。2021 年，农村外出务工人数基本恢复至疫情前同期水平，中国企业就业人员周平均工作时间保持稳定，PMI 从业人员指数环比温和上升，居民收入同比上升。总体来说，2021 年，中国人口流动性逐步恢复至疫情前水平，城乡居民收入差距进一步缩小。

（四）固定资产投资稳步回升，结构继续优化

2021 年，随着新冠疫苗的接种，经济企稳背景下国内外需求持续复苏，企业投资信心和预期得到修复，使其更有意愿扩大生产和投资规模，叠加消费景气度回升，中国实体企业贷款融资需求持续攀升。固定资产投资（不含农户，下同）同比增长4.9%，增速比2020年上升2个百分点。从三次产业看，2021年，第一产业投资增长9.1%，第二产业投资同比增长11.3%，第三产业投资同比增长2.1%，增速分别比2020年上升-10.4、2.0和7.7个百分点。三次产业中，第一产业投资下降幅度较大，对固定资产增速缓慢的拉动作用最大。分投资领域来看，2021年，基础设施建设投资增长0.21%，制造业投资增长13.5%，房地产开发投资增长4.4%，增速分别比2020年上升-0.69、15.7和-2.6个百分点。制造业投资的快速增长，一方面得益于企业盈利快速增长。2021年中国经济稳定恢复，工业企业生产经营状况不断改善，企业盈利实现快速增长。另一方面，制造业投资意愿强劲彰显了相关支持政策的效果。2021年，中国统筹推进降成本各项措施，落实各项惠企政策，加大对中小企业、民营企业和创新的支持力度，规模以上工业企业每百元营业收入中的成本和费用稳中有降，企业负担持续减轻，市场活力逐步增强，“两新一重”、绿色低碳等新的投资空间进一步释放。但在出口拉动下，制造业投资得到回升。分投资主体来看，2021年，民间投资上升7.0%，国有控股投资上涨2.9%，增速比2020年分别上升6.0和-2.4个百分点。随着新冠疫苗接种工作的全面推进，支持投资持续恢复的有利因素不断增多，市场活力逐步增强，企业效益普遍好转，极大增强了企业投资的信心和能力。同时，2021年，中国投资保障比较有力，在稳投资政策的持续发力下，企业融资成本低位运行，企业投资扩张的信心较高，使民间投资延续了较快的增长态势。

2021年，中国高技术产业投资增长较快。其中，高技术产业投资同比增长17.1%，比2020年上升6.5个百分点。高技术制造业投资同比增长22.2%。其中，航空、航天器及设备制造业投资增长24.1%，计算机及办公设备制造业投资增长21.1%，医疗仪器设备及仪器仪表制造业投资增长22.6%，电子及通信设备制造业投资增长25.8%。高技术服务业投资同比增长7.9%。其中，电子商务服务业投资增长60.3%，研发与设计服务业投资增长16.7%，检验检测服务业投资增长12.8%。总体来看，2021年，中国固定资产投资规模持续恢复，投资结构持续优化。

（五）对外贸易持续复苏，进出口贸易规模逐季提升

2021年，尽管国际环境不利因素较多，中国对外贸易保持了恢复性增长态势，且积极因素持续增多，进出口贸易规模逐季提升。受2020年较低的基数效应的影响，同时中国统筹疫情防控和经济社会发展成效持续显现，中国第一季度进出口增速均出现大幅增长，货物进出口总额为8.51万亿元，同比增长29.2%。

在此期间，全国经济稳中加固、稳中向好，市场主体活力增强，为外贸持续稳定增长提供了有力支撑。第二、第三、第四季度货物进出口总额分别为 9.59 万亿元、10.23 万亿元、10.77 万亿元，分别同比增长 25.2%、15.2%、19.2%，进出口规模逐季提升，但增速呈现逐季回落态势。全年对外贸易进出口总值为 39.1 万亿元，比上年增长 21.4%，其中，出口 21.73 万亿元，同比增长 21.2%，进口 17.37 万亿元，同比增长 21.5%。

在全球经济整体回暖的背景下，中国供应链优先恢复的优势继续体现。一方面，中国经济持续恢复，对内需起到有效支撑；另一方面，全球需求逐渐向中国倾斜，2021 年，中国与主要贸易伙伴进出口保持增长态势。自 2020 年 11 月 15 日《区域全面经济伙伴关系协定》(RCEP)签订以来，中国与日本、韩国、澳大利亚、新西兰，尤其是东盟之间的贸易进入了一个新的阶段。该协定的实施客观上推动了中国与东盟之间贸易的进一步增长。全年中国对东盟进出口 5.67 万亿元，增长 17.7%。东盟继续保持中国第一大贸易伙伴地位，占中国外贸总值的 14.50%。对欧盟、美国、日本和韩国分别进出口 5.35 万亿元、4.88 万亿元、2.4 万亿元和 2.34 万亿元，分别增长 19.1%、20.2%、9.4% 和 18.4%。此外，中国对“一带一路”沿线国家、RCEP 贸易伙伴进出口分别增长 23.6%、18.1%。总体来看，自 2021 年以来，中国外贸量稳质升的基础进一步得到巩固，但与此同时，全球新冠肺炎疫情起伏不定，世界经济艰难复苏，外部环境更趋复杂严峻，中国外贸发展面临的不稳定、不确定性因素依然较多。

(六) 产业升级态势迅猛，经济新动能更加强劲

2021 年，以新产业、新业态、新商业模式为主要内容的经济发展新动能增长更加强劲，成为推动经济常态化和产业转型升级的强大支撑。其中，随着网络信息技术日益成熟，网络基础设施不断完善，以及 5G 基建加快布局，物联网建设深入推进等，中国网络经济实现了快速增长。互联网用户持续扩容，截至 2021 年底，中国移动互联网用户数达 9.57 亿户，信息传输、软件和信息技术服务业、金融业增加值同比分别增长 17.2% 和 4.8%。同时，在线办公、远程问诊、无接触配送等新业态不断涌现并发展迅速。2021 年，中国电子商务平台交易额达 5.96 万亿元，按同比口径计算，比 2020 年增长 14.95%。此外，受疫情反复的影响，网络零售新商业模式也不断涌现，全年网上零售额达 13.09 万亿元，按同比口径计算，比 2020 年增长 14.1%。随着市场活力不断激发和经济发展韧性持续增强，中国产业转型升级进程不断加快，战略型新兴产业快速发展。

在经济发展新动能的推动下，中国高技术制造业占比持续提升。2021 年，中国高技术制造业和装备制造业增加值同比分别增长8.6%和3.3%，工业中的新经济、新动能增长更加强劲。

随着中国不断完善信息网络基础设施建设，为中国数字经济提供了良好的发展环境。当前，全球新一轮科技革命和产业变革蓄势待发，以大数据、云计算、5G和人工智能等为代表的数字技术和新能源革命方兴未艾。新冠肺炎疫情期间，数字技术在疫情监测、在线医疗、在线学习、线上消费、复工复产等方面均得到深度应用，极大地改变了人们的生产生活方式。数字化转型将成为世界和中国经济新旧动能转换的关键动力。目前，中国数字经济已经成为驱动国内经济增长的重要力量，在这种经济背景下，企业需要加快数字化转型步伐，在未来数字化、网络化及智能化的浪潮中不断增强自身发展的竞争力。

二、2021年中国主要油气产业政策

2021年是中国“十四五”规划实施的第一年，2021年油气产业政策着力于加强能源项目监管，增强能源安全保障能力，强化能源安全风险管控，加强价格监管，以及推进价格机制改革。

（一）油气产业建设政策

1. 油气产业建设综合政策

2021年1月18日，国家能源局发布了《关于印发〈2021年能源监管工作要点〉的通知》（国能发监管〔2021〕2号），指出2021年能源监管工作的总体思路要切实加强能源市场监管和行业监管，维护公平公正的能源市场秩序，保障国家能源战略、规划、政策、项目有效落地，推动构建清洁低碳、安全高效的现代能源体系。在油气产业上，应重点抓好以下四个方面的工作：①加强重大能源项目落实情况监管。密切跟踪跨省跨区油气管道等重大工程项目合规建设情况、生产运行情况，协调解决项目建设中存在的困难和问题。对不按照国家能源规划和产业政策要求建设的项目，及时提出监管意见和建议。②全面落实电力、油气体制改革精神，着力推进能源市场建设，稳步推进油气市场建设。完善油气管网设施公平接入机制，推动建立公平公开的管输服务市场，促进形成上游资源多主体多渠道供应、下游销售市场充分竞争的油气市场体系。积极支持天然气干线管道附近的城市燃气企业、大用户等与上游供气企业签订直供、直销合同，降低企业用气成本。支持干线管道的支线向市场延伸覆盖，压缩管输层级。积极推进能源体制改革。加强与国务院相关部门及地方政府的协作配合，按职责分工做好电力、油气体制改革相关工作。推动出台油气管网设施容量分配规则，健全管网调度运营机

制和管输服务价格机制。推进省级管网运营机制改革，加快省级管网与国家管网融合发展。③全面落实市场监管职责，着力维护市场主体合法权益，深化油气管网设施公平开放监管。结合相关改革举措落地、管网调度运营规则出台等，进一步细化油气管网设施公平开放监管制度，研究制定托运商准入规则，推动管输服务合同标准化。督促管网设施运营企业做好公平开放服务的申请与受理等工作，不断提升服务质量和水平，确保管网设施向各类市场主体公平开放。继续做好管网设施信息公开和信息报送工作，优化企业网上信息公开和信息报送内容，定期开展管输服务信息统计分析和信息公开。加强能源市场秩序监管，会同相关部门完善成品油市场准入和退出机制，进一步规范成品油市场秩序。

2021 年 1 月 28 日，国家能源局发布了《关于印发〈2021 年能源监管重点任务清单〉的通知》(国能发监管〔2021〕5 号)(以下简称《清单》)。《清单》在油气产业上明确监管的内容有以下两点：①炼油行业专项监管。炼厂设备升级改造情况；油品质量及承诺产能淘汰情况等。②天然气管网和液化天然气(LNG)接收站公平开放专项监管。天然气管网设施互联互通和公平接入情况；天然气管网设施公平开放服务和市场交易情况；天然气管网设施公平开放信息公开情况；对互联互通和公平开放相关政策改进建议等。

2021 年 4 月 22 日，为深入贯彻落实党中央、国务院有关决策部署，扎实做好 2021 年能源工作，持续推动能源高质量发展，国家能源局发布了关于印发《2021 年能源工作指导意见》的通知(以下简称《指导意见》)。在油气产业上，《指导意见》提出了以下相关的要点：①能源供应保障上，石油产量 1.96 亿吨左右，天然气产量 2025 亿立方米左右。②增强能源安全保障能力，进一步提升能源储运能力。立足“全国一张网”，推进天然气主干管网建设和互联互通。积极推进东北、华北、西南、西北等“百亿立方米”级储气库群建设，抓好 2021 年油气产供储销体系建设管道、地下储气库和 LNG 接收站等一批重大工程建设。强化能源供应保障基础。推动油气增储上产，确保勘探开发投资力度不减，强化重点盆地和海域油气基础地质调查和勘探，推动东部老油田稳产，加大新区产能建设力度。加快页岩油气、致密气、煤层气等非常规资源开发。防范化解炼油产能过剩风险，推动产业转型升级。③加强能源创新能力建设，瞄准“找油找气”战略重点，推动接续实施油气开发国家科技重大专项。提升能源产业链现代化水平。推进能源产业数字化、智能化升级，积极开展油气田、管网等领域智能化建设。④持续提高能源治理能力，加快重点领域改革。推动制定管网调度运营管理办法(含管容分配、托运商等制度)，有序推进油气管网公平开放。稳步推进油气交易平台建设。强化能源行业监管。推进油气管网等自然垄断环节监管机制改革，加大规划落实、公平开放、运行调度、价格成本、社会责任等方面的监管力度。

2021 年 7 月 17 日，为统筹做好 2021 年能源迎峰度夏保障供应工作，确保煤电油气运供需形势平稳有序，国家发展改革委发布《关于做好 2021 年能源迎峰度夏工作的通知》(发改运行〔2021〕1058 号)，通知中关于油气产业方面要求以下六点：①充分发挥煤电油气运保障工作部际协调机制作用，保持能源稳产增产，努力增加能源供应，发挥能源储备作用，完善能源需求侧管理，实现能源迎峰度夏平稳有序，确保居民生活等重点用能需求，促进经济社会高质量发展。②提高石油天然气供应能力。各地要加强石油天然气供需形势监测分析，严格签订履行合同，加强资源组织，切实保障供应。中国石油、中国石化、中国海油等主要供气企业要加快推进重点气田新建产能建设，同时，供气企业和管道企业要合理安排基础设施检修，共同保障夏季高峰发电合理天然气需求，确保天然气供应稳定。③确保安全生产。油气企业要加强管道巡护，加大管道占压清理、第三方施工等管控力度，切实做好管道安全生产和保护工作。④切实提升油气供应保障能力。中国石油、中国石化、中国海油、国家管网等主要油气生产运输企业要加强与有关部门和地方的沟通协调，合理组织生产，加强油气管网运行调度，确保资源安全稳定供应。要推动油气多元化进口，加强油气进口统筹协调，保障国内油气安全稳定供应。充分发挥"全国一张网"优势，加快推进主干管网建设和互联互通，提高油气互供互保能力。统筹加强电力天然气联调互保，保障重点地区发电用气合理需求，增加顶峰电力供应。⑤加快储气设施建设，补齐储气能力短板。各地要加强统筹规划，加快储气设施建设，推动列入规划范围的储气设施项目尽早建成投产。中国石油、中国石化、中国海油、国家管网要加大储气设施建设投入力度，确保列入年度重大项目清单的储气设施项目全面开工建设，对已建成的储气设施抓紧安排投产运行，入冬前应储尽储，提前做好冬季调峰保供的资源储备。各省、区、市相关部门也要统筹加快"城燃企业 5%、地方政府 3 天"储气能力建设，已投产储气设施入冬前应储尽储。⑥加强用气用油需求侧管理。各地和上游供气企业要按照"保民生、保公用、保重点"的要求，制定完善应急预案，加强应急演练，切实保障民生用气。要动态更新非居民可中断用户调峰清单，不断完善原油需求侧管理能力。各地要督促有关企业严格签订可中断供气合同，约定中断时间、气量及相应补偿措施，确保压减预案科学，相关审批和启动程序规范。

2021 年 10 月 24 日，国务院颁布了《关于完整准确全面贯彻新发展理念做好碳达峰碳中和工作的意见》。提出了以下油气相关意见：①深度调整产业结构，坚决遏制高耗能高排放项目盲目发展。出台煤电、石化、煤化工等产能控制政策。未纳入国家有关领域产业规划的，一律不得新建改扩建炼油和新建乙烯、对二甲苯、煤制烯烃项目。合理控制煤制油气产能规模。提升高耗能高排放项目能耗准入标准。加强产能过剩分析预警和窗口指导。②严格控制化石能源消费，石油消费"十五五"时期进入峰值平台期。加快推进页岩气、煤层气、致密油气等非常规油气资源规模化开发。强化风险管控，确保能源安全稳定供应和平稳过渡。③深化能源体制机制改革。推进煤炭、油气等市场化改革，加快完善能源统一市场。

2021年10月24日，为深入贯彻落实碳达峰、碳中和的重大战略决策，扎实推进碳达峰行动，国务院制定《2030年前碳达峰行动方案》(国发〔2021〕23号)。要求要深化能源和相关领域改革，形成有效激励约束机制，以保障国家能源安全和经济发展为底线，推动能源低碳转型平稳过渡，稳妥有序、循序渐进推进碳达峰行动，确保安全降碳。方案提出油气相关重点任务包括以下几点：①合理调控油气消费。保持石油消费处于合理区间，逐步调整汽油消费规模，大力推进先进生物液体燃料、可持续航空燃料等替代传统燃油，提升终端燃油产品能效。加快推进页岩气、煤层气、致密油(气)等非常规油气资源规模化开发。有序引导天然气消费，优化利用结构，优先保障民生用气，大力推动天然气与多种能源融合发展，因地制宜建设天然气调峰电站，合理引导工业用气和化工原料用气。支持车船使用液化天然气作为燃料。②推动石化化工行业碳达峰。优化产能规模和布局，加大落后产能淘汰力度，有效化解结构性过剩矛盾。严控新增炼油和传统煤化工生产能力，稳妥有序发展现代煤化工。引导企业转变用能方式，鼓励以电力、天然气等替代煤炭。调整原料结构，控制新增原料用煤，拓展富氢原料进口来源，推动石化化工原料轻质化。优化产品结构，促进石化化工与煤炭开采、冶金、建材、化纤等产业协同发展，加强炼厂干气、液化气等副产气体高效利用。鼓励企业节能升级改造，推动能量梯级利用、物料循环利用。到2025年，国内原油一次加工能力控制在10亿吨以内，主要产品产能利用率提升至80%以上。

2021年11月2日，国务院发布了《关于深入打好污染防治攻坚战的意见》。提出：①推动能源清洁低碳转型。坚持"增气减煤"同步，新增天然气优先保障居民生活和清洁取暖需求。②坚决遏制高耗能高排放项目盲目发展。合理控制煤制油气产能规模，严控新增炼油产能。

2. 天然气产业建设政策

2021年5月31日，为深入贯彻油气体制改革精神，推动天然气管网设施公平开放，促进管网设施高效利用，规范管网设施运营企业开放服务行为，根据《2021年能源监管重点任务清单》（国能发监管〔2021〕5号）安排，国家能源局综合司发布了关于印发《天然气管网和LNG接收站公平开放专项监管工作方案》的通知（国能综通监管〔2021〕64号）。方案监管重点是山西、山东、浙江、安徽、广东、四川、陕西省内的天然气管网设施运营企业，监管内容包括：①油气体制改革相关要求落实情况。包括管网设施运营企业落实油气体制改革要求，落实公平开放监管要求，建立公平开放相应的规章制度情况等。②天然气管网设施互联互通和公平接入情况。包括推动落实天然气管网互联互通重点工程建设情况；天然气管网、LNG接收站与主干管道间、地下储气库与主干管道间等基础设施互联互通等情况。③天然气管网设施公平开放信息公开情况。④天然气管网设施公平开放服务和市场交易情况。⑤天然气管网设施公平开放实际运行情况。

（二）油气产业价格政策

1. 进口税收政策

2021年4月12日，为完善能源产供储销体系，加强国内油气勘探开发，支持天然气进口利用，财政部、海关总署和税务总局联合发布《关于"十四五"期间能源资源勘探开发利用进口税收政策的通知》（财关税〔2021〕17号）。通知规定如下：①进口国内不能生产或性能不能满足需求的，并直接用于勘探开发作业的设备仪器等。在中国陆上特定地区进行石油（天然气）勘探开发作业的自营项目可免征进口关税；在经国家批准的陆上石油（天然气）中标区块（对外谈判的合作区块视为中标区块）内进行石油（天然气）勘探开发作业的中外合作项目，免征进口关税和进口环节增值税。②对在中国海洋进行石油（天然气）勘探开发作业的项目及海上油气管道应急救援项目，进口中国不能生产或性能不能满足需求的，并直接用于勘探开发作业或应急救援的设备仪器等，免征进口关税和进口环节增值税。③对在中国境内进行煤层气勘探开发作业的项目，进口中国不能生产或性能不能满足需求的，并直接用于勘探开发作业的设备仪器等，免征进口关税和进口环节增值税。④对经国家发展改革委员会核（批）准建设的跨境天然气管道和进口液化天然气接收储运装置项目，以及经省级政府核准的进口液化天然气接收储运装置扩建项目进口的天然气（包括管道天然气和液化天然气），按一定比例返还进口环节增值税。

2. 天然气管道运输定价机制

2021年6月7日，为健全天然气管道运输定价机制，规范定价成本监审行为，加强自然垄断环节价格监管，促进天然气行业高质量发展，国家发展改革委员会发布了《关于印发〈天然气管道运输价格管理办法(暂行)〉和〈天然气管道运输定价成本监审办法(暂行)〉的通知》(发改价格规〔2021〕818 号)(以下简称《价格管理办法》与《成本监审办法》)。《价格管理办法》明确了跨省天然气管道运输价格的定价原则、定价方法和定价程序。主要内容包括:①按照“准许成本加合理收益”的原则,制定跨省天然气管道运输价格。即通过核定准许成本、监管准许收益确定准许收入,核定管道运价率。②实行“一区一价”。根据中国天然气市场结构和管道分布情况,将跨省天然气管道划入西北、西南、东北及中东部四个价区,分区核定运价率,实行“一区一价”。③对准许收益率实行动态调整。明确统筹考虑国家战略要求、行业发展需要、用户承受能力等因素,对准许收益率实行动态调整。《成本监审办法》明确了定价成本构成和核定方法。主要内容包括:①明确定价成本构成范围。按照合法性、相关性、合理性原则,规定管道运输定价成本由折旧及摊销费、运行维护费构成,并对可计入定价成本的项目作了具体规定。②明确成本核定方法。分类明确了主要固定资产折旧年限,对运行维护费的有关参数取值作了明确规定,进一步加强垄断行业定价成本监管。

(三)油气价格机制改革政策

2021 年 5 月 18 日,为深入贯彻党的十九届五中全会精神和“十四五”规划部署,深化“十四五”时期重点领域价格机制改革,国家发展改革委员会发布了《关于“十四五”时期深化价格机制改革行动方案的通知》(发改价格〔2021〕689 号)。要求重点围绕助力“双碳”目标实现,深入推进价格改革,完善价格调控机制,提升价格治理能力,确保价格总水平在合理区间运行。其中,有关油气产业方面的内容包括以下两点:①深入推进能源价格改革。稳步推进石油天然气价格改革,根据天然气管网等基础设施独立运营及勘探开发、供气和销售主体多元化进程,稳步推进天然气门站价格市场化改革,完善终端销售价格与采购成本联动机制。积极协调推进城镇燃气配送网络公平开放,减少配气层级,严格监管配气价格,探索推进终端用户销售价格市场化。结合国内外能源市场变化和国内体制机制改革进程,研究完善成品油定价机制。②完善天然气管道运输价格形成机制。适应“全国一张网”发展方向,完善天然气管道运输价格形成机制,制定出台新的天然气管道运输定价办法,进一步健全价格监管体系,合理制定管道运输价格。

2021 年 9 月 24 日,为贯彻中共中央、国务院关于深化“放管服”改革的决策部署,落实《优化营商环境条例》,深入推进能源领域“放管服”改革,着力培育和激发市场主体活力,国家能源局研究起草了《关于能源领域深化“放管服”改革优化营商环境的实施意见(征求意见稿)》。提出了以下实施意见:①持续深化行政审批制度改革。推行能源领域“证照分离”改革全覆盖，优化涉企审批服务，推行许可告知承诺制，加大简政放权改革试点力度。②切实加强能源领域科学监管。加快完善能源监管体系，持续加强能源市场秩序监管，全面实施“双随机、一公开”监管，健全完善信用监管，大力推行“互联网+监管”，积极探索提高协同监管能力。③推进政务服务标准化规范化便利化。推进政务服务事项实施清单标准化，规范审批服务行为，规范中介服务，推进政务服务便利化，推行政务服务“告知承诺”“容缺受理”制度，做好政务服务评价。④优化营商环境培育和激发市场主体活力。规范接网服务——油气管网设施运营企业要做好下游用户支线项目开口服务，明确开口申请受理条件及评审、审批等环节办理时限，简化办理环节、压缩办理时间，提高开口审批效率；切实维护公平竞争的市场秩序，督促能源企业依法依规招投标，进一步清理证明事项，重视市场主体合理诉求，严格规范公正文明执法。⑤创新推动能源低碳转型。

三、2022 年中国宏观经济及油气产业政策展望

2022 年，中国宏观经济面临需求收缩、供给冲击、预期转弱的复杂局面，需要同步进行跨周期设计、逆周期调节与改革开放深化，以落实稳中求进和推动高质量发展。进入新发展阶段，中国经济发展的目标从过去更注重量的增长速度转向更注重质的提升和增长的持续性，因此未来中国经济短期内面临新的下行压力，预计 2022 年中国经济将持续平稳恢复，但复苏仍然不平衡。同时，受国内外经济复苏及原油等大宗商品价格变化等各种因素的影响，2022 年，PPI 同比增速将见顶回落，震荡下行，而 CPI 平均增速将较 2021 年温和上升。此外，在防风险、调结构和促升级的政策目标下，预计 2022 年中国固定资产投资规模总体趋稳，并出现结构分化的特征。在“双循环”的背景下，未来中国出口增速将逐步放缓，国家将进一步深化国际经济合作。国内数字经济趋于实体化发展，并将推动释放下一阶段科技红利。最后，随着中国减负稳岗扩就业政策的延续实施，预计 2022 年中国就业形势总体稳定。

展望 2022 年，油气产业政策将围绕全力保障能源安全，深化油气体制改革，进一步完善管网及储气等基础设施建设，提升能源监管效能，推进油气产业加速转型及加强技术交流和对外合作等方面展开。

（一）2022 年中国宏观经济展望

1. 中国经济持续平稳恢复

2022 年，中国经济运行将真正迈入“后疫情时代”。国际货币基金组织

(IMF)预测，2022年，中国经济复苏增速将达4.8%，但由于新冠肺炎疫情反复暴发叠加财政紧缩对消费构成的压力，复苏仍然“不平衡”。从2021年主要宏观经济指标的变化趋势来看，反映实体经济运行与生产状况的宏观指标正在下行承压，而反映价格走势的宏观指标却持续保持高位上行。实际上，这是中国经济表现出来的“疫情尾部综合征”。这种“疫情尾部综合征”是一种疫情冲击难以避免的尾部效应，总体上延缓了中国经济疫后恢复的步伐，带来了一些结构性问题，比如“二产偏热、三产偏冷”“消费偏弱、出口偏强”“PPI持续走高、CPI偏低运行”等。但是，这些因素并没有动摇中国经济的根本逻辑。同时，随着2021年新冠疫苗在欧美大范围接种，疫情在这些国家开始逐步得到控制，促进了欧美制造业复苏，未来随着新冠疫苗在中国和全球范围的继续大规模接种，全球有望从新冠肺炎疫情阴霾中走出来。IMF预测，2022年，发达国家经济增长率将达3.9%，而新兴市场经济增长率达5.2%。总体而言，中国经济先于全球复苏，同时处于内在磨底与经济结构转型升级的过程中。

中国正处于从中高收入迈向高收入的发展阶段，“人口红利”逐步消失，劳动力供给开始负增长，继续压低劳动报酬维系国际大循环不可持续，因此，提升广义人力资本和自主创新已经成为必然选择。因此，预计未来很长一段时间内，中国将全面推动“人口红利”向“人才红利”的转变，以此提振国内需求，提高对广义人力资本的社会投资与人力资本回报，促进提高创新效率。同时也要注意到，在中国经济转型过程中各种因素“震荡叠加”短期内可能会减弱经济增长。但总体来说，中国经济持续平稳恢复的总基调不变。

2. PPI同比高位滑落，CPI同比温和上升

2021年，中国结构性高通胀表现为高PPI同比和低CPI同比的分化，但国内货币政策对该结构性通胀反应平淡。其中，PPI同比和CPI同比高度分化主要是由于上游商品供需缺口大，价格上涨较快，但国内下游需求不振及通胀传导不畅。此外，2021年，猪肉价格持续下跌也是造成CPI同比低位运行的原因之一。

2022年，随着新一轮猪周期的启动，猪肉将有可能重回涨价，伴随原油价格高位运行及居民消费改善，都将推动CPI上升，预计中国CPI在2022年下半年有突破3%的可能。同时，从大宗商品的历史价格表现来看，2021年，大宗商品已经走出了类似2008年次贷危机之后的超级周期行情，大宗商品上涨的速度甚至快于次贷危机后。在如此高的基数下，预计2022年第二季度起，PPI同比将快速下行。总体来说，预计2022年中国CPI同比将在新一轮猪周期的影响下启动上涨趋势，PPI同比在基数效应下，将逐步滑入通缩区间。预计中国2022

年上半年处于PPI同比高位滑落、CPI同比处于低位的组合，通胀对货币政策的掣肘有限；下半年CPI同比或将超过3%的红线，而PPI同比处于低位甚至通缩，叠加海外货币政策届时收紧趋势或更加明显，预计中国货币政策将再次进入多目标的权衡之中。

3. 固定资产投资结构分化，投资规模总体平稳

在2021年全年经济增长目标的完成背景下，主要任务仍然是防风险、调结构和促升级。国家逆周期调节政策不会急于出台，大概率将在2022年上半年，对房地产、融资平台、过剩产能等严控政策或将有所松动。2022年，房地产领域或有结构性的信用宽松，预计房地产投资将有所回落，或触底企稳。

同时，预计2022年基础建设投资有望小幅提升。2021年上半年，国家对经济形势判断偏乐观，在2021年支持“专精特新”企业发展的基础上，制造业企业投资意愿不减，相关先进制造业和战略新产业的投资规模有望继续扩大。基础设施建设投资整体低迷，主要是由于政府债券新增规模整体不及预期，对基础设施建设投资增长的影响有限。但2021年底，国家发展和改革委员会提出将部分儿童服务设施项目纳入专项债务资金支持范围，叠加新基建、新型城镇化、重大工程(两新一重)建设等持续推进，预计2022年中国基础设施建设投资增速有望回升。从房地产销售数据来看，房地产销售动能持续走弱，对房地产投资起到了降温作用。从房地产新开工和竣工来看，房屋新开工面积降幅扩大对投资增速形成拖累，竣工面积增幅收窄未对投资起到关键支撑作用。在前期政策高压及多家民营地产企业风险暴露的作用下，随着房地产管理长效机制逐步完善，2021年房地产投资韧性减弱。总体来说，预计2022年中国固定资产投资将出现结构分化的特征，但投资规模总体趋于平稳。

4. 出口增速逐步放缓，国际经济合作进一步深化

2021年初以来，中国企业出口在海外需求复苏，尤其是美国需求复苏和生产替代效应带动下增长较为强劲。但自9月起，美国财政补贴全面到期，需求也将开始走弱，经历数轮财政补贴后，美国居民对耐用品消费也有一定透支。8月、9月，中国出口新订单采购经理指数(Purchase Management Index，PMI)也滑出近年同期波动区间，出口企业接单量已开始走弱。海外其他主要经济体疫后重启带来的经济需求复苏在2021年也基本完成。预计2022年中国出口增速将逐步放缓。同时，在新冠肺炎疫情反复的情况下，预计未来一段时间内外贸企业数字化成为或将成为主流趋势，电商平台将成为拓展外贸市场的主要方式。2020年，新冠肺炎疫情的暴发导致全球正常贸易往来受阻，以跨境电商为代表的外贸

新业态新模式打破线下交易的不便，在一定程度上弥补了外贸企业出口下滑导致的销售损失，跨境电商大大提高了外贸市场的抗风险性，也是外贸企业数字化转型的起点。

此外，2022年，中国除了要继续深化供给侧结构性改革、发挥超大规模市场优势和挖掘内部需求潜力外，还将进一步全面扩大对外开放，深化高层次国际经济合作，为构建国际、国内新发展格局营造良好的外部环境。同时，由于新冠肺炎疫情全球大流行的态势尚未从根本上得到完全遏制，而通过疫苗接种建立防疫保障仍需时间，同时伴随着保护主义、单边主义上升，世界经济低迷，全球产业链供应链因非经济因素而面临冲击，在中长期重构中面临较大的不确定性。并且，中国改革已进入深水区，更需要通过高水平的对外开放来倒逼深层次结构改革。因此，以构建高层次国际新发展格局作为重点推进全面扩大开放成为中国未来很长时间的发展重点。

5. 双循环发展格局继续强化，数字经济趋于实体化

2022年是"十四五"规划实施的第二年，在加快构建双循环新发展格局统领下，科技自立自强的布局、产业链供应链的安全性布局、国内大循环的畅通与短板的补足、扩大内需战略的启动等举措，不仅将引发经济主体预期的改变，同时也将替代非常规刺激政策成为需求扩张的基础性力量。在以国内大循环为主体、国内国际双循环相互促进的新发展格局下，中国将进一步扩大对外开放。

在新冠肺炎疫情期间，数字化项目成倍增长，业务需求增加，根据行业分析机构International Data Corporation(IDC)的最新预测，2022年，中国信息通信领域技术市场(含第三平台与创新加速器技术)规模将达7937亿美元(约合人民币50744亿元)，比2021年增长9.2%。2022年，预计中国数字化转型支出将达3291亿美元(约合人民币21041亿元)，增长18.6%。数字化转型依然是企业的核心战略，数字化在社会中持续发展演进，为科技产业释放增长红利，当前产业数字化向纵深方向演进，智能化逐渐开始落地，将推动释放下一阶段科技红利。

6. 就业形势延续平稳态势，精准扶贫力度不减

2021年，中国经济持续恢复，减负稳岗扩就业政策延续实施，全方位就业服务持续发力，就业形势保持总体稳定。全年城镇新增就业1269万人，超额完成全年预期1100万人的目标任务。与2020年相比，增加83万人，增幅为7.0%。就业形势保持总体稳定且好于预期，前三季度恢复态势更加积极。7—9月，全国城镇调查失业率走势稳中有降，第三季度全国城镇调查失业率月均值为5.0%。从走势看，2022年，中国就业形势有望延续平稳态势。但国际环境不确定性因

素增多，中国经济恢复仍不稳固、不均衡，就业形势面临一定风险和不确定性。人力资源和社会保障部以实施“十四五”就业促进规划为牵引，突出重点、统筹兼顾、精准发力，确保就业大局总体稳定。

“十四五”时期是中国由全面建设小康社会向基本实现社会主义现代化迈进的关键时期，也是推进经济结构调整、转变经济增长方式和统筹城乡发展、加快城乡一体化进程的重要时期。新的区县功能定位、新的规划实施，以及城乡统筹力度加大、社会主义新农村建设等为中国提供了新的发展契机。预计 2022 年，中国将在加快建设新城市的同时，着力做到城乡统一规划，全面推进，以增加农民收入、提高农民素质、改善农民生活质量为目标，通过改造农村环境、完善社区服务、发展农村产业、创新村庄管理机制、改变农民精神面貌，促进农村向社区化、城镇化转变，构建和谐社会主义新农村，实现城乡统筹发展，以缩小城乡居民收入差距。此外，为缓解城乡失衡，推进共同富裕。2022 年，中国“精准扶贫”阶段的财政扶持力度不减速，同时保证财政支农的增幅高于经常性投入增幅，并重点向农业基础设施、农村基本公共服务、农村相对贫困地区等领域倾斜。

（二）油气产业政策展望

2021 年是“十四五”规划的开局之年。受新冠肺炎疫情及国际形势影响，中国油气行业在积极推进企业复工复产的努力之下，行业经济运行迅速终止了下滑局面，呈现稳定恢复态势，但油气开采业效益降低，以及原油对外依存度较高等问题仍然严峻，保障能源安全成为主要趋势。在“高质量”发展和“双碳”目标下，2021 年，油气产业政策落实在能源市场建设、能源监管、能源安全保障能力以及油气体制改革等环节。为进一步保障能源安全供应能力，促进油气行业的结构优化，2022 年，油气产业政策应当继续加快油气稳产增产和相关基础设施建设；强化能源监管，增强能源安全保障能力；发展智慧能源系统，加强能源创新能力建设；推进油气市场化、法制化制度建设，注重发展推广天然气和加强市场监督；在稳步推行“十四五”规划的同时，寻求高质量的国际油气合作，实现油气产业的高质量发展。

1. 全力保障能源安全

2021 年，多项政策强调要推动油气增储上产，确保勘探开发投资力度不减，加快页岩油气、致密气、煤层气等非常规资源开发。而中国在能源安全问题上，因高度依赖进口石油和天然气成为短板。2019 年，国家能源局强调石油企业要不折不扣完成七年行动方案要求，落实增储上产主体责任；指出各部委及地方政府应发挥协同作用，加强配套政策，保障重点项目落地实施。中国石油、中国石化和中国海油针对“七年行动计划(2019—2025)”已形成战略规划，明确提出要增加油气勘探与开发，降低油气对外依存度。由此可见，大力推进油气勘探开发仍将是2022年油气企业重点落实的工作。

因此，展望2022年，将进一步实施油气体制机制改革，促进上游勘探开发主体多元化，加大上游勘探开采领域投资，持续提升油气勘探开发力度，不断完善产供储销体系，保证中国油气产量长期稳定。

2. 油气体制改革深入推进

深化改革中国油气体制，形成开放竞争的市场化机制，激发油气全产业链活力。扎实推进油气管网改革，支持引导省级管网以市场化方式融入国家管网，积极推进油气干线管道建设和互联互通，推动省级管网运营企业运销分离，鼓励用户自主选择供气路径和供气方。同时，完善能源法治体系，推动构建有效竞争的市场体系，持续推进能源法治建设。加快制定能源法，推进石油储备条例制定工作。展望2022年，将制定并出台《能源领域碳达峰实施方案》《“十四五”现代能源体系规划》《关于完善能源绿色低碳转型体制机制和政策措施的意见》及各分领域规划，推进油气市场化、法制化制度建设。

3. 进一步完善管网及储气等基础设施建设

近年来，尽管储气库工作气量目标有所达成，但还是不足以面对中国庞大的天然气消费量。世界储气库工作气量占消费量平均水平为10%~15%，而2021年中国仅在4%左右。同时，在“高质量”发展和“双碳”目标大背景下，天然气作为相对清洁的能源，将会进一步提高在能源消费中的占比。

因此，展望2022年，将会进一步加快管网和储气设施建设，完善天然气产供储销体系，随着天然气打通上中下游全产业链，将进一步降本增效，上游激发勘探开发活力，中游加快形成全国一张网，立足“全国一张网”，推进天然气主干管网建设和互联互通；下游天然气协调发展；深化天然气价格改革，进一步提高与替代燃料的竞争力，扩大天然气利用范围，加大天然气在民生、发电、工业、交通等领域的应用，发挥天然气清洁能源与调峰的作用。

4. 提升能源监管效能

2021年，多项政策强调强化能源行业监管，全面落实市场监管职责。展望2022年，将继续保持对重大能源项目落实情况的监管，推进油气管网等自然垄断环节的监管机制改革，深化油气管网设施公平开放监管。加强重点领域市场监管。深化油气管网监管，加大公平开放、运行调度、价格成本、合同履约等方面的监管力度，着力营造公平竞争的市场环境。继续完善行政审批，规范简化审批程序，建立有效的监管体系，提高能源治理能力。此外，继续加强市场价格监管，以深入推进价格改革，完善价格调控机制，提升价格治理能力，确保价格总水平运行在合理区间。

5. 推进油气产业加速转型

2021 年，政策强调对炼油厂设备升级改造情况与油品质量及承诺产能淘汰情况的监管；强调提升能源产业链现代化水平，推进能源产业数字化智能化升级，积极开展油气田、管网等领域智能化建设。中国油气产业要高质量、高水平、可持续发展，推动能源清洁高效利用，油气产业将积极追寻中国特色能源结构转型之路，助力探索构建清洁低碳、安全高效的能源体系。

因此，展望 2022 年，将继续促进油气行业生产过程清洁化、提高能效，推动绿色发展提速，加强能源创新能力建设，继续推进“找油找气”战略重点，推动实施油气开发国家科技重大专项。在国家政策的指导下，鼓励中国油气企业在以天然气为过渡能源的同时，积极拓展新能源业务。此外，还应发展智慧能源系统，进行数字化智能化升级，积极开展油气田、管网等领域智能化建设。

6. 加强技术交流，全方位拓展能源国际合作

新冠肺炎疫情之后，许多国家期望经济复苏，希望吸引更多海外投资，这将为中国企业海外油气合作赢得更多机遇。展望 2022 年，中国将继续积极参与国际合作，加强技术研发和创新。进一步加强与能源国际组织交流合作，加强油气领域的深度合作，加强联合研究，拓展对外培训交流，争取实现油气高质量的合作与发展。积极推动中俄东线天然气管道、中俄原油管道等建设运行，在能源安全、天然气等领域开展对话交流。持续深化中欧能源务实合作，依托既有对话机制与合作平台，促进政策交流与企业间创新合作示范项目落地。高质量推进“一带一路”能源合作。深化能源基础设施互联互通。聚焦重点国别、重点领域、重点项目，不断提升合作水平，稳步拓展天然气等清洁能源合作。

中国油气市场发展分析与展望

2021 年是“十四五”开局之年，也是中国油气市场企稳回升的一年。回顾 2021 年，国内原油产量保持稳定，进口量持续增加，进口来源稳定，原油加工量下降，需求减少，全年油价呈震荡上行走势；国内成品油产量稳步增长，进口量锐减，出口量呈下降趋势，成品油企业盈利明显改善，市场维持“两大多小”竞争格局；天然气产量、进口量保持增长态势，国内供需基本平衡，价格大幅上涨，交易更加市场化。展望 2022 年，预计随着全球经济复苏、石油需求提振，原油库存量将继续释放，国内原油产量稳中有升，进口量增速放缓，原油需求增速将放缓，价格持续波动，油价均值将小幅上涨；预计成品油供给继续保持增长，进口量有所减少，需求保持低速增长，出口规模收窄，定价机制进一步完善；预计天然气需求将继续增长，消费结构变化不大，天然气供应能力显著提高，多元化供给结构更加明显，天然气价格仍在高位区间，天然气市场化改革继续向前推进。

一、2021 年中国原油市场发展分析与 2022 年展望

2021 年国内原油产量 19897.6 万吨，同比上升 2.4%，产量持续上升；原油进口量 51324.1 万吨，同比下降 5.4%，进口原油依存度首次下降，达 72%；原油加工量 70960.6 万吨，同比下降 3.5%(图 1)。预计 2022 年随着中国新冠肺炎疫情影响逐渐减弱、经济转型和结构调整的进一步深化、新能源发展和节能降耗力度的提高，中国原油产量将保持平稳、略微上升，进口量和加工量持续下降，原油消费量和需求量缓慢下降，原油价格呈先涨后跌的趋势。

(一) 2021 年中国原油市场发展分析

1. 国内原油产量保持稳定，整体走势平缓

2021 年第一季度，中国原油产量累计值为 4918 万吨，同比上涨 1.4%。2021 年第二季度，全国原油产量为 5014.2 万吨，同比上涨 3.4%。2021 年第三季度，全国原油产量为 5052 万吨，同比上涨 2.7%。2021 年第四季度，全国原油产量为 4913.4 万吨，同比上涨 2.1%。

由于疫情防控较好，国内有序开展复工复产，原油需求骤增，得益于已探明

储量不断扩大，中国原油产量总体保持稳定。同时，随着双碳政策进一步推进，能源消费结构得到优化，在实现碳达峰目标之前，石油消费仍有增长需求，原油对外依存度可能会略有提高，在此之后逐步降低。

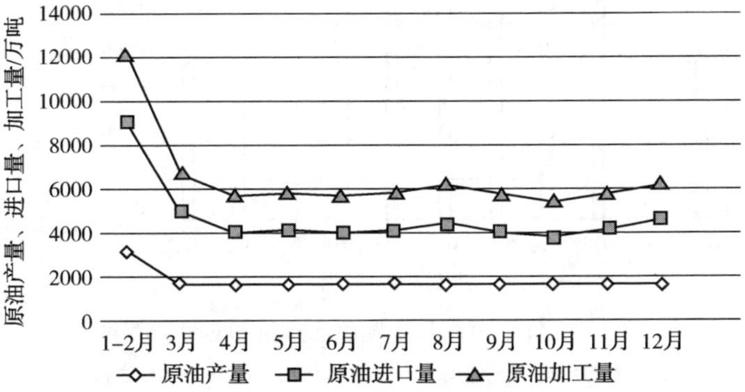

图 1　2021 年中国原油产量、进口量和加工量

数据来源：国家统计局，中国石油和化工经济分析月度报告

2. 原油进口量持续增加，进口来源稳定

国家海关总署数据显示，2021 年累计原油进口量达 51324. 1 万吨，同比下降 5. 4%；累计原油出口量达 261. 1 万吨，原油净进口 51063 万吨。2021 年第一季度，原油进口量为 13922. 6 万吨，比 2020 年同期增长 9. 5%；第二季度，原油进口量为 12146. 1 万吨，比 2020 年同期下降 14. 2%；第三季度，原油进口量为 12682. 5 万吨，比 2020 年同期下降 13. 9%；第四季度，原油进口量为 12572. 9 万吨，比 2020 年同期下降 0. 5%。

2021 年，中国原油进口总量同比有所下降，月均进口量同比呈现稳定下降。沙特保持着中国原油第一大供应国地位。同时，中国从美国进口原油大幅放量，且呈不断增长的趋势，2021 年，中国从美国进口 1446. 1 万吨原油，同比增长 68. 7%，与沙特和俄罗斯等主要进口来源国的差距大幅缩小。2021 年，中国原油进口依赖度持续下降，达 72%，见图 2。

3. 国内原油加工量下降，需求减少

根据国家统计局数据，2021 年，国内原油加工量为 70960. 6 万吨，比上年同期减少 3. 5%，第一季度，原油加工量为 18797. 7 万吨，比上年同期增加 7. 1%；第二季度，原油加工量为 17143. 7 万吨，比 2020 年同期减少 9. 77%；第三季度，原油加工量为 17667. 3 万吨，比 2020 年同期下降 9. 73%；第四季度，原油加工量为 17351. 9 万吨，比 2020 年同期下降 0. 2%。

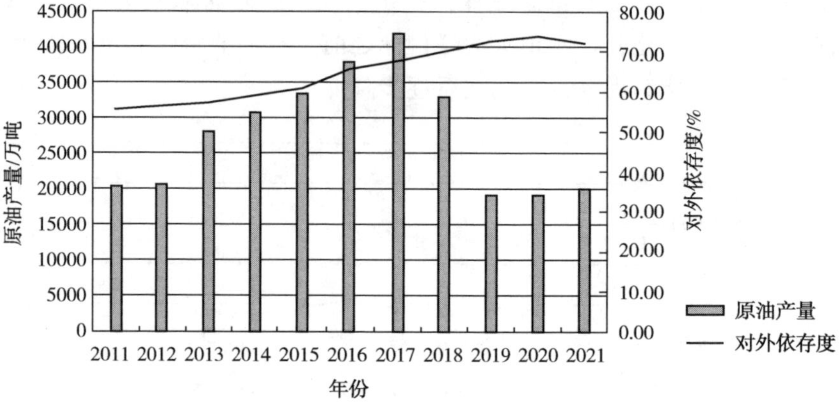

图 2　2011—2021 年中国原油产量和对外依存度

数据来源：国家统计局，中国石油和化工经济分析月度报告

需求减少的主要原因是为应对全球气候变化，中国承诺 2060 年前实现碳中和，大力发展以光伏、风电为代表的可再生能源就成为实现目标的重要路径，并逐步减少化石能源的使用。预计原油进口下降趋势将进一步加剧。

4. 2021 年油价呈震荡上行走势，油价处于高位震荡

2021 年，油价呈震荡上行的行情走势，如图 3 所示。第一季度，油价运行区间明显上移；第二季度，上移势头不改，整体呈上行态势；第三季度，油价短暂回调之后，加速上行；第四季度，油价剧烈震荡，创下 7 年内新高后快速下跌，之后实现了 V 形反转的上涨。第一季度，美国与伊朗冲突加剧，市场对于中东地区的原油供应安全忧虑增加，油价小幅上涨。“OPEC+”产油国达成协议在未来两个月小幅减产，且沙特意外承诺自愿额外大幅减产，令油价受到刺激反弹大涨。随后，美国原油库存骤降，原油市场供给端产能显著下降，油价上涨动力激增。另一方面，美国得克萨斯州极寒天气导致生产设施关闭，美国原油产量骤降，全球原油市场有望延续去库存，原油供需平衡表进一步修复。受以上利好因素影响，油价暴涨。美股数次触发下行，以及美国原油库的增加，也增加了油价下行的压力。第二季度，“OPEC+”会议决定出人意料，众产油国决议维持原油产量基本不变，导致原油价格进一步上行。同时，沙特原油重镇遭遇无人机突袭及中东地区战火纷飞，油价持续上涨。另一方面，由于欧洲和美国放松了疫情限制，需求快速增长，原油库存继续得到消耗，原油价格上涨态势强劲。第三季度，原油因全球通胀，大宗商品价格进一步上行，尽管美国持续收紧流动性和加大产量等举措试图给油价降温，也难抵油价上涨热情。“OPEC+”会议增产决定

符合市场预期，但增产量不足以应对全球石油需求的增长，同时恶劣的极端天气加大了对原油供应的需求，油价在震荡中加速上行。第四季度，“OPEC+”会议决定维持供应协议，不仅拒绝了美国的增产要求，而且多个成员国进行了减产，同时美国加州原油泄漏事故加剧了人们对原油供应的担忧，油价创下 7 年新高。后续在海外疫情反扑，原油需求巅峰期已过，美国联合日本、韩国、印度、英国等石油消费大国共同释放战略石油储备综合影响下，原油价格暴跌。但由于 OPEC+产油国联盟的减产态度强硬，使得原油油价实现了 V 形反转。

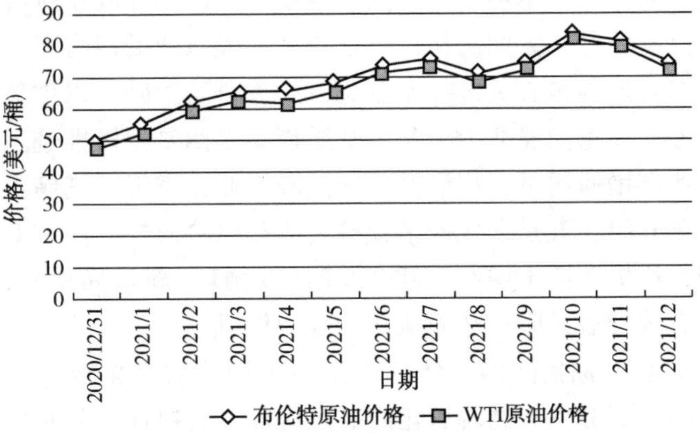

图 3　2021 年国际原油价格走势

数据来源：国家统计局

5. 国内原油市场主体实施新战略，促进能源结构优化

中国原油勘探开采权仍集中在“三桶油”手中，延长石油集团也占据一定份额，2021 年，四家公司的目标均为积极建设油气储备能力，稳定产量增长，增强企业效益，为中国全面深化能源体制改革作出贡献。

2021 年，中国石油致力于建设世界一流综合性国际能源公司。第一，在原油产业链上不断增加储备，稳定产量，扩大销售，提高效益。第二，强化炼油销售贸易一体化，优化结构调整，积极开拓市场，培育资源配置、增强市场营销和价值创造能力。第三，突出“世界一流”的目标追求，打造一流的业绩、一流的管理、一流的技术、一流的人才、一流的品牌；增强“综合性”的特色优势，做到支持业务和油气业务共同发展、国际业务和国内业务协调统筹。第四，锚定战略目标不动摇，优化油气业务，加快新能源、新材料、新业态布局，努力构建多能互补的新格局。

2021 年，中国石化的总体部署是实施世界领先发展方略，构建“一基两翼三新”产业格局，把中国石化打造成为世界领先洁净能源化工公司。主要围绕六个方面展开工作：一是打造技术先导型公司，不断强化科技技术创新；二是转向价值链中高端，推进产业结构转型升级；三是提升质量、增强效益、保证增长，完善组织生产经营；四是建设高效运作的体制机制，全面加强管理、深化改革；五是打造绿色清洁环保形象，全力提升环境保护水平，提高能源资源利用效率；六是积极应对更加复杂严峻的挑战，监控风险、防范化解。

2021 年，中国海油的战略方针是争当海洋能源开发领军者、能源绿色低碳转型生力军、全面深化改革创新先锋队、国家对外扩大开放新窗口和央企稳增长顶梁柱。全力以赴做好六方面工作：一是持续加大原油勘探力度，增加国内原油储备和产能；二是加强核心关键技术攻关，加大科研激励，以创新驱动发展；三是聚焦重点任务，注重激发活力，突出基层创新；四是积极推进国内外资产优化调整，实施产业链增质增量，积极发展新能源产业，完善油气储备能力建设，做好产业结构优化升级；五是强化疫情预警监测和风险监控，注重安全生产，强化经营风险管控，积极顺应中国经济社会发展“双循环”新格局和能源发展新趋势；六是坚持融合有效发展，坚持全面从严治党和作风建设。

2021 年，延长石油集团的整体战略是积极构建数字化转型，打造世界一流绿色低碳综合能源服务商和高端石化产品供应商。为抓住有利时机，全力以赴稳增长，做好以下几方面工作：一是抓住当前经济恢复的窗口期，积极加快释放产能，优化项目，促进结构调整；二是集中精力进行炼化转型升级，加快重点项目建设步伐，促进高质量发展；三是深化改革，激发企业活力，不断提升企业治理体系和治理能力现代化水平；四是强化科技创新，加快科技成果转化，提升市场竞争力；五是持续践行“五个扎实”、坚决落实“五项要求”，加强党的建设，积极推进全面从严治党。

（二）2022 年中国原油市场展望

1. 原油库存量将继续释放，国内原油产量稳中有升

展望 2022 年，新冠疫苗批量生产并有序接种，预计中国将继续实施“动态清零”策略，国内疫情得到有效控制，同时随着全球经济复苏和石油需求提振，“OPEC+”产油国进一步削减产油量，以及中东战争的影响，中国将释放储备原油，原油库存储量将有所减少。在中国大力提升国内油气勘探开发力度的情况下，国内三大石油公司贯彻落实党中央全力保障国家能源安全要求，不断加大油气勘探开发力度，发现了两个大型油田，储备量超 10 亿吨，随着上游投资加大，预计 2022 年中国原油产量稳中有升。

2. 原油进口量增速放缓，对外依存度可能提高

中国石化产业的整体需求将保持平稳，由于“双碳”目标的公布，基本确定未来中国新能源投资将成为主流，产业升级向绿色、低碳转型已是不可逆转的趋势，随着新能源的快速发展，能源消费结构得到升级，2030 年之后有望降低原油需求。由于新能源产业对石油产业的替代不可能一蹴而就，短期内原油作为战略性资源的重要性不可或缺，且短期内原油需求将稳步增长，还需要进口原油填补国内原油产能的不足，原油对外依存度可能进一步提高。

3. 国内原油需求持续上升，增速将放缓

中国原油增速保持平缓，随着新冠疫苗接种率的提升，疫情得到较好的控制，经济活动和流动性已经稳步恢复到疫情前的水平，并将继续稳定增长，2021 年 12 月，中央经济工作会议指出，中国经济面临需求收缩、供给冲击、预期转弱三重压力。世纪疫情冲击下，百年变局加速演进，外部环境更趋复杂严峻和不确定。但中国经济韧性强，长期向好的基本面不会改变。2022 年，中国政府将统筹疫情防控和经济社会发展，继续做好“六稳”“六保”工作，持续改善民生，着力稳定宏观经济大盘，保持经济运行在合理区间。石油作为工业的基础能源，其需求变化与经济增长高度相关。预计 2022 年中国原油需求量将继续提高，但增速有所放缓。

4. 原油价格持续波动，油价均值将小幅上涨

随着全球新冠肺炎疫情有所好转，新增及死亡病例人数呈下降态势，部分国家将放松防疫管控措施，居民出行及跨境出行人数有望持续增加，提振终端原料需求，同时由于各国普遍货币超发、能源类大宗商品价格普遍上涨和“OPEC+”产油国增产意愿不强，预计 2022 年国际油价仍保持高位。疫情形势、货币政策、地缘政治等影响油价的关键因素充满不确定性，预计 2022 年国际油价将持续震荡。

2022 年，全球原油供需关系将继续维持紧张，经济复苏对油价提振明显。新冠肺炎疫情对全球的影响及中东地区局势动荡将是供给端延伸出来的另一个关键点，例如沙特减产和地缘政治战争，也将导致油价波动。2022 年，国际油价依然会建立在相对乐观的基本面之上，且供求关系趋于紧张，但随着全球各国新能源推广政策的实施，相当于对传统能源进行供给侧改革，会对全年油价走势形成拖累。2022 年，原油均价持续保持高位震荡，但涨幅预计有限。

二、2021 年中国成品油市场发展分析与 2022 年展望

2021 年，国内成品油总产量为 35738.2 万吨，同比增长 7.89%，整体呈增长

态势；成品油进口量为269.2万吨，总体呈下降趋势；成品油出口量为4033.4万吨，同比下降11.8%。展望未来，预计2022年随着中国经济稳定增长、能源清洁绿色低碳转型及各行业“双碳”行动方案陆续出台，中国成品油进口量将保持低位，出口规模进一步收窄。

（一）2021年中国成品油市场特点

1. 成品油产量供给稳步增长，增速逐渐放缓

2021年，中国成品油产量为35738.2万吨，同比增长7.89%。具体而言，2021年第一季度，成品油产量为8462.6万吨，同比增长17.1%；第二季度，成品油产量为8857.9万吨，同比增长10%；第三季度，成品油产量为8872.7万吨，同比增长0.07%；第四季度，成品油产量为9313.9万吨，同比增长8.4%。总体而言，由于中国成品油市场需求回暖、油价快速上涨、国内一些炼化项目竣工投产，成品油产量同比大幅增长。2021年，中国成品油产量数据如图4所示。

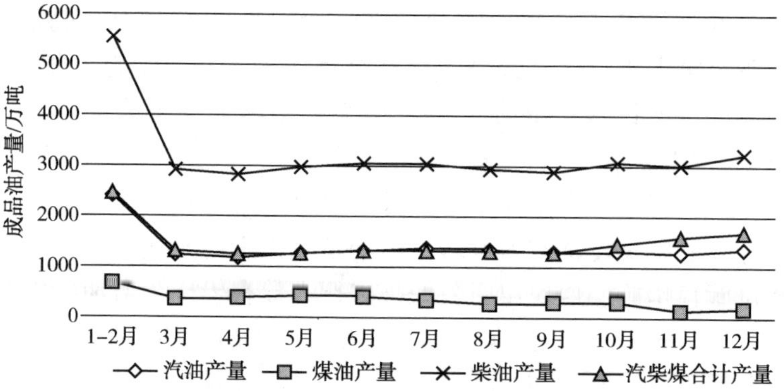

图4　2021年成品油产量趋势

数据来源：中国石油和化工经济分析月度报告

2. 成品油进口量锐减，出口量呈下降趋势

2021年，中国成品油进口总量为269.2万吨，同比下降38.4%，整体呈下降趋势。具体来看，2021年第一季度，成品油进口量为70.8万吨，同比下降23.5%；第二季度，成品油进口量为74.2万吨，同比下降62.1%；第三季度，成品油进口量为58.2万吨，同比下降27.5%；第四季度，成品油进口量为66.2万吨，同比下降3.6万吨。

2021年，中国成品油出口总量为4033.4万吨，同比下降11.8%。其中，第一季度，成品油出口量为1293.9万吨，同比减少15.2%；第二季度，成品油出口量为1377.6万吨，同比增加14.6%；第三季度，成品油出口量为714.4万吨，

同比减少 0.9%；第四季度，成品油出口量为 656.9 万吨，同比减少 43%。2021 年中国成品油进出口量数据如图 5 所示。

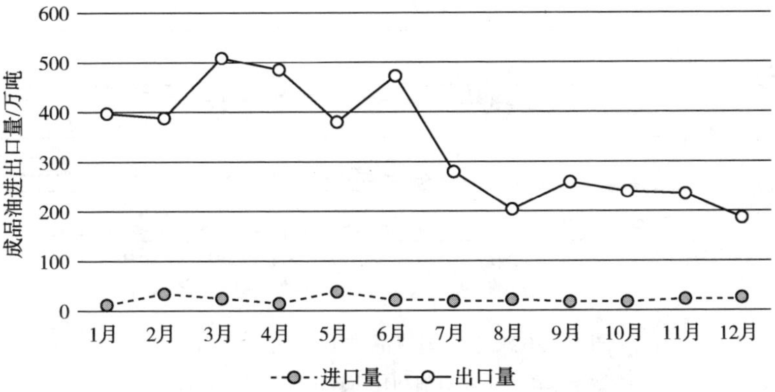

图 5　2021 年成品油进出口量趋势

数据来源：中国石油和化工经济分析月度报告

2021 年中国成品油进口量较 2020 年大幅减少，维持在较低水平；全年来看进口量变化较小，表现比较平稳。主要原因是 2021 年中国国内成品油产量稳步提升，产能过剩常态化，同时上游炼化企业淘汰落后产能，产品结构进一步优化，导致进口需求减少。成品油出口量主要受出口配额影响，2021 年第一批成品油出口配额总计 2950 万吨，同比增加 5.36%，增幅主要来自浙江石化和中国兵器增加的出口配额，其中一般贸易出口配额为 2617 万吨，较 2020 年增加 6.56%，加工贸易出口配额为 333 万吨，较 2020 年减少 3.2%。第二批成品油出口配额总计 750 万吨，较 2020 年同期减少 73.24%。第三批成品油出口配额总量为 157.9 万吨，同比减少 79.67%。2021 年三批成品油出口配额总量为 3857.9 万吨，同比减少 34.6%。出口配额减少的主要原因是相关部门为推进“双碳”目标，从原料端和出口端对炼化行业加强管控；另一方面原因是国外市场对国内过剩产能的消化能力有限。

3. 成品油表观消费量增速放缓，延续中低速增长态势

成品油表观消费量增长情况与经济发展高度相关，2021 年中国经济持续恢复，保持全球领先地位，全年国内生产总值 1143670 亿元，按不变价格计算，比上年增长 8.1%。经济的持续恢复，有力支撑了成品油消费需求增长。2021 年成品油表观消费量为 33197.4 万吨，同比增加 14.5%，继续保持中低速增长。2021 年中国成品油表观消费量数据如图 6 所示。

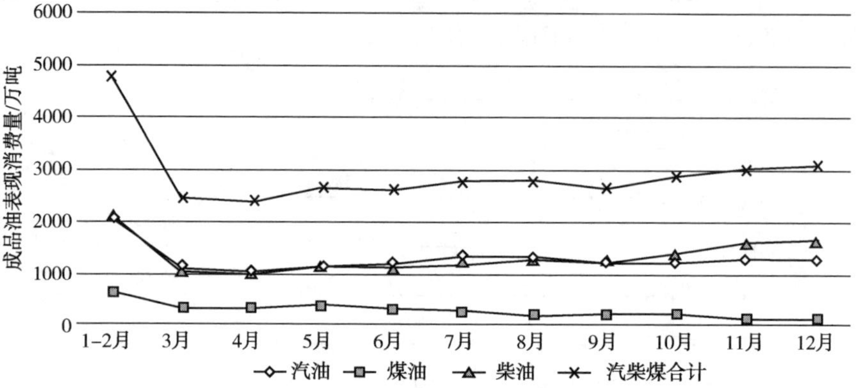

图 6　2021 年中国成品油表观消费量趋势

数据来源：中国石油和化工经济分析月度报告

分品类看，2021 年，汽油表观消费量总计 14037. 5 万吨，同比增加 20. 8%；柴油表观消费量总计 14692. 8 万吨，同比增加 4. 56%；煤油表观消费量为 3243. 7 万吨，同比增加 2. 2%。

中国新能源汽车快速发展，据汽车工业协会统计，2021 年新能源汽车市场渗透率达 13. 4%，全年销量超过 350 万辆，创历史新高，新能源汽车发展正由政策驱动向市场拉动转变，这对汽油消费增长有一定抑制作用。整体而言，中国燃油车保有量、增量基数大，对汽油消费增长拉动作用明显。柴油消费与交通运输、建筑业、采掘业等行业相关，随着中国城镇化、新型工业化进入发展后期，第二产业增速放缓，柴油消费已经达峰，并呈下降趋势。2021 年，中国煤油消费量的增长主要受益于中国航空运输业的复苏，国际航班的减少及新冠肺炎疫情散发对国内航空运输业的不利影响在一定程度上抑制了煤油消费，但整体来看，国内需求的快速恢复拉动了煤油消费增长。

4. 成品油价格震荡冲高，多次呈 V 形调整

2021 年，全球新冠肺炎疫情形势好转，石油需求提振，国际油价整体呈上涨态势。2021 年，国内成品油价格也因国际油价的变化而发生调整，2021 年全年，共经历 25 次成品油调价窗口，其中上调 15 次、搁浅 4 次、下调 6 次，全年汽油、柴油价格每吨分别累计上涨 1485 元和 1420 元。全年来看，成品油价格震荡冲高，有 3 次明显的深 V 形调整。2021 年，汽油、柴油价格具体调整情况如表 1、图 7 所示。

表 1　2021 年汽油、柴油价格调整情况

时　　间	详　　情
2021-1-15	国内汽油、柴油价格每吨分别提高 185 元和 180 元
2021-1-29	国内汽油、柴油价格每吨分别提高 75 元和 70 元
2021-2-18	国内汽油、柴油价格每吨分别提高 275 元和 265 元
2021-3-3	国内汽油、柴油价格每吨分别提高 260 元和 250 元
2021-3-17	国内汽油、柴油价格每吨分别提高 235 元和 230 元
2021-3-31	国内汽油、柴油价格每吨分别降低 225 元和 220 元
2021-4-15	国内汽油、柴油价格不做调整
2021-4-28	国内汽油、柴油价格每吨分别提高 100 元和 95 元
2021-5-14	国内汽油、柴油价格每吨均提高 100 元
2021-5-28	国内汽油、柴油价格不做调整
2021-6-11	国内汽油、柴油价格每吨分别提高 175 元和 170 元
2021-6-28	国内汽油、柴油价格每吨分别提高 225 元和 215 元
2021-7-12	国内汽油、柴油价格每吨分别提高 70 元和 65 元
2021-7-26	国内汽油、柴油价格每吨分别降低 100 元和 95 元
2021-8-9	国内汽油、柴油价格不做调整
2021-8-23	国内汽油、柴油价格每吨分别降低 250 元和 245 元
2021-9-6	国内汽油、柴油价格每吨均提高 140 元
2021-9-18	国内汽油、柴油价格每吨分别提高 90 元和 85 元
2021-10-9	国内汽油、柴油价格每吨分别提高 345 元和 330 元
2021-10-22	国内汽油、柴油价格每吨分别提高 300 元和 290 元
2021-11-5	国内汽油、柴油价格不做调整
2021-11-19	国内汽油、柴油价格每吨分别降低 95 元和 90 元
2021-12-3	国内汽油、柴油价格每吨分别降低 430 元和 415 元
2021-12-17	国内汽油、柴油价格每吨分别降低 130 元和 125 元
2021-12-31	国内汽油、柴油价格每吨分别提高 140 元和 135 元

数据来源：中华人民共和国国家发展和改革委员会。

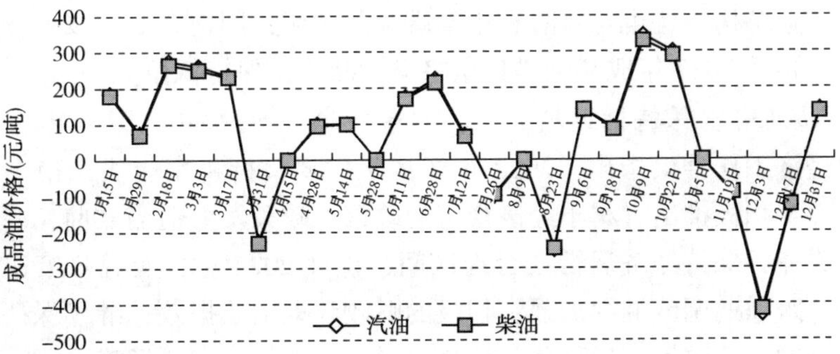

图 7　2021 年成品油价格调整趋势

数据来源：中华人民共和国国家发展和改革委员会

5. 成品油企业盈利状况明显改善，市场维持“两大多小”竞争格局

2021年，国际油价大幅上涨，国内成品油价格也随之多次上调，成品油批零价格较2020年均大幅提高。2021年，国内新冠肺炎疫情防控较好，经济稳步增长，成品油需求恢复。受益于油价上涨、需求提振，成品油企业盈利状况明显改善。2021年前三季度，中国石油成品油销售板块经营利润达87.76亿元，同比增加137.12亿元；中国石化营销和分销板块息税前利润为243.16亿元，同比增加67.72亿元；中国海油油气销售收入约580.3亿元人民币，同比大幅上升63.3%。

2021年，中国石油加油站数量为2.25万座，中国石化加油站数量为3.07万座，中国石油、中国石化保持领先地位；中化石油、浙江石化等民营连锁品牌加油站及道达尔、壳牌等外资加油站数量变化不大，与中国石油、中国石化仍有很大差距，成品油市场继续维持“两大多小”竞争格局。

（二）2022年中国成品油市场发展与展望

1. 成品油供给总量继续增长，进口量继续减少

从政策上看，成品油炼化项目审批趋紧，严控新增产能；“双碳”目标下，经济社会全面向绿色低碳转型，石化行业碳达峰行动方案将会出台，成品油炼化企业面临更多的环保要求，可能会推高生产成本。从发展趋势看，我国成品油炼化产能趋近峰值，产量增速放缓。从项目进程看，广东石化4000万吨/年、鑫海石化500万吨/年、海南炼化800万吨/年等项目将在2022年陆续竣工投产。因此，结合“十四五”规划统筹考虑，预计2022年中国成品油产量将继续保持增长，稳中有升，但增速放缓，预计新增产能在1800万吨左右，增速在4%左右。

中国成品油已进入大炼化时代，产量不断创新高，产能过剩已成常态，国内产能过剩必然会减少对国外成品油的进口需求；另外，政策上明确要淘汰落后产能、优化产业结构，这也意味着在中高端油品领域，国内企业市场份额可能会扩大。因此，预计2022年成品油进口量将继续减少，保持低位。

2. 成品油需求保持低速增长，出口规模进一步收窄

中央经济工作会议指出，2022年经济工作要坚持稳字当头、稳中求进总基调，各方面要积极推出有利于经济稳定的政策，政策发力适当靠前，要着力稳定宏观经济大盘，保持经济运行在合理区间，预计2022年，宏观政策逆周期调节力度加大，跨周期调节继续加强；积极的财政政策增质提效，继续保持一定支出强度；稳健的货币政策稳量降负，信贷总量稳定增长，实体经济平均融资利率进一步降低，为经济增长保驾护航。《区域全面经济伙伴关系协定》(RECP)也于

2022年1月1日正式生效，有助于提升我国对外开放水平、拉动国内有效需求增长、加快构建“双循环”新发展格局。预计2022年中国经济将继续保持稳定增长，国际货币基金组织预测2022年中国经济增速为5.9%；社科院预计2022年中国经济增速为5.3%。一方面，中国经济稳定增长将带动成品油刚性需求增加；另一方面，《中共中央、国务院关于完整准确全面贯彻新发展理念做好碳达峰碳中和工作的意见》《2030年前碳达峰行动方案》两份中国“双碳”工作的纲领性文件中提出，未来将控制石油消费总量增长，中央在部署2022年经济工作时提出，要创造条件尽早实现能耗“双控”向碳排放总量和强度“双控”转变。因此，2022年油气行业的“双碳”行动方案可能会出台实施，这将在一定程度上抑制成品油需求过快增长。结合上述分析，预计2022年中国成品油需求将继续保持低速增长，增速在4%左右。

中国成品油出口量受出口配额政策影响大。出口配额调整，一方面需要考虑碳减排任务，另一方面需要考虑出口对国内过剩产能的消化作用。从政策看，要求防止成品油“大进大出”。因此，预计2022年中国成品油出口规模将进一步收窄。

3. 成品油市场多元化进一步发展

国务院公布的《关于深化“证照分离”改革进一步激发市场主体发展活力的通知》，深化成品油经营领域“放管服”改革，取消了商务部实施的“石油成品油批发经营资格审批”“石油成品油仓储经营资格审批”和省级商务部门实施的“石油成品油批发经营资格审批（初审）”“石油成品油仓储经营资格审批（初审）”；将成品油零售经营审批权限由省一级部门下放到设区的市一级；取消了申请企业提交成品油供应渠道相关法律文件的要求，上述改革措施进一步降低了成品油市场准入门槛。另外，成品油产能过剩常态化，上游炼化企业已经开始开拓下游加油站市场，通过整合兼并、新建加油站提升市场份额。综合上述分析，预计2022年中国成品油市场主体多元化将进一步发展，多元化特征更加明显，市场竞争更为激烈。

4. 调整挂靠原油期货品种，完善成品油定价机制

国家发改委发布了《关于“十四五”时期深化价格改革机制行动方案的通知》，文件提出，要稳步推进石油天然气价格改革，结合国际能源市场变化和国内体制机制改革进程研究完善成品油定价机制。这意味着，下一步将推动成品油定价机制市场化改革，使价格调整更接近市场变化。

上海国际能源交易中心原油期货市场规模已稳居世界前三，境内外参与者

多，已有来自新加坡、英国、韩国、日本等国家的52家境外中介完成备案，境外客户来自英国、澳大利亚、瑞士、新加坡、塞浦路斯、塞舌尔6个国家及中国香港和中国台湾地区，影响力不断扩大，价格独立性初现，较好体现了中国原油市场供需变化。中国成品油定价主要挂靠国外原油期货，没有很好地反映中国市场变化和体现中国的定价话语权。2022年，中国可能会把上海原油期货作为挂靠原油品种之一，以贴近国内市场供需变化，完善国内成品油定价机制。

三、2021年中国天然气市场发展分析与2022年展望

2021年，中国天然气表观消费量3697.7亿立方米，同比增长13.4%，增幅较2020年有所提升。国内天然气产量继续保持增长态势，达2052.6亿立方米，同比增长8.2%。天然气进口量达到1700.8亿立方米，同比增长20%，对外依存度为44.5%，同比增长2.6个百分点。天然气价格创下历史新高。随着能源结构深度调整，预计2022年中国天然气需求量继续增长，市场主体更加多元。

（一）2021年中国天然气市场发展分析

1. 天然气产量、进口量保持增长态势

2021年，中国天然气总产量达2052.6亿立方米，比2020年增长8.2%，连续5年保持增产100亿立方米以上。第一季度，天然气产量为533.1亿立方米，同比增长13.1%；第二季度，天然气产量为511.6亿立方米，同比增长11.9%；第三季度，天然气产量为473.7亿立方米，同比增长9.3%；第四季度，天然气产量为534.3亿立方米，同比增长2.4%。天然气生产快速增长。2021年上半年，生产天然气1045亿立方米，同比增长10.9%，增速比上年同期高出0.6个百分点；两年平均增长10.6%。

2021年，天然气总进口量为1700.8亿立方米，比2020年同期增长20%。第一季度，天然气进口量为410.4亿立方米，同比增加19.4%；第二季度，天然气进口量为426.4亿立方米，同比增加28.36%，根据海关总署快报数据，2021年上半年天然气进口增长加快，进口天然气836.8亿立方米，同比增长23.8%，增速比一季度高出4.2个百分点；第三季度，天然气进口量为422.6亿立方米，同比增长19.8%；第四季度，天然气进口量为441.4亿立方米，同比增长13.7%。中国天然气全年对外依存度达44.5%，比2020年增长2.6个百分点。2021年，中国累计进口气态天然气4242.6万吨，占中国天然气进口量的34.7%，进口来源国相对稳定，分别是土库曼斯坦、乌兹别克斯坦、哈萨克斯坦、缅甸和俄罗斯5个国家；累计进口液化天然气7993.1万吨，占中国天然气总进口量的65.3%，

主要进口来自澳大利亚、卡塔尔、马来西亚、印度尼西亚和俄罗斯等国家。2021年，国内月度天然气产量与进口量如图 8 所示。2012—2021 年，中国天然气对外依存度如图 9 所示。

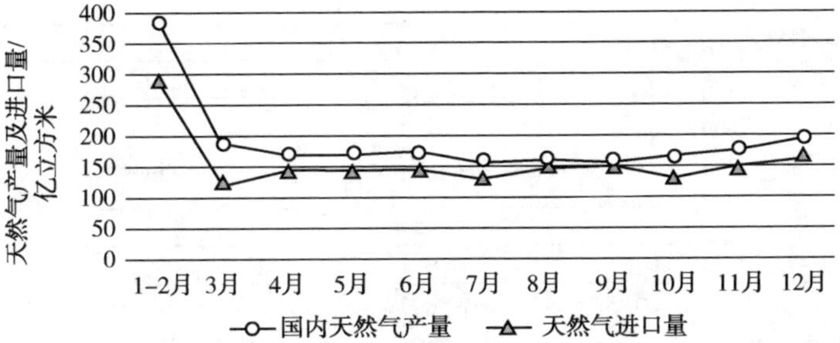

图 8　2021 年国内月度天然气产量与进口量

数据来源：中国石油和化工经济分析月度报告

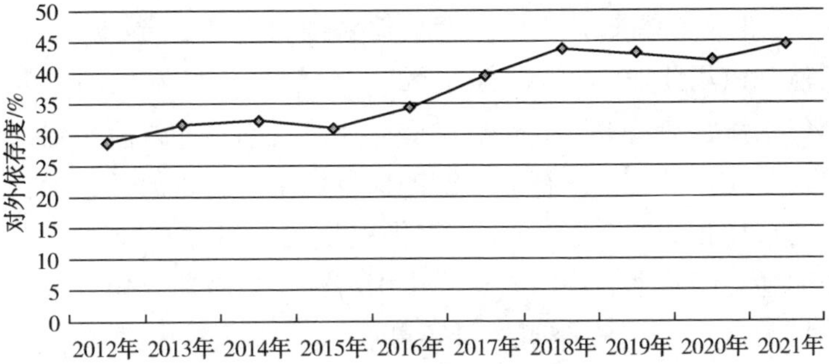

图 9　2012—2021 年中国天然气对外依存度

数据来源：中国石油和化工经济分析月度报告

2. 天然气需求上涨，国内供需基本平衡

2021 年，中国累计天然气表观消费量为 3697. 7 亿立方米，同比增长 13. 4%。第一季度，天然气表观消费量为 932. 6 亿立方米，同比增长 15. 8%；第二季度，天然气表观消费量为 923. 4 亿立方米，同比增长 16. 81%；第三季度，天然气表观消费量为 879. 1 亿立方米，同比增长 14. 1%；第四季度，天然气表观消费量为 962. 7 亿立方米，同比增长 7. 4%。

2021 年，中国天然气供应量为 354. 6 亿立方米。第一季度，天然气供应量为 943. 4 亿立方米，同比增长 15. 8%；第二季度，天然气供应量为 938 亿立方米，同比增长 16. 8%；第三季度，天然气供应量为 896. 3 亿立方米，同比增长 14%；第四季度，天然气供应量为 975. 7 亿立方米，同比增长 7. 2%。天然气供给在

2021 年明显恢复，与快速增长的需求基本相匹配。中国天然气的进口量基本平稳。2021 年，中国天然气供应量与消费量呈现紧平衡的趋势。2021 年，国内月度天然气供应量与表观消费量如图 10 所示。

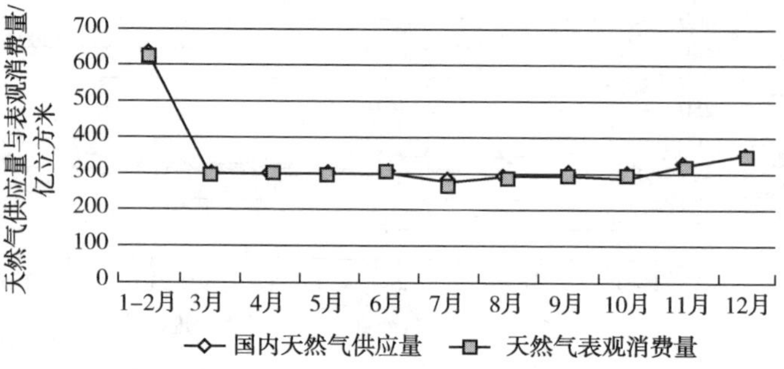

图 10　2021 年国内月度天然气供应量与表观消费量

数据来源：中国石油和化工经济分析月度报告

3. 天然气市场主体更加多元，产供储销建设逐步完善

随着天然气市场化改革进入“深水区”，天然气市场发生了重大变化，中国已经形成西气东输、海气登陆、就近供应以及北气南下的供应格局。中国天然气供应主体更加多元。随着油气行业上游勘探领域市场准入放开，社会资本参与度提高，天然气市场正朝“三大一中众新”供应格局迈进。2021 年，中国天然气市场前三位依旧是中国石油、中国石化、中国海油三家石油公司。陕西延长石油加大了上游勘探力度，天然气探明储量不断扩大，正成为中国天然气市场的第四极。2021 年 5 月 13 日，国家自然资源部网站登出《2021 年新疆大有 1 等 4 个石油天然气探矿权挂牌出让公告》，这是落实《中共中央国务院关于营造更好发展环境支持民营企业改革发展的意见》的重要举措，进一步说明民营企业进入油气田勘探开发上游领域，加速“众新”的格局形成。2021 年，中国天然气储备规模稳步扩大，充分发挥出储气库和 LNG 接收站的保供和调峰作用。2021 年 10 月 18 日，中国石化中原油田卫 11 储气库建成注气，库容气量为 10.09 亿立方米，日最大调峰能力 500 万立方米，每天可满足 1000 万户家庭的用气需求，为华北地区及黄河流域今冬明春储气调峰、稳定供气提供坚强的资源保障。

按照“X+1+X”的改革要求，国家管网公司成立后，负责全国油气干线管道、部分储气调峰设施的投资建设，“全国一张网”形成，天然气的供应格局也发生了重大变化。随着行业准入门槛逐渐降低，大批民营企业、外资公司的进入，下游销售市场的竞争加剧。以佛燃能源、中国燃气、北京燃气、昆仑能源等为代表的多家城燃企业产业链逐渐向上游延伸，气源选择更多，资源采购的方式也更加多样化、交易方式趋于灵活，资源配置市场化，市场的保供责任重新划分，天然气就近消费，价格波动趋于明显，市场主体也更加多元。

4. 天然气价格大幅上涨，价格市场化改革向前推进

2021 年，中国天然气需求持续增加。从需求端看，全球经济恢复增长、能源转型向前推进，燃煤发电需求向天然气发电需求转移，天然气需求大幅增加。从供给端看，天然气市场上游投资不足，以及一些极端天气等偶发因素，天然气供应承压。需求增长、供应不足，导致市场供需矛盾加剧，价格大幅上涨，天然气市场出现“淡季不淡、旺季更旺”的现象。

2021 年 10 月 25 日，国家发展改革委发布的《关于“十四五”时期深化价格机制改革行动方案的通知》中提到，要稳步推进石油天然气价格改革。推进天然气门站价格和终端用户销售价格市场化，合理制定管道运输价格，进一步推动了中国天然气市场下游价格的稳定和市场的向好发展。

（二）2022 年中国天然气市场发展与展望

1. 天然气需求将继续增长，消费结构变化不大

“双碳”目标下，能源结构调整加快，天然气消费总量和比重将持续提升。城市燃气消费方面，随着中国新型城镇化的推进，“电气化”程度将进一步提升，城镇居民刚性用气需求也将进一步增加。交通用气方面，CNG 汽车主要以出租车为主，受政策影响将逐步转换为电车，但 LNG 汽车的数量和比重将快速上升，预计 2022 年 LNG 重卡将在交通领域迅速发展，成为天然气消费增长的重要板块。受拉闸限电的影响，天然气发电将大幅提升未来电力领域的增量，天然气发电将不仅发挥调峰电源的作用，而是成为主要发电形式之一。

2. 天然气生产供应能力提高，多元化供给结构更加明显

在中国国内开采天然气的成本比较高，随着天然气价格的上涨，国内天然气生产利润将大幅增长。预计 2022 年，国内能源公司对于天然气开采和勘探的热情将保持高涨，中国天然气的自给率将有所提高。中国天然气将持续上产，但由于常规气优质接替资源的发现难度越来越大，常规气产量由增速放缓转向稳定，非常规天然气保持快速增长，特别是页岩气，新增产量中非常规气资源比例将不断增加，呈现常规气与非常规气并重发展的格局。根据《第十四个五年规划和 2035 年远景目标纲要》，预计 2022 年中国将继续放开油气勘探开发市场准入、推动油气增储上产，加快建设天然气主干管道，并实施“油气勘探开发保障工程”。

天然气进口也将更加多元。随着中俄合作项目"西伯利亚力量"的推进，预计2022年俄罗斯对中国出口的管道天然气总量或将上升。海上LNG进口不受计划量影响，方式灵活，LNG接收站不断建设和完善。预计2022年，海上LNG进口将不断增加。

3. 天然气价格仍将高位运行，天然气市场化改革继续推进

节能减排，应对气候变化，已经成为世界各国的普遍共识。在市场化趋势下，2022年，预计国产天然气价格会有所增加，进口天然气价格也会由于国际天然气供应紧张等原因上升，加之中国天然气需求快速增长的大背景，天然气价格总体会处于高位，且仍会呈现"淡季不淡、旺季高价"的特征。预计2022年LNG供给仍将趋于紧张，价格易涨难跌。

2022年，中国天然气市场化改革会持续推进。上海国际能源交易中心将推出天然气期货产品并完善相关制度，进而推动中国形成公开透明的天然气交易市场。上海和重庆两个国家石油天然气交易中心将持续积极推动中国能源交易平台相互联动、形成纽带，加快推进中国天然气市场化改革的步伐。

中国油气勘探产业发展分析与展望

2021年，中国持续加大勘探资金和科技投入力度，着力攻克深层技术难题，油气勘探工作卓有成效，油气勘探领域捷报频传。陆上常规油气资源和非常规油气资源均获得众多发现，海上油气资源勘探也取得重要进展。勘探技术的突破极大地助力了勘探产业发展，中国油气储量得到进一步提高。页岩气、页岩油、煤层气等非常规油气勘探取得重要突破，储量有较大幅度的增加，中国油气勘探形势继续向好。

一、2021年中国油气勘探产业发展分析

2021年，中国油气勘探产业取得了一系列勘探成果，涉及陆上油气资源、海上油气资源、常规油气资源、非常规油气资源等各领域，进一步提升了中国油气探明储量，促进了中国勘探产业发展，为进一步开发与生产奠定了基础。

（一）陆上常规油气资源勘探成果

1. 中东部地区油气资源勘探取得重要进展

华北油田，2021年获得勘探新发现。2021年3月21日，华北油田在内蒙古河套盆地探井再获173米油气显示，有望落实亿吨级资源规模，实现临河坳陷新区带突破，为巴彦百万吨油田建设奠定了资源基础。巴彦河套探区是中国石油首批矿权流转区块，2018年，华北油田在临河坳陷吉兰泰构造带首次获得突破，发现了吉兰泰油田。2020年，河套盆地临河坳陷兴隆构造带临华1X井、兴华1井分获日产305立方米和274立方米高产油流，一举突破河套盆地北部的工业油流关和高产油流关，开辟了河套盆地规模增储新战场。2021年，在内蒙古巴彦河套盆地部署的兴华1井，获日产274立方米高产油流。兴华1井这口高产油流探井，是中海油能源发展股份有限公司工程技术分公司(下称工程技术公司)勘探队伍协助中国石油华北油田巴彦勘探分公司在内蒙古巴彦河套盆地部署的一口风险探井。工程技术公司作为中国石油、中国海油两家公司全面深化战略合作框架协议的探路者，双方首度“联姻”便取得巨大成果。

大港油田，2021年石油勘探取得持续进展。2021年8月26日，大港油田公

司部署在歧北斜坡的埕107X1井传来捷报，在该井的“沙二段”滨Ⅲ油组试油获得日产百吨高产。埕107X1井是大港油田陆地单层油层最厚、产量最高的一口探评井，是高效勘探的最新成果。该油井深4841米，日产油238.2立方米，日产气15.14万立方米，不含水，油质好、油套压稳定。

2. 西部地区油气勘探进一步加快、深化

1）中国石油

塔里木油田，2021年油气勘探取得重大突破。塔里木盆地富满地区发现10亿吨级超深大油气区，这是近10年来塔里木盆地石油勘探的最大发现，重点探井满深2井钻井深度达8470米，测试油柱高度达550米，创造了塔里木盆地大沙漠区最深出油纪录和油柱高度最大纪录。富满油田主力产层埋深8000米左右，是全球迄今为止发现的埋藏最深、规模最大的碳酸盐岩挥发性油藏。富满油田开采难度属于世界前沿，塔里木油田攻克高品质地震资料采集处理技术和超深复杂碳酸盐岩布井技术难题，使新井成功率从75%提升到2021年的95%以上，推动大沙漠区超深油气高效益开发。2021年，塔里木油田已建成中国最大超深层油气生产基地，开辟了保障中国能源安全的新领域。富满油田从发现到投入开发的6年间，原油年产量从3万多吨增长到2020年的152万吨，2021年生产原油200万吨。“十四五”期间，塔里木油田将建成年产油气当量500万吨以上超深大油田，引领中国石油工业向超深复杂油气藏高效开发迈进。

西南油气田，2021年油气勘探取得新进展。2021年以来，西南油气田把握“资源基础”，聚焦川中古隆起、川西二叠系、陆相致密气三大重点领域，突出高效勘探，太和含气区立体勘探取得重大新突破，安岳气田灯二气藏取得新进展，为“上产500亿、奋斗800亿”奠定良好资源基础。西南油气田聚焦海相领域，在川中古隆起太和含气区角探1井茅口组获测试日产气超100万立方米，在高石1井区获测试日产气超50万立方米，在川西北部双鱼石栖霞组新获百万立方米气井3口，均获测试日产气超100万立方米，8口生产井日产气超200万立方米，为新区开发和气田稳产夯实资源基础。同时，该公司在太和含气区灯四段、川西二叠系多期台缘带、川西南部火山岩勘探见到新苗头，有望获得新进展。“十四五”期间，西南油气田将陆相致密气作为勘探新方向，部署了四川盆地致密气川中核心建产区勘探工作，在秋林井区、金华井区均获得工业气流，证实该区块目标砂体具有良好的含气性，为公司持续推进致密气效益开发吃下“定心丸”。

青海油田，2021年油气勘探获得新发现。2021年，青海油田在柴达木盆地英雄岭构造带干柴沟获新发现，新增油气预测地质储量 3923 万吨。柴达木盆地是中国地势最高的内陆盆地，地下资源丰富，素有“聚宝盆”之称。根据多次油气资源评价结果，位于柴达木盆地西部的英雄岭构造带占盆地油气总资源量的 30%，具有非常大的发现潜力。干柴沟位于英雄岭构造带中部，整体为向盆内倾末的大型鼻状斜坡，地面油砂多层系大面积出露。2019 年，青海油田借助英西、英中湖相碳酸盐岩规模发现的技术与方法，对该区实施三维地震勘探满覆盖面积 300 平方千米，新发现干柴沟一号构造，于 2020 年部署实施柴 9 井，试油获日产油 121.12 立方米和日产气 5 万立方米，后期试采稳定，实现重大突破。干柴沟的突破，证实了本区纵向发育 E32、N21 两套含油层系，具备新增油气地质储量 1 亿吨的潜力。2021 年，干柴沟已落实油气层累计厚度 40~80 米，有利勘探面积 120 平方千米，成为青海油田原油增储上产的有利区带。

2）中国石化

西北油田，2021 年油气勘探取得重要成果。西北油田在中国塔里木盆地顺北油气田的重点探井——顺北 44X 井，于 2021 年 8 月 26 日试获油气当量超千吨，标志着顺北油气田 4 号断裂带获得亿吨级油气区的重大发现，至此，中国石化在该地区探明油气储量超 2 亿吨。这是中国石化大力提升油气勘探力度的重要成果，将有效增强西北地区的洁净能源供应能力。顺北 44X 井位于顺北油气田 4 号断裂带，完钻井深 8261 米，经测试获得日产油 865 吨和日产气 59 万立方米，相当于油气当量 1330 吨。这是 2021 年中国石化继顺北 42X 井和 41X 井之后在该地区勘探取得的更大突破，进一步证实了该地区具有“控储控藏控富”的特征，展现了良好的勘探前景。中国石化在顺北油气田已建成百万吨级产能。顺北油气田具有超深、超高压、超高温的特点，储层平均埋藏深度超过 7300 米，是世界上埋藏最深的油气藏之一，勘探难度大。2016 年，中国石化宣布在顺北油气田勘探取得重大商业发现。此后，中国石化加大科技攻关力度，攻克一系列世界级技术难题，创新形成顺北超深断控型油气成藏理论，先后发现顺北油气田 1 号断裂带、5 号断裂带及 4 号断裂带等三个亿吨级油气区。2020 年，顺北油气田建成百万吨级产能。2021 年 6 月，累计生产原油突破 300 万吨、天然气超 10 亿立方米，成为中国石化“十四五”期间重要的增储上产阵地。截至 2021 年 8 月，西北油田累计探明石油地质储量 15 亿吨、天然气地质储量 740 亿立方米，油气当量累计产量超 1.4 亿吨，是全国陆上十大油田之一。

中原油田，2021 年勘探工程运行取得新进展。中原油田继续围绕“拓资源、增储量、扩矿权”工作主线，加强区带目标评价，推动勘探工程运行，部署完成探井14口，普光探区立体勘探、通南巴区块多层系勘探、东濮凹陷新领域勘探与富油气区增储挖潜、内蒙古探区白音查干凹陷近洼斜坡带评价取得积极进展。宣汉101井等8口探井聚焦天然气规模增储，在普光探区侏罗系致密砂岩气、茅口组与雷口坡组岩溶气，通南巴区块雷口坡组岩溶气、须家河组致密砂岩气等领域继续探索。卫457井等6口探井围绕效益增储，在濮卫-文留地区沙四上页岩油、濮卫洼陷带北翼及文濮结合部致密油、白音查干达尔其地区构造-岩性油藏等领域摆开“阵势”。

江汉油田，2021年油气勘探任务高质量完成。江汉油田牢固树立“资源为王”的理念，将“高质量”贯穿于油气勘探全过程，大打天然气勘探进攻仗、常规油勘探保卫仗，天然气勘探取得“一个重要突破、两个新进展、一个好苗头”好成绩。天然气方面，江汉油田聚焦涪陵、复兴、红星等增储上产阵地，按照展开、评价、准备三个层次，加强基础研究，深化地质认识，做好勘探评价，加快勘探节奏，取得良好效果。红星地区二叠系页岩气勘探取得重要突破，红页1HF井累计产气1342万立方米，红页2HF井钻遇良好油气显示；复兴地区侏罗系立体勘探取得新进展。兴页1HF井、兴页2HF井直井段分别钻遇东岳庙段优质页岩27.5米、27.8米，综合评价有利区面积1816平方千米。忠1HF井在凉三段新层系致密气勘探中取得重要进展，正积极申报红星二叠系海相页岩气国家级示范区和复兴侏罗系页岩气国家级示范区。寒武系洗象池组常规天然气展开评价见到好苗头，平桥101井、平桥2井分别钻遇气层896米、99米。

西南油气分公司，在川西斜坡带新领域勘探获得新突破。2021年9月16日，西南油气分公司部署在川西地区绵阳斜坡带的风险探井——永兴1井，试获日产11.11万立方米工业气流，取得川西地区斜坡带雷口坡组构造-地层圈闭新领域勘探突破，证实了该构造-地层圈闭的富集成藏及资源潜力，对整个川西坳陷斜坡带勘探具有重要带动意义。

（二）陆上非常规油气资源勘探成果

1. 页岩气

2021年1月29日，松辽盆地页岩气勘探取得进展。中国地质调查局油气调查中心瞄准下白垩统沙河子组陆相页岩气新领域开展攻关，在梨树断陷部署实施吉梨页油1井钻探，首次发现51米厚富含气混积页岩，直井压裂获得日产7.6万立方米高产页岩气流，“三位一体”综合评价梨树断陷沙河子组页岩气资源量5558亿立方米，本次发现有望带动松辽盆地2.7万平方千米有利区陆相页岩气勘查开发。

中国石油西南油气田形成两大万亿立方米气区，两大领域实现千亿立方米级增储。2021 年 9 月 22 日西南油气田聚焦川中古隆起海相多层系、川南深层页岩气、川中-川西陆相致密气、川西二叠系等重点领域，取得重大勘探新成果，新增地质储量创历史新高，形成两大万亿立方米气区，实现两大领域千亿立方米级规模增储。蓬莱气区规模增储，持续深化油气富集地质规律攻关，创新灯影期“北沉积、南侵蚀”槽-台格局的成因机理和蓬莱气田“断层、岩性控圈、立体成藏、复式聚集”成藏新模式，勘探再获重大战略新突破，蓬莱万亿立方米气区基本形成。继川南页岩气探明万亿储量后，西南油气田创新深层页岩气富集理论，攻关改造技术，钻获多口高产井，明确泸州古隆起是深层页岩气规模富集区。泸县、大足、宜宾、自贡等地多口井测试日产量高达 20 至 50 万立方米，展示川南深层页岩连片含气，泸州深层页岩气评价勘探取得重大成果，新落实万亿储量区，探明国内规模最大的深层页岩气田。

2021 年 10 月 31 日，由中国石化勘探分公司部署在重庆市綦江区东溪构造的重点页岩气探井东页深 2 井，日前在埋深 4300 米的页岩气层中试获日产 41.2 万立方米页岩气，标志着中国在埋深 4000 米以上的深层页岩气勘探领域取得新的重大进展。按照普通三口之家每日用气量约 0.5 立方米计算，此次试获日产 41.2 万立方米的页岩气，可满足约 82 万户家庭的正常用气需求。在埋深 4000 米以上的深层海相页岩气领域，存在着页岩埋深大、地应力复杂等多个世界级难题，不仅技术要求高，且勘探难度大。2019 年，中国石化突破了埋深超 4000 米页岩气井压裂工艺技术，所部署的东页深 1 井在埋深 4270 米的优质页岩气层试获日产 31 万立方米高产气流，取得深层页岩气勘探重大突破。此次在东页深 2 井试获日产 41.2 万立方米页岩气，进一步证实了该地区页岩气规模增储上产的潜力。

2. 页岩油

2021 年 1 月 29 日，松辽盆地页岩油气勘探新突破：首现 51 米厚富含气混积页岩。松辽盆地青山口组页岩油地质资源量 75 亿吨，梨树断陷沙河子组页岩气地质资源量超 5000 亿立方米，开拓了松辽盆地油气资源接替新领域。中国地质调查局沈阳地调中心和油气调查中心针对勘查难度最大的白垩系青山口组一段深湖相页岩油开展攻关，在齐家-古龙凹陷、长岭凹陷部署实施了 3 口水平井，经压裂测试均获得日产超 10 立方米的高产页岩油流，在三肇凹陷部署的松页油 3 井直井压裂获得日产 3.46 立方米工业油流。经资源潜力、技术经济、环境影响“三位一体”综合评价，松辽盆地青山口组页岩油资源量 75 亿吨，具有广阔的勘探潜力。

2021 年 6 月 20 日，长庆油田在鄂尔多斯盆地石油勘探中获得重大成果，探明地质储量超 10 亿吨的页岩油整装大油田，成为中国探明储量规模最大的页岩油大油田。不到 3 年时间拿下探明储量超 10 亿吨整装大油田，成为 21 世纪以来中国油气勘探领域取得的标志性成果之一。长庆油田地表为黄土塬区厚层黄土覆盖，沟壑纵横，地震勘探、钻井及压裂改造难度很大。长庆油田已累计探明石油储量 10.52 亿吨，得益于长庆油田对鄂尔多斯盆地页岩油勘探地质理论、黄土塬三维地震、测井成像技术的不断创新，更源于水平井优快钻井、体积压裂改造关键核心技术的突破。随着探明储量快速增长，页岩油已成为长庆油田高质量发展新的增长极，预计“十四五”时期末，长庆油田页岩油年产量将增长到 300 万吨，助力油气发展冲刺 7000 万吨新高度。

2021 年 8 月 25 日，大庆油田古龙页岩油勘探获重大突破，2021 年，已落实含油面积 1413 平方千米，新增石油预测地质储量 12.68 亿吨，并已通过审查。大庆油田部署钻探的古页油平 1 井、英页 1H 井、古页 2HC 井等重点探井，试获日产油 30 立方米以上高产且试采稳定，其中古页油平 1 井见油生产超 500 天，累计生产原油 6000 多吨，累计生产油气当量近万吨。2021 年，平面上已有 43 口直井出油，5 口水平井获高产。面对油田储采失衡和稳产难的挑战，大庆油田创新非常规勘探思路，加强页岩油富集规律研究和富集层评价及水平井压裂提产攻关，取得了页岩油原位成藏理论、关键工程技术、勘探实践等一系列进展。2021 年，正按“项目化管理、市场化运行、平台化布井、工厂化作业、智能化管控、低碳化发展”全新模式，开展开发先导试验，积极推动大庆古龙陆相页岩油国家级示范区建设。“十四五”期间，古龙页岩油将新增石油探明地质储量 10 亿吨，页岩油年产量超 100 万吨。

2021 年 11 月 3 日，胜利油田济阳页岩油勘探多点开花，首批上报预测石油地质储量 4.58 亿吨，已具备全面勘探条件。2021 年，胜利油田已完钻 4 口页岩油专探井，其中，樊页平 1 井创国内页岩油单井日产最高纪录，最高日产油 171 吨，标志着胜利油田页岩油实现商业产能的战略性突破。胜利油田济阳页岩油的埋深都超过 3000 米，有的页岩油气藏埋深更是超过 4000 米，地下温度超过 170 摄氏度，这给钻井工程、压裂工艺、设备性能带来极大挑战。10 多年来，科技工作者矢志攻关，创新建立陆相断陷盆地页岩油成藏富集模式，研发出页岩油突破目标优选评价技术，揭开了页岩油“藏身之地”真面目；研发优快钻井技术，在地下 3300 米以下使得水平段超 2000 米以上的水平井得以高效钻进；形成的缝网压裂技术，让页岩油在人工制造的毫米级“高速公路”上流出，极大提升单井产能。根据初步测算，胜利油田济阳页岩油资源量超40亿吨。

3. 致密气

2021年2月28日，经国家自然资源部审定，山西临兴气田探明地质储量超1010亿立方米，中国海油在陆上成功发现千亿立方米大气田。正进一步加快勘探，建成后将大大增强华北地区清洁能源供应能力，为实施新时代西部大开发战略和雄安新区建设提供绿色清洁的能源保障。临兴气田位于山西省吕梁市，地处鄂尔多斯盆地东缘。该区域构造活动复杂，此前普遍认为天然气逸散严重，难以形成大型气田。临兴致密气田与煤层气、页岩气一样，都属于非常规天然气。由于其成因、成藏机理与常规天然气不同，开发难度较大，需要一些特殊的技术才能开采出来。在建设过程中，临兴气田探索勘探一体化模式，寻找优质甜点区部署一体化评价井，快速落实储量、评价产能，通过边勘探边滚动，高产探井提前转开发井等一体化思路，产能建设周期由6~8年缩短为3~4年，实现储量到产量的快速转化，加快气田建成投产。2021年，该气田已累计钻井526口，建设场站11座，铺设管线483千米，2020年，实现日产天然气超500万立方米，投产以来累计供应天然气18.36亿立方米。按照规划，中国海油力争在2021—2023年内将临兴气田建成年产能33亿立方米、年产量27亿立方米的大气田。在助力当地经济社会发展的同时，临兴气田的天然气在2021年7月直接输送到雄安新区，为雄安新区建设“绿色低碳之城”提供清洁能源保障。

2021年7月22日，长庆油田致密气项目组在内蒙古乌审旗地区部署的一口水平井顺利完井，这口井完钻井深8528米、水平段长度5256米，刷新了亚洲陆上水平井最长水平段纪录。长庆油田致密气产量占中国致密气产量的70%，已建成中国最大致密气生产基地。鄂尔多斯盆地整体评价具有16.38万亿立方米天然气资源量，其中80%都属于致密气。鄂尔多斯盆地致密气资源是中国最丰富的，长庆致密气产量占中国石油天然气总产量的1/4以上。长庆致密气以提高单井产量和降低开发成本为目标，依托国家、中国石油重大专项，攻关形成了6类30项开发主体技术，有力推动了致密气规模效益开发。“十三五”期间，长庆致密气产能建设每亿立方米投资下降12.8%，内部收益率9.5%以上。下一步，长庆气区勘探布局与规划可在现有主力气藏之外，在丰度与产量更低、更复杂区域提高对气藏的精细描述，进一步靠技术进步降低成本、提高单井产量。对于已经开发的气田，通过技术提高采收率。2021年，长庆致密气的采收率为30%~40%，常规气田在70%左右，如果能提高10个百分点，对于长庆气田稳产、上产都意义非凡。

2021 年 8 月 14 日，中国石油西南油气田致密气勘探再传捷报，天府含气区永浅 6 井继沙一段 2 号砂组测试获高产后，4 号砂组测试再获日产气 25.63 万立方米高产工业气流，无阻流量达 55.97 万立方米/日，有力助推盆地致密气勘探进程。2021 年，为突破致密气勘探新层系，落实规模增储和集中上产新区块，西南油气田聚焦川中核心建产区沙一段广覆式三角洲砂体，持续深化地质认识，在天府含气区甩开部署实施预探井。钻探证实沙一段多套砂体纵向上叠置发育，储层厚度大、品质优、含气性好。为准确评价沙一段各砂组含气性和产出能力，按照“地质工程一体化”原则，开展逐层试油工作，结合各层砂体岩石物理性质，持续优化加砂改造规模，在 2 号砂组、4 号砂组分获日产气 10.95 万立方米、25.63 万立方米高产工业气流，累计获日产气 36.58 万立方米。永浅 6 井沙一段 4 号砂组测试获高产，天府含气区沙一段测试均获工业气流，充分证实天府含气区沙溪庙组气藏具有良好的勘探潜力，进一步坚定致密气“十四五”规模增储上产的信心。

（三）海上油气资源勘探成果

2021 年 1 月 26 日，自然资源部油气储量评审办公室已经审定惠州 26-6 油气田，探明地质储量为 5000 万立方米油当量。这一重大油气发现将有效增强华南地区的清洁能源供应能力。惠州 26-6 油气田位于中国珠江口盆地，距离香港东南 162 千米，平均水深约 113 米，探井钻遇油气层厚度约 422.2 米，是中国在珠江口盆地自营勘探发现的最大油气田。惠州 26-6 油气田的发现井，2021 年测试日产油超过 500 立方米、日产天然气 60 多万立方米。该油气田投产后，可带来非常可观的社会和经济效益，为南海东部油田上产 2000 万吨提供资源保障。该油气田是中国首次在南海东部海域古潜山新领域获得勘探重大突破，一举打破了南海东部海域在潜山领域 40 余年无商业资源发现的历史。当前，南海东部油田已成为中国重要的海上油气生产基地，连续 25 年实现油气产量超 1000 万立方米，连续 6 年产量超 1500 万立方米。

2021 年 9 月 29 日，中国渤海再发现大型油田——垦利 10-2 油田，经自然资源部评审备案，新增石油探明地质储量超 1 亿吨。垦利 10-2 油田位于渤海南部海域，距离天津市约 245 千米，平均水深约 15.7 米，发现井垦利 10-2-4 井共钻遇油层 27 米，完钻井深 1520 米。经测试，该油田单井日产油可达 81.55 吨。垦利 10-2 构造位于渤海莱州湾凹陷区，该地区历经 40 余年多轮勘探，构造油藏勘探难度越来越大，发现的油藏规模也越来越小，没有商业价值。同时，按照传统认识，莱州湾凹陷区浅层、深层地层均为富泥沉积，地下深处的油气被不同岩性的地层所阻隔，无法向浅层运移聚集，多年来，该区岩性油气藏勘探一直未获得突破。面对诸多不利因素，勘探人员基于扎实的基础研究，大胆创新勘探思路，提出新近系岩性油藏成藏新模式。在新思路指导下，勘探人员逐步摸清了油气藏的富集规律和勘探方向。经过一年的评价，在莱州湾凹陷浅层成功发现大型岩性油气藏——垦利10-2油田。垦利10-2油田的成功发现，打破了渤海油田凹陷带浅层从未获得亿吨级岩性油田发现的局面，展示了渤海岩性油气藏勘探的广阔前景，对类似盆地的勘探具有重要的指导意义。中国海油将牢牢把握油气勘探这一龙头，以发现大中型油气田为目标，持续深化地质认识和技术创新，争当国内油气增储上产主力军，为实现“十四五”良好开局和推动海洋石油工业高质量发展贡献力量。

（四）油气资源勘探技术进展

2021年，中国油气勘探新技术不断涌现，推动了油气勘探向着高效、准确的方向发展，在地质勘查技术和物探技术等方面取得了新进展。

1. 中国海油积极开展海外油气勘探开发关键技术研究

2021年，中国海油通过开展海外油气勘探开发关键技术研究，为实现“十四五”期间中国海油海外增储上产，提升勘探、地球物理、深水油气田开发等关键核心技术能力奠定了坚实基础，提质增效成果显著。为加快深水人才队伍建设，中国海油成立非洲深水项目组，强化经验传承。依托巴西、圭亚那深水项目组建深水人才专家库，着力提升海外深水作业能力，加快海外关键核心技术攻关，获得深水控压钻井技术、数字化试压技术等多项技术创新突破。

中国海油成立勘探开发数据资源中心，以中国海油勘探开发数据管理成果为基础，通过建立企业级勘探开发数据湖，整合数千口井采集的钻井、测井、工程建设、油气生产等17个专业累计60余万亿字节数据资源，实现源头化、资产化、一体化、统一化、平台化管理，并具备云化数据服务、中心化数据分析等能力，为中国海油增储上产进程中的智能油田建设提供统一数据支持。

2. 中国石化多项油气勘探关键技术取得突破

中国石化对四川盆地、顺北地区等油气勘探理论取得新进展，勘探关键技术取得突破。完成世界首套全馏分原油催化裂解技术工业试验；多产丙烯和低硫燃料油组分的MFP技术工业应用取得突破；开发生产针状焦产品。在国内率先完成原油直接裂解制乙烯工业试验；开发碳纤维增强环氧树脂复合材料等15类绿色环保汽车轻量化新产品；系列氢化苯乙烯类弹性体开发取得突破。

中国石化启动齐鲁石化-胜利油田百万吨级CCUS项目，将齐鲁石化煤制气装置工业尾气浓度超90%的二氧化碳提纯到99%后，运输到胜利油田进行驱油和埋存。中国石化通过技术攻关，已初步形成了二氧化碳捕集、驱油和封存的技术，下一步将充分利用重点实验室平台，加强基础理论研究和技术攻关，建好CCUS示范区。

3. 中国石油在超深层油气成藏理论及勘探技术方面持续创新

中国石油在超深层油气成藏理论及勘探技术方面持续创新，突破塔里木山前、川中古隆起、准噶尔南缘等重点探区和难点技术，持续开展核心技术和瓶颈技术攻关见到新成效，为提高勘探成功率和单井产量奠定了坚实基础；大幅提高原油采收率关键技术取得突破，二氧化碳驱、稠油蒸汽驱、SAGD等已突破技术成果进一步转化和完善配套，聚合物驱、精细分层注水、带压作业等成熟技术得到规模化、工业化推广；升级完善勘探与生产云平台，开展信息孤岛集中治理和数据治理，初步实现信息化对重点业务和关键环节全覆盖。

二、2022年中国油气勘探产业展望

继续加强中国油气勘探活动，努力提高中国石油天然气产量，降低石油天然气对外依存度，保障中国能源和经济安全，是油气行业未来相当长时间的工作重心，是一切工作的重中之重。为促进上游勘探主体多元化，相关改革措施或进一步提速。未来将会进一步加大上游勘探开发领域投资力度，保证中国油气产量长期稳定。中国天然气消费将保持快速增长、对外依存度攀升，且储气库管理迈入高质量发展阶段。同时，天然气作为高效清洁能源，在未来一段时间内仍将在环保工作中起到重要作用。2022年，天然气产量会继续增加，并发挥天然气清洁能源的调峰作用。油气的供给也会持续增加，为保证能源安全和落实碳中和目标作出行业独特贡献。

（一）总体趋势

2021年，中国油气勘探立足大盆地、富油气凹陷或区带，强化综合地质研究和工程技术攻关，强化油气预探和风险勘探，强化老区精细勘探，油气勘探取得了一批重要发现和突破，新增探明地质储量继续保持稳定增长，为持续稳健发展奠定了扎实的资源基础。与此同时，中国油气勘探也面临着诸多挑战，资源品位降低、勘探难度增加、勘探成本不断上升等问题限制着油气勘探产业发展。

（二）油气勘探面临的挑战

中国有促进勘探发展的资源基础，剩余油气资源总量和储量规模较大，但资

源品位降低，勘探对象日趋复杂；东部老油区产量递减快，稳产难度大；低品位、非常规和深层、深海等油气主要上产领域的技术适应性有待进一步增强；勘探成本不断上升，投入不足；油气勘探还没有形成有效的竞争环境；国家和地方政府还没有形成完善配套的政策法规和有效的监管机制。

1. 富油气大盆地油气勘探难度大

松辽盆地、渤海湾盆地、鄂尔多斯盆地常规石油资源探明率已分别达到71%、56%和48%，这三大盆地总体进入中、高勘探阶段，剩余油气资源主要为盆地坳陷期发育于斜坡区和凹陷区的低渗透、低丰度岩性油藏和致密油气藏，以及盆地断陷期中深层致密砂岩、火山岩、深潜山油气藏；四川、塔里木、准噶尔、柴达木等盆地总体处于勘探中期阶段，除主体构造带和主要目的层系勘探程度较高外，新领域、新区带、新层系仍具有很大的勘探潜力。

2. 新增探明地质储量品位不断降低

新增探明地质储量品位不断降低，造成替换率总体呈下降趋势。东部和中部的老油区经过20多年开发，按油田稳产规律，均已进入产量递减或稳产临界状态。同时，所发现的新油田，规模逐渐变小，渗透率逐渐变低，可采储量越来越低。大庆、胜利、辽河等东部老油田勘探程度较高，新增探明储量不断减少，储量替换率不断下降，没有优质储量的规模建产，稳产难度不断增大，产量递减较快。剩余的常规油气资源品质整体降低。一是新增探明低渗透、特低渗透石油储量占比达80%~90%，可动用率降低；二是探明未开发储量品位下降；三是低品位建产比例增加，新井产量递减幅度大。在陆上新区动用储量中，低、稠、特殊岩性油藏占比高达80%以上，超过35%的剩余石油资源分布在低渗透储层中，25%为致密油和稠油；超过35%的天然气资源分布在低渗透储层中，25%为致密气。

新增储量动用率降低，勘探难度加大。随着中国油气勘探生产不断推进，隐蔽、复杂油气藏已成为勘探的主要对象，地表及地质条件复杂地区成为勘探重点目标区。2021年，东部松辽盆地油气探明率已达60%以上，勘探难度高；一些西部盆地的油气资源探明率虽然不高，但面临构造复杂、低渗透、致密等问题，因此，近年来中国油气的新增储量多为难动用储量。非常规油气资源勘探潜力大，但实现规模有效接替难度较大。由于非常规天然气储层非均质性强、储量丰度低，面临着规模更小、油气层更薄、储层更低渗透、油气藏更复杂的地质条件，并受到技术和开采成本的制约，有效动用难度较大。

3. 现有技术难以满足油气勘探需要

在中国油气资源品位不断降低、成本不断上升的新形势下，目前的勘探技术还难以实现规模有效开发。中国非常规油气资源勘探起步晚，关键技术尚不成熟。一方面，中国虽然初步掌握了水平井和分段压裂技术，但储层预测与评价、实验室分析测试、完井与储层改造等关键技术仍存在瓶颈；另一方面，引进的国外开发技术不能完全应用于中国复杂的地质条件，钻井、压裂等技术装备水平较低，非常规资源勘探关键技术长期以来受制于人。

4. 体制机制难以适应油气勘探新要求

针对油气勘探现状，国有企业责权不明晰、体制机制不适应、市场化程度低，没有形成竞争环境。由于油气勘查开采涉及国家能源安全，一直由国有企业掌握主导权。2015 年 7 月，国土资源部在新疆首次通过招标出让石油天然气勘查开采权。然而，截至 2021 年底，民营企业的占比仍然微乎其微，而且获得区块的资源品位相对较差，同时此类区块存在成本较高、难度较大的问题，令不少民企望而生畏。更有甚者，一些上市企业在中标后，没有进行实质性勘探，而是依靠中标后股票的上涨获取收益。矿权流转不畅，退出区块再登记率不高。一是招标放出的优质区块比例不足，使得很多具有勘探、开采能力且竞争力强的企业因为看不到未来利润或者惧怕较大的勘探风险而望而却步，直接导致退出区块再登记率不高；二是矿业权退出机制不完善，致使部分油气资源区块存在勘探投入不足甚至“跑马圈地、围而不采”的现象。

5.“双碳”目标对油气勘探产业提出新要求

在“双碳”目标提出后，中国能源转型进程进一步加快，预计到 2030 年非化石能源需求占一次能源比重将达到 25%左右。而油气行业作为中国国民经济的支柱产业，在“双碳”目标新要求和能源转型大趋势推动下，面临的减排减碳、绿色发展压力增大。从保障国家能源安全角度看，未来需要持续加大勘探力度、不断提升油气供给能力。在这一过程中，要打造绿色油气田，加大控碳减碳降碳力度，全力推进绿色发展。大力提升勘探技术和装备水平，通过节能提效、降低能耗实现减碳；通过减少并最终避免甲烷等温室气体排放实现降碳；在碳中和、碳达峰目标下，国内油气勘探必须实行绿色勘探、绿色生产，不断降低碳排放，这对油气企业增储上产提出了新的更高要求。

（三）油气勘探前景

中国油气资源总量丰富，有较大的勘探潜力，常规石油及天然气探明程度相对较低，非常规油气资源正在成为油气勘探重要领域，勘探技术进步也极大推动了中国油气勘探产业发展。

1. 油气资源总体勘探潜力较大

常规石油和天然气资源探明程度分别处于勘探中期和早中期，油气资源潜力较大。2021 年，国内石油剩余资源量为 408 亿吨，占总资源量的 63%；天然气剩余资源量为 97 万亿立方米，占总资源量的 83%，未来仍有较大勘探潜力。其中，中西部勘探潜力更大，石油剩余资源量为 245 亿吨，占 60%；天然气剩余资源量为 84 万亿立方米，占 87%，具备发现大油气田的潜力。

近海总体处于勘探早期，是增储上产的现实领域；深水处于勘探起步阶段，是未来战略接替领域。西部盆地资源探明程度相对较低，是规模勘探的重点。中国东部盆地探明程度远大于西部盆地探明程度，松辽盆地已进入勘探晚期，渤海湾盆地陆上也接近勘探晚期，亟须加强风险勘探和非常规油气勘探，寻找新的接替领域；而西部塔里木、四川、鄂尔多斯、准噶尔等盆地勘探程度相对较低，潜力较大，是近期增储上产的重点盆地，亟须增加规模可采储量。

2. 非常规油气资源正在成为油气增储的重要接替领域

中国非常规天然气资源潜力较大，是天然气增储上产的重要接替领域。致密气已成为天然气发展的重要接替领域。近年来，中国致密气的产量已接近天然气总产量的 1/3，其中在鄂尔多斯盆地苏里格地区已形成超 4 万亿立方米大气区，在四川盆地川中–川西地区上三叠统须家河组发现广安、合川、安岳 3 个千亿立方米气田，三级储量超万亿立方米，具有较大的升级动用潜力。页岩气将成为中国天然气产量增长的重要接替领域。近年来，页岩气资源勘探取得了快速发展，产量快速增长，“十四五”时期将实现跨越式发展。重庆涪陵焦石坝、四川长宁–威远和云南昭通等区块均已提交探明储量。煤层气以中高煤阶为主，产量稳定增长。中国埋深 2000 米以浅煤层气地质资源量为 30 万亿立方米，可采资源量为 12. 5 万亿立方米，累计探明地质储量为 6928 亿立方米，探明率仅为 5. 7%。中国页岩油还处于勘查初期，勘探潜力巨大。中国页岩油资源非常丰富，仅次于美国和加拿大，位居世界第三，当前开采技术方面还不够成熟，不具备规模效益开发的条件。大港油田在渤海湾盆地成功建产两口页岩油井，实现陆相中–高成熟度页岩油突破，大港、新疆、吐哈和长庆被列为页岩油开发重要示范区。

3. 科技进步推动油气勘探产业发展

历经半个多世纪的艰苦创业，经过几代石油人的不懈努力，中国已经建立了完整独立的油气工业体系，在国民经济发展中作出了重大贡献。特别是近 20 年来，中国石油行业通过实施国家科技重大专项技术攻关，上游科技创新能力和水平得到了整体大幅提升，形成了完整的理论技术研发和装备制造体系，支撑了油气产量的持续稳产和增产。2021年，中国的陆上油气勘探水平位居国际石油行业前列，海洋油气勘探与工程装备取得重大进步，海外油气勘探迅猛发展，石油工程技术装备实现自主化，常规技术装备已经全面国产化，具备部分高端工程技术装备的研发和生产能力，非常规油气开发取得重大突破，尤其是最近取得勘探重大突破的古龙纯页岩型陆相页岩油，是革命性的、颠覆性的全新领域，理论和技术的很多领域均进入了"无人区"。

（四）2022年油气勘探产业政策展望

2021年，中国油气勘探领域改革不断深化，加大勘探资金和工作量投入，突破油气勘探系列关键技术，有效地促进了油气勘探产业发展。2022年，国家层面将进一步深化油气勘探体制改革，加大勘探资金和工作量投入，全力突破油气勘探系列关键技术，加强海洋油气勘探，深入推进页岩革命，提升绿色勘探水平，不断完善各项利于勘探产业发展的税收政策。

1. 进一步深化油气勘探体制改革

近几年，国家陆续出台了《关于深化国有企业改革的指导意见》《关于深化石油天然气体制改革的若干意见》《关于统筹推进自然资源资产产权制度改革的指导意见》等相关政策，逐步将油气勘探行业上游对外资和民营企业放开，促进油气勘探市场更加公平竞争、有序开放。展望2022年，中国将进一步深化油气勘探体制改革，提升资源接续保障能力，在提高勘探效率的同时，增加中国油气资源储量，提高技术水平，提高油气自给率，最终形成以大型国有油气公司为主，多种经济成分共同参与的油气勘探体系。

2. 持续加大油气勘探力度

2021年9月，习近平总书记在调研胜利油田时强调，解决油气核心需求是当前面临的重要任务。要加大勘探力度，夯实国内产量基础，提高自我保障能力。要集中资源攻克关键核心技术，加快清洁高效开发利用，提升能源供给质量、利用效率和减碳水平。加大油气勘探力度，可以有效减小中国的原油对外依存度，保障国家能源安全。预计2022年，油气勘探产业高质量发展会再上新台阶，油气勘探和投资力度持续提升，增储上产实施方案会进一步落实，勘探资金和工作量投入会继续增加。

3. 创新驱动油气勘探高质量发展

2021年10月召开的国家能源委员会会议指出，创新是能源高质量发展的重要动力。要加快能源领域关键核心技术和装备攻关，强化绿色低碳前沿技术研发，加大油气勘探，强化能源科技攻关。2022年，中国将大力提升油气勘探力度，着力突破油气勘探系列关键技术，注重理论创新，在不断丰富、巩固陆相生油理论领先地位的基础上，探索深层、深水、非常规石油天然气勘探新理论；立足技术创新，针对关键核心技术攻关，极大调动科研人员积极性，不断攻克卡脖子难题。

4. 推动非常规油气勘探加快发展

2021 年 1 月，国家能源局在北京组织召开“2021 年页岩油勘探开发推进会”，深入贯彻落实习近平总书记关于油气勘探系列重要指示批示精神，全力推动页岩油勘探加快发展。展望 2022 年，中国油气资源勘探会进一步通过科技进步和管理革命实现中国以陆相为主的非常规油气资源高速、高效和大规模开发，加速中国非常规油气革命进程。抢抓非常规油气资源的发展新机遇，既是国家能源安全需要，也是开发中国油气资源禀赋的必然。

5. 绿色勘探成为未来发展趋势

在碳达峰、碳中和目标硬约束下，油气资源绿色低碳化开发势在必行，也是油气开发技术革命性突破的颠覆性科技攻关领域。改变原有粗放式勘探方法，充分运用现代科技手段，把勘探工作向绿色化、智能化方向发展。综合运用各种勘查手段，使勘探的科技水平更上一个台阶，确保绿色勘探得以实施，为保护环境、保障国家矿产资源，以及适应高质量发展提供强有力的支撑。2022 年，油气勘探工作将逐步降低油气勘探活动中的碳排放，包括尽量缩短勘探活动的周期、由原油勘探转向天然气勘探、将相对分散的勘探活动逐步集中于某一特定区域或领域等。

中国油气开发产业发展分析与展望

2021年，中国国内原油产量约1.99亿吨，连续三年回升。天然气产量约2060亿立方米，连续五年增产超过百亿立方米。面对后疫情时代的全球供应链脱节、全球生产和物流运输进入新业态、油气供需产生结构性变化的局面，中国油气行业通过不断提高油气田开采技术，加快国产化进程，积极推进数字化、智能化进程，充分发挥规模经济作用，推动油气产量稳定增长。原油全年产能稳中有升，天然气产量保持高速增长。中国海上油气资源开发力度继续加大，海外油气业务经营状况良好。非常规油气开发进度加快，开发技术不断优化。页岩气开发技术实现新突破，新一代浅层稠油、超稠油开发技术已经实现大规模商业化推广应用。

一、2021年中国油气开发产业发展分析

2021年，中国油气开发沿用“稳定东部、发展西部”的战略布局，陆上原油产能建设发展势头不减，油气开发技术不断提升，页岩油开发技术取得进一步突破，老油田再生产和新油田的建设并举，全年原油产量稳定增长。天然气产能增长较快，西部天然气产量保持快速增长，为满足国内天然气需求作出重大贡献。此外，中国海上油气资源开发力度继续加大，海外油气业务经营状况良好。

（一）常规油气产能建设情况

1. 陆上原油产能建设情况

1）西部地区

2021年，以中国石油的长庆油田、新疆油田、塔里木油田、吐哈油田、青海油田为代表的西部油气田开发公司，不断提高油田开发技术，推进油田高质量发展，加快老油田的再开发和新油田的建设进程，油气产量稳中有升。

长庆油田，2021全年实现油气当量6244.63万吨，较2020年净增长203万吨，其中原油产量2536.01万吨。截至2021年底，长庆油田在陇东地区投产页岩油水平井524口，年产页岩油132万吨，支撑陇东油区油气产量突破千万吨。长庆油田实施勘探开发一体联动，油气新井单井日产量明显提升，通过加强油藏

产能主控因素分析评价、不断优化方案部署、持续开展新工艺新技术试验等方式，加速储量向产能、产量转化。采油二厂浅层建产规模由2021年初的9万吨增加至20万吨，浅层油藏产能占比达40%，内部收益率达14.2%，实现了新建产能对产量和效益的正向拉动。油气井数字化覆盖率达96.7%，油气田无人值守覆盖率达87.5%。

新疆油田，2021年实现油气当量1647万吨，原油产量1370万吨。新疆油田正处于快速上产期、业务调整密集期、油气结构优化期和数字化转型期，为满足油气田高质量发展的需要，新疆油田广泛利用先进的物联网、信息化、智能化技术，积极融入“互联网+”，促使企业科研工作从传统的“人工+计算机”向“数字化、智能化”升级，企业的科研组织模式也更倾向于协同共享的合作模式，促使信息技术与重点业务持续深度融合，生产组织方式、管理效率得到显著提升。

塔里木油田，2021年实现油气当量3182万吨，连续5年实现超百万吨增长，其中原油产量638万吨。截至年底，全年投产5口千吨井、26口百吨井，高效井比例从27%攀升至69%，成为年产200万吨的中国石油原油效益建产示范区。富满油田通过技术创新驱动，基本形成跃满、富源、满深、果勒等13个碳酸盐岩主力区块，跃满、富源、哈得23区块累计产量均超百万吨。

吐哈油田，2021年实现油气当量158万吨，其中原油产量135万吨，天然气2.9亿立方米。吐哈油田坚持以注气为主的提高采收率技术路线，通过向地下注气，达到既能混相驱油采油，又能储气的目的。按照“成熟技术模式推广、接替技术完善配套、储备技术加快攻关”三个层面，集中优势力量，以示范区建设为引领，有效提高了不同类型油藏采收率。葡北天然气重力混相驱与战略储气库协同建设项目是吐哈油田重大开发试验项目。葡北储气重力混相驱项目于2020年4月启动注气，累计注气3201万立方米后，试验区西块率先见效，自喷生产，最高日产油22吨。2021年7月，在试验区东块也见到增油效果，充分展示了这项技术的适用性，试验区有7口停产油井恢复生产。吐哈油田在玉果稀油区块开展减氧空气重力驱试验，玉果油田6个井组4年累计注气4951万立方米，增油超2万吨。

青海油田，2021年实现油气当量728万吨，原油产量234万吨。青海油田实施老油田稳产、新油田上产工程，一方面做好精细注水、精细油藏描述、长停井恢复和重大开发试验等措施，另一方面做细效益建产，持续推动原油稳产上产。老区产能建设方面，持续开展尕斯N1下段、油砂山Ⅰ断块、花土沟北部滚动外扩，部署产能9.12万吨，累计完钻117口井，平均单井日产油2.31吨，有效拓展了老区建产接替空间。新区产能建设方面，干柴沟区块围绕有利储层部署产能井16口，新建产能14.4万吨。截至2021年8月中旬，投产4口井，平均单井日产油19.5吨。针对老区注水油田纵向矛盾突出的问题，青海油田持续开展尕斯中浅层“二三结合”试验，2021年开展7井次现场试验，增油4900吨，含水由84.2%降至75%。青海油田按照“增加高效、减少低效、杜绝无效”的原则，优化措施类型及规模，累计增油5万吨，措施有效率81.8%。青海油田还成立了机采系统提效专项项目组，实施参数调整、设计优化2289井次，系统效率较2020年提高了0.23个百分点。

2）东部地区

大庆油田，2021年实现油气当量4322.6万吨，同比增加19.6292万吨，其中原油产量3000万吨。大庆油田的水驱开发技术越发精准，水驱年自然递减率保持稳定、含水上升值持续下降。化学驱提高采收率技术保持国际领先，界面位阻表面活性剂中试产品与国外性能相当、价格减半。大庆油田大力攻关连续油管技术，平均单井初期日增油6.7吨、作业周期5天，分别较常规工艺提高了31.3%和28.5%。创新攻关直井精细压裂技术，积极推广连续油管直井精控压裂技术，具备0.2米以上储层精准改造能力，平均单井作业周期仅4天，增油效果达同区块3.1倍。在外围扶杨储层新井上，大庆油田大力试验推广连续油管直井缝网压裂技术，单趟管柱最大压裂层数提高到13层，储层改造体积提高20%以上，建产周期缩短5~7天，改造效果达同区块1.5倍以上。

辽河油田，2021年实现油气当量1071万吨，原油产量1008万吨。辽河油田原油年产量连续36年实现千万吨规模稳产，油田效益创近8年最佳，同汇率下桶油完全成本较预算下降4.6%。辽河油田通过实施“产能建设承包制”，仅2021年上半年就涌现出60口日产量大于10吨的高产井，新井平均单井生产天数同比增加28.8%。在降本增效方面，按照“不可采不动用、不经济不建产”的原则，该油田将原方案中投资高的锦29块3口水平井、1口直井暂缓实施，增加挖潜侧钻及方式转换完善井网侧钻，2021全年新建产能同比提升约19.5%，百万吨产能建设投资较计划下降16.4%。在开采技术方面，辽河油田通过优化配方，用新型“多头有机硼交联剂”代替传统交联剂，在同等挟砂能力下，每立方米压裂液瓜胶浓度由4.5%降低至3.5%，成本下降51元。借助水平井蒸汽流量控制技术(FCD)实现蒸汽均匀注入与流体均匀产出，抑制汽窜，改善生产剖面，提高油井产量，有效提高水平井储层动用程度15%以上。

胜利油田，2021年实现油气当量2390万吨，原油产量2340.3万吨。胜利油田通过不断的技术突破，原油产量曾连续9年保持3000万吨以上，连续20年年均产量保持在2700万吨以上，累计生产原油超12.5亿吨，约占全国同期陆上原油产量的1/5。截至2021年10月28日，樊页平1井峰值日产油171吨，创国内页岩油单井日产最高纪录，累计生产原油12800吨；渤页平5井峰值日产原油160吨，累计生产原油16400吨。

2. 陆上天然气产能建设情况

2021年，中国境内天然气产量稳定增长。其中，西部天然气产量增长明显，为全国天然气产量持续增长作出了重要贡献。

长庆油田，2021年生产天然气465.43亿立方米，占到油气总量的60%，全年新投产气井超过2200口，拉动天然气产量较上年净增长18亿立方米。其中，长庆油田采气三厂自2001年成立至2021年，累计生产天然气940.2亿立方米，同时集输处理苏里格区域天然气2650亿立方米，分别占长庆油田气田总产量和集输处理量的1/5和2/3。鄂尔多斯盆地碳酸盐岩气藏储量丰富，是长庆油田效益建产的关键领域，现有下古生界气藏均位于膏盐层之上，已累计探明储量8700亿立方米，累计产量超过1000亿立方米，实现55亿立方米连续稳产17年，成为碳酸盐岩气藏高效勘探开发的典范。长庆油田采用的"两筒一合"简化柱塞气举技术，使措施成本较常规柱塞气举下降27%，措施应用更加可靠便捷，气井平均日增产0.2万立方米。

塔里木油田，2021年生产天然气319.3亿立方米。克拉—克深万亿立方米大气区年产气突破150亿立方米；博孜—大北万亿立方米大气区，年产气冲上50亿立方米，近3年年均产量增幅约44%。塔里木油田通过超深复杂储层精细化改造、提产等多项技术有效提高了单井产量。库车山前低孔裂缝性砂岩储层平均增产5.3倍，碳酸盐岩改造后建产率达70%，实现大北、克深等超深天然气田高效建产和规模效益开发。塔里木油田着力于库车深层气藏高效开发技术，克拉2等主力气田开发指标持续改善。通过技术突破提高了碎屑岩注气采收率，塔中、轮南、哈得等油田进一步扩大了开发规模。

青海油田，2021年生产天然气62亿立方米。青海油田深挖老井潜力，加快产能建设节奏，持续做好气井降液面、降砂面工作。2021年，青海油田采气一厂以推进降液面和精细施工提效为重点，完成7096井次措施作业，累计增气1.26亿立方米，有效率较2020年同期提升6.1%。2021年，青海油田着力攻关升级防砂工艺，设计压裂防砂投产一体化管柱，实施井下作业280井次，累计增气 7163 万立方米。同时，采气三厂深入推进气田综合治理、新区产能建设、冷湖老井复产及采气工艺试验，气田综合递减率控制在 5.37%，措施增产 68.4 万立方米。东坪区块优化治水策略，完成治理措施井 11 口，日增气 1.1 万立方米；牛东区块新钻牛 1-2-13 井顺利投产，日产气 1.1 万立方米；尖北区块形成“西区强排、中区弱排、东区助排”分区治理思路，开展增压气举、机采排采试验，日增气 2 万立方米；冷湖区块完善昆 2 井试采制度，日产气稳定在 12.5 万立方米。

大庆油田，2021 年生产天然气 50.1796 亿立方米。大庆油田坚持“早开工、早部署、早介入、早投产”原则，每月召开产能建设协调会，协调气田产能建设过程中的问题，加密运行组织节奏，推进气田产能建设进度，截至 2021 年 11 月底，全部完成 2021 年 7 口新井的投产工作。为了增加黑龙江地区供气，大庆油田大力推行低温集输技术，开展原油集输耗气对标分析挖潜，严控非生产性耗热，节约返输气自用量。

西南油气田，2021 年生产天然气 354.1 亿立方米，较 2020 年同比增长 36 亿立方米，增幅 11.3%，年产气量连续 3 年保持两位数增长，油气当量突破 2800 万吨。西南油气全面建成安岳气田 150 亿立方米特大型气田，老气田年产量保持 40 亿立方米以上，川西二三叠系建成产能 15 亿立方米。西南油气田加快新井产能建设，以快建快投的方式变产能为产量。致密气通过优化精简工艺流程，日产量达到 140 万立方米；蜀南安岳高石梯区块实施“三位一体”新井投运模式，共投产新井 6 口，新增日产能 155 万立方米。威远气田实施措施作业顺利复产，日产气 7 万立方米；磨溪 201 井实施酸化解堵作业，日产气 55 万立方米，较酸化前增产 57%。同时，西南油气田钻获一批高产气井，常规气磨溪 131 井等 4 口气井累计测试日产量高达 638.7 万立方米，致密气中浅 3H 井等 8 口气井累计测试日产量高达 525.7 万立方米，夯实了天然气保供资源基础。

新疆油田，2021 年生产天然气 34.8 亿立方米。截至 12 月 23 日，新疆油田呼图壁储气库日采气量达到 3000 万立方米，创建库以来历史新高。呼图壁储气库调整工程(二期)于 11 月 27 日实现地面采气系统扩建投运，于 12 月 23 日全面完成年度新井投产任务，新增采气能力 200 万立方米，日应急调峰能力达 3000 万立方米以上，周期工作气量 35.3 亿立方米。截至 12 月 14 日，新疆油田采气一厂克拉美丽气田年产油气当量突破 100 万吨，达到 100.18 万吨。截至 2021 年底，克拉美丽气田共投产天然气井 142 口，累计产气量达 108 亿立方米，大大提高了新疆北部天然气的供应量。通过加快新区勘探开发、加强老区综合治理，克拉美丽气田产能综合递减率由初期的 32%降低到 7%，实现了年产气量 10 亿立方米持续稳产6年。在技术方面，新疆油田采气一厂成功应用下节流采气技术，提高了单井建设速度，降低了井站运行能耗，助推新疆油田“双碳”的进程。

普光气田，2021年生产井口气89.65亿立方米、商品气63.05亿立方米。普光气田气藏具有埋藏深、压力高等特点，井口硫化氢含量高达15%以上，开发难度大。普光分公司加强勘探开发、地质工程、普光与通南巴一体化协调，统筹兼顾各个环节，按期或提前完成清溪储气库、通南巴区块1期工程、普光陆相2口井、5口续建井建设投产工作。强化气井精细管理，严格落实“一井一策”，主动开展硫沉积解堵、边底水治理等技术攻关，保障气井平稳生产。截至12月，普光气田毛坝区块自2012年4月投产以来，累计生产天然气突破100亿立方米，目前该区块有8口生产井，平均单井日产约70万立方米，日产天然气超550万立方米。该区块2021年内新投2口井，日生产能力80万立方米，展现出巨大的增产潜力。

元坝气田，2021年累计产气40.8亿立方米，日产量保持在1200万立方米。元坝气田具有年产40亿立方米原料气、34亿立方米净化气的能力。截至2021年，元坝气田有36口生产井，平均埋深达6673米，气藏高温、高压、高含硫化氢，多压力系统和气水关系复杂。西南石油局采气二厂通过实施精细化管理和智能管控等手段，保障气井高产稳产。在深化地质开发挖掘产能潜力方面，形成了元坝气藏合理配产方法，综合提高采收率3%~6%。在采气工艺措施增产方面，通过水合物解堵工艺攻关，形成“注甲醇、浇热水、大排量、配压差”的水合物预防措施和高温软管环空加热+连续油管井筒水合物解堵技术，成功解决水合物堵塞问题，有效保证了气井正常生产。

3. 海上油气产能建设情况

中国海上油气资源丰富、勘探潜力大，海上油气勘探开发投入不断增加，油气开发程度不断加深，开发领域不断拓展，生产应用技术不断迭代。中国海油生产经营状况良好，在原油和天然气产量增量方面已成为全国范围内的增储主力。

在产能方面，中国海油渤海油田2021年全年原油产量达3013.2万吨，成为中国第一大原油生产基地。南海东部油田全年产量1778万吨，其中天然气年产量突破66亿立方米。2021年上半年，中国海油油气净产量再创历史新高，达278.1百万桶油当量，同比增长7.9%。其中，中国海域及陆上净产量达192.8百万桶油当量，同比上升10.8%。2021年第三季度，中国海油季度内实现总净产量144.1百万桶油当量，同比上升9.9%。其中，中国国内净产量达100.1百万桶油当量，同比上升13.0%，主要来自曹妃甸6-4油田、旅大21-2油田等新项目投产及陆上非常规气田产量贡献；海外净产量 43.9 百万桶油当量，同比上升 3.2%。

在开发生产方面，2021 年，中国海油第三季度成功投产 6 个新项目：旅大 29-1 油田、流花 21-2 油田、旅大 6-2 油田、渤中 26-3 油田扩建项目、秦皇岛/曹妃甸岸电工程及渤中 19-4 油田调整项目。其中，秦皇岛/曹妃甸岸电工程的顺利投用标志着中国海上油田向绿色开发、高效开发、智能开发迈出了历史性变革的一步，海上油田能耗结构低碳转型进入全面实施阶段。

在生产技术应用方面，中国海油首个海上大型深水自营气田陵水 17-2 气田成功投产，服务于该气田的“深海一号”能源站建成投用，标志着中国海油勘探开发向 1500 米超深水的历史性跨越，有力助推了增储上产和天然气供应能力的进一步释放。2021 年 4 月，中国海油宣布全面建成东方气田群，该气田群是中国首个智能气田群，气田群由 10 座海上生产平台、1 座陆地处理终端和数条海底油气管线组成，年产天然气量超 57 亿立方米。

4. 海外油气产能建设情况

2021 年，中国海外油气业务开展顺利，对外油气合作和投资项目运行良好，合作数量上保持稳中有增，合作质量不断提升。依托技术支持，中国海外油气产业形成了勘探开发、管道建设、工程技术服务和炼油销售一体化的格局。技术逐渐成为中国海外油气开发业务的核心竞争力。得益于海外地区的机制改革，提质增效降本工作得以顺利开展。

2021 年中国石油海外油气权益产量当量连续三年突破 1 亿吨，达 1.0098 亿吨。截至 2021 年底，中国石油在全球 35 个国家运营 94 个油气合作项目，近 5 年海外油气产量年均增长 7.8%。国际管道公司哈萨克斯坦西北原油管道反输改造工程实现 600 万吨/年反输能力的工程建设目标；国际事业公司完成贸易量 4.9 亿吨，销售收入超万亿元，比上年增加 60%以上；中油技服公司国际业务新签合同额比上年增长 20%。中国石油的海外油气业务基本建成以与勘探开发研究院共建的海外研究中心为核心、15 个特色专业技术支持中心为支撑、多家油气田单位对口支持海外项目的技术创新与支持体系。渤海钻探钻井四公司西古尔纳Ⅱ项目 BHDC-52 队施工的 WQ2-339 井已顺利完井，标志着该公司承钻的西古尔纳Ⅱ项目收官。该队累计承钻西古尔纳Ⅱ项目 14 口井，完成钻井进尺 4.4919 万米，总体提速比率达 19.33%。工程建设有限公司(CPECC)俄罗斯阿穆尔天然气处理厂(AGPP)项目脱水脱汞单元再生气加热炉点火烘炉一次成功，标志着项目一期工程投产试运工作拉开序幕。东方物探海洋物探处阿联酋 ADNOC 海上项目

252/253 联队生产日效最高达 6.4399 万炮，刷新全球海洋 OBN 勘探生产纪录。阿姆河天然气公司麦捷让、基尔桑等 4 个气田开发方案和萨曼杰佩、南霍贾姆巴兹等 9 个气田储量复算全部顺利通过土库曼斯坦天然气康采恩答辩验收，确保了两口冬季新井的产能建设。

2021 年，中国石化在海外业务中积极部署液化天然气合作，为保障能源稳定供应、优化结构布局作出贡献。中国石化与美国维吉液化天然气公司（Venture Global LNG）共同签署了为期 20 年、400 万吨/年的液化天然气（LNG）长期购销协议。中国石化和卡塔尔石油公司签署了 200 万吨/年的液化天然气（LNG）长期购销协议。

2021 年，中国海油海外产能建设收获较多，其中收益最大的地区是圭亚那。Stabroek 区块再获 Uaru-2、Longtail-3、Whiptail、Pinktail、Turbot-2 和 Cataback-1 共 6 个新发现，截至 2021 年在圭亚那该地块累计获得新发现数量已超过 20 个，总可采资源量超过 100 亿桶油当量，中国海油占有其中 25%权益。除此之外，中国海油还拥有在英国北海的资产，包括英国产量最高的油田之一 Buzzard 油田 43.2%的运营权；持有 Golden Eagle 油田 36.5%的股份，以及 Scott、Telford 和 Rochelle 油田的权益。

（二）非常规油气产能建设情况

2021 年，非常规油气资源产能建设步伐加快。页岩气开发不断攻克核心技术，采收率得以大幅提升。非常规油气产能较 2020 年大幅提升，开发技术实现新突破，试油投产设备国产化进程加快；致密气开发水平有所提高；致密油产量实现突破；稠油开发应用新一代浅层稠油、超稠油开发技术，工业化采收率得以提高。

1. 非常规天然气产能建设情况

1）页岩气

2021 年，中国页岩气产量达 230 亿立方米。开采技术不断取得突破性进展，通过气举技术创新提高了页岩气的采收率。同时，生产设备国产化水平不断提高，开采成本大幅下降，有效实现了降本增效的商业目标。

2021 年中国石油西南油气田全年页岩气产量 111.7 亿立方米，比 2020 年增长 10.5 亿立方米；投产新井 207 口、开钻井 339 口。川南页岩气中深层保持 100 亿立方米稳产。

中国石油浙江油田页岩气阳 102H8-2 井通过“投捞式气举工作筒+盲阀+破裂盘”带压作业气举排水采气一体化管柱投捞作业技术恢复生产，日产气 5.52 万立方米。针对低产液页岩气井，通过智能间歇气举技术和载荷系数设计方法简化设计流程，提高设计成功率。现场应用7井次，取得单井增产33%的应用效果。

2021年中国石化涪陵页岩气田年产量为71.65亿立方米，同比增长7%。截至2021年11月，江汉油田涪陵页岩气田累计探明储量7926.41亿立方米，累计生产页岩气突破400亿立方米，日产气量近2000万立方米，涪陵页岩气所有关键页岩气开发技术均100%实现国产化。仅国产桥塞与多级射孔、油基钻井液、牵引器测井、地质导向等4项国产化技术的应用，就降低施工成本70%。涪陵页岩气公司实现了3500米以浅超压页岩气藏高效开发、3500~4000米气藏有效开发；在此基础上还首创了中国页岩气立体开发调整技术体系，立体开发调整区采收率最高达39.2%，达到国际先进水平。

2021年，中国石化威荣页岩气田在一期8台56口井全部完钻，新建产能10亿立方米完成的前提下，积极开展二期工程，实现一、二期无缝衔接、高效推进。至年中，二期20亿立方米产建项目12台110口井已开钻77口，完钻39口，新建产能3.1亿立方米，气田日产气水平达300万立方米。

2）致密气

2021年，致密气的开发技术水平不断提高，采收效率不断提升，开采设备国产化进程加快，开采成本降低，逐渐探索出一条致密气高效开采的道路。

中国石油西南油气田致密气年产量达13.2亿立方米，同比增幅达31%。西南油气田运用活动式井下节流工艺的观浅1井成功投产，日产气3.5万立方米。结合井下节流工艺试点应用，简化地面工艺，单井征地面积不足1亩，建设周期用时不足1月。中国石油西南油气田的致密气评价井，金浅301-8-H1井8号砂组测试获日产51.75万立方米高产工业气流，无阻流量112.77万立方米/日。长庆油田致密气大平台多井型压裂提产提效技术体系已在苏里格气田累计应用960余口井。其中，直/定向井小井眼试气平均无阻流量16.4万立方米/日，较攻关前提高15%以上；水平井固井完井桥塞压裂平均无阻流量达到67.5万立方米/日，较攻关前提高30%以上，实施效果明显。长庆油田通过技术攻关，形成了致密气水平井不同类型储层压裂设计模式，井间储量动用程度提高90%以上。同时，长庆油田实现了关键工具全部国产化，工具成本大幅下降。中联公司加强气藏系统化和精细化管理，控制递减率，执行"一井一策"精细化开发，推动单井产能提升，获得了一批高产井、优质井，其中2口井无阻流量超百万立方米/日，打破了致密气井普遍低产的固有认识，5万立方米/日以上高产井较去年同期提高21.6%，致密气平均机械钻速同比提升15%。

华北油气分公司2021年天然气保有产能达52.59亿立方米，其中大牛地气田保有产能31.21亿立方米，东胜气田保有产能21.38亿立方米。大牛地气田已连续9年稳产30亿立方米以上，累产气超过440亿立方米。大牛地气田通过上古生界高效调整，大幅提升单井EUR；通过老井精细治理，争取产量主动；通过下古有效接替，实现少井高产。东胜气田则通过分区分藏精细部署、迭代提升方案质量，支撑了气田快上产。针对锦58井区地层-岩性气藏，通过地质物探一体化和地质工程一体化实现少井高产；针对锦30井区低含气饱和度岩性气藏，通过评价和产建一体化的形式，采用差异化井型，利用大规模密切割技术，大幅提高单井产量；针对锦66井区小型边底水岩性-构造气藏，通过提升地震识别精度以及利用储层保护、自然投产，实现了边底水气藏的低成本开发。

3）煤层气

2021年，中国煤层气开发利用达到77亿立方米，开发力度持续加大。

2021年，华东油气分公司延川南煤层气田全年生产煤层气3.95亿立方米，新建产能1.44亿立方米。延川南煤层气田坚持“创新发展、稳步建产”的原则，创新实践“电驱+远支撑”压裂工艺，直井日产超1万立方米，水平井日产超5万立方米，创煤层气单井产量新纪录。10号煤薄煤层“拟水平井”压裂试验获重要突破。加强老井回顾性评价，优化补孔调层、老井重复压裂，老井综合递减明显降低，连续4年实现稳产上产。

截至2021年6月，华北油田山西煤层气分公司井口日产气量突破400万立方米，华北油田煤层气已具备14亿立方米商品气量生产的能力。华北油田煤层气产能到位率达到90%以上，处于国内领先水平。截至2021年10月25日，中国石油煤层气公司忻州分公司的保3-40向5井日产煤层气突破1万立方米。截至10月下旬，煤层气公司二期项目26口井平均排采240天，平均单井日产气量2600立方米以上，平均井底流压6兆帕，具有较大的增产潜力。保3-40向5井投产后，经过326天精细排采管控，日产气达1.3万立方米，成为滚动扩边项目首口日产气量突破万立方米的气井。

截至12月20日，中联公司天然气日产气量首次突破1400万立方米，较去年同期增长40%，增速居全国煤层气企业第一，煤层气钻井日效率同比提升51%。中联公司全年投产640余口井，新建场站3座，改扩建场站3座。

2. 非常规石油产能建设情况

1）致密油

大庆油田第七采油厂致密油开发年产规模已达10万吨级，累计产油115万吨，并积极开展相关技术试验。在敖南茂2区块，大庆油田首个“多元热流体吞吐技术”先导试验在2021年3月便取得累计增油656.6吨的结果，展现出巨大的增油潜力。中原油田主攻体积压裂技术，在致密油开发利用获得突破。中原油田4月对卫456井应用“混合水+组合粒径复杂缝充填+暂堵转向”技术集成的大规模复杂缝压裂工艺实施压裂改造，并取得成功。东濮致密油体积压裂技术在部19井、卫456井上成功应用后，中原油田于5月部署研究对濮84块濮6-179、濮6-181的致密油体积压裂技术方案。该体积压裂技术在东濮老区试验应用9井次，累计增油5680吨，解决了特低渗致密油气藏低产难动用问题。吐哈油田针对胜北深层致密油气长水平段水平井，配套完善复杂油层产状条件下的工程地质一体化技术，初步形成4200米以上井段防斜打快学习曲线。

2）稠油

稠油开采技术有所突破，火驱技术和注气技术开采取得良好效果，海上稠油热采获得成效。新疆油田红浅火驱工业化试验区自2018年7月开展工业化试验至2021年10月，已累计产油40.03万吨，火驱试验区整体产油能力持续向好。红浅火驱先导试验生产自2009年至2021年，共实施了13个井组点火，成功率100%，累计产油15万吨，阶段提高采出程度34.6%。通过技术攻关由2021年初日产不足350吨上升至450吨以上，各项开发指标持续向好。吐哈油田针对鲁克沁稠油采用了注气提高采收率技术的方式。“十三五”期间，累计生产稠油328.5万吨，超“十二五”期间37.8万吨。吐哈油田在先导试验的基础上，启动鲁克沁超深特稠油“二三结合”综合调整示范区建设，通过井网层系调整、多介质复合吞吐、大孔道封堵、强化泡沫等技术提升减氧空气泡沫驱开发效果，完善稠油提高采收率技术体系。截至11月16日，吐哈油田雁木西疏松砂岩油藏2注7采化学复合驱先导试验实施一年，对应油井累计增油667吨。2021年渤海油田海上稠油产量超30万吨，其中辽东湾油气田为上产主力。稠油热采攻坚团队综合采用蒸汽吞吐、热化学复合吞吐、油田多元热流体吞吐、热水驱等热采手段，运用光纤监测、注采一体化、移动注热、井下电加热等技术，在海上稠油热采方面取得成效。

胜利油田针对不同油藏采取差异化的冷采技术：对封闭性稠油，采取降黏剂驱、微生物驱；对边底水稠油，聚合物+降黏驱共同发力；对强边水稠油，探索堵调复合驱。2021年前4个月，胜利油田孤岛采油厂稠油产量已达31.3万吨，以1/5的储量贡献了全厂1/3的产量，开发效益大幅增长，油汽比由1.15提高到1.48。

(三) 油气开发技术进步分析

2021年，中国油气开发技术在压裂技术、人工智能技术应用、人机交互自动化钻机、旋转地质导向钻井技术等方面不断优化升级，积极探索先进开采技术的商业化应用。有助于进一步满足油气田现代化生产中节能减排、增产提质的需要，也有助于达到油气开采环节中环保安全的技术要求，为形成现代化油气田生产模式提供技术保障，为提高中国油气田各项实质效益进一步扫清障碍。

1. 压裂技术

辽河油田成功应用二氧化碳蓄能压裂技术，为复杂油气藏稳产上产提供了新的思路，为二氧化碳找到新出路。欧37-72-32井试验成功，说明此项技术可适用于欧利坨、黄于热的中低渗区块及冷161、齐131等无注水补能区块，在辽河油田具有良好的应用前景。新疆油田公司吉庆油田创新页岩油开采压裂技术，达到国内领先水平。在58号平台8口水平井的施工过程中，新疆油田成功缩小水平井分段多簇压裂的簇间距至5.8米，这一技术处于国内领先地位。辽河油田成功应用新型多段多簇水平井体积压裂技术。使用该技术，辽河油田从沈273-H3井中压出最高日产达30.7吨的效益油。长庆油田发明高强度纤维压裂液及其制备方法并获国家专利。该项专利有效解决了中低温地层纤维材料降解性能差的问题，满足了压裂液高支撑强度、高分散性等要求，具有地层适应性强、防止支撑剂回流、提高携砂能力、降低对低渗透油层渗透率伤害的特性，为鄂尔多斯盆地低压、低渗、低丰度油藏增产增效提供了新的动力。

胜利油田压驱注水开发技术是在近破裂压力条件下注水，促使岩石应力增加，形成大量的微裂缝，提高注水能力，从而改善开发效果。该技术在大庆、胜利以及吐哈等油田已开始应用，并取得了较好增产效果。截至2021年12月，临盘采油厂在商853井组拉开了压驱注水的序幕，累计快速注水39万立方米、仿压驱注水7.35万立方米、对应受效油井开井75口，日增油93吨，平均单井日增油1.25吨，累计增油1.95万吨。

2. ccus技术

CCUS具有减排规模大、减排效益明显的特点，对于实现“碳达峰”和“碳中和”目标具有重要意义。CCUS已成石油行业绿色低碳转型的重要突破口，据估中国约有130亿吨原油地质储量适合二氧化碳驱油，可封存约47亿吨~55亿吨二氧化碳，中国石油、中国石化等油企纷纷加强CCUS布局，截至2021年底中国已投运或建设中的CCUS示范项目约为40个，遍布19个省份，总捕集能力达400万吨/年，已建成在运或间歇运行的CCUS项目共23个，其中捕集规模超过

30万吨/年的项目有9个。2021年，中国石油CCUS注入埋存二氧化碳近60万吨；2021年5月，中国海油同中国华能集团，就CCUS前沿技术等领域达成合作。2021年12月27日，中国石化华东石油局液碳公司在南化公司的煤制氢尾气捕集项目正式投产运行，标志着长三角地区首个20万吨CCUS示范项目正式建成；2021年7月，齐鲁石化-胜利油田CCUS项目开建，为中国首个百万吨级CCUS项目，涵盖碳捕集、利用和封存3个环节。该项目是以齐鲁石化第二化肥厂煤制气装置排放的二氧化碳尾气为原料，生产液态二氧化碳产品送往胜利油田驱油与封存，覆盖地质储量6000万吨，年注入能力100万吨。建成投产后，该项目将成为国内最大CCUS全产业链示范基地和标杆工程。

3. 超深层复杂油气藏开发技术

超深层油气已成为全球重要的接替能源，中国83%超深油气有待探明和开发，2021年超深层油藏钻井技术有所突破。

2021年，中国石油攻克钻完井技术难题，完成超深层钻完井技术升级换代，钻成亚洲陆上第一深井轮探1井达8882米。技术团队发展了基于三压力精准预测的井身结构设计理论，指导设计了非API标准井身结构，研制了抗强蠕变套管和超高压强度钻杆，已钻864口超深复杂井全部获得成功，钻探能力可达1万米；发明了三套复杂难钻地层快速钻井技术；发明了垂直钻井系统、高性能PDC钻头、油基钻井液、精细控压钻井装备和弹性颗粒保护剂，集成应用后钻井周期由516天降至296天，事故复杂时效由22.4%降至3.42%，单井节约超4000万元；创建了极端环境下井筒完整性控制技术，揭示了井筒泄漏失效机理，研发了井筒完整性关键技术，构建了由内向外的耐高温水泥环、气密封耐蚀油套管、超高压井口三道防护屏障，井筒完好率由69.5%提至100%。技术成果已在塔里木盆地全面应用，并推广至四川、南海、墨西哥湾等国内外油气区，规模应用1109口井，创造直接经济效益394.3亿元。

2021年，西北油田超深井顺北56X井采用直推存储式测井工艺，完成油气目的层测井作业，工期较原设计缩短近100个小时，资料获取率90%。该工艺是目前国内最先进的超深测井工艺，填补了超深井测井工艺技术的空白。西北油田通过立项研究、技术攻关和成果转化，实现了标准化管理、施工、全流程监管。截至2021年5月，共完成8000米以上超高温深井测井施工12井次，漏失井、风险井施工10井次，一次作业成功率96.5%，为发现、识别、评价顺北超深油气层和探明储量提供了重要的技术和数据支撑。

4. 非常规油藏开发技术

非常规油藏开发在压裂技术和水平井建设方面有所突破。吐哈油田践行体积压裂理念，配套形成以多层多段、大液量、大砂量、大排量、复合压裂液为特征的压裂技术，对非常规储量规模动用起到关键作用。2021 年 7 月，吐哈油田红旗 3303 平台 3 口水平井应用“拉链式工厂化”压裂模式顺利完成 399 簇压裂改造，前置液阶段最大加砂量较 2020 年增加 2 倍。针对三塘湖盆地马 56 区块致密油具有中高孔、超低渗、高含油饱和度的特征，吐哈工程院提出缝控体积压裂技术理念，通过缩短储层基质到裂缝的距离，扩大渗流面积，改变体积改造存在裂缝未控制到区域的技术现状，实现单井储量全可动用、井网储量高采集的目标。吐哈工程院创新实践与井网整体加密相结合的缝控体积压裂设计新方法，采用长水平井+细分切割+高强度改造来提高整个区块动用程度，形成缝控储量体积压裂提高采收率的开发技术，单井较前期体积压裂日产油提高 38.8%，实现致密油区块资源高效动用。

长庆油田集成创新形成了以“水平井+体积压裂”为核心的路线，建成了百万吨国家级页岩油开发示范区。2021 年 6 月 25 日，华 H100 平台完井为亚洲陆上最大的页岩油长水平井平台，该平台产油能力增加超过 10 倍，占地面积降 60% 以上，对下一步有效动用陇东超 10 亿吨级页岩油大油田提供有效解决方案。

5. 其他技术成果

第四代分层注水技术首次实现了分层注水全过程实时监测和自动控制，突破了井下强干扰环境下流量永置式检测，小直径电机驱动的流量无级调节等世界级基础共性难题，让中国分层注水工艺保持国际领先。该技术在大庆、长庆、吉林和华北油田，建立了 11 个示范区。示范区分注合格率均保持在 90%以上，水驱动用程度平均提高 5.7 个百分点，自然递减率平均下降 2.76 个百分点。探索掌握深层/超深层油气勘探开发理论与技术。中国石油形成了大型非均质裂缝-孔洞型碳酸盐岩气藏开发配套技术，实现了安岳气田高效开发，支撑提交天然气探明储量超万亿立方米，累计生产天然气 608 亿立方米，占中国同期天然气产量的 6%~7%。

二、2022 年中国油气开发产业展望

深入贯彻落实习近平总书记关于油气勘探开发系列重要指示批示精神，在“四个革命、一个合作”能源安全新战略下，继续遵循“深化东部、发展西部、拓展海上，油气并重、立足常规、加强非常规”的战略布局，推动大力提升油气勘探开发力度七年行动计划落实落地，保障国家油气供应安全，全力推动原油稳产增产，天然气持续快速上产，从根本上遏制油气对外依存度快速增长。持续提升油气勘探开发和投资力度，加大勘探开发资金和工作量投入。

(一)总体思路

1. 石油开发的总体思路

全力突破油气开发系列关键技术，大幅提高单井产量和采收率；积极培育油气增储上产新动能，加强海洋油气开发；加快盘活未动用储量，加快油气矿业权退出及流转；全面实施油气绿色生产行动，推进生产环节节能降碳，开展生产用能清洁替代，做好 CCUS 试点示范。除了大力推进科技创新、开展管理创新外，还要加大石油开发领域国际合作力度，将国际先进的管理方式、先进技术包括国外有效投资吸引到国内来。

2. 天然气开发的总体思路

持续加大气田开发投资力度，加快老气田优化调整节奏与新气田评价建产节奏，深入推进页岩革命，有序放开天然气开发市场准入，加快深海、深层和非常规天然气资源利用，推动气田智能化升级，实现天然气的快速增产，遏制对外依存度的上升，提高能源供给保障能力，助力建设清洁低碳、安全高效的能源体系。

(二)发展目标

实现原油稳产增产，天然气持续快速上产。进一步落实资源能源绿色开发，实现科学勘查、有序开采、清洁生产、高效利用。进一步提高重要油气资源开采回采率、回收率和综合利用水平，形成科学合理的循环利用模式。推动战略性油气资源开发与下游行业耦合发展，支持资源型企业的低碳化、绿色化、智能化技术改造和转型升级，统筹有序做好“双碳”工作。

(三)政策展望

1. 持续提升油气开发投资力度，保障国内油气供应

确保勘探开发投资力度不减，强化油气供应保障基础。2016 年至 2018 年期间，中国原油产量持续下降，对外依存度首次超过 70%，对中国能源安全供应带来极大挑战。为此，2019 年出台的《2019—2025 年国内勘探与生产加快发展规划方案》(简称“7 年行动计划”)明确表示要持续加大国内油气开发投资力度，保障国内油气供应。2021 年 7 月 15 日，国家能源局在北京组织召开“大力提升油气勘探开发力度工作推进会”。会议指出，自“7 年行动计划”实施以来，2019 年至 2021 年国内原油实现增产稳产、天然气产量持续增加，同时强调将尽快落实油气增储上产实施方案，加大油气开发资金和工作量投入；将重点推动东部老油田稳产，加大新区产能建设力度，加快页岩油气、致密气、煤层气等非常规资源开发。

2. 推动油气田智能化建设，提升产业链现代化水平

加强油气开发创新能力建设，积极开展油气田、管网等领域智能化建设。2021年，国家能源局出台的《2021年能源工作指导意见》明确指出，要进一步推动油气田智能化建设，提升油气产业链现代化水平。数字化转型是世界经济发展的主要推动力，更是油气产业高速发展的必由之路。推动油气产业数字化、智能化发展是中国的重大部署。作为油田企业生产、科研、管理和决策的基础，各类智能化技术将在提高采收率、有效减少资本支出、降低运营成本等方面发挥重要作用，是智能油田建设的核心技术。通过综合利用人工智能和大数据分析等工具，油气田开发企业可以对生产过程进行更高效的评估，进而提高油气生产开发的效率。世界经济论坛研究表明，2016年至2025年间，数字化战略或将为整个油气行业带来1.58万亿美元的新增价值。

3. 加强海洋油气开发，深入推进页岩革命

加强海洋油气开发，降低深水油气项目单位成本，助力油气开发向深海发展。坚持科技创新，建立页岩开采体系，深入推进页岩革命。2021年7月，国家能源局召开的"勘探开发推进会"明确指出，要继续加强海洋油气开发，深入推进页岩革命。海洋油气资源丰富，是高质量发展的战略要地。当前，海洋油气资源整体探明率低，勘探开发潜力充足。加大创新扶持，促使页岩开发技术国产化。中国海相页岩气资源丰富，但与北美页岩气相比，地质条件更为复杂、生态环境更为敏感、勘探开发技术难度更大。而这也常让国外页岩气技术很难在中国页岩气勘探开发中直接进行应用。页岩开发技术国产化不仅可以提高页岩开发效率，还可以降低施工成本。

4. 加强油气开发国际合作，保障能源安全

深化设施联通和油气产能合作，高质量推动"一带一路"能源合作，推动企业间按市场化原则开展合作，加强双边和第三方市场合作，以保障能源供给安全。2021年，国家能源局出台的《2021年能源工作指导意见》明确指出，坚持互利共赢原则，依托国内强大市场优势，深化能源产业链供应链务实合作，实现更高水平的对外开放，努力实现开放条件下的能源安全。中国将继续推进中亚-俄罗斯、中东、非洲、美洲和亚太五大油气合作区开发建设，加大与重点国家油气合作开发力度。推动建立海外装备研发、生产和维修服务体系。

5. 全面实施绿色生产行动，推进油气开发环节节能降碳

国家能源局在2021年7月召开"大力提升油气勘探开发力度工作推进会"时指出，要全面实施绿色生产行动，推进油气开发环节节能降碳，开展生产用能清

洁替代，做好CCUS试点示范。油气田开发环节既是能源生产的重要源头，也是能源消耗的重要领域，将加快推进油气田开发过程中的清洁能源替代工作。加大伴生资源普查及综合利用，把绿色发展融入油气开发全过程。努力促进能耗对标管理体系的建立，强化清洁油气开发生产技术的研究攻关和推广应用。推进国家重大专项、环保科技项目的应用推广工作，加大二氧化碳回收与封存，煤层气、页岩气排采废水达标处置等科研项目的投入，逐步将油气开发的行为调控到自然恢复的象限，实现与自然的和谐发展。

6. 完善能源资源的进口税收政策，助力国内油气开发

为完善能源产供储销体系，加强国内油气勘探开发，支持天然气进口利用，财政部、海关总署、税务总局联合印发《关于"十四五"期间能源资源勘探开发利用进口税收政策的通知》，明确2021年1月1日至2025年12月31日期间有关能源资源的进口税收政策。对在中国陆上特定地区进行石油天然气勘探开发作业的自营项目，进口国内不能生产或性能不能满足需求的，并直接用于勘探开发作业的设备(包括按照合同随设备进口的技术资料)、仪器、零附件、专用工具，免征进口关税；在经国家批准的陆上石油天然气中标区块(对外谈判的合作区块视为中标区块)内进行石油天然气勘探开发作业的中外合作项目，进口国内不能生产或性能不能满足需求的，并直接用于勘探开发作业的设备(包括按照合同随设备进口的技术资料)、仪器、零附件、专用工具，免征进口关税和进口环节增值税。

中国油气工程技术服务产业发展分析与展望

2021 年，国内石油公司在经济复苏和宏观政策利好的大背景下，继续加大油气勘探开发力度，原油和天然气产量稳步增长。受此影响，国内油气工程技术服务市场进一步回暖，油气工程技术服务企业业绩转好，最大程度降低了新冠肺炎疫情的不利影响。在“双碳”目标的推动下，各油气工程技术服务企业调整发展战略，制定碳减排方案，加强国际合作，探索企业高质量发展之路。

一、2021 年中国石油工程技术服务行业现状

（一）国内油气工程技术服务行业稳定复苏

2021 年，中国经济运行状况稳中向好，全年国内生产总值 1143670 亿元，按不变价格计算，比上年增长 8.1%。为保障国民经济复苏和良好运行，中国石油、中国石化、中国海油持续加大油气勘探开发力度，原油和天然气产量稳步增长，加快了油气工程技术服务市场的回暖。2021 年，中国石油加大勘探技术科技攻关力度，通过持续推进老油气田稳产和新区效益建产增加可采储量，油气当量产量超过 2.1 亿吨。中国石化 2021 年油气当量产量 479.69 百万桶油，同比增长 4.5%。中国海油 2021 年油气当量产量达 5.7 亿桶，同比增长 7.9%。然而，全球疫情形势依旧十分严峻，国际市场油气工程技术服务市场跌宕起伏，甚至出现了取消项目招标和招标推迟等现象，国内和国际油气工程技术服务市场复苏趋势两极分化。这对于国内油气工程技术服务市场来说不仅仅是一个机遇，同时也是更大的挑战。

（二）各油气工程技术服务企业业绩好转但仍有分化

从统计的国内 10 家上市油气工程技术服务公司（中海油服、杰瑞股份、海油发展、石化油服、博迈科、贝肯能源、潜能恒信、通源石油、准油股份、恒泰艾普）2021 年公布的业绩来看，绝大多数都实现了盈利。2021 年，实现盈利的油气工程技术服务公司中一半以上都实现了营业收入和净利润双增长。2020 年，上述 10 家公司中只有 3 家实现了双增长。杰瑞股份作为民营油气工程技术服务企业的龙头，2021 年其海外订单实现爆发式增长。2021 年 1 月，杰瑞股份设计制

造的成套压缩机组发往俄罗斯雅库茨克；2021年7月，杰瑞股份与北美知名油服公司签署2套涡轮压裂整套车组订单；2021年11月，杰瑞股份中标科威特石油公司科威特北部侏罗纪生产设施5期项目。然而，恒泰艾普因债务纠纷，导致部分银行账户被冻结，影响公司业务招标和生产经营，造成了2021年营业收入下滑、经营业绩亏损。

(三) 战略调整持续深入推进

在中国提出“双碳”目标的大背景下，各油气工程技术服务企业及时调整业务工作重点与战略部署，以提供绿色清洁的油气技术服务和实现公司产品和服务的高质量发展为目标，积极开展高端装备和新技术研发工作。为了聚焦主业和落实“双碳”目标任务，海油发展将原来的四大产业板块整合优化为能源技术服务、低碳环保与数字化、能源物流服务三大产业板块，并将低碳环保与数字化板块作为其在2021年上半年的主要投入开发业务。潜能恒信在2021年9月25日在北京举办的“2021全球能源转型高层论坛”上，提出了油气勘探开发智能化转型的战略部署。同时，各油气工程技术服务企业也在聚焦高端装备与技术开发工作。杰瑞股份为中国海油定制研发的2500型压裂橇组，克服了海上压裂作业吊装转运、设备防腐防爆等多个难题。海油发展研发了一项低成本解堵增产新技术——海上油田多脉冲水力冲击压裂技术，并取得了试验成功。潜能恒信已研制了四套机器人(地下找油机器人、智能钻井机器人、油气生产机器人、智能安全机器人)，构建智慧油田，促进低成本、高质量油气勘探开发。

(四) 国际业务不断深化

中国油气工程技术服务企业在国家能源“走出去”战略的支持下，积极参与并服务“一带一路”油气合作项目，越来越多地参与到了国际石油工程技术服务市场，与斯伦贝谢、哈里伯顿等西方企业同台竞争。博迈科凭借其在模块生产制造上的优势，与俄罗斯最大的独立天然气生产商诺瓦特克(Novatek)公司开展合作，为其第二个液化天然气项目(Arctic LNG2)(全球最大的液化天然气项目)生产EES、CCB等项目模块。石化油服凭借其高质量的服务和成本优势，以及差异化的市场定位，在全球38个国家建立了服务市场。杰瑞股份与北美知名油气工程技术服务公司成功签署合同金额超过4亿元人民币的涡轮压裂整套车组订单，标志着杰瑞大功率涡轮压裂设备在激烈的市场竞争中脱颖而出，赢得了北美市场的认可。中国的油气工程技术服务企业立足国内市场，进一步开发国际市场，扩大了生存空间，延长了产业链条，提高了应对和抵抗外部风险的能力。

二、2021年中国石油工程技术服务行业问题

与国际先进油气工程技术服务企业相比，国内油气工程技术服务企业虽然数量众多、体量庞大，但是在高端装备、先进技术、数字化和智能化等方面存在亟待解决的问题。同时，全球对共同推动碳中和目标实现逐渐达成共识，能源转型和油气行业低碳化发展成为新形势。国内油气工程技术服务企业业务转型相对缓慢，如何克服转型困难、探索正确且高效的转型路径是当前众多企业面临的难题。

（一）技术装备研发效果仍需要加强

首先，中国的油气工程技术服务企业在国际市场上的竞争优势主要来源于劳务和资产，相对缺乏系统的先进技术，比如在高精度探测技术、旋转导向钻井系统等技术领域存在短板，超高温高压井下工具装备研发能力后劲不足，智能油气田建设用的高性能计算软件、智能传感器等关键核心技术受限于欧美。这也进一步导致中国在参与国际市场投标时受到约束，缺乏主动权。其次，先进技术装备引进难以形成示范效应，缺乏成熟、实用、低成本且有效的资源集成平台机制。同时，科技成果转化效率相对较低，科研机制对业务发展和效益的提升作用仍需要加强。

（二）数字化和智能化转型仍面临挑战

中国油气工程技术服务企业的数字化和智能化水平与国际先进水平之间仍存在差距。斯伦贝谢和哈里伯顿拥有先进的数字化和智能化技术，都建设了自己的云集成平台（DELFI Cognitive E&P Environment 和 DecisionSpace 365）。虽然中国油气田智能化的规模化和管理已经走在世界前列，但仍面临一系列挑战。例如，数据库多、标准不统一等问题导致缺乏代表性的有效数据；缺乏熟练掌握人工智能算法和油气业务的复合型人才；智能油气田相关装备更新迭代速度快，需要持续性的资金投入等。科研投入亟待增加，以加快数字化、智能化转型。

（三）业务转型方案制定进程需要加速推进

当前，中国油气工程技术服务企业发展对传统油气工程技术服务业务的依赖程度高，新能源业务开发进程需要加速。斯伦贝谢依靠敏锐的市场嗅觉，提前部署转型为能源科技型公司，主动作出了2050年实现净零碳排放的承诺，将业务重心逐渐向新能源业务转移。中国也已经设定了“双碳”目标，依据国务院2021年10月26日印发的《2030年前碳达峰行动方案》，中国油气工程技术服务企业也意识到了新能源业务转型的重要性。然而，具体的减排方案和转型路径制定是

当前中国油气工程技术服务企业面临的难题。究竟选择“深耕细作”还是“拿来主义”，需要各油气工程技术服务企业积极探索，制定适合中国油气工程技术服务企业特色的转型方案。

三、2022 年中国石油工程技术服务行业展望

在“双碳”目标的背景下，2022 年，中国国内石油公司预计将资本支出转向于更绿色环保的勘探开发上，加快推进油气勘探开发，将进一步扩大油服公司的业务范围，国内石油工程技术服务市场有望出现智能化、绿色发展态势。

（一）加快能源转型

随着中国“双碳”目标的提出，国内石油工程行业能源转型已成为未来发展必然趋势。各石油工程企业将很有可能在新能源转型上大幅发力，新能源挤占传统能源投资，开展绿色和低碳业务。例如，石油工程技术服务公司结合已有的基础，将可能开展多元化的新能源技术布局，包括利用井筒技术拓展地热开发、锂提取工艺等技术，利用钻采平台技术将拓展海上风能业务及利用海底技术拓展潮汐能发电等。除此之外，石油工程技术服务企业还将利用自身的技术和装备等优势，未来进一步拓展低碳清洁能源业务领域，特别是地热钻井业务、碳捕集业务等。同时，将持续关注海外市场发展机会，做好后疫情时代海外市场布局的准备工作。

（二）加强自主创新能力

中国石油工程技术服务企业除面临低碳转型和持续发展挑战外，还担负着保障国家能源供应的职责。近几年，中美两国间贸易及科技摩擦持续升级，凸显中国在关键技术领域被“卡脖子”的严峻形势。未来，石油工程技术服务行业将在关键技术领域加强自主创新，从基础研究源头发力突破，从战略布局、创新氛围、合作攻关等方面整体协同进步，推动自主研发能力快速提升，从而实现以模仿创新为主到自主创新的转变。

（三）数字化转型

在行业数字化大趋势下，数字化“蓝海”成为国际石油工程行业转型发展的重要领域。现行的“数字化”已远不是过去基于信息化的远程决策服务的概念，而是以自己的数据为基础，自建可扩展到全行业的数据平台，建设数字生态圈，以此开展新型服务。国内石油工程行业未来的发展方向将可能会是积极顺应时代的潮流，开发数字化平台系统，致力于打造油气行业的“Windows 系统”。在此平台上，开发各种基于大数据的新型服务，并通过这些服务创造新的利润增长点。

主要服务包括勘探开发一体化(如基于大数据比对的井设计方案)、全过程设备资产管理(如大型设备的维护维修预警信息)、作业优化平台(如自动井场管理、作业流程优化)等。

(四) 转向“精益化”运营模式

在钻井数量大幅减少的情况下,美国非常规油气产量持续保持增长,部分页岩油气公司依然实现盈利,非常规油气开发从“数量取胜”转向“效益制胜”。面对市场的这种变化,石油公司未来将可能采取有力措施,改变过去的“扩张式”作业模式,转向“精益化”运营模式,将努力创造效应持续提升的局面。转变作业模式和投资结构,保障“好钢用在刀刃上”将是未来石油公司的重要转变趋势。石油工程技术服务业务将持续打破油气服务企业属地限制和甲乙双方传统的相互依存关系,在石油工程技术服务行业推行全面、彻底的市场化改革,营造充分且公平的竞争环境。通过充分的市场竞争,未来将加快建立公平合理、互利共赢的价格形成机制。

(五) 优化人才技术团队

人才是石油企业发展的前提条件,更是石油工程技术创新的基础。想要有效地提升石油工程技术的创新性,就将要求完成各项现代化石油企业的建设工作,强化技术团队人员的配比,优化总体的人才技术团队。石油工程行业未来进一步加强高水平人才技术团队建设势在必行。未来会有更多石油企业从实际需求出发,将定期开展技术人员的专业知识技能培训,强化技术人员的职能,不断提高人力资本水平。同时,石油企业在将来有待进一步提升企业人员的配合能力,强化其自身的知识技能素养,调动企业的整合能力,不断分配并优化培训的资源能源,提高企业人员的综合素养水平。

(六) 严格市场准入的资质认证和管理

为了应对市场的变化,未来石油工程行业将可能进一步加强严格市场准入的资质认证和管理,并将以此作为调节内部市场服务队伍的重要手段。集团公司内部市场首先要满足内部符合资质要求队伍的市场需求,在此前提下,通过公开招标适度引进高素质的社会队伍,规范内部市场协调制度。对海外高端市场,更多的集团公司将可能采取相应措施,支持、鼓励企业进入。同时,未来将持续发挥集团公司一体化优势,对产能建设区块实行总包、钻完井总承包、EPC(Engineering Procurement Construction)总承包和风险技术服务合作模式,努力建立风险共担、利益共享的市场化运行机制。

中国炼化产业发展分析与展望

2021 年，在全球原油需求大幅回暖的预期下，原油市场供需关系改善叠加 OPEC 灵活调整产量的策略，原油价格相较于 2020 年有较大幅度的提升，但中国炼油产能依然呈现出结构性过剩局面。此外，在“十四五”时期和“双碳”目标的背景下，高碳特征明显的炼化行业积极推进数字化建设，加快绿色低碳转型。在供给侧过剩、需求放缓的大背景下，炼化产业集中度不断提高，呈现多元化竞争格局，随着产业链布局的不断延伸，优质民营炼化企业中长期成长空间逐步打开。

一、2021 年中国炼化产业发展状况

2021 年，全球新冠肺炎疫情一定程度上得到缓解。经济开始复苏，带动了原油需求强劲回暖，原油增产幅度不及需求增长幅度，2021 年全年油价中枢相较于 2020 年大幅提高。同时，国有企业改革叠加内源性增长，炼化行业上市国企估值上升，炼化行业景气回升。

据中国石油和化学工业联合会数据统计，2021 年，中国原油表观消费量达 7.10 亿吨，同比下降 3.5%，对外依存度达 72%。天然气表观消费量 0.37 亿立方米，同比增长 13.4%，对外依存度为 44.5%。成品油表观消费量 3.20 亿吨，同比上升 10.3%，其中，汽油表观消费量 1.40 亿吨，同比增长 20.7%；柴油表观消费量 1.47 亿吨，同比下降 4.5%；煤油表观消费量 0.32 亿吨，同比下降 2.2%；合成树脂表观消费量 1.32 亿吨，同比下降 3.5%；合成橡胶表观消费量 1189.6 万吨，同比下降 6.3%；乙烯表观消费量 3013.3 万吨，同比增长 16.9%；烧碱表观消费量 3748.4 万吨，同比增长 4.5%。

2021 年，中国炼油产业原油产量 1.99 亿吨，同比增长 2.4%。成品油产量 3.57 亿吨，同比增长 7.9%，其中生产汽油 1.55 亿吨，同比增长 17.3%；生产柴油 1.63 亿吨，同比增长 2.7%；生产煤油 0.40 亿吨，同比下降 2.6%。2021 年，化工产业重要产品中，乙烯产量 2825.7 万吨，同比增长 18.3%；合成树脂产量 11039.1 万吨，同比增长 5.8%；合成橡胶产量 811.7 万吨，同比增长 2.6%；

烧碱产量 3891.3 万吨，同比下降 5.2%；化肥产量 5446 万吨，同比增长 0.8%。

(一)炼化产业盈利能力显著提高

根据中国石油和化学工业联合会数据，中国炼化行业 2021 年全行业实现营业收入 14.45 万亿元，同比增长 30%，比历史上最好的年份超出 4000 亿元；实现利润总额 1.16 万亿元，同比增长 126.8%，这是炼化行业历史上首次突破万亿元利润；化工板块规模以上企业利润总额 7932.2 亿元，超出化工板块“十三五”最好的年份 31%，且其利润率首次达 9.16%，高于化工板块“十三五”最好年份 2.27 个百分点，创历史新高；进出口总额 8600.8 亿美元，同比增长 38.7%。主要石化产品的产量和消费量都大幅增长，规模以上企业数量在增加。

(二) 炼化产业仍存在结构性短缺矛盾

中国炼化行业炼油产能过剩，大宗石化产品所占比例较大，而高端、高附加值产品所占比例较低，存在产业结构性短缺的矛盾，同质化恶性竞争苗头初显。一方面，2021 年我国原油加工量突破 7 亿吨，同比增长 4.3%，主要化学品总产量增长 5.7%，这表明产能过剩现象较为严重；另一方面，我国石油和化工行业进出口总额为 8600.8 亿美元，贸易逆差达 260 亿美元，其中高密度聚乙烯、聚碳酸酯、工程塑料、电子化学品、高性能纤维、高端膜材料的对外依存度居高不下。

中国炼化行业主要存在四个方面的不平衡，即区域布局不平衡、炼厂间技术经济指标高低不平衡、高端高清洁油品生产水平不平衡、一体化水平不平衡，这反映出中国炼油能力过剩是低端产能的过剩，是结构性过剩，而高端产能并不过剩。提高中国国内原油深加工水平，保护和培育先进产能，加快淘汰落后产能已经成为明确目标。

(三) 炼化产业积极推进数字化建设

国内炼化企业尤其是中国石化在数字化建设方面做了很多工作。如建设智能运营中心，利用人工智能、大数据、数字员工等技术，对总部生产营运指挥系统进行提升，实现运营指挥的实时化、可视化、协同化、精益化；于 2012 年率先开展智能工厂试点建设，并相继开展智能油田、智能化研究院和智能加油站建设。九江石化、镇海炼化、茂名石化、上海石化、普光气田等 5 家企业被工信部评为国家智能制造示范企业，九江石化被评为国家智能制造标杆企业；聚焦提升集团公司本质安全绿色水平，按照“数据+平台+应用”模式，基于“石化智云”工业互联网平台，建设七大安全主题域，开发 N 类工业应用 APP，构建“1+7+N”

的“工业互联网+安全生产”模式，变安全生产静态分析、事后应急为动态感知、预防联防；按照“数据+平台+应用”模式，基于“石化智云”工业互联网平台，构建“互联网+设备管理”模式，以数字化交付为起点，实现设备全要素、全生命周期、全维度的一体化管理，支撑设备长周期稳定运行等。中国石化将围绕全产业链开展数字化转型，重点开展“1415”工程(1 个平台支撑、4 大能力提升、15 项重点任务)，以数字技术驱动管理创新、业务创新和商业模式创新，打造世界一流、行业领先的卓越运营新能力。

（四）国家对炼化项目审批转向收紧

2010—2021 年，中国原油一次加工能力由 5.18 亿吨/年升至 10.01 亿吨/年，12 年内新增 4.83 亿吨/年，增幅达到 93.29%。2010 年前，以国有炼油厂为主导，成品油处于供不应求的阶段，国有炼油厂扩张的目的是为了保证供应。2010 年后，行业进入产能过剩阶段，但由于原油进口和使用权等保护性政策存在，国有炼油厂的处境并没有明显恶化。为提升行业内部竞争，政府于 2015 年放开原油进口和使用权，采用进口原油配额机制，地方炼油厂的开工率也跃升至 70%以上；随后，政府又为民营资本开放了行业准入，以恒力石化和荣盛石化为代表的民营企业也进入炼油行业，开启了多元竞争的格局。随着供给不断扩张，中国也从成品油净进口国变为成品油净出口国，为了避免中国国内产能进一步过剩，国家对炼化项目的审批开始转向收紧。

除了产能过剩的原因之外，“双碳”目标约束也是一个重要因素。中国提出力争于 2030 年前二氧化碳排放达到峰值，努力争取 2060 年前实现碳中和的“双碳”目标。生态环境部于 2021 年 5 月 31 日发布《关于加强高耗能、高排放建设项目生态环境源头防控的指导意见》，正式将碳排放影响纳入环境影响评价体系，还特别指出，“对炼油、乙烯、钢铁、焦化、煤化工等环境影响大或环境风险高的项目类别，不得以改革试点名义随意下放环评审批权限或降低审批要求”。炼化项目由于体量巨大，会占用大量碳排放指标。从数据看，虽然中国国内乙烯等基础化工原料还大量依赖进口，但最终端产品去向还是以出口为主。这样原料产品在国外，而排放在国内的模式确实难以得到政府层面的支持，这与 2021 年政府取消部分钢铁产品出口退税，并提高硅铁、铬铁、生铁等产品的出口税率的思路非常类似。在这样的情境下，新建炼化项目甚至油转化项目的审批都开始趋严，企业之间的竞争也从增量竞争变成存量指标的竞争。

（五）炼化行业加快绿色低碳化转型

2021 年，为贯彻落实党中央、国务院碳达峰、碳中和相关工作部署，坚决遏制“两高”项目盲目发展，推动炼油、乙烯、合成氨、电石等重点行业绿色低碳转型，确保如期实现碳达峰目标，根据《关于严格能效约束推动重点领域节能降碳的若干意见》，国家发展改革委制定了《石化化工重点行业严格能效约束推动节能降碳行动方案(2021—2025 年)》。目标是到 2025 年，通过实施节能降碳行动，炼油、乙烯、合成氨、电石行业达到标杆水平的产能比例超过 30%，行业整体能效水平明显提升，碳排放强度明显下降，绿色低碳发展能力显著增强。2021 年，国内炼化企业正在加快实现绿色低碳发展转型。

截至 2021 年末，中国石化已累计建成 8 个供氢中心用以提供燃料电池用的高纯度氢气，能力达到 1.6 万标立/时。在加氢站建设方面，中国石化依托全国 3 万多座加油站，结合城市群等区域发展战略、市场需求和应用场景、北京冬奥会及雄安新区等建设机遇，积极推进加氢站建设。已累计建成加氢站 74 座，合计加氢能力约 45 吨/日，成为全球建设和运营加氢站最多的企业。在绿氢生产方面，中国石化在燕山石化建成首套 30 标准立方米/时的 PEM(质子交换膜)制氢示范项目；积极推进兆瓦级 PEM 制氢设施、百千瓦级 SOEC(高温固体氧化物)制氢设施研发。在 2021 年支持联合国可持续发展目标(SDGs)方面，第一，中国石化积极布局新能源业务，提升洁净能源的供给占比。高纯氢提纯装置合计生产能力达 1.6 万标准立方米/时。第二，加快构建清洁低碳能源供给体系，拓展充换电站、加氢站等新型基础设施和服务，助力绿色交通、氢能交通发展。第三，积极配合新能源汽车行业发展，推进新能源汽车充换电配套设施和加氢站建设。第四，强化低碳技术创新引领作用。2021 年，中国石化在 CCUS 技术，氢能、储能技术、生物质能、风光电等可再生能源相关技术，动力电池材料等新能源汽车相关技术及可降解塑料等领域取得了一系列技术攻关，有力促进了绿色低碳化转型。

(六) 炼化产业集中度不断提高

中国炼化行业形成了规模化、集约化、基地化的产业布局，企业规模不断增大，千万吨级炼油项目、百万吨级乙烯项目连续建成；产能布局不断向优势地区聚集，形成了以国内原油资源为中心的东北、西北地区炼化产业基地，以进口原油为主、紧贴市场中心的环渤海湾、长江三角洲、珠江三角洲沿海石化产业集群，以沿江原油管线来输送资源的沿江石化产业带，以煤炭资源丰富的西北地区为中心的现代煤化工产业基地。2000—2019 年，中国炼油厂平均产能规模由 195 万吨/年增长至 456 万吨/年，千万吨级炼油厂数量由 4 座增至 28 座；乙烯装置平均规模由 22 万吨/年增至 70 万吨/年(石油基)，百万吨级乙烯企业由 1 家增至 9 家。

随着民营炼化项目快速推进、外国大型炼化公司加快进入，中国炼化行业已形成以中国石化、中国石油为主，国有企业、民营企业、合资企业、外资企业广泛参与并相互竞争的多元化发展格局，市场环境日益开放。

二、2021 年中国炼化产业存在的问题

2021 年是“十四五”规划开局之年，同时中国炼油行业正处于前所未有的大变革时代。中国炼油行业快速发展，技术和管理水平不断提高，但存在产能过剩、炼油厂规模小、开工率低、布局不合理、高端油品依赖进口等问题，在激烈的市场竞争中暴露出很多短板。在新冠肺炎疫情和“双碳”目标约束等多重挑战下，中国炼油行业必须要加快转型升级，以先进产能引领行业发展，迎接大变革时代的到来。

（一）中国炼油产能增势延续，产能优化迫在眉睫

2021 年，得益于一批千万吨级大型炼化一体化项目的持续落地，中国石油炼化行业的规模增长和转型升级驶入了前所未有的快车道。2021 年，盛虹石化 1600 万吨/年、盘锦北燃 1000 万吨/年、河北鑫海 800 万吨/年等炼化一体化项目相继投产，同时仍有部分山东独立炼油厂参与到山东裕龙岛石化项目中，整合产能共 830 万吨/年。此外，民营力量快马加鞭打造炼化一体化产业链，浙江石化炼化项目(一期)即将建成投产，盛虹炼化项目开工建设。主营单位谋篇布局，有序推进炼化产业布局，中科炼化、中委广东石化、中化泉州炼化(二期)等多个炼化一体化项目的建设有序推进，中国炼油行业正在向装置大型化、炼化一体化、产业集群化方向发展。2021 年，中国已经建成投产了近 30 个千万吨级炼油基地，合计产能约占中国炼油总产能的 45%，同时，国际巨头抢抓开放红利，抢滩登陆中国炼化市场，埃克森美孚、巴斯夫等外商独资石化项目有序推进，壳牌、沙特基础工业公司、沙特阿美与国内石化企业在炼化领域展开合作。中国炼化产业正在步入竞争多元化的大变局时代。

除此之外，炼油行业新建与整合产能持续释放，造成该行业产能供过于求的局面。在“双碳”目标下，石油行业中长期需求增长乏力，成品油需求或进入峰值前的最后增长阶段。炼油行业供过于求隐忧浮现，亟待提升产能优化。中国石化发布的《2021 中国能源化工产业发展报告》显示，“十四五”期间，中国炼化行业进入新增产能全面释放、竞争白热化时期，也是行业整合、转型升级的关键期。但此过程中，中国高技术含量的新材料和高端石化产品产能严重不足，对外依存度高，存在结构性短缺问题，促进炼化产业产能优化升级对于解决供需矛

盾、促进炼化产业可持续发展具有显著推动作用。

（二）炼油布局持续优化，但区域间仍不平衡

中国炼油主体除了包括中国石化、中国石油、中国海油等央企以外，延长石油等地方性国企、山东地区地方性炼油企业及近年来民营资本新建的一体化炼化企业也成为中国炼油行业的核心组成部分，炼油布局持续优化。“三桶油”在原油加工能力上依然保持较高的地位，但在单位炼厂加工规模上，民营大炼化企业后来居上。恒力石化、浙江石化的原油加工能力在规模上远超中国石化、中国石油下属炼油厂。中国石油、中国石化及中国海油在行业内有着毋庸置疑的能力，但是另一方面，山东地区的地方炼油厂也是一股不容小觑的力量。山东是国内炼油产能最大的省份，炼油能力约占全国的26%。从成品油产量来看，山东占比高达19%，辽宁省、广东省、江苏省和上海市分别占比11%、9%、6%和5%，位居成品油生产能力前五位，主要分布于中国经济最发达的东部及南部沿海一带。

中国炼油布局集中在资源获取集中区域或消费中心，布局总体合理，产业集约化水平明显提高，但区域间行业布局仍不平衡。2021年，沿江和西南经济带炼油能力得到加强，使全国炼油布局得到进一步优化，在原“三圈两带”基础上，形成了以环渤海、长三角和珠三角大炼化企业集群，东北、西北、沿江三大炼化产业带为特征的炼化产业“三圈三带”格局。从区域资源平衡看，东北、西北总体过剩，西南、中南短缺，存在长距离跨区调运现象，东北成品油通过锦郑管线输往华北、华中，通过大连港下海运往华东、华南，西北成品油通过兰郑长管线输往华北、华中地区，华东地区成品油沿江向上游递推，华南地区成品油沿西南管线向西南地区输送。

（三）后疫情时代炼化行业影响显著，能源行业亟须转型

自新冠肺炎疫情发生以来，由于物流中断、出行减少等原因，导致成品油等终端需求降低。油气行业受疫情影响较大的是炼化行业，其中又以地方炼化企业为甚。中国炼化行业近几年都处于供过于求的状态，疫情导致需求侧的进一步减少，对炼油厂的开工率造成了很大的影响。

除此之外，中国原油对外依存度逐年攀升，进口依存度居高不下，疫情对于全球炼化行业的影响也对中国炼化行业产生显著冲击。2021年，随着全球疫情好转、需求回暖、供应抽紧及库存持续下降，国际油价从低点反弹。从中长期来看，全球政治经济格局将进入新一轮动荡和博弈期，疫情对全球经济格局的影响或将持续，地缘政治格局也将被进一步重塑，供应面普遍面临上游投资增长不足、常规油气投资低迷等危机，使得全球石油供应面临的不确定性大增，需求方

面同样受到全球能源转型加速及疫情影响。从中长期来看，全球石油需求进入低增长阶段，但短期来看，石油需求在疫情后实现快速反弹，未来几年国际油价中高位震荡或成常态，这对于中国原油进口产生了巨大的阻碍作用。

（四）“双碳”目标制约行业发展，环保要求逐步提高

2020年，中国承诺二氧化碳排放力争于2030年前达到峰值，努力争取2060年前实现碳中和，对能源转型提出了更加迫切的要求。2021年，全球炼化行业形势依然严峻，而中国炼化行业进入新增产能全面释放、竞争白热化时期，也是行业整合转型升级期，化工产品高端化、绿色化发展成为新趋势，在“碳中和”共识下，绿色环保技术的研发转化推广将加快。此外，各级政府相继出台了更多的政策措施，促进油气行业生产过程清洁化，提升清洁能源供应能力，实现绿色发展。在国家政策的指导下，油气企业将加快石油勘探与生产，控制成本，努力做到“供得上、划得来、保安全、有效益”；更加注重发展天然气，提升清洁能源的供应能力，并根据企业自身条件，实施可再生能源的规模化发展。

“碳达峰、碳中和”的实质是加快完成从化石能源向非化石能源的转型。在“双碳”目标下，炼油化工行业作为中国工业系统中碳排放最大的行业之一，面临着巨大的挑战。炼化行业能源消耗总量较大，仅次于冶金行业，多年来把节能减排作为转变行业增长方式的重要课题，且采取了一系列措施，但总体来说，多数耗能产品的能耗水平与国际平均水平相比仍有差距。炼油化工企业的碳减排潜力很大，碳管理也刚刚起步，企业内部碳强度不平衡显著制约了中国炼化行业的快速发展。在“双碳”目标下，产业急剧变革，绿色能源和高端化工成为全球竞争的科技前沿。在分了炼油方面，新的反应过程、分离过程的突破是重要前沿；在化工领域，高端化学品仍处在研发多、应用少的阶段，转化率低、产业化少，尤其是一些还未全面实现国产化的领域，如高端聚烯烃、弹性体、降解材料、功能膜、电子化学品等。

2021年，中国炼油产能严重过剩，装置开工率仅为74%。而且，在新旧动能转换及“双碳”目标的大背景下，近年来沿海地区的大型炼化一体化产业链配套齐全，成本低于内陆传统炼油厂，市场覆盖范围更广，正在重新构建炼化市场的竞争格局，节能低碳形势依然严峻，需要抓好机制创新和技术创新，通过系统节能、智慧节能和协同节能，实现炼化工业绿色、低碳、高质量可持续发展。

（五）高端化工品严重依赖进口，炼化技术发展缓慢

中国炼化行业发展迅速，供应能力持续上升，市场参与主体增多，规模化和基地化布局初步形成，但在技术、装置运行水平及高端产品开发上仍有很大的提

升空间。尽管中国乙烯产能快速增长，但产品结构性问题仍然突出，高端产品和化工新材料仍依赖进口，其中高端聚烯烃产品，特别是茂金属聚烯烃、超高相对分子质量聚乙烯、乙烯-乙烯醇共聚物等，进口量约占总进口量的40%。工程塑料的自给率约60%，性能指标优、质量稳定的聚碳酸酯、聚甲醛等产品仍依赖进口。中国炼化行业平均能耗持续下降，炼油综合能耗降幅5%，乙烯能耗降幅3%，但相较于国际先进水平，催化裂化、催化重整等能耗指标仍有较大进步空间。在节能和能源优化利用方面，与行业内领先企业相比，仍有提高的潜力。

为满足日益增长的汽油、柴油质量升级要求，国内外开发了众多清洁燃料生产技术，汽油主要是降硫、降烯烃、提高辛烷值，柴油主要是降硫、提高十六烷值，炼化技术升级能够有效促进炼化行业的稳定发展。但中国炼化技术的起步相对较晚，在前期发展过程中，由于国内需求及政策等层面的差异，致使在炼化技术应用过程中存在很多弊端，在后期发展期间，炼化技术滞后于国外一些发达国家。在实际生产过程中，由于整体技术无法得到及时更新和升级，很多生产设备缺乏创新性，能耗加大，阻碍了炼化生产效率的进一步提高。

（六）炼化安全问题不可忽视，炼化安全意识有待加强

企业发展是经济进步的基础，炼化企业在国内的经济建设及资源储备中都是重要的部分，炼化企业的生产经营中，安全管理非常关键。因为炼化企业的每个环节都是有危险因素存在的，炼化企业与其他企业是不同的，炼化企业的管理者很多时候会忽视安全教育，仅仅是对职工展开技能及能力的培训，在这种局面下，炼化企业的职工并不具备足够的防范意识。危险化学品使用在炼化企业中是需要重点考虑的一个问题。在炼化企业的一些生产流程中，很多的环节要使用这些危险品，比如浓酸和强碱，这些化学品的腐蚀性极强。因此，有着一定的危险性，若是工作没有依据规范进行操作，有较大的概率造成安全事故。除此之外，在炼化企业中，电路是最基本的运行器材，随着工作时间不断延长，老化是必然趋势，可能会导致安全隐患有所增加。若没有定期对电路展开检查，没有对其中的隐患进行排查，也可能导致火灾。

2021年6月25日，广东省应急管理厅第五工作组对22日检查中发现项目管理存在严重问题的广东某炼化建设项目施工现场进行“回头查”。建设项目涉及100多个承包商、2.3万名施工作业人员。现场检查发现，项目业主单位未将总包、分包单位的安全生产工作纳入统一管理，多个承包商交叉作业未签订安全管理协议，管理界面不清晰，未根据不同施工项目风险进行安全技术交底，未定期

检查总包、分包单位安全生产工作，未督促总包、分包单位及时排查整改隐患。这极大引发了炼化项目的安全问题。炼化企业若想长远发展，必须加强安全管理，树立风险意识，在工艺、管理、设备及人员素质等方面加强监管。

三、2022年中国炼化产业展望

2022年，面临炼油产业当前存在的产能结构性过剩、区域发展不平衡、高端油品依赖进口、炼油安全问题不容忽视及新冠肺炎疫情冲击和双碳约束等问题和挑战，预计中国炼化产业将进一步以规模化、一体化、园区化为依托，增强核心竞争力，炼化产业产品结构调整将发生深刻变革，细分消费需求将促使化工产品向高端化不断推进。

（一）“双碳”目标下炼化产业将面临空前严峻形势

中国应对气候变化目标从能源强度和总量双控过渡到碳强度和总量双控。2022年，在“双碳”目标硬发展约束下，中国炼化产业企业将面临前所未有的严峻形势，发展规模将受到更加严格的控制。另外，石化产业纳入全国碳市场也指日可待。预计炼化产业将从以下方面加速推进碳排放管理规划和应对工作：一是针对新趋势与新常态，结合企业自身情况，制定明确脱碳目标，勾勒发展战略布局，梳理业务组合，加深脱碳主题与企业战略和业务转型的联系，制定以脱碳为目标的战略规划和推进路线图；二是规划资产层面的脱碳举措，设计气候风险应对方案，在业务运营层面为脱碳目标的实现做好支撑；三是在各分公司、各部门做好转型准备工作，通过提升人员能力（包括碳资产保值增值能力等）、优化组织结构、加强文化建设、做好宣传工作等举措，为能源转型保驾护航。

（二）“双碳”目标下减油增化的产品转型已成大势

在“双碳”目标和能源转型趋势下，经济驱动力转变、汽车行业调整导致成品油消费由中高速增长进入低速增长，新冠肺炎疫情也使成品油需求遭遇重创，其中航空业遭遇了1978年以来客运量最大降幅，航煤受疫情影响最大。预计中国航煤需求到2022年才能逐步恢复过来，成品油消费达峰将在“十四五”末提前到来。与之相对应的是蓬勃发展的乙烯产业链，乙烯市场存在巨大缺口，产能产量迎来上升期。能源转型的大趋势将限制汽油、柴油需求，但航空煤油、低硫船燃及特色高档石蜡、高性能润滑油基础油、高等级沥青等产品需求旺盛。中国高端化工产品进口比例大，基本原料自给率却很低。

中国油气公司会更加重视清洁低碳趋势对炼化业务可持续发展带来的挑战。传统燃料的市场份额将逐渐减少，立足当前、布局未来，大力推动炼化业的转型。常见做法之一是改造炼油厂生产化工品，改造传统炼油厂转而进行煤化工、石油化工和天然气化工。在脱碳挑战下，下游业务因商业模式更容易转向专注于石化产品，甚至未来布局转向氢气等，这成为油气公司以较低风险实现降碳减排目标的优先举措。国有石油公司的炼油业务实力和竞争力均处于行业领先水平，其在清洁低碳方面的尝试对于整个炼化行业将起到引领和示范作用。2022 年，炼油厂的整体数量或将有所减少，新建炼油厂数量会逐渐锐减，炼油厂将需要迅速适应、拥抱新的市场和新的能源体系。下游市场正在迅速变化，炼油厂必须适应这种变化，以增强韧性。此外，由于化工的能源原料来源、种类和数量上的选择范围更广，同时部分化工品尤其是高端化工产品紧缺，因此“减油增化”发展可能带来效益提升。

对炼化行业而言，绿色低碳化发展既是挑战又是机遇。聚烯烃是最主要的合成材料之一，中国的聚烯烃产业发展很快，是世界最大的生产和消费国，但是在绿色技术上仍然有较大提升空间。随着绿色低碳理念的深入，新能源汽车等“竞品”力量将不断增强。新能源汽车的快速发展虽然挤兑了成品油消费空间，但催生了高刚性高抗冲聚丙烯、聚烯烃热塑性弹性体等助力汽车轻量化发展的新材料和电池材料的消费需求。此外，塑料循环经济大有可为。随着“限塑令”政策的深入执行，对塑料产品结构调整将带来深远影响。例如，为了提高回收率，使用改性 PET(聚对苯二甲酸乙二醇酯)瓶盖替代 HDPE(高密度聚乙烯)瓶盖，方便瓶盖与瓶身共同回收利用等。塑料的回收主要包括技术循环和生物循环两种方式，前者相对成熟。技术循环包括物理回用和化学回用两个发展方向。已被广泛应用的是物理回用，但就趋势来看，该方法回收量不到高分子材料消费量的 9%，需要开发新技术。在限塑大背景下，可降解塑料研发、废塑料资源化回收利用等项目在 2022 年或将迎来风口。

（三）炼化产业将进一步走向规模化

2022 年，炼化产业继续处在新增产能全面释放、竞争白热化时期，国内炼化企业的生产经营格局将发生变化，内陆地区高成本企业的压力将进一步增大，成品油过剩主要集中在广东、浙江等沿海省份。

炼油生产规模经济特点显著，生产规模直接决定生产成本、资源利用率和市场竞争力。“十三五”期间，中国新投产、在建/规划的炼油项目体现了明显的基地化、大型化趋势。这些项目的炼油能力都达到 1000 万吨/年以上的规模，采用世界先进的技术，其设计、建设、生产运行和管理都能达到世界先进水平。国内千万吨级炼油厂从 25 座增至 28 座，将中国炼油厂平均规模从 511 万吨/年拉升至600万吨/年，其中中国石化千万吨级炼油厂占半数。在这一波投产热潮中，恒力石化、浙江石化以超大规模项目进军市场，标志着民营企业以新兴大炼化的方式登上了行业舞台。2022年，规模化趋势将进一步深化。

（四）炼化一体化将成为新建炼厂标配

炼化一体化发展能有效节省投资，降低运营风险，提高资源的综合利用程度，增强应变能力和提高经济效益。2021年，与炼化企业密切相关的一体化发展主要有以下几种形式：一是炼油和化工一体化发展；二是油田和炼化企业一体化发展；三是炼化生产和热电或热电联产一体化发展。其中，炼油和化工一体化模式应用最多，该模式着眼于最大限度地有效利用石油资源，宜油则油、宜化则化、油化结合，实现企业效益最佳化。炼化一体化具有五大特点：一是减少投资，降低生产成本；二是降低原料成本，提高石油资源的利用效率；三是拓宽石化原料来源，满足市场不断增长的需求；四是提高生产灵活性，应对油品和石化产品市场的变化；五是实现产品多样化，延伸价值链，提高经济效益。

例如，广东省揭阳市加快揭阳滨海新区“一城两园”建设，作为大南海石化工业园区的龙头项目，广东石化炼化一体化项目正全速推进。2021年，项目已完成大部分土建基础施工，进入安装工程全面铺开阶段，预计2022年全部建成投产。广东石化炼化一体化项目，包括2000万吨/年炼油+260万吨/年芳烃+120万吨/年乙烯。建成投产后，将大大降低中国芳烃对国外的进口依存度，提升原材料自我保障能力。广东石化除了炼油厂本身外，还将修建原油和成品油两个码头。炼油厂区域附近还将配套由吉林石化公司建设运营的ABS装置，以及揭阳国储石油基地有限责任公司，打造中国石油在华南的炼油化工基地，也是中国石油第一个基地型炼厂。

（五）炼化园区化或将成为发展新模式

2022年，以环渤海、长三角和珠三角三大炼化企业集群和东北、西北、沿江三大炼化产业带为特征的“三圈三带”产业格局基本形成。园区化的发展将使产业集中度大幅提升，园区内产业上下游关联度高，通过原料就地转化、排污集中处理等，企业的竞争力和抗风险能力将大大增强。

例如，河北省发展改革委印发《河北省炼化一体化及新材料产业链集群化发展三年行动计划(2020—2022年)》，力争通过三年努力推动现有炼油厂由“燃料型”向“材料型”转型，产业链进一步延伸、完善，补齐化工新材料“短板”，形成“4+1”的炼化一体化及新材料产业链集群化发展格局。其中，包括稳妥推进石家庄循环化工园区炼化一体化发展。坚持“强基、延链、拓精”，充分依托园区基础化工原料资源，为三化合一提供原料支撑。强化芳烃深加工、轻烃综合利用，拓展高端精细化学品。积极寻求与国内外知名企业合作，延伸芳烃深加工产业链和尼龙产业链，推进己二腈国产化步伐，打造独具特色的尼龙产业链。发展丙烯深加工及异丁烯、正丁烷产业链条，重点开展丙烯腈产业链及甲基叔丁基醚产品研发，延伸发展新兴合成材料。加快打造冀南特种电子气体材料产业集群。建设中船重工邯郸军民融合产业示范基地，打造特种电子气体材料产业集群，推进特种气体(肥乡)产业园、半导体大宗电子气体现场制气成套技术及应用等一批项目建设，打造冀南特种纤维及合成树脂生产基地和特种电子气体材料产业集群。到 2025 年，形成 18000 吨/年电子气体生产能力。

(六) 炼化产品工艺和技术更加清洁化

中国原油性质决定了炼油装置结构不同于欧美，汽油和柴油结构也不同于欧美。为了满足经济快速升级、节约石油资源、适应催化裂化汽柴油比例高的实际要求，中国油品升级需要同时实现降低硫含量、降低烯烃含量(汽油辛烷值的主要贡献者)及保持辛烷值三个目标，必须自主开发更加复杂的技术，困难程度加倍。中国汽油和柴油质量完成了国Ⅳ到国Ⅵ的飞跃，汽油和柴油中硫含量从 0. 05‰降至 0. 01‰、烯烃含量从 28%降至 18%、芳烃含量由 40%降至 35%、多环芳烃含量从 11%降至 7%，个别指标甚至严于欧Ⅵ标准。如果将时间轴拉长来看，中国汽油从 2000 年的国Ⅰ标准起步、柴油从 2002 年的国Ⅰ标准起步，仅用 20 年的时间就达到了世界领先水平。炼化技术不断向节能减排方向发展，中国主营炼油厂炼油综合能耗从 2015 年的 65 千克标准油/吨降至 2021 年的 60 千克标准油/吨，乙烯综合能耗从 2015 年的 568 千克标准油/吨降至 2021 年的 550 千克标准油/吨。

2022 年，炼化企业将继续推进转型升级、打造能满足多样且多变的原料和产品的市场需求的“未来炼厂”，科技创新将起到必不可少的支撑和引领作用。核心技术例如分子炼油技术，即从分子水平上认识、加工和管理石油资源，实现对石油加工过程的精细化管理，推动石油组分实现“宜油则油、宜烯则烯、宜芳则芳”，使石油资源物尽其用。利用信息化与智能炼厂技术，即利用新一代信息化技术，建立从原油采购、运输、炼化生产、仓储物流到销售等环节的智慧供应链和物流管理系统，实现炼油厂全局优化、降低生产管理成本，实现运行协同高效。

中国油气管道产业发展分析与展望

油气管网作为国家重要的基础设施和民生工程，在国家能源战略中处于重要位置。随着国家管网公司的成立，油气管网运营改革将持续推进，油气管网的规划也将进一步完善，天然气的基础建设将步入快车道，油气管道信息化、智能化和国产化水平将不断提高，上海和重庆天然气交易中心将在未来的油气管道改革中发挥重要作用。

一、2021 年中国油气管道产业发展分析

（一）国家多项油气管网政策发布

为了确保天然气的稳定供应，2021 年，国家出台了各项产业政策，细化管网设施公平开放监管制度、推进主干管网互联互通、管网运输成本与价格的监管等政策出台，除此之外，国家还出台了深入改革价格机制等与天然气产业相关政策。

1.《2021 年能源监管工作要点》

2021 年 1 月 18 日，国家能源局发布了《2021 年能源监管工作要点》，提出各部门应加强跨省跨区油气管网建设等重大项目的监管，促进管网设施公平接入，加快管网运营机制改革。

2.《2021 年能源工作指导意见》

2021 年 4 月 22 日，国家能源局发布了《2021 年能源工作指导意见》，指出应抓好与管网设施相关的一批重大工程的建设，在发展“全国一张网”的基础上，深入推进管网主要干线的互联互通。

3.《国家发展改革委关于“十四五”时期深化价格机制改革行动方案的通知》

2021 年 5 月 18 日，国家发展改革委发布了《国家发展改革委关于“十四五”时期深化价格机制改革行动方案的通知》，提出在发展“全国一张网”的基础上，进一步完善油气管道运输价格形成机制，出台新的油气管道运输价格的制定办法，并且健全价格体系的监督。

4.《天然气管网和 LNG 接收站公平开放专项监管工作方案》

2021 年 5 月 31 日，国家能源局发布了《天然气管网和 LNG 接收站公平开放专项监管工作方案》，提出各部门和各企业应以相关油气改革政策文件为依据，监管油气体制改革相关要求的落实、天然气管网的公平接入、公开天然气管网公平开放信息、天然气管网公平开放服务和市场交易与天然气管网公平开放实际运行等内容，切实推动天然气管网公平开放，促进管网设施高效利用，规范相关运营企业开放服务行为。

5.《天然气管道运输定价成本监审办法(暂行)》

2021 年 6 月 7 日，国家发展改革委发布了《天然气管道运输定价成本监审办法(暂行)》，提出加强对天然气管输成本的监管，规范与定价成本相关的监督和审查行为，使得天然气管输价格的制定更加科学、规范和透明。

6.《天然气管道运输价格管理办法(暂行)》

2021 年 6 月 7 日，国家发展改革委发布了《天然气管道运输价格管理办法(暂行)》，提出管道运输价格使用"准许成本加合理收益"的方法，在政府定价的基础上，科学制定管输价格，推动油气管道网络高效集输，增强资源的流动性，增进上下游市场竞争。对管输成本进行严格监审，强化对相关企业管输成本的约束，优化企业运输路径，实现管输效率的提高和成本的降低。

7.《国家发展改革委关于山西吉县—陕西延长输气管道项目(一期工程)核准的批复》

为促进煤层气资源开发利用，增强山西、陕西两省天然气互济能力，2021 年 6 月 29 日，国家发展改革委核准同意建设此管道项目。要求山西省和陕西省要进一步落实管网体制改革有关精神，进一步加强省级管网以及山西吉县—陕西延长输气管道与国家干线管道互联互通，积极研究推进以市场化方式融入国家管网。

8.《关于做好 2021 年能源迎峰度夏工作的通知》

2021 年 7 月 17 日，国家发展改革委发布了《关于做好 2021 年能源迎峰度夏工作的通知》，主要目的是为了统筹做好 2021 年能源保障供应工作，稳定油气运供需形势。《通知》提出各部门和相关企业应充分发挥"全国一张网"的优势，加强管网运行调度，提高油气互供互保能力，确保油气安全稳定供应。

9.《关于能源领域深化"放管服"改革优化营商环境的实施意见(征求意见稿)》

为了激发能源领域市场主体的活力，2021 年 9 月 24 日，国家能源局研究起草了《关于能源领域深化“放管服”改革优化营商环境的实施意见(征求意见稿)》,其中与油气管网相关的主要内容如下:①在油气管网公平开放等监管领域,强化运用信用分级分类差异化监管措施;②在规范接网服务方面,油气管网设施运营企业要做好下游用户支线项目开口服务,提高开口审批效率;③在依法依规招投标方面,管网企业应重视招投标管理,完善制度、信息公开,防范不公平竞争。

10.《企业产品成本核算制度——油气管网行业》

为了规范油气输运服务成本核算,促进管网设施运营企业加强成本管理,2021 年 10 月 8 日,财政部发布了《企业产品成本核算制度——油气管网行业》,对油气管输服务成本核算对象、核算项目和核算范围进行了说明。

(二)油气主干管网、管道互联互通、储气库和 LNG 建设步伐加快

2021 年,中国油气主干管道建设稳步推进。原油管网主要集中在西北、海外地区和中原,成品油管道主要集中在沪、赣、豫地区,天然气主干管网在全国各地全面开展管网建设和互联互通。

1. 原油管网建设稳步推进

2021 年,中国原油管道建设稳步推进。日照—濮阳—洛阳原油管道正式启用,西北原油管道反输改造工程阿曼泵站竣工验收,尼日尔—贝宁原油外输管道项目全面开工。

西北原油管道反输改造工程阿曼泵站于 2020 年 6 月 17 日投产。该项目反输能力 600 万吨/年,阿曼泵站如期实现竣工验收,标志着反输改造二期工程所有关键主体工程全部完工,此项目将大力提升哈萨克斯坦西部原油向中国的出口能力,极大地增强中国西北能源通道的保障能力,对两国的能源合作有着重大深远意义。

中国石油管道局尼日尔—贝宁原油外输管道(尼日尔)项目于 2021 年 10 月 1 日正式开工。该项目陆上管道全长 1950 千米,起点位于尼日尔东南部迪法省 Agadem 油区 Koulele CPF 旁的首站,终点位于贝宁东南沿海韦梅省的 Cotonou 港赛美末站,属于尼日尔二期一体化项目的组成部分。作为中尼两国务实合作的“里程碑”,该项目建设完成后,将促进尼日尔和贝宁两国经济发展与尼日尔原油出口,助力两国在能源领域实现合作共赢,深化中尼友好合作关系。

日照—濮阳—洛阳原油管道于 2021 年 11 月 17 日实现全线贯通。该管道是国家“十四五”期间首条千万吨级输油管道,全长 796 千米,设计年输送量为 1000 万吨。项目投产后,进口原油可以从码头直输洛阳石化,预计每年增加进

口总量约600万吨，能够降低原油输送成本，提供充足的原油资源。同时，也加快了洛阳高端石化产业基地建设，推动洛阳石化建设成为中部地区有较强竞争力的炼化企业，促进河南省石化产业转型升级。

2. 成品油管网建设稳步推进

2021年，成品油管道建设稳步推进。上海石化—闵行油库成品油管道工程项目正在加紧建设中，九昌樟成品油管道南昌段改线工程项目于12月顺利完工，洛郑驻成品油管道巩义白沙片区改线工程顺利完工。

上海石化—闵行油库成品油管道从上海石化至闵行油库，全长61千米，设计年管输量300万吨。项目建成后，为进一步保障上海市西南地区成品油市场供应、提升油品运输效率发挥了重要作用。

九昌樟成品油管道南昌段改线长度约21千米，新建成品油管道约24千米，设计年管输量380万吨。该项目是国家管网集团华中分公司2021年投资建设的第一个工程，也是南昌市政府本年度重点工程，对江西省成品油运输供应具有重大意义。

洛郑驻成品油管道巩义白沙片区工程改线段长度约2.9千米，管道规格为ϕ355.6毫米×7.9毫米，改线起点位于连霍高速北、滨河大道西、伊洛河东，改线终点位于连霍高速北、石河路西。该工程的顺利完工，将彻底解决管道规划占压问题，保证管道运行环境安全，对改善区域交通条件、促进沿线地区资源开发及社会经济发展具有重要意义。

3. 天然气主干管道和互联互通建设情况

国家管网公司成立后全面启动了管网的建设和互联互通工作，成效显著。

1）华北和华东地区管道建设和互联互通

华北地区与华东区域的管道建设和互联互通工程项目，重点包括中俄东线天然气管道(河北永清—上海)、陕京四线天然气管道张家口市支线、蒙西管道项目一期工程、山东天然气管网南干线管道工程和苏州—上海天然气管道联络线工程。

中俄东线天然气管道(河北永清—上海)全面开工建设。此管线于2021年1月全面启动建设，并计划于2025年完成，管道总长约1509千米，完工后将与华北、华东和东北管网联通，实现“北气南下”，突破长三角与京津冀经济圈天然气输送能力瓶颈，提高油气管网的应急保供能力。

陕京四线天然气管道(张家口市支线)建设项目已全面启动。此项目于2021年8月正式开工建设，管道全长173.7千米。项目完工后，可实现张家口市内天然气“县县通”，同时供气范围将涵盖张家口市内全部冬奥会场地，为北京冬奥会提供绿色燃料。

国家管网公司的蒙西管道项目一期工程(天津—河北定兴)已正式开工。此工程于2021年4月正式启动施工，管线总长413.5千米，年设计输送量为66亿立方米。该工程建成后，将联通该地区周边国家及省级的主干管网，输送LNG、煤层气和煤制天然气三类气源，高效发挥液化天然气接收站和储气库对该区域内的调峰保障功能，有效促进环渤海地区的燃气设施合理布局，推动地区内绿色低碳发展。

山东燃气管网南干线管道工程已全面启动施工。该工程已于2021年3月底前正式开工，总管路线路全长为493千米，年工程总输气量为96亿多立方米。该工程建成后，可以优化全省的燃气资源分配，进一步提升市场供应水平和价格保障能力。

苏州—上海天然气管道联络线工程正式开工建设。该项目于2021年7月正式开工建设，计划2023年6月建成投产。新建天然气管道长约41.5千米，年供气能力将达20亿立方米。该工程建成后，将促使上海天然气主干管网与苏州天然气高压管网相互联通，增强供气应急储备能力，对保障供气安全具有重要意义。

总之，华北和华东地区主干管网的建设和互联互通进一步保障了华北及华东地区的天然气供应安全，是实现“俄气南输”战略目标的必要环节。

2）中部地区管道建设和互联互通

中部地区主要有天然气宣城—黄山干线和庐江—巢湖—无为天然气管道项目。

天然气宣城—黄山干线工程已正式投产。此干线工程建设于2014年4月正式启动建设，至2021年2月全线贯通。管线总长210千米，设计年输气量为8.22亿立方米。此工程项目为安徽“三纵四横一环”的省主干管线网组成部分。

庐江—巢湖—无为天然气管道项目正式通气试运行。该项目于2019年11月开工建设，于2021年8月正式通气试运行。此项目为安徽省构建南北互通、东西互联的“天然气一张网”的保障供应新格局打下坚实基础。

3）南部地区天然气管道建设和互联互通

南部地区天然气管网的建设主要集中在粤东、粤西、桂、闽和琼等地区。

国家管网集团粤东LNG接收站配套外输管道贯通工程投运。该管道于2017

年正式开工建设，于2021年3月正式投产运行。管道总长约115千米，年均设计输气量为53亿立方米。此工程的投运，将来自粤东LNG接收站的进口天然气经由广东省网和西气东输二线、西气东输三线，完成了“南气北上”，进一步拓展了粤东地区乃至粤港澳大湾区、东南沿海地区能源供应渠道。

粤西天然气主管网(茂名—阳江)干线全线贯通。此项目于2020年3月底开始施工，并于2021年9月底全线贯通，管道全长154千米，年设计输气量40亿立方米。项目投产后，可向粤东西北地区、珠江三角洲等区域提供稳定的燃气资源，进而优化用气结构，建立多元化的供给渠道。

国家管网集团的广东省天然气管网“县县通”项目正在施工。该工程项目于2021年4月正式启动，计划于2022年底前全部完成，项目管道总长约1050千米，共投入资金80多亿元。建成后，在粤东、粤西、粤北等22个区用上最绿色清洁的管道燃气。

广西支干线工程正式开工。此工程全长463千米，投资45亿元，设计输量25亿立方米/年，于2021年7月正式开工建设。该工程是国家管网南北中线通道的重要组成部分，可使南方海上来气直达华北地区，对于加快推进“全国一张网”建设具有重要意义。

海西天然气管网二期工程(福州—三明段)项目顺利开工建设。该工程项目于2021年7月正式启动，并计划于2022年12月完成，管道总长286.6千米。此项目的启动，对实现福建“两纵两横”环状天然气管网建设，实现福建省天然气管道互联互通，推动福建管网融入“全国一张网”提供了坚实基础。

国家管网海南环岛天然气管网东环线工程(文昌—琼海—三亚输气管道)已全面步入投产阶段。该管道于2018年正式开工，于2021年7月投运。管线总长约289千米，每年设计输气能力近15亿立方米。此管网与前期已投产运营的省内西部管网连接，实现了海南省天然气骨干管网由“C”字形向“O”字形升级转换。此环岛工程的全部建成通气，实现了海气、陆气和液化天然气等多种气源进入同一张管网。“气化海南”的建设由此迈入新阶段，并进一步推动海南国际自贸港的建设发展和提速增效。

总之，粤、闽、桂和琼地区天然气管网建设和互联互通对“南气北送”和当地经济的发展具有战略价值。

4) 西气东输及西部地区管道建设和互联互通

西气东输和西部地区主要有西气东输三线中段工程、神木—安平煤层气管道工程和汉中—南郑天然气输气管道工程。

西气东输三线中段(中卫—吉安)工程开工建设。该项目于2021年9月正式开工建设，管道总长约2090千米，设计年输气能力250亿立方米。管道建成后，将与已建设的西气东输三线西段、东段联通，将更加丰富中国中东部区域的燃气管网格局。同时，与全国现有的区域输气管网、主干天然气管网等互联互通，加速形成了全国天然气管网的“五纵五横”新格局。

神木—安平煤层气管道工程山西至河北段管道已完工。管网总长548.95千米，工程设计总输气量为50亿立方米/年。管道项目全线贯通后，将通过与蒙西线连接向雄安新区供气，与天津液化天然气码头联通，实现了双气互补，给华北地区带来了安全、低碳、有效的洁净能源。

汉中—南郑天然气输气管道工程实现全线贯通。该项目于2020年7月正式启动，至2021年5月完成全线贯通，管线全长约23.5千米，设计最大输气能力为每小时8.8万立方米。该工程投产后，大大增强了中心城区供应保障的能力，改善了供气不均衡等问题，对进一步助推汉中绿色循环经济发展有着重要意义。

2021年，江津—南川的天然气输气管道工程正在兴建中。该工程项目预计将于2023年7月建成投产，管道全长约140.5千米。该项目建成后，将实现包括四川在内的上游气源管道、重庆市骨干管网及国家管网的互联互通。有效促进渝西地区天然气(页岩气)开发，同时也突破四川盆地天然气外输能力不足的瓶颈，开辟四川盆地页岩气通过重庆外输的新通道，确保四川盆地天然气(页岩气)在市内消纳通道高效畅通，提升重庆市天然气供应保障系统的安全性和可靠性。

普光—万源天然气长输管道项目工程已全线贯通。此项目于2019年6月启动施工，于2021年2月完成全线贯通，管道总长约98.5千米，最高日输气量为1.5亿多立方米，最高日供气量达到27.4万立方米。该项目的全线贯通，标志着万源城区将全面揭开管道燃气应用的新篇章。

综上所述，西气东输和中西部地区管网的建设和互联互通，不但保障了华北地区的天然气供给，而且对西北和西南地区地区循环经济的蓬勃发展、“十四五”时期构筑燃气管线“五纵五横”新布局有着重大意义。

4. 储气库建设加速推进，液化天然气(LNG)建设步伐加快

储气库和LNG建设是提高中国天然气储备能力、弥补天然气管道输气能力不足、缓解冬季气荒的战略举措，2021年，西南地区和华北地区的储气库和京津冀、山东、长三角、大连的LNG项目正在快速推进中。

1）储气库建设稳步推进

2021 年，中国石化中原油田清溪储气库和卫 11 储气库、中国石油冀东油田南堡 1-29 储气库和堡古 2 储气库开工，中国石化中原油田清溪储气库和卫 11 储气库完工。

中国石化中原油田清溪储气库开工并完工。该储气库是中国石化在西南地区建设的首个储气库建设项目，位于四川省达州市宣汉县清溪镇，项目设计有效库容 3.49 亿立方米，工作气量 1.94 亿立方米。清溪储气库运行后将大大增加普光气田的调峰能力，提升天然气保供能力与经济效益，也将助力保障国家能源安全，推动绿色发展。

中国石油冀东油田南堡 1-29、堡古 2 两个储气库开工。这两个储气库所属的储气库群位于河北省唐山市曹妃甸区，是中国第一个海上储气库群，也是中国第一个油藏改建储气库群，项目设计总库容 41 亿立方米。南堡 1-29、堡古 2 两个储气库建成后将大幅提高油气藏采收率，为冬季天然气保供发挥巨大作用，有效缓解京津冀调峰供气压力。

中国石化中原油田卫 11 储气库开工并完工。该储气库位于河南、山东两省交界处，设计库容 10.09 亿立方米，是中国石化 2021 年建设的库容量和工作气量最大的储气库。卫 11 储气库担负着华北地区和管道沿线中东部地区季节调峰保供任务，为稳定供气提供资源保障。

总之，储气库的建设为缓解西南地区和华北地区天然气季节性需求提供了坚实保障。

2）LNG 建设步伐加快

在 LNG 建设方面，沿海 LNG 接收站集约布局，环渤海等重点地区 LNG 储运体系建设工程推进总体顺利，京津冀、山东、长三角、大连等一批 LNG 扩建工程加快实施，这些项目的建设为各地区平稳供气提供保障。

京津冀 LNG 建设主要集中在天津和唐山地区。一是向天津 LNG 接入站供气超过 200 亿立方米。二是天津市南港天然气紧急储存项目的首个 LNG 储罐建设项目已顺利升顶，该项目的工程建设内容主要分为接收站、港口和外输管线等三部分，共涉及 10 个 LNG 储罐，罐内燃气将可经由新增的外输管线，从天津、河北直接抵达北京，到 2024 年底之前，整个建设项目的 10 个储罐将全部完成投运，紧急储存能力将超过 11 亿立方米。三是国家管网的天津市 LNG 接收站二期扩建施工也正在兴建中，该工程还将建设 5 座 22 万立方米的 LNG 储存槽、一个 LNG 港口和相关工艺设备。项目建成后，接收站年接转将超过 1080 万吨，年输气能力将超过136亿立方米。四是河北汤山LNG接收站的5号LNG罐试运行投产，接收站的LNG储罐生产能力将超过128万立方米，天然气调峰运行能在高峰期实现1个月内连续供应4120万立方米/日。该工程的试运行投产，对推动京津冀协同发展和确保京津冀区域燃气的稳定供给意义重大，将逐步缓解京津冀区域的冬季用气紧张状况，尤其是增强北京调峰保供的能力和对极端气候的适应能力。同时，建设项目将成为清洁环保的重要能量基础设施，对不断优化地区能量结构，完成"双碳"目标提供了保证。五是唐山曹妃甸区新天LNG项目二期工程开工建设，该项目二期建设4座单体储能20万立方米的LNG储罐，预计2024年10月建成试运投产。以上工程项目建成后将有助于供应华北的天然气安全，对提升华北地区环境质量等方面产生重大影响，为优化京津冀区域燃气存储库的总体格局、提高调峰能力作出贡献。

山东地区的LNG建设重点集中在龙口、日照和威海。一是国家管网公司龙口南山LNG接收站建设项目的首期工程施工完成，该工程项目是中国LNG产供储销和山东省民族经济文化动能转换的重点项目，总工程规模为500万吨/年，建设项目规划将在2023年前建成投产，项目投入运营后可为山东省、环渤海及华北地区长期稳定供应洁净的燃气，对于调节能源结构、保证人民用气和维护碧水蓝天有着重大意义。二是济南曹范LNG调峰运行储配站一期建设项目2021年正式投运，该建设项目最大储存能力将达3万立方米，并实现1800万立方米政府总储气力量，日均燃气调峰运行力量将达250万立方米。同时，济南曹范LNG调峰运行储配站二期建设项目已于2022年3月主体完工，待投产后，济南曹范LNG调峰运行储配站的最大储气力量将达4200万立方米，日均调峰运行力量将达580万立方米，能为济南及周边地区供应紧急保障气源，将强力促进山东省天然气储气能力的总体跃升。三是烟台LNG建设项目的第一个罐体桩基础施工完成，该建设项目为山东省内一次性施工罐容最高的液化天然气接收站建设项目，共涉及5座约20万立方米LNG全容罐，每一座罐包括大约400根的水泥护墙灌注桩。项目建成后将增加山东地区的燃气供给与储存能力，有效促进地方能源结构调整，并惠及山东省内众多都市和产业集中区。四是日照LNG调峰运行储备站项目已建成投产，总罐容达11万立方米，形成了7200万立方米的政府总储气能力。以上工程项目建成后，有利于山东地区天然气的调峰和产业结构的调整。五是中国石化龙口LNG项目，在2021年12月正式开工。该项目位于烟台港龙口港公司液体散货泊位区南端，占地面积84.5万平方米，利用龙口港原有散货码头及后方区域进行升级建设，项目建成后，将形成天然气供应能力84亿立方米/年，相当于2020年全省140天的天然气用气量，对于增强山东省乃至整个环渤海地区天然气保供能力，助力“碳达峰、碳中和”具有重要意义。

长三角地区LNG建设主要集中在江苏和浙江。一是江苏嘉盛LNG清洁能源项目正式开工，该项目重点建设36万立方米LNG储罐，以及改造LNG接收码头、建造LNG物流船舶和车辆，全力打造长江流域LNG集散中心。二是江苏滨海LNG项目施工，同时亚洲最大重型自航绞吸船“天鲲号”投入施工，该项目预计2022年4月建成通航，将进一步改善盐城滨海港大型船舶的通航条件，更为江苏、安徽、河南等地区天然气供应打通一条运输通道，对优化华东地区的能源结构、实现节能减排等有着十分重要的意义。三是中国第500艘LNG船停靠于洋山港的LNG港口，洋山港接卸LNG量突破3000万吨，累计向上海输出天然气量突破400亿立方米；温州华港LNG运输调峰中心已启动兴建，该工程规格为300万吨/年，预计2023年3月建成投产。四是浙江舟山六横LNG工程启动建设，该工程建设规模1500万吨/年，接转规模将达700万吨/年，并计划于2024年底全部建成投产，该工程总体目标为建设立足东海岸、辐射长江经济带的现代化天然气资源供给基地。以上工程项目建设保障了江浙地区的天然气供应。

2021年，多艘LNG运输船靠泊中国东北和珠三角地区LNG接收站。一是比利时因泽布吕赫港的“丽纳河”号LNG装运船顺利靠泊大连LNG接收站专用港口，6.62万吨液化天然气快速投入这座东部燃气保供“桥梁堡”，身为东北地区唯一的LNG接收站，大连LNG接收站工程设计能力600万吨/年，上下游管线北与中国主要干道燃气管网“大沈线”相接，南与中国主要干道管网“秦沈线”相接，通过LNG槽车拉运可涵盖整个东北三省、内蒙古东部区域。二是LNG船“British Sponsor”号在中国深圳市大鹏湾畔靠泊，项目工程设计满载容量为7万吨级，依托于此次良好的合作基础，深圳市燃气将深入探索推进企业与中国管网公司全方位的战略合作伙伴关系，积极推进上游资源与多主体的各种渠道供给系统共建，积极增强企业在大湾区及异地经营更大地域范围内的资源可及性和主动性，并积极加强和促进企业国内海外资源双循环利用，为中国大湾区和深圳经济先行示范区建设提供安全、平稳、高品质的洁净燃料保证。三是满载6.5万吨碳中和液化天然气的“木兰花”货轮，在中国海油广东大鹏液化天然气接收站完成接卸。

总之，LNG储气设施的建设，缓解了各地区的天然气季节供应难题，补充了管道天然气的不足，对节能减排和天然气保供具有重大意义。LNG基础设施与管道的连接也将成为未来天然气管网互联互通的重点。

（三）油气管道技术向自主化、数字化和智能化方向发展

油气主干管网、储气库和LNG建设、智慧管网建设为油气管道技术的发展

提供了空间，油气管道技术逐步向自主化、数字化、智能化方向发展。

1. 中国油气管道的自主研发技术持续发展

2021年，中国油气管道技术的自主化发展持续深入，在定向钻穿、自动化焊接和穿越管段检测技术等方面成果显著。

中国自主研发的800吨大口径推管机在中俄东线(安平—泰安)滹沱河定向钻穿越(南岸)工程中成功应用，创造国内1219毫米管径的水平定向钻穿越新纪录，提升了在国内外定向钻市场的竞争力；中国石油管道局自主研制的CPP900-W1N和CPP900-W2N自动焊设备提升了油气管道自动化焊接的速度和质量，提升了系统焊接控制的准确性和稳定性，推动了油气长输管道建设技术的进步，使焊接速度和质量有了质的飞跃；中国石油西南油气田自主研发的新型电磁法河流穿越管段敷设状态检测设备，解决了水下40米埋深范围内河流穿越管道走向与埋深检测的关键问题，填补了国内穿越管段检测技术空白。

油气管道关键技术的国产化、自主化创新对保障油气管道安全、提高生产效率、打破国际垄断有着重要意义，有助于中国油气管道平稳运行、提质增效，推动管道技术整体发展。

2. 中国油气管道的智能化建设

2021年，中国油气管道的智能化在管道设计、施工和运行方面均有较大进展。

在管道设计方面，管道三维数字化协同设计系统、大跨度悬索跨越设计技术、在役管道数字化恢复技术、管道数据一体化移交技术等一系列标志性科研成果，以智能化解决方案赋予管道新活力，有力推动了管道设计技术的进步。在管道施工方面，15米加长钢管在河北定兴京石邯复线的建设中成功应用，创国内首次；焊接机器人采用了智能化跟踪系统，保障了焊接过程的顺利性和质量的可靠性，提高了管道焊接的精度和效率。在管道运行方面，国家管网搭建的安全作业管理应用以数字化平台为底座，利用AI、边缘计算、5G等技术，实现了作业的规范化管理；中国石油昆仑能源福建LNG接收站成功实现了完全的数字化移交和智能化运营，推动中国油气管道从数字化时代向智能化时代迈进。

油气管道技术的智能化发展将激发更多新技术的研发和实施，推动管道技术在管道设计、施工、运行方面全面发展，同时推动LNG的建设，推动中国油气储运进一步发展，通过智能化抢占市场高地，提高全球市场竞争力。

3. 中国油气管道的防腐、检测技术和智慧管网建设

2021年，中国油气管道技术在防腐技术、检测技术和智慧管网建设三个方

面有了较大进展。

在防腐技术方面，管道局防腐公司研发的最新一代管道补口除锈机器人在中俄东线天然气管道工程泰安—泰兴3标段、4标段的管道中成功应用，其喷砂除锈质量能够达到标准级Sa2.5的标准要求，极大地推动了中俄东线管道的智能化建设，助力天然气管道高效运行。

在检测技术方面，漏磁内检测技术不断发展，如今已经进入超高清阶段，检测灵敏度和精度明显提高，可以量化针孔缺陷、有效识别环焊缝缺陷，精确分析复杂缺陷，这使得管道内外缺陷及焊缝缺陷的识别和量化能力有了大幅提高，技术水平走到了国际前列。

在智慧管网方面，由管道设计院研发的WisPipeline平台2.0版本的Web端(即全球广域网)在长庆油气田应用非常成功，通过运用大数据智能分析等技术使输油管道系统的自动检测能力、运行优化能力和安全预警能力有了极大的提升，平台核心技术成果打破了国际技术壁垒，填补了国内平台技术漏洞。

另外，物联网和移动应用技术在中俄东线南段、西三线闽粤支干线等管道中的充分利用，实现了对建设过程的实时监控，对管道建设中的数据变化可以智能感知和自动采集，使整个管道建设过程实现信息化、数据化，做到了建设过程的动态监管。

2021年，中国油气管道技术在防腐、检测方面有了长足的进步，极大地提高了管网的稳定性和安全性；同时，智慧管网的发展提高了管道建设的智能化水平，打破了国外技术垄断，让中国油气智慧管网建设走向新阶段。

(四) 油气管道行业体制改革全面深化

油气管网改革的总体目标是通过构建互联互通的管道主体，将油气能源统筹调配，促进市场规范化、有序化，引进全天候国家管网集团实现中国全部油气主干管网统一运行，标志着中国油气主干管道进行了全面的资产优化整合，油气管网经营机制改革进入了全新的历史时期。

1. 国家管网公司推进天然气价格和计量改革

天然气的价格和计量改革将为天然气管输行业的发展带来新的活力。

管道天然气价格是“门站价”机制，“门站价”为“出厂价”与管输费的总和。“出厂价”基本保持稳定，进口天然气基本是签订多年的协议，一经签署价格保持不变，油田勘查开发成本也长期保持稳定，要进行价格改革最佳办法就是从“管输费”着手。2021年，终端用气价格中管输费占很大比例。国家管网公司成立后，全国油气管道集约调度输送，主要省管网公司也纳入其中，这对于减少经营成本、运输费用、损耗能耗、计价差异有很大的好处，为油气价格市场化打下了基础。

2021 年施行的天然气计量制度是依据体积计价，而天然气的形成方式多样，其形态与组成也各不相同，加之天然气的利用形式是焚烧产生能量，按照体积计价难免有失偏颇，这对于天然气行业的良性发展是很不利的。现在国内自产天然气和进口天然气都统一纳入国家油气管道并网运行，天然气热值计量制度作为其中的重要一环，是中国推动油气改革的必经之路。因此，国家管网集团与天然气计量市场化改革携手共进，联合促进油气体制改革进一步深化。

2. 省级天然气公司的发展空间和发展思路

2021 年 1 月 22 日，湖南省政府与国家管网集团签署了《关于天然气管网战略合作协议》。2021 年 4 月 25 日，福建省政府与国家管网集团携手推动油气管网运营机制进一步改革。自油气体制实施市场化改革以来，多个省级油气管网积极响应，国家管网集团的"省网"纳新成效显著，"全国一张网"将逐渐形成。

此外，各省级管网公司还努力加强支线管道和区域管网建设，加快省区市的联络输气管道建设，不断完善跨区管网运送体系，推动互联互通工程统筹规划布局，打造公正创新平台体系，为推进油气体制改革起到良好的示范作用，继续为推进油气体制改革深度发力。

（五）天然气交易中心创新交易模式，助力互联互通和基础设施建设

2021 年 4 月 21 日，上海和重庆天然气交易中心同时推出管道气预售交易模式和管道天然气仓单交易模式。管道气预售交易模式若满足油气管网运输条件，可以进行自由让渡，由市场决定其交易价格，该新型交易模式体现了中国油气体制改革决心与行动力，能够保障中国上中下游天然气市场参与者获得稳定的买卖价格，平衡价格波动，减少运行成本，构建健康的市场体系。中国石油天然气销售分公司在 2021 年推出了年度天然气购销协议。该协议明确规定天然气购销合同量的 10%运用管道天然气中远期仓单交易方式。运用该交易方式能够较大程度优化天然气产业结构，减少积压库存，实现油气资源合理流动与配置，促进合同规范交易的提升，保障油气全产业链工作平稳开展。两种交易模式都是中国推行天然气市场化线上交易的新探索，是中国石油企业提升资源利用效率、提升市场活跃度、推动产业结构升级的重要举措，也是国家油气管网集团积极探索天然气市场化改革、共同服务国家能源战略、服务实体经济发展的又一体现。

2021 年 4 月 29 日，国家管网集团联合上海石油天然气交易中心开展文 23 储气库容量专场招标交易，文 23 储气库容量竞价交易将为储气库库容市场化定价、

公平开放、资源配置和高效率运营奠定基础。

2021 年 9 月，北京 LNG 储备设施正式运行，这一举措将加快推动北京天然气交易服务中心的成立。同时，该举措将继续提高中国北方石油天然气资源统筹调度能力，保障北方民众油气能源的需求，促进油气体制改革高水平发展。

2021 年，新华社与中国海油签署战略合作，携手打造上海石油天然气交易中心。该举措将有力推动社会新能源体系建设、促进综合输送体系衔接互通、拓展大平台智能化运营水平。未来多家石油公司、国家管网、天然气交易中心将全面打造行业信用体系、国家级能源智库，清洁能源产业发展及大数据和人工智能的应用。

二、2022 年中国油气管道产业发展展望

油气管网承担着国家统筹能源配置和现代化运输体系的重任，在中国资源储备战略中的位置也越来越为人瞩目。随着国家管网公司的成立，油气管网运营改革将持续推进，油气管网的规划也将进一步完善，天然气的基础建设将步入快车道，油气管道信息化、智能化和国产化水平将不断提高，交易中心将在后续油气管道的改革中发挥关键性作用。

（一）国家管网公司将发挥重要作用

国家管网公司已经实现资源的全面优化整合，2022 年，中国油气管网互联互通水平将进一步提高，更有利于实现全局资源调配，促进市场经济公平公正发展，增强油气体制风险管控能力；同时，国家管网公司的现代化主干天然气联络网规模将更加广泛、布局更加全面，对于保证能源平稳调配、优化油气资源结构升级具有关键性作用。油气管网改革体系将进一步贯彻落实“五位一体”和“四个全面”经济发展新理念，为实现两个百年奋斗目标添砖加瓦。

（二）油气管网规划将进一步完善

2021 年 3 月，“第十四个五年规划和 2035 年远景目标纲要的决议”已提出要完善原油、成品油管网建设及加快天然气管网建设，构建现代能源体系，实施能源资源安全战略。中国油气管道规划的省份主要在西气东输、“一带一路”的沿线城市，各省份以规划油气管道建设线路为主，2022 年，油气管道建设和开放化进程将进一步加快。在“十四五”规划和碳中和的背景下，中国将继续深化供给侧结构性改革，提高天然气覆盖率，全面构建多元清洁的能源供应体系。

(三)天然气基础设施建设将步入快车道

2022年，预计全球天然气市场需求强劲复苏，中国天然气生产增速加快，消费量大幅增长，进口量进一步增长。立足“双碳”目标和行业发展新形势，工业、建筑、交通、电力等多领域将有序扩大天然气利用规模，将气电调峰作为构建以新能源为主体的新型电力系统的重要组成部分，助力能源碳达峰，构建清洁低碳、安全高效的能源体系建设。

(四)油气管道技术向可视化、自动化和智能化趋势发展

为保障国家能源运输安全，推动油气管道技术继续向智能化方向发展，配合智慧管网战略部署，油气管道完整性和安全性的系列技术及油气管道的智能化改革将继续成为管道技术发展的关键方向。

国家“十四五”规划中明确要求推进能源革命，建设安全高效的能源体系，发展清洁能源，提升能源系统的保障能力。新能源技术已经朝着产业化发展，在储运方面，中国的油气电氢综合站、天然气管道掺氢输送、二氧化碳管道输送设计等技术已经走在了行业的前端，但是在管道输送的工艺、材料、设备中仍有不少未解决的难题。在管道建设方面，天然气主干管网建设将加快，依托数字化平台打造智慧管网，完善油气管道互联互通网络。以大数据、云计算、人工智能为代表的新科技在油气储运行业不断深入，对于管道行业来说，通过将油气管道建设与新科技结合，发展智能化油气管道势在必行，必将引领新一轮的科技革命。

(五)交易中心将在未来的油气管道改革中发挥重要作用

上海和重庆天然气交易中心分别推出管道气预售交易模式和管道天然气仓单交易模式、文23储气库容量专场招标交易，北京LNG储备设施正式运行，以及新华社与中国海油签署战略合作，这也预示着2022年交易中心将在油气管网改革中发挥更重要的作用。未来多家石油公司、国家管网、天然气交易中心将全面打造行业信用体系、国家级能源智库，清洁能源产业发展及大数据和人工智能的应用，油气体制改革将实现线上线下自主化、依托先进技术与油气管网创新融合、切实保障油气市场化良性发展，北京天然气交易服务中心有望成立，深圳天然气交易中心作为“大湾区”的枢纽中心，在石油天然气交易过程中发挥着不可替代的作用。中国天然气交易平台也将日趋国际化，跨境交易将更便利，资金流通会更顺畅，各个天然气交易平台在油气行业市场化变革中的作用日趋凸显。

合 作 篇

新冠肺炎疫情基本得到有效控制和全球经济回暖，使得全球油气行业快速复苏，这为油气产业的国际合作带来机遇。与此同时，海外整体风险呈上升趋势，不确定因素增加，也给油气产业的国际合作带来挑战：地缘政治风险成为最主要的风险，需要特别关注；中美博弈引发的风险；经济复苏不平衡带来的挑战；资源民族主义抬头。未来，全球油气行业投资风险大小很大程度上取决于中美关系的变化和美国新政策的出台，同时全球能源转型和数字化、智能化革命也给油气产业国际合作带来挑战。为了进一步推动能源高质量发展，需要坚定不移地推动对外开放，深化国际合作，保障国家能源安全。

总体来看，2021年，世界经济逐渐摆脱疫情的影响并开始逐步复苏，但全球货币流动性宽松和美元的超额发行使得大宗商品价格上涨，外加地缘政治风险等因素使得油气国际合作的风险也在不断增加，预计2022年中国油气的国际合作将呈现以下特点：新冠肺炎疫情赋予“一带一路”油气国际合作新的内涵；后疫情时代将加大油气合作的地缘政治风险；中国在国际社会的积极努力为国际油气合作创造更多机遇；能源转型与“双碳”目标将改变国际油气合作的重点领域；大数据在油气领域的应用将进一步促进油气国际合作；中国将不断拓展油气能源技术创新国际合作；中俄在石油科技创新及技术研发领域合作前景广阔。

从对外油气贸易角度来看，2021年相比于2020年中国原油进口量萎靡不振，地缘政治风险增加，非国有贸易进口允许量充足。成品油出库价格整体呈现增长趋势，出口配额大幅萎缩，进口结构出现显著变化。受国内外不确定性形势加剧及“双碳”政策目标的实行，预计2022年，原油市场进口量可能将进入平台期，进口价格可能持续上涨，成品油进口价格持续上涨，天然气对外依存度将持续攀升，LNG市场需求进一步扩大。

中国油气产业国际合作发展分析与展望

2021年，新冠肺炎疫情基本得到有效控制和全球经济回暖使得全球油气行业快速复苏，为油气企业深化国际合作提供经济基础。同时，受地缘政治和大国博弈的影响，国际合作的不确定性也在不断增加。为了进一步推动能源高质量发展，需要坚定不移地推动对外开放，深化国际合作，保障国家能源安全。

2021年也是多因素合力影响世界经济的一年，百年未有之大变局正加速演进，疫情在世界范围内得到有效控制，但仍使世界经济深度衰退，逆全球化进一步加剧，单边主义、保护主义盛行。油气国际贸易和投资大幅萎缩，能源行业作为世界经济发展的晴雨表，受经济下滑影响明显，全球能源行业也正面临着巨大的风险与挑战。2021年，由于国际贸易战的冲击，油价出现了短期大幅调整且迅速回升，而且维持在100美元/桶以上，2022年，全球石油市场并不会出现像天然气、煤炭市场那样紧张的供应短缺且无解的局面，石油市场更多的还是极端天气和“OPEC+”主动控产带来的供应紧张。因此，原油价格并不具备十分强劲的基本面背景，且随着油气需求逐渐回升，油气的国际合作也将逐步恢复到疫情前的状态甚至有所超越。

一、2021年中国油气产业国际合作概况

为保障国家能源安全，推动能源高质量发展，中国企业积极开展国际合作，不断提高油气贸易水平。中国石油围绕中亚—俄罗斯、中东、非洲、拉美和亚太五大国际油气合作区，优化投资结构和区域布局，以“一带一路”沿线为重点持续推动海外油气合作，在全球35个国家和地区开展海外油气投资业务。2021年10月18日到19日，在第二届“一带一路”能源部长会议上，中国石油3个项目获能源国际合作最佳实践案例。持续完善公司全球油气贸易网络体系，贸易范围遍及全球80多个国家和地区，亚洲、欧洲、美洲三大国际油气运营中心运营管理水平进一步提升。全球油气行业前十企业，中国石化综合排名仅次于沙特阿美，居油气行业第2位。中国石化在全球24个国家投资46个油气勘探开发项目，已初步形成油气并举、海陆兼顾、常规非常规多样化的总体境外油气战略布

局，是一家上中下游一体化的大型能源化工公司，也是中国最大的成品油和石化产品供应商、第二大油气生产商，世界第一大炼油公司、第三大化工公司。中国海油业务遍及40多个国家和地区，在普氏能源资讯公布的2021年“全球能源企业250强排名”中位列榜单第9位，油气勘探生产公司类别第1位和亚洲及环太平洋地区类别第4位。中国海油积极参与“一带一路”国际油气合作，“一带一路”地区油气产量占海外油气总量比例提升至近40%，加快推进沿线国家与区域业务发展，公司累计在“一带一路”区域及临近辐射区域投资，约2600亿元人民币，投资油气项目10个，还为“一带一路”沿线百余个项目提供服务，预计到2025年，中国在“一带一路”沿线投资国家将增至20个，净产量占比超过50%。此外，国家对油气市场逐渐放开，鼓励民营资本参与国际油气贸易，新奥集团等民营油气企业在国际合作中也表现突出，这有利于充分发挥市场机制，充分发挥民营资本的活跃性。

（一）中国石油国际油气合作成果

中国石油是中国最大的跨国公司（按海外资产、海外收入、国际员工人数三项指标综合排名测算），中国石油在国际合作、海外业务上，促进国内外两种资源高效配置、两个市场互补联动，推动公司在高质量发展的轨道上行稳致远。

1. 管道四公司孟加拉国项目完成试压作业

2021年1月7日，孟加拉国单点系泊项目北部戈尔诺普利河穿越段管线回拖并顺利完成试压作业。至此，管道四公司成功完成该项目全部合同内定向钻试压施工任务，为2021年开了个好头。孟加拉国单点系泊项目包含涉及陆海、村庄、航道、河道等的16条穿越段管线，其中6条陆海定向钻为局内单位首次实施作业。由于定向钻穿越管线回拖前进行强度试验和严密性试验，且回拖后还须进行严密性试验，所以16条定向钻穿越管线要交叉进行32次清管测径及试压作业。施工全过程对管线压力及温度控制要求严苛。

2. 寰球上海公司乌国PVC综合体项目成功投产

2021年1月13日，由寰球上海公司、中工国际共同执行的乌兹别克斯坦纳沃伊PVC综合体项目500单元甲醇装置成功产出优等级合格甲醇产品，平稳运行三周，标志着该项目所有5套装置和公用工程圆满完成建设任务，“一带一路”建设再添硕果。乌兹别克斯坦纳沃伊PVC综合体项目是“一带一路”倡议下推动国际产能合作的重要工程，是乌兹别克斯坦首套成功落地的PVC装置，也是中国企业在乌兹别克斯坦正在实施的最大单体工程承包项目。该项目包括新建年产10万吨PVC、7.5万吨烧碱和30万吨甲醇生产线，其中PVC和烧碱装置已于

2020 年底投产成功，生产出合格产品，为当地带来了良好的经济效益。

3. 大庆油田信息技术公司开拓尼日尔市场

2021 年 2 月 4 日，大庆油田信息技术公司继进入乍得市场，在海外市场开拓上又取得佳绩，与中油国际(尼日尔)上游项目公司签署《Agadem 区块地面设施开发项目管理专家服务》《Agadem 区块人员服务》两项合同，为尼日尔数字油田建设提供专业技术、现场操作等人员服务，打开海外市场开发新局面。

4. 管道局海底管线后挖沟工程创世界纪录

2021 年 2 月 16 日，管道局承建的孟加拉国单点系泊项目首条 18 寸(1 寸 = 0.033 米)海底输油管道后挖沟施工取得圆满成功，最大挖沟深度达 11.9 米，满足设计文件要求，创造了业内海底管线后挖沟最深世界纪录。孟加拉国单点系泊项目是“一带一路”倡议在孟加拉国落地的重要项目，于 2019 年 1 月开始施工，涉及单点系泊系统安装、6 条陆海定向钻穿越、146 千米大规模海底输油管道铺设，以及 4 条深度达 11 米多的海底输油管道后挖沟施工，在中国乃至世界管道工程建设史上都极具创新性和挑战性。

5. 锦州石化特色产品开拓国际市场

2021 年 3 月 23 日，锦州石化与上海杉杉科技有限公司签订了新一轮产品框架合作协议。巩固与高端客户的战略合作，为锦州石化建成国内规模最大、技术一流的油系针状焦生产基地、冲刺国际高端市场奠定了坚实基础。作为国内第一家实现装置长期稳定运行的油系针状焦生产企业，锦州石化与下游石墨电极及锂电池电极生产企业建立了长期合作关系，市场口碑良好。2021 年，需求量一路增长至 403%，由单品扩充到所有石油焦产品。据悉，锦州石化针状焦产品在 3 月实现了首次远销日本市场。

6. 渤海钻探顺利开启米桑项目

2021 年 4 月 21 日，渤海钻探钻井四公司 BHDC-38 队承钻的米桑油田 BUCS-137H 井顺利开钻，这是该公司进入米桑市场开钻的首口井。首口井顺利开钻，是该公司在国际市场的“破冰”之旅，全面带动了公司的海外业务，为国际市场的开拓注入强心剂，同时为后续哈法亚市场的启动打下坚实基础。

7. 中油国际西古尔纳项目获高产

2021 年 5 月 5 日，中油国际(伊拉克)西古尔纳公司首口致密油藏水平井多级压裂改造成功，产量达 6200 桶/日，是改造前每日 1250 桶的 5 倍。此次压裂改造过程中，首先对水平段完井管串进行优化布局，不仅能实现分段压裂，且今后每段都可分别实现开和关，为后续生产堵水提供便利和节省费用；其次，为获取可靠的压裂设计依据，利用测试压裂分析地层闭合压力和滤失情况等关键参数，在施工过程中对包括液体体系和液体数量等主压裂方案进行多次调整优化，确保达到最佳改造效果。

8. 大庆工程建设公司中标哈法亚项目

2021 年 5 月 21 日，大庆油田工程建设公司中标伊拉克哈法亚油田天然气处理厂工程项目，中标金额 4.1 亿元人民币。该公司国际工程事业部正在开展人员防恐、HSE 培训、体检等手续办理工作，结合伊拉克施工环境特点开展工作部署，全力推进工程早日开工。该工程位于伊拉克哈法亚油田区域内，是伊拉克天然气工业发展的重要战略项目之一，具体施工内容包括项目主管廊区、维修车间及储存区等 12 个区域的施工任务。

9. 工程建设有限公司启动伊拉克项目

2021 年 8 月 4 日，由工程建设有限公司(CPECC)承建的伊拉克祖拜尔油田米什瑞夫脱气站扩建项目开球视频会议顺利召开，这标志着祖拜尔项目全面启动。该项目合同模式为 EPCC+O&M，工期 44 个月。工作范围主要包括原油处理设施、水处理列、注水泵站、储罐、火炬和公用工程等。项目建成后，祖拜尔油田产能将由 50 万桶/日提升至 70 万桶/日。

10. 渤海钻探苏南道达尔市场刷新纪录

2021 年 8 月 24 日，渤海钻探第三钻井公司承钻的苏南道达尔市场 SN0034 平台 13 口井顺利交井，各项指标数据表现优异。其中，SN0034-9 井完钻井深 4062 米，钻井周期 10 天，刷新中国石油井深 4000~4500 米钻井周期纪录，创造了苏南小井眼施工的新速度，打造了中外企业强强联合的新典范。

11. 境外工程总承包营业额位居榜首

2021 年 9 月 22 日，中国勘察设计协会发布了《勘察设计企业工程项目管理和工程总承包营业额 2021 年排名》。榜单中，工程建设有限公司(CPECC)以营业额 145.9 亿元人民币位居境外工程总承包榜首，以营业额 224.8 亿元人民币排名境内外工程总承包第三。本次共有 210 家勘察设计企业上榜，营业额按照企业 2020 年全年数据统计，CPECC 已连续 5 年稳居境外营业额榜首。

12. 管道局中标泰国第七天然气处理厂及互联管道总包项目

2021 年 10 月 8 日，中国石油管道局亚太公司管道局中标泰国第七天然气处理厂及互联管道总包项目(简称泰国项目)。该项目是截至 2021 年中资企业在泰国总包承揽的最大工程项目，是管道局首次以 LEPC 模式中标的项目，也是中国企业在海外承建的首个具备乙烷回收功能的大规模天然气处理厂总包项目，多项技术指标达到世界领先水平。

13. 长城钻探进入秘鲁油服市场

2021 年 10 月 10 日，长城钻探工程公司继 9 月 12 日完成首口弃井固井施工任务后，又顺利优质完成 4 口井的施工作业任务，标志着该公司已经正式进入秘鲁油服市场。此次固井服务市场的成功开拓，进一步丰富了该公司在秘鲁市场的技术服务产业链，为后续开拓秘鲁市场打下了坚实基础。

14. 渤海钻探进入印尼高端技服市场

2021 年 10 月 13 日，承钻印尼国家石油公司 750 马力钻井项目的渤海钻探印尼项目 BHDC-28 队和 BHDC-27 队，顺利通过甲方开钻验收。这是渤海钻探首次进入印尼国家石油公司这个高端技术服务市场，有利于日后进一步扩大东南亚地区的高端油气技术服务市场份额。

15. 中亚公司阿克纠宾项目老井治理取得显著成效

2021 年 11 月 3 日，中亚公司阿克纠宾项目在肯基亚克油田长期低产低效的盐上油田Ⅲ区开展的“聚合物深度调剖+精细水驱”试验效果显著，开展试验 7 年来累计增油 13.94 万吨。阿克纠宾项目几年来组织专家将录井、测井、测试、生产数据等老资料重新梳理，通过中国石油优势技术研究，评估认为盐上Ⅲ区可挖潜力极大。此举为该项目的老井进一步治理奠定坚实基础。

16. 工程建设有限公司中标阿布扎比国家石油建设公司总承包合同

2021 年 11 月 7 日，工程建设有限公司(CPECC)海湾地区公司中标阿布扎比国家石油建设公司(NPCC)Belbazem 海上区块土建安装施工总承包项目，合同工期 28 个月。该项目的成功获得，标志着中国石油工程建设业务首次独立进入阿联酋海洋工程市场，同时与当地战略合作伙伴 NPCC 开启实质性联手合作新篇章。

17. 勘探开发研究院开启油气上游领域核心技术合作新篇章

2021 年 12 月 7 日，中国石油勘探开发研究院代表中国石油与俄罗斯石油股份公司签订了《关于转让 RN-GRID 压裂设计软件使用许可的协议》。双方研发团队将以此为契机，针对裂缝内支撑剂运移模型等共性难题，联合开展物模实验及模型算法研究，实现共享技术成果。该协议是中俄双方达成的 15 项重要成果之一，标志着中国石油与俄石油开启了油气上游领域核心技术合作的新篇章。

(二) 中国石化国际油气合作成果

中国石化坚持加快高质量走出去步伐，坚持用好两个市场、两种资源，推动新项目开发取得实质性进展，全力稳定海外油气供应链。以服务“一带一路”建设为重点，持之以恒推动各项业务联动走出去，不断提升国际化经营水平。

1. 燃料油公司与 BP 合资公司获得欧洲港口独立开展船用油零售贸易业务资质

2021 年 1 月 22 日，燃料油公司与英国石油公司(BP)发起的经营者合并(反垄断)申报获通过，标志着两家公司的合资企业 BP-Sinopec Marine Fuels(BPSM)公司，具备在欧洲港口独立开展船用油零售和贸易业务的条件。

2. 中国石化与利安德巴赛尔签署成立合资公司协议

2021 年 1 月 26 日，中国石化与利安德巴赛尔工业公司签署合资协议成立合资公司，未来将在宁波镇海建设 1 套全新的环氧丙烷(PO)和苯乙烯(SM)生产装置。环氧丙烷和苯乙烯是重要的基础化工原料，可广泛应用于建筑材料、包装和家具等领域。合资公司将按 50%：50%股比设立。新建装置将采用利安德巴赛尔工业公司环氧丙烷和苯乙烯技术，可年产 27.5 万吨环氧丙烷和 60 万吨苯乙烯。

3. 炼化工程集团签约境外最大施工总承包合同

2021 年 3 月 3 日，炼化工程集团及其子公司第四建设公司、第十建设公司和俄罗斯阿穆尔天然气化工厂签署合同，俄罗斯阿穆尔天然气化工厂项目是炼化工程集团首次在俄罗斯承接施工的总承包项目，也是炼化工程集团最大的海外签约单体施工项目。该项目预计总投资超过 100 亿美元，将利用上游阿穆尔天然气处理厂生产的混合轻烃，采用蒸汽裂解法生产乙烯、丙烯等产品，并进一步加工生产线型低密度聚乙烯、高密度聚乙烯、聚丙烯等高附加值产品。建成后，将成为世界上最大的以轻烃为原料的聚合物工厂。

4. 镇海炼化聚丙烯产品首次出口美国

2021 年 3 月初，高熔指聚丙烯 M60RHC 打入以色列市场后，产销研团队通过定制化开发新产品等方式努力抓住市场机遇，不断拓展海外市场，取得丰硕成果。镇海炼化联合化销华东，将聚丙烯产品首次出口美国等国家。此次出口美国的产品具有熔点适中、易于挤出加工、发泡倍率范围宽、泡孔均匀的特点，制品无毒环保，具有良好的稳定性，已在 5G、防水卷材等高科技领域广泛应用。

5. 五建公司签约沙特贝里油气处理项目

2021 年 5 月 20 日，炼化工程集团五建公司就沙特贝里油气处理项目与总承包商意大利塞班公司进行视频签约。沙特贝里油气处理项目是业主沙特阿美公司为了处理新增的每年 1100 万吨阿拉伯轻质原油和每天 4 万桶含硫碳氢化合物而实施的装置改扩建工程。五建公司与塞班公司签订的该项目合同总金额约 2 亿美元，该项目是五建公司把握市场开发机遇、在沙特中标的又一大型境外项目，对持续深耕中东市场、参与“一带一路”建设、迈向国际高端炼化工程市场有着重要意义。

6. 中原石油工程科威特井队刷新最快搬迁纪录

2021 年 7 月 21 日，中原石油工程科威特公司 SP992 队仅用时 3 小时，就安全高效地完成了科威特北部油区 RA-0829 至 RA-0830 井排井搬迁作业，刷新了 2021 年该公司在科威特的最快搬迁纪录，比以往搬迁节约了 13.8 小时，多创效 6.7 万元人民币。

7. 五建公司沙特项目执行中心投用

2021 年 7 月 29 日，炼化工程集团五建公司沙特吉赞地区项目成功转运至沙特项目执行中心的材料顺利抵达，标志着五建公司沙特项目执行中心投入使用。五建公司沙特在建的朱拜勒 EO/EG 项目、贝里项目、哈拉德项目紧密配合，利用项目现有资源，分别在吉赞地区和朱拜尔地区同时行动，高效完成了执行中心合同租赁、场地平整、运输合同签订及已完工吉赞公用工程项目材料出场转运等工作，力促执行中心快速投用。

8. 燃料油公司在斯里兰卡供油 4.5 万吨

2021 年 8 月 1 日，燃料油斯里兰卡公司通过向当地客户批发低硫船燃的模式，在斯里兰卡汉班托塔港码头，为豪华邮轮海洋领航员提供补给，标志着该港口具备为多种类型船舶供油的能力。燃料油公司 2021 年 2 月在汉班托塔港开展船加油业务以来，已累计供应低硫船燃 4.5 万吨。斯里兰卡是“一带一路”沿线重要国家。为进一步开拓海外市场、服务当地经济发展，燃料油公司积极做好终端客户开发，加强与汉班托塔国际港口公司合作，并与其建立稳定的战略合作伙伴关系，不断提升船供油市场影响力，受到客户广泛好评。

9. 中国石化润滑油首次出口塞尔维亚

2021 年 9 月 7 日，润滑油公司出口塞尔维亚的首个货柜从新加坡装船发运，标志着润滑油公司开发欧洲市场取得新突破。近年来，润滑油公司以“服务国家战略，打造世界一流”为己任，积极开辟国际市场，服务“一带一路”建设，并积极研究探索拓展欧洲市场。润滑油公司将塞尔维亚作为重点开发目标市场，展开欧洲中资企业用油需求的调研。塞尔维亚地处欧洲东南部，是“一带一路”倡议在中东欧区域的重要节点。服务塞尔维亚当地企业，将成为中国石化润滑油打开塞尔维亚市场进而拓展欧洲市场的关键一步。

10. 中国石化 168 钻井队承揽多项石油工程服务

2021 年 9 月 4 日，中国石化 168 钻井队顺利开工江汉石油工程厄瓜多尔

Wayra 项目。这是国际石油工程公司厄瓜多尔子公司在 2021 年中标的第一个钻完井总包项目，也是江汉石油工程厄瓜多尔项目部首次为海外业主同时提供钻机、钻完井液、定向、岩屑外运处理等十多项石油工程服务。168 钻井队开工对项目部完成 2021 年生产经营任务具有重要意义。

11. 胜利石油工程南美项目部启动停待钻机

2021 年 9 月 8 日，伴随着钻机轰鸣，胜利石油工程南美项目部 SP246 队承钻的 EBANO-2040 井顺利开钻。这部停待了近两年的钻机成功启动，而且为获得 2022 年 20 口井的后续工作量打下坚实基础。

12. 上海工程沙特空分项目完工

2021 年 9 月 22 日，上海工程公司 EPC 总承包的沙特空分项目完工。截至 2021 年，该项目是沙特基础工业公司单套产量最大的空分装置，也是中国石化承包的最大海外空分项目。项目位于沙特东海岸的朱拜勒工业园区，建成投产后将大幅提高整个地区的工业经济能力。为保证项目高标准机械完工，上海工程公司克服设备到货滞后等困难，累计实现安全人工时 913 万小时，设计成品合格率 100%，设备材料合格率 100%，高标准实现项目安全质量目标。

13. 中国石化润滑油亮相津巴布韦博览会

第 61 届津巴布韦国际贸易博览会于 2021 年 9 月 21—24 日在津巴布韦第二大城市布拉瓦约举行。在这个非洲南部享有盛名的博览会上，2021 年首次出现中国石化润滑油的身影。2021 年，中国石化润滑油销势良好，全年销量好于预期。本次博览会的主题是“展示津巴布韦工商业新常态：严酷的现实与良好机遇共存”。博览会共吸引了 396 家本地参展商，以及来自博茨瓦纳、南非、刚果民主共和国等 11 个国家的参展商。

14. 南京工程沙特项目乙二醇核心设备吊装成功

2021 年 9 月 29 日，炼化工程集团南京工程公司总承包的沙特乙二醇项目核心设备水洗塔一次吊装成功，该项目关键节点目标顺利实现。水洗塔高 76. 4 米，直径 6. 13 米，重达 880 吨，是项目的核心设备，自 6 月 30 日运抵现场后，项目部立即组织展开设备“穿衣戴帽”和吊装前的准备工作。沙特夏季白天气温高达 40 多摄氏度，项目部将土建、保温等作业分流到夜间进行，在避开高温时段工作的同时，有效地降低了交叉作业、人员聚集的风险，提升了作业效率。在主吊 3200 吨级履带吊、尾吊 750 吨级履带吊的配合下，历经 3 个多小时的连续作业，洗涤塔设备安全平稳吊装就位。水洗塔吊装的顺利完成，标志着项目正式进入施工高峰期。

15. 大连院加氢裂化催化剂首次进入白俄罗斯市场

2021年10月13日，大连(抚顺)石油化工研究院成功中标白俄罗斯纳夫坦炼油公司缓和加氢裂化装置催化剂采购项目，标志着中国石化首次进入白俄罗斯加氢裂化技术市场，助力“一带一路”建设。白俄罗斯纳夫坦炼油公司在独联体国家石油石化行业中具有较大影响力。缓和加氢裂化装置是该公司重要项目之一，主要加工直馏轻蜡油和焦化轻蜡油混合原料，生产低硫尾油馏分产品。受原料供应不足、技术要求较高、跨国采购等因素影响，该公司对炼油成本较为敏感。大连院凭借过硬的技术优势，在与多家国外知名公司竞争中成功中标。

16. 中国石化国际石油工程有限公司中标墨西哥超3亿美元物探项目

2021年11月19日，中国石化国际石油工程有限公司墨西哥子公司收到墨西哥国家石油公司授标函，成功中标HUELITLI三维地震采集处理项目。该项目总合同额3.57亿美元，施工面积达3100平方千米，系墨西哥近20年来最大的陆上三维地震采集处理项目，也是中国石化物探领域迄今为止在海外中标的单个最大三维地震采集处理项目。

17. 四建承建加拿大LNG项目模块成功交付

2021年12月10日，由中国石化四建承建的加拿大LNG项目A5EA模块完成建造任务，实现了42万安全人工时，焊口一次合格率达到97%，顺利完成了建造既定目标，奔赴母港加拿大。这标志着该项目成为加拿大LNG项目首个开工、首个完成建造、首个出海的模块。

(三)中国海油国际油气合作成果

作为央企“走出去”排头兵，中国海油在其成长之初就被注入了“国际化”的基因，中国海油积极开展海外油气业务，扎实推进国际化发展战略，践行“一带一路”倡议，加快与“一带一路”沿线国家开展能源合作，持续推动企业的高质量发展。

1. 中国海油与马来西亚国油探讨全产业链合作

2021年3月15日，中国海油与马来西亚国家石油公司(简称马石油)通过视频签署战略合作谅解备忘录。从2006年开始，中国海油就与马石油在液化天然气领域展开合作。在战略合作谅解备忘录框架下，中国海油与马石油将在现有液化天然气中短期和现货贸易、海外上游项目合作的基础上，探讨将双方合作扩大至全产业链，寻求包括重点战略区域勘探开发、液化天然气资源购销、液化天然气基础设施投资、船舶加注、可再生能源、特种化学品及新化工材料、润滑油、油田和工程服务等方面的合作机会。

2. 中国海油签署东非原油管道项目最终协议

2021年4月12日，乌干达、坦桑尼亚、道达尔和中国海油签署了东非原油管道项目(EACOP)最终协议，标志着EACOP项目向真正实施迈出了极其重要的一步。中国海油入股的东非原油管道项目预计在2025年正式投入使用，届时，将打通东非内陆至印度洋的能源输送通道。东非原油管道全长1445千米，每日原油运输量预计为21.6万桶。经由该管道，乌干达出产的原油将直接运输至位于印度洋沿岸的坦桑尼亚坦噶港。一旦建成，东非原油管道也将成为全球最长的具备加热功能的原油运输管道。

3. 中国海油气电集团与俄罗斯北极2公司签署LNG长期协议

2021年4月28日，中海石油气电集团与俄罗斯北极2公司签署了长期液化天然气(LNG)资源购销协议。北极2公司液化天然气项目采用权益提气模式，根据协议，北极2公司每年将以离岸交付的方式向气电集团供应约198万吨LNG资源，基础合同期20年。

4. 中国海油与马来西亚石油签署10年液化天然气供应协议

2021年7月7日，马来西亚国家石油公司(简称马石油)通过其子公司马石油液化天然气有限公司与中国海油下属子公司中海石油气电集团有限责任公司签署了一项为期10年的液化天然气供应协议。该长期供应协议还包括来自加拿大液化天然气的供应，涉及每年220万吨的液化天然气供应，与布伦特及阿尔伯塔能源公司(AECO)指数挂钩。此交易估值约为70亿美元。

5. 中国海油就中国海上19个勘探区块对外合作招商

2021年8月28日，中国海油海上19个勘探区块对外合作招商。此次招商的19个勘探区块，总面积约2.66万平方千米，涵盖渤海湾、珠江口、琼东南和莺歌海四个盆地。海洋石油工业具有高科技、高投入、高风险的特点，是中国吸引外资最多的行业之一。作为中国首个“海上特区”和首个全方位对外开放的“工业特行”，中国海油自成立以来一直将对外合作作为公司发展理念之一。

6. 中国海油与卡塔尔石油公司签署长期LNG购销协议

2021年9月29日，中国海油与卡塔尔石油公司通过视频新签署为期15年、350万吨/年的长期液化天然气(LNG)购销协议。该协议是近8年来国内企业签署的年合同量最高的长期LNG购销协议，对及时补充国内用气缺口、满足国内用气需求意义重大。中国海油是中国第一大、世界第三大LNG进口商。本次长期协议的签署，是中国海油和卡塔尔石油公司扩大合作的又一里程碑，也是中卡两国能源领域合作的又一重大成果。中国海油正积极拓宽和加深在“一带一路”

沿线国家的清洁能源合作，期待在 LNG 贸易合作的良好基础上，与卡塔尔进一步深化全方位合作伙伴关系。

7. 中国海油回 A 股募资开发圭亚那油田

2021 年 10 月 8 日，位于圭亚那近海的 Stabroek 区块，获得第 21 个新发现。这一发现让该区块可采资源的估计提高至 100 亿桶。值得关注的是，中国海油的全资子公司中国海油圭亚那石油有限公司(CNOOC Petroleum Guyana Limited)持有该区块 25%权益。随着圭亚那 Stabroek 区块近年来新资源的不断涌现，中国海油海外收益也显著提高。9 月 26 日，中国海油官宣启动回 A 股，拟募集资金不超过 350 亿元，其中 145 亿元拟用于圭亚那油田的开发，占比超 40%。

(四) 其他国际油气合作成果

众多以创建跨国能源公司为企业愿景的石油天然气企业积极参与到国际油气合作中来，为新阶段的国际油气合作注入了新动力。

1. 中曼石油签订 4.52 亿元伊拉克油服工程合同

2021 年 3 月 14 日，中曼石油与伊拉克巴士拉石油公司(BASRAHOIL COMPANY，简称“BOC”)签订了伊拉克马季努恩油田油服工程合同，合同金额预计 6950 万美元(约合 4.52 亿元人民币)，约占公司 2019 年度经审计营业收入的 18.37%；具体金额根据甲方实际下达工作量确定。据公告显示，马季努恩油田是世界上最大的油田之一，位于巴士拉市北部 50 千米处，已探明原油储量约 126 亿桶。BOC 拥有伊拉克马季努恩油田合同区域的营运权。

2. 杰瑞油气工程签署阿尔及利亚天然气去瓶颈 EPC 项目

2021 年 6 月 2 日，杰瑞油气工程正式签署阿尔及利亚天然气去瓶颈项目(GAS Debottlenecking Project)合同。该项目是阿尔及利亚国家石油公司 2021 年度重点生产项目之一，也是杰瑞油气工程继突尼斯气处理项目之后在北非油气市场再次赢得国际一流业主的认可，对于杰瑞开拓阿尔及利亚及非洲市场、推动“一带一路”沿线国家的能源建设具有重要战略意义。

3. 广州发展与 BP 新加坡公司签署液化天然气购销协议

2021 年 7 月 7 日，广州发展全资子公司天然气贸易公司与 BP 新加坡公司签署液化天然气购销协议。天然气贸易公司自 2022 年至 2034 年向 BP 新加坡公司采购天然气，采购气量约 65 万吨/年。合同价格为与国际原油价格指数挂钩的方式。

4. 新奥股份与切尼尔能源签署 LNG 长期购销协议

2021 年 10 月 11 日，新奥股份与切尼尔能源签署了长期液化天然气(LNG)购销协议。根据协议，从2022年7月1日起，切尼尔能源向新奥股份每年以离岸交付(FOB)方式供应约90万吨LNG，为期13年。该协议是新奥股份2020年重大资产重组完成以来首个LNG长期购销协议，也开启了双方在天然气领域的首次合作。

5. 新奥股份与美国能源公司Cheniere达成长期LNG供应协议

2021年10月11日，中国新奥股份与美国最大的液化天然气出口商Cheniere Energy LNG. A签署了为期13年的长期购买液化天然气协议。这是自中美贸易战以来两国之间签署的第一个具有约束力的天然气交易协议。新奥股份周一表示，这笔交易从2022年7月开始，以离岸价(FOB)每年购买90万吨液化天然气。

二、2021年中国油气产业国际合作分析

高质量的能源发展需要进一步加强国际合作，深入开展国际油气合作是保障国家能源安全的重要手段。2021年，新冠肺炎疫情得到有效控制，全球油气产业快速复苏，为油气企业的国际合作带来机遇。与此同时，海外整体风险呈上升趋势，不确定因素增加，大国博弈和地缘政治风险也给油气产业的国际合作带来挑战。

(一) 中国油气产业国际合作出现的机遇

随着新冠疫苗研发的突破，全球疫情得到一定控制。各国政府为恢复经济，纷纷出台经济刺激政策。2021年油价大幅回升，油气产业快速回暖。充裕的资金保障有利于中国油气企业利用油气并购的市场窗口期，获得更多优质项目。此外，疫情之后，东道国急于恢复经济和吸引更多国际投资，中国企业海外油气合作将赢得更多机遇。

1. 油价复苏推动油气资源并购市场投资信心恢复

2021年，受全球范围内油气勘探开发投资增长缓慢、“OPEC+”增产协议艰难达成，以及新冠肺炎疫情在部分国家持续反复等因素综合影响，伦敦Brent和纽约WTI两大国际原油现货价格在上半年分别大幅增长53%和55%，推动全球油气资源并购市场日趋活跃。全球油气资源并购市场呈现较为明显的复苏态势，其主要原因包括两个方面：一是上半年国际油价出现较大幅度上涨，在一定程度上推动了全球油气资源并购市场投资信心的恢复，也使得部分石油公司经营状况明显改善，具备了开展新的油气资产并购活动的能力。二是作为以资源为基础的行业，油气储量始终决定着石油公司的核心价值。而在低油价导致近期全球勘探投资增长持续放缓的较强预期下，通过并购活动获取优质上游资产仍是国际石油

公司保障储量占有的重要途径，这也是全球油气资源并购市场自2020年下半年开始持续活跃的内在逻辑。而对中国石油企业而言，新一轮上游并购的窗口期为加强海外油气经营提供了新的机遇。首先，部分国际石油公司计划未来继续在全球范围内剥离资产，有较多资源条件相对优质的上游资产存在交易机会，为中国石油企业以较为合理的成本获取海外上游资产提供了条件。其次，近期相对较高的国际油价和较为活跃的全球油气资源并购市场，也为中国石油企业特别是三大国家石油公司探索“资本策略”，尝试以较为合理的价格剥离“非核心”海外油气资产提供机遇。质量和效益是并购的主要评价指标，将重点关注资源富集区、低成本生产区和能与公司现有资产毗邻或形成协同效应的资产。

2. 油气需求迅速回转增强油气企业国际合作，加速资金回笼

近年来，尽管各类新能源呈现发展上升趋势，但依旧没有改变全球油气需求旺盛局面。新冠肺炎疫情对全球油气行业都造成了重大打击，随着新冠疫苗研发的突破和主要国家经济刺激政策的出台，石油市场正逐步实现复苏，全球油气需求也出现了迅速回转。根据2021年OPEC发布的《世界石油展望报告》显示，虽然许多发达经济体正在推动从化石燃料向低排放能源转型，但全球对石油和天然气的需求预计还将持续数年。到2023年，全球石油需求为每天1.016亿桶，即恢复到2019年的水平。全球燃料需求将完全从疫情中恢复过来，并将持续增长。迅速恢复的油气需求意味着，全球对于油气资源的依赖并未减少。2021年，中国海油国际自由现金流、净产量达到历史最佳水平，净利润、油气发现创近年新高，经营创效能力取得质的飞跃，实现了“十四五”良好开局；中国石化净利润与2020年同期相比，增幅超103%，创近十年同期最好水平；中国石油实现净利润与2020年同期相比，增幅超过374%，创七年来最好水平。三大公司财务状况稳健，现金流充裕，为公司未来战略发展提供了充沛的资金保障。

3. 低碳能源转型扩大了天然气需求，有利于加强天然气业务国际合作

“十四五”期间，中国天然气消费量将依旧保持快速增长。随着进口天然气依存度的不断攀升，中国天然气的进口格局也将发生巨大变化。“十三五”期间，随着天然气产业的快速发展，中国天然气也面临着诸多挑战，比如进口价格与国内价格无法进行顺利传导，进口天然气资源无法匹配国内天然气供需的变化。诸多与进口天然气相关的问题有待在“十四五”期间得以解决，而天然气产业发展过程中的核心问题是国际化。未来如何有效地推动天然气市场的国际化，或在一定程度上缓解或解决产业矛盾。中国政府在2019年已发布多项政策鼓励外资企业参与中国天然气的投资。截至2021年底，外资企业可以在天然气产业进行全

产业链投资合作。天然气进口贸易坚持长约、现货两手抓，在保障长期供应稳定的同时，充分发挥现货资源的市场调节作用。加强与重点天然气出口国多双边合作，加快推进国际合作重点项目。

（二）中国油气产业国际合作带来的挑战

中国油气产业海外整体风险呈上升趋势，地缘政治风险成为最主要的风险，需要特别关注：中美博弈引发的风险，经济复苏不平衡带来的挑战，资源民族主义抬头。未来，全球油气行业投资风险大小取决于中美关系的变化、美国新政策的出台，同时全球能源转型和数字化、智能化革命也给油气产业国际合作带来挑战。

1. 中国海外投资“退煤”引发油气企业国际合作布局调整

中国继 2020 年 9 月向国际社会作出“双碳”承诺后，时隔一年，中国于 2021 年 9 月正式宣布停止新建境外煤电项目。中国的海外能源投资从煤炭转向清洁能源，为全球净零排放转型注入了新动能。近年来，中国的海外能源投资结构已显著转向可再生能源。此外，随着加强应对气候变化的行动成为国际共识，海外煤电投资的东道国对于煤电项目的需求也出现了显著下降。中国的海外投资“退煤”，一方面是由于近年来中国海外能源投融资的方向和结构已经出现了明显的变化，另一方面也与东道国的煤电需求下降、主要投资国相继“弃煤”紧密相关。随着国际能源绿色化进程加快，传统油气行业的国际合作是否会步煤电后尘，中国油气企业应及早制定企业转型战略。

2.“双碳”目标下油气国际合作面临压力

国际大石油公司在经历 2020 年油价暴跌的形势后，迅速调整经营策略，大幅削减投资规模，及时下调产量目标，同时采取一系列措施，加大成本管控力度。在能源转型的大背景下，国际石油公司对于转型发展有不同的选择，部分公司选择向国际能源公司转型，打造低碳资产组合。另一部分公司选择以传统油气业务+“负”碳技术实现可持续发展。国内三大石油公司积极履行政治和社会责任，在保障产业链平稳运行、抗疫保供、全产业链深入挖潜、提质增效降本等方面成绩突出。同时，加速推进转型发展，加快数字化建设，发展绿色低碳能源业务，打造新业态新模式。在国际合作方面，石油公司未来可保持适度的投资弹性，密切关注全球资产重组方面的机遇，在新能源业务发展上合理把控投资节奏，深化国际合作。

3. 数字化、智能化革命给油气企业国际合作带来新的挑战

当前，新一轮油气科技革命和数字革命正以前所未有的广度和深度席卷全

球，大数据、人工智能、新材料、新能源等新技术新产业与油气工业的跨界融合成为创新的重要途径。油气行业是全球信息化程度相对较低的行业之一，远低于全球产业平均值。而通过大数据、人工智能等新技术，实现数据自动采集、实时监控、智能生产优化与智能决策，建设智能油气田已成为必然趋势。中国石油企业布局数字化、智能化的发展仍面临系列挑战，如勘探开发数据孤岛等问题、人工智能算法工程师与业务人员之间存在壁垒、智能应用场景需要不断迭代发展带来的资金持续性投入、人工智能高端技术与产品受到国外制约并且缺乏相关人才。

三、2022 年中国油气产业国际合作展望

从 2021 年 2 月中下旬开始，全球已进入第三轮疫情，新冠肺炎疫情仍是当前影响世界经济及原油市场的最主要因素。在新冠变异病毒的影响下，世界经济复苏存在明显的地区差异，亚洲和北美以最快的速度恢复，中、美两国拉动了世界经济的增长；相比之下，欧洲、中东、非洲和拉美地区的复苏相对迟缓。短期看，疫情给全球油气市场和行业发展带来巨大冲击，对需求、供应、投资等带来深刻影响，市场恢复需要较长时间；长期看，可能改变油气行业发展趋势，推动油气行业技术升级和转型发展。2022 年的油气国际合作或将呈现以下趋势：

（一）新冠肺炎疫情赋予“一带一路”油气国际合作新的内涵

新冠肺炎疫情大流行改变了世界，国际新格局下的“一带一路”油气国际合作需有新的内涵，将着重开发在加速油气产业低碳转型、改善民生和促进民心相通上产生立竿见影效果的油气合作项目。疫后的世界经济复苏应该是绿色和可持续的复苏，“一带一路”油气国际合作也将把绿色发展放在更加突出的位置，把建设绿色合作发展之路作为优先任务。后疫情时代的“一带一路”建设，将更加注重节能减排，注重新能源、可再生能源开发，提高资源利用效率和可再生资源的使用，使“一带一路”建设融入全球生态环境保护和可持续发展的大潮中。此外，在“一带一路”能源合作中将更加重视能源贫困和能源可及性等民生问题。

“一带一路”是新型的国际经济合作形式，不是中国的外援工程。推进坚持市场运作，遵循市场规律和国际通行规则。“一带一路”框架下的一些项目，如中国—中亚天然气管道、中缅油气管道、中巴经济走廊、国际陆海贸易新通道，减少了中国油气与货物运输对马六甲海峡的依赖。新冠肺炎疫情凸显出信息通信技术、大数据与人工智能的重要作用，产业数字化转型加快。后疫情时代，可大力推动建设“数字‘一带一路’”，跨境电商、智慧城市、远程医疗与教育、智能

制造等领域的国际合作，同时也把以前从未运用过的上述新技术、新领域扩展到油气合作领域，丰富了“一带一路”国际油气合作的新形势，同时赋予“一带一路”国际油气合作“绿色、共享、智能、融合”的新内涵。

(二) 后疫情时代将加大油气合作的地缘政治风险

新冠肺炎疫情和大国博弈使得国际社会秩序混乱，全球治理体系被破坏，全球经济严重衰退，能源行业遭到重创。在巨大的经济压力下，油气资源国对外合作政策整体朝更趋宽松方向发展。2021 年，海外整体风险呈上升趋势，地缘政治风险成为最主要的风险。2022 年，全球油气行业投资风险大小取决于中美关系的变化、美国新政策的出台，对海外投资环境的改善不应抱过高期望。2020—2021 年，中国企业海外油气合作受到不同程度的影响，总体来看，在坚持低成本发展和审慎投资策略下，储量稳中有增，产量略有下降，资产优化和企业间项目流转获得新突破，海外液化天然气(LNG)产能建设和炼化项目合作成为新亮点。预计 2022 年中国企业国际合作将延续 2021 年态势：在战略上，经营好现有项目是核心；在业务布局上，天然气项目合作多于石油，下游快于上游。未来 3~5 年，中国企业将利用油气并购市场窗口期，获得更多优质项目。

(三) 中国在国际社会的积极努力为国际油气合作创造更多机遇

当前，“逆全球化”思潮不断抬头、贸易保护主义愈演愈烈、疫情冲击未能消退，全球化处于低潮期，未来全球产业链、供应链、价值链也将处于深度调整阶段。面对世界百年未有之大变局，需要构建新的发展格局，区域经贸合作、双边经贸合作将成必然选择。除了依托和进一步融入已有区域和双边经贸合作，中国还将加快融入和对标全面与进步跨太平洋伙伴关系协定(CPTPP)、中日韩自贸协定等，进而推动区域和双边经贸合作成为国际大循环的重要支撑。

同时，中国正加大非美元依赖的多元化银行间支付信息系统和人民币跨境支付系统(CIPS)的建设力度。另一方面，支持贸易往来工具(INSTEX)是英、法、德三国于 2019 年初创立的结算系统，目的是帮助欧洲企业绕过美元结算，在美国主导的全球金融体系之外，与伊朗进行正常贸易。2022 年，中国将更加关注 INSTEX 下一步走势，也将成为反制美国金融制裁的又一路径。此外，中国不仅在加快推动金融领域对外开放，更多地向国际市场开放人民币融资主体，吸引和接纳外资金融机构“走进来”，还充分利用自贸区、自贸港等先行先试，推动人民币国际化。海外油气贸易和投资的深厚基础和稳定局面，有利于应对国际能源地缘政治新形势带来的挑战，还能更为高效地推动国际油气合作的进程。

（四）能源转型与“双碳”目标将改变国际油气合作的重点领域

当前，全球低碳经济蓬勃发展，尽早实现“双碳”目标已成为全球的共识与行动，全球约有130个国家将在21世纪中叶达成碳中和作为低碳转型目标。在此世界性目标的引领下，石油天然气作为“燃料”使命可能已经在走下坡路，但作为“原料”的使命才刚刚开始，海外油气投资未来的一个重点领域是化工与原材料。2021年，交通领域作为“燃料”使用的石油天然气用量占消费总量的40%左右，未来随着电气化和其他能源的替代，石油天然气的“燃料”用途将大大下降。但随着人类对美好生活的向往，人的需求层出不穷，石油天然气作为“原材料”来制造各种生活用品的时代才刚刚开始。因此，未来中国企业海外石油天然气投资与经营的一个重点领域是化工与新材料。特别是在天然气化工领域，中国和广大的发展中资源国均有巨大的消费潜力，中国企业有技术、有人才、有管理、有资金，该领域的业务规模完全可以做大做强。但是，在识别和评价项目机会时，我们还必须考虑到可能的碳税和碳交易问题，以及将面临的更高的环境成本压力。

（五）大数据在油气领域的应用将进一步促进油气国际合作

2021年，国内外大数据在油气领域的应用均尚处于起步阶段，国内的研究尚不够深入和系统。据美国咨询公司Research and Markets报告预测，在石油和天然气领域，人工智能市场预计到2022年将达28.5亿美元。国际石油巨头们早已加入AI的世界。英国石油公司BP对利用人工智能来寻找新资源越来越感兴趣，已经购买了为太空探索开发的人工智能技术来寻找更多的资源；美国最大的独立石油生产商Pioneer Natural Resources也表示，计划在钻井作业中引入人工智能技术来增加钻井成功率；意大利最大的石油天然气公司埃尼（Eni）宣布，该公司已经开始运营一台新的超级计算机，将提高地震成像和地质建模的准确性；作为油服领域龙头老大的斯伦贝谢也不甘落后，较早将大数据技术与油藏数值模拟结合在一起，取得了不错的成绩；沙特阿美的研发中心运用大数据技术在应对关键油气挑战方面取得重大进展，包括改进地震处理和分析方法、提高天然气勘探的效率、优化提高原油采收率的方法、提高原油采收率和降低生产成本等。这样的技术思路，在当今以数据为驱动力的浪潮中，将大量储层和生产数据与高性能预测分析解决方案结合，在预测最终采收率的竞争中脱颖而出。

石油公司主要利用大数据技术处理设备的预测性维护数据和地震数据。值得关注的是，石油公司和互联网公司（如亚马逊和谷歌等）的合作越来越多，这种跨界联姻带来的预期也值得期待。为了迎接大数据与人工智能科技浪潮，促进石油勘探开发技术升级换代，中国将更积极与国际油气公司接轨，吸收更先进、更创新的技术，促进油气国际合作高质量、高速度发展。

(六) 将不断拓展油气能源技术创新国际合作

中国将进一步加强与发达国家在先进能源技术方面的合作，探索技术创新跨国孵化等新模式，培育更多有活力的微观创新主体，为创新要素的引进创造更好环境，实现国外先进技术在国内市场的加速孵化。重视技术创新的赋能作用，在对外合作项目中，为新技术、新业态和新模式提供实践平台，推广中国先进的信息化、网络化和智能化技术在项目中的应用，带动“一带一路”沿线国家能源工业的现代化。在2022年及以后的一段时间内，全球都将继续深化能源科技合作，加快各国能源技术标准国际化进程，同时积极开展智慧能源、储能、页岩油气、氢能等新兴领域的国际能源科技合作；中国还要积极参与国际能源标准制定，推动各国能源技术标准对接和能源装备的认证互信，推动中国能源技术标准成为国际通行标准，更好地支持中国技术装备、工程服务“走出去”。

(七) 中俄在石油科技创新及技术研发领域合作前景广阔

2021年，中俄关系处于历史上最好的发展时期，是真正平等互信的伙伴关系。在当前国际形势下，两国在各个领域的合作不断深化。10年间，俄罗斯向中国出口超3亿吨原油、5500万吨成品油、1.5亿吨煤炭和200亿千瓦·时电能。双方在多个领域开展合作，并将继续深化和扩大合作。从两国公司的规模来看，双方合作的机会和前景非常巨大。

俄罗斯希望中方能与俄油一道开发东西伯利亚和大陆架区域较难开采的油藏，投资建设油气处理厂，发展俄罗斯基础设施建设，尤其是俄罗斯东部地区的交通走廊建设。油藏勘探开发和炼油化工领域的项目合作，将开启中俄两大石油公司能源一体化合作的新阶段，这将有助于实现两国领导人制定的战略目标。中俄双方未来合作的新增长点，或许是对俄罗斯北极和远东大陆架地区的油气资源开发，在这个合作中还可以吸引中海油服等企业一起合作。此外，还有开发北部航道的航运业务，以及拓展在石化和天然气加工方面的合作机会，这些项目的实施都将产生巨大的协同效应。2022年，中俄两国将在高端海工制造、天然气液化气化和加注设施、石油化工自动化智能化生产管理系统、提高油田采收率、开钻新井和新油藏勘探等方面达成进一步合作。综上所述，中俄双方都具有极强的科研开发能力，俄油与中国石油的合作前景必将更加广阔。

(八) 深化全产业链国际合作大势所趋

能源行业作为世界经济发展的晴雨表，受经济下滑影响明显。全球油气市场严重供过于求，国际油价深度下跌，甚至由于规则不完善出现了史无前例的负油价。全球能源产业正面临着全方位的深刻变革，能源转型大势所趋。一是能源供给结构进一步清洁低碳化，氢能、风能、太阳能、生物质能等新能源、可再生能源项目成为国际油气公司转型、保持竞争力的重要选择；二是能源利用效率不断提高，“电气化”水平逐步提升，对传统油气行业的冲击影响不容低估；三是新一代能源技术创新持续推进，IPC 技术、云平台、物联网、5G、大数据、人工智能等新技术与实体经济的深度融合将成为全球能源转型的重要驱动力量。传统能源企业将不得不加速变革推动转型以适应新趋势。同时，新趋势也孕育着新机遇，为能源国际合作提供了新动能、新领域、新方向。能源合作的范围进一步扩大，形式更加多元化、综合化，产业链合作趋势显著。

面对新形势、新挑战，在高度专业化分工的今天，唯有构建新型能源合作伙伴关系，进一步深化国际合作、取长补短，才能实现互利共赢，不断创造新的价值。2022 年后的一段时期，一方面，中国石油将在天然气及液化天然气（LNG）一体化、页岩气开发和深水超深水等重点业务领域加快创新与合作步伐；另一方面，将发力新能源、新材料领域，加快数字化转型，推动公司创新与合作迈上新台阶。还将继续拓宽国际油气领域合作，搭建更高层次的合作平台，推动全球油气资产组合管理；坚持多元合作和全球资源配置，构建新的高端战略联盟，发展以战略供应商关系管理为主线的集中采购和当地采购；加强资本合作，着力提升国际商务运作和资本运营水平；共同参与全球能源治理，加强在节能减排、企业社会责任履行等方面的合作。

中国对外油气贸易发展分析与展望

2021 年，中国全年进口原油 51324.1 万吨，出口原油 261.1 万吨，原油净进口 51063.0 万吨，对外依存度为 72.0%；2021 年，进口成品油 269.2 万吨，出口成品油 4033.4 万吨；进口天然气 12235.8 万吨，其中，管道天然气 4242.6 万吨，液化天然气(LNG) 7993.1 万吨，对外依存度为 44.5%。国际石油供求基本面从 2020 年的宽松转向 2021 年的缩紧，受经济下行及新冠肺炎疫情影响，石油需求增长放缓。2021 年，国际石油市场供需多方博弈，上半年油价涨势明显，下半年油价呈高位平稳运行，受经济形势影响，国内石油需求增速加快，原油进口保持增长，对外依存度不断攀升；成品油出口呈下降趋势，国内市场逐渐成为需求主体；天然气进口增速放缓，LNG 价格下降。

一、2021 年中国原油贸易分析与 2022 年展望

相比于 2020 年，2021 年中国原油产量情况有明显好转，这是由于中国已经基本摆脱了新冠肺炎疫情的阴霾，经济稳步发展，但是原油贸易受到国外疫情的影响持续保持低迷的状态。具体来看，2021 年中国原油产量较 2020 年明显上升，贸易进口量有所下滑，但进口价格呈明显的上升趋势。受国外疫情及国际局势的影响，预计 2022 年原油进口量将逐渐趋于平稳，原油价格将持续上涨。

（一）总体运行情况概述

2021 年，中国原油进出口 51585.2 万吨，同比下降 5.2%；原油进口 51324.1 万吨，同比下降 5.4%；原油出口 261.1 万吨，同比增加 59.3%。2021 年，中国原油进出口总值 2545.1 亿美元，同比上涨 40.9%。其中，原油进口均价为 493.9 美元/吨、同比上涨 48.7%，原油进口 2534.9 亿美元、同比上升 43.8%；原油出口 10.1 亿美元，同比下降 106.1%；贸易逆差 2524.8 亿美元(见表 1)。

图 1 显示了 2018—2021 年中国原油月度产量。从图中可以看出，2021 年的原油产量较 2020 年有明显的上升趋势。据中国石油化工进出口月度监测数据，2021 年，中国原油总产量为 19897.6 万吨，同比上升 2.4%。相对于 2020 年中国受到新冠肺炎疫情影响最为严重的时期，2021 年中国疫情呈现局部多点式分布，

整体上不影响中国的经济发展，原油生产和需求稳步上升。

表 1　2018—2021 年中国原油进口情况

时　　间	进口量/万吨	同比增长/%	进口额/亿美元	同比增长/%	平均进口单价/(美元/吨)	同比增减/%
2018 年 1 季度	11207.6	6.98	528.5	29.50	471.6	21.18
2018 年 2 季度	11285.4	4.78	572.6	42.11	507.5	35.62
2018 年 3 季度	11161.2	5.60	598.0	43.94	480.1	36.50
2018 年 4 季度	12745.3	25.20	684.0	61.30	536.7	29.05
合　　计	46190.1	10.10	2402.1	46.70	520.0	35.84
2019 年 1 季度	12117.0	8.11	544.8	30.77	449.9	-4.61
2019 年 2 季度	12354.0	9.47	627.3	9.55	507.8	0.06
2019 年 3 季度	12445.0	11.50	579.4	-3.10	465.6	-3.02
2019 年 4 季度	13673.4	7.28	635.6	-7.08	464.8	-13.39
合　　计	50589.0	9.09	2387.1	0.61	471.9	-5.26
2020 年 1 季度	12718.9	5.0	589.8	8.3	463.3	3.0
2020 年 2 季度	14158.1	14.6	327.2	-47.8	260.6	-48.7
2020 年 3 季度	14725.5	18.3	452.0	-22.0	307.5	-34.0
2020 年 4 季度	12638.4	-7.6	394.3	-38.0	307.0	-34.0
合　　计	54240.8	7.2	1763.2	-26.1	332.2	-29.6
2021 年 1 季度	13922.6	9.5	561.8	-4.8	403.5	-12.9
2021 年 2 季度	12146.0	-14.2	581.5	77.7	478.8	83.7
2021 年 3 季度	12682.5	-13.9	670.7	48.4	528.8	72.0
2021 年 4 季度	12572.9	-0.5	721.0	82.9	573.4	86.8
合　　计	51324.1	-5.4	2534.9	43.8	493.9	48.7

数据来源：中国石油和化学工业联合会。

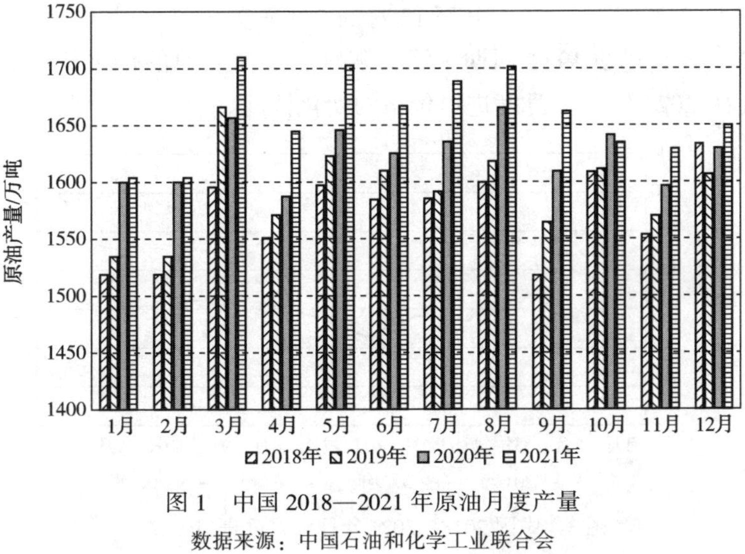

图 1　中国 2018—2021 年原油月度产量

数据来源：中国石油和化学工业联合会

从中国原油进口量来看，2021 年的原油进口相比于 2020 年呈显著下降趋势。据中国石油化工进出口月度监测数据，2021 年，中国原油进口量为 51324.1 万吨，较 2020 年下降 5.4%。受新冠肺炎疫情影响，国外石油产量大幅萎缩，市场需求疲软。国内能源需求缺口由国外市场开始转向国内市场，导致 2021 年原油进口量较 2020 年有显著的下降，大部分月份回落至 2019 年水平。图 2 显示了中国 2018—2021 年原油月度进口量。

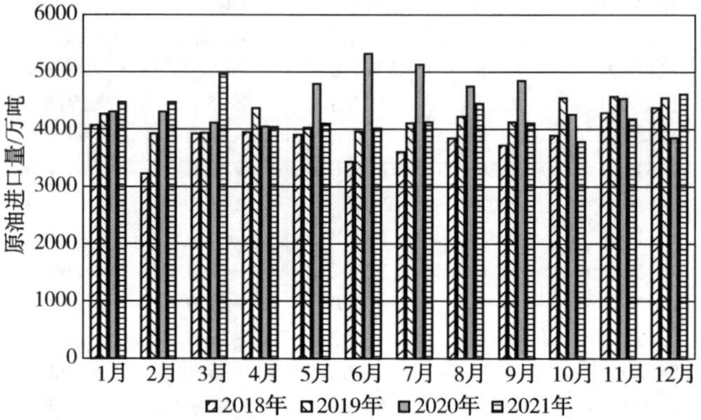

图 2　中国 2018—2021 年原油月度进口量

数据来源：中国石油和化学工业联合会

2021 年，原油价格平稳上升，和 2020 年整体低位的油价水平相比有较大幅度的回升。据中国石油和化学工业联合会公布的数据，中国原油月度进口价格由 2021 年 1 月的 361.7 美元/吨上升至 12 月的 578.3 美元/吨。其中，7 月开始，原油进口价格已经超过 2019 年同期水平，恢复了疫情之前的价格标准。图 3 显示了中国 2018—2021 年原油月度进口价格的变化情况。

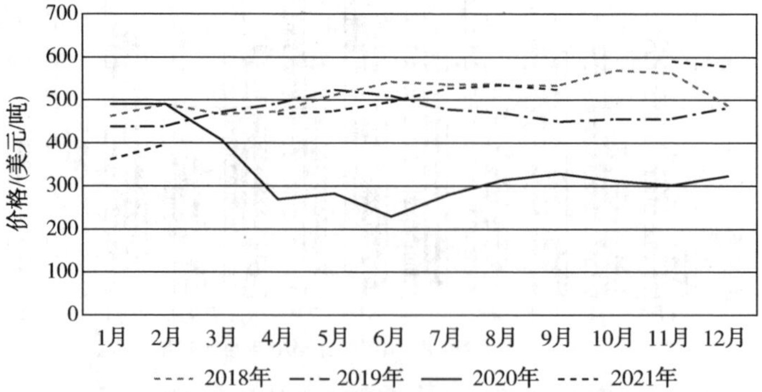

图 3　中国 2018—2021 年原油月度进口价格

数据来源：中国石油和化学工业联合会

（二）2021年中国原油贸易的主要特点

1. 原油进口量回落显著

2021年除了前三个月原油进口量增加明显，随后原油进口有了明显回落，国内生产增加和库存积压成为造成这一现象的主要原因。

由于2020年国际原油油价水平整体较低，2021年初，中国原油进口量刷新纪录，大量进口导致国内资源充裕，库存与港口压力增加。2021年以来，国际油价破位上涨，原油进口企业的进口原油成本大幅走高，抑制了部分进口需求。根据路透社的消息，中国炼油厂在2021年上半年一直在减少库存，2021年高油价使中国炼油厂更愿意利用2020年以超低价格存储的原油库存，而不是现在进口更昂贵的原油。2021年下半年，国际市场高油价持续，国内炼油厂继续选择使用库存原油而不是增加石油进口，导致中国2021年下半年的进口量进一步下降。与此同时，自2021年4月起，中国政府出手整治地方炼油厂规范使用进口原油，并一再削减了地炼原油进口配额，导致地炼原油进口量下滑。

另一方面，中国正致力于提高本国的原油产量，从而降低原油对外依存度，维护国内的能源安全。这一动态也降低了中国企业进口原油的积极性，促进了原油进口量的回落。

2. 原油进口的地缘政治风险增加

2021年，原油进口依存度一直保持在较高的水平。根据中国石油和化学工业联合会的数据，中国原油对外依存度最近三年一直保持在70%以上，其中，2021年3月达到顶点，为73.8%。2021年下半年，受进口量萎缩影响，原油进口依存度微有下滑，但是全年仍保持了平均70%以上的高位。

2021年国际形势异常复杂，中国主要原油进口地中东地区地缘竞争风险增加，产油国之间政治摩擦不断，原油对外依存度居高不下，原油地缘政治风险对中国的原油进口来源地及进口通道的安全风险增加。新冠肺炎疫情在全球范围内的蔓延及一些国家控制不力，也加剧了拟全球化的趋势和贸易往来的困难。原油作为国际重要的大宗商品，必然也受到波及，从而影响了中国的原油进口安全。

3. 原油非国营贸易进口允许量充足

商务部公布2021年原油非国营贸易进口允许量为24300万吨。2021年全年累计下放四批原油非国营进口配额共17714万吨，同比下降4.02%，占2021年原油非国营贸易进口允许量的72.90%，其中，第一批下放12259万吨、第二批下放 3524 万吨、第三批下放 442 万吨、第四批下放 1489 万吨。2021 年全年实际进口允许量比商务部公告缩水 6586 万吨。

分主体来看，传统独立炼油厂与民营大炼化配额发放此消彼长之势趋于明显。2021 年，传统地炼共拿到 12275 万吨原油进口配额，同比下跌 6%；新型炼化一体化集团共领取 4200 万吨，同比上涨 5%；其他单位则拿到 1239 万吨配额，同比下滑 8%，对市场影响有限。2022 年，中国商务部公布原油非国营贸易进口允许量为 24300 万吨，进口允许量将保持充足。

4. 原油进口价格安全风险有所增加

2021 年，中国原油进口价格上涨至 578. 3 美元/吨，年均增速 4. 4%，相较于 2020 年底上涨 78. 6%。这其中既有供需基本面的原因，也有美国金融政策的影响。

从供需方面来看，随着新冠肺炎确诊病例数从高峰下滑，全球经济恢复及原油需求增长态势良好，原油价格不断提升。需求方面，随着疫情好转，经济复苏，交通运输活动量变大，拉动了消费需求。供给侧方面，一方面是“OPEC+”会议机制在起作用，控制原油产量。另一方面，最近几年在能源转型的大背景下，一些大型能源公司在石油方面的投资也在减少。这里有疫情的原因，也有对外来的预判和投资减少的因素，所以产能建设就出现了一定程度的萎缩。美国国际能源署(EIA)最新发布的原油库存数据显示，2021 年，美国原油库存环比大幅下降了 73474 万桶，环比减少了 15260 万桶。加之国外疫情蔓延，导致国际原油市场价格居高不下，出现供不应求的局面。

另外，除了供需矛盾，国际原油价格上涨的背后，也在一定程度上受到美国金融市场的影响。首先是美联储增发货币，量化宽松政策直接影响了价格变化，货币越多，价格就越高；其次是金融炒作的情况也较为明显，华尔街等投资和金融机构在期货市场上“看多”原油期货。受多重因素叠加影响，2021 年国际油价出现持续上涨。

(三) 2022 年中国原油贸易展望

1. 中国原油进口量将进入平台期

2022 年，中国国内经济稳定发展，在碳达峰、碳中和要求下，中国石油需求强度难以持续，原油在一次能源中的结构比例会相对稳定，至少不会出现大幅增长。随之进行的中国石油进出口政策调整将意味着作为全球第一大原油进口国的中国，在 2022 年原油需求可能进入平台期。2022 年，中国将在“双碳”目标政策的驱动下，在能耗增量控制目标和能耗强度降低目标的“双控”目标下，收紧原油进口配额，降低原油消耗，使原油进口不再有大规模的增长。

2. 原油进口价格或呈上涨趋势

受国际地缘政治影响，国际原油市场价格在2022年可能持续高位，从而导致中国原油进口价格在2022年继续偏高。原因主要有以下几点：第一，随着气候变化的加剧，极端天气可能会逐渐变多，这将一定程度上冲击原油产地，导致原油产量锐减；第二，2022年国际石油市场会继续受到新冠肺炎疫情的强烈影响，停工停产现象将进一步加剧；第三，疫情初期的库存量在2021年已经得到释放，原油的供给量将会出现较小幅度的下滑；第四，天然气市场和煤炭市场均存在普遍短缺的现象，迫使电力行业转向石油，石油需求将大幅上涨。此外，2022年，全球原油市场可能出现供不应求的现象，这也将导致2022年原油市场的价格持续攀升并保持在高位。

3. 沙特阿拉伯仍是中国最大石油进口国

2021年原油进口来源国数据显示，沙特阿拉伯、俄罗斯、伊拉克是中国最大的进口来源国，三国合计占中国进口份额的43.24%。沙特阿拉伯是中国第一石油进口来源国，进口额309.60亿美元，占17.36%；俄罗斯是中国第二进口来源国，进口额277.31美元，占15.55%；伊拉克是中国第三进口来源国，进口额184.21亿美元，占10.33%。

二、2021年中国成品油贸易分析与2022年展望

2021年，中国成品油市场贸易量持续下滑，成品油出口量为4033.4万吨，同比下降11.8%。成品油全年进口量为269.2万吨，同比下降38.4%。受到国内“双碳”政策的限制及国际市场疫情的双重影响，中国2022年成品油出口将持续放缓，出口配额下放幅度会持续缩紧。

（一）总体运行情况

2021年，中国成品油进出口总量4302.6万吨，同比下滑14.1%，其中，成品油出口总量为4033.4万吨，同比下滑11.8%；成品油进口总量为269.2万吨，同比下降38.4%。随着国外疫情的持续恶化，成品油进口量远不及2020年同期水平。成品油出口量在2021年持续下滑，2021年12月成品油出口量仅为186万吨，较1月下滑了52.6%。中国成品油贸易主要品种为燃料油、柴油、汽油等，主要贸易地包括新加坡、印度尼西亚、越南和菲律宾等（见图4、图5）。

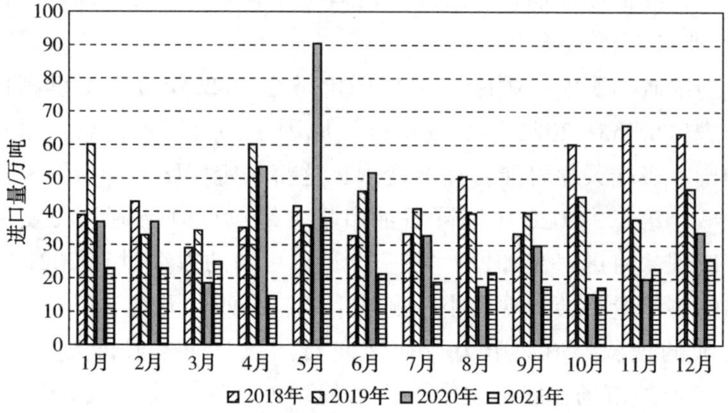

图 4　2018—2021 年中国成品油月度进口量(汽煤柴合计)

数据来源：中国石油和化学工业联合会

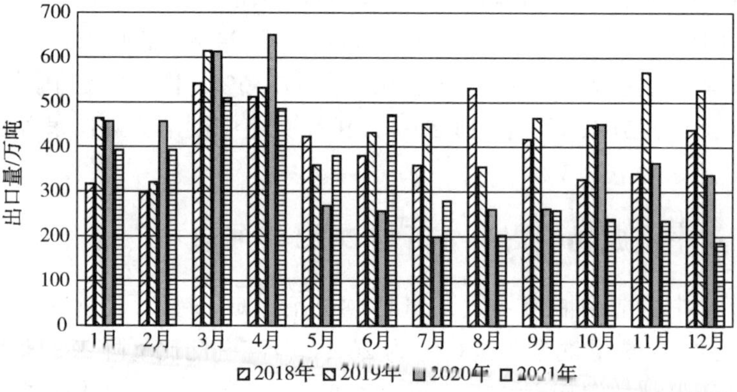

图 5　2018—2021 年中国成品油月度出口量(汽煤柴合计)

数据来源：中国石油和化学工业联合会

（二）2021 年中国成品油贸易的主要特点

1. 成品油进出口价格均稳步升高

2021 年，中国不仅进口煤油与柴油价格呈现显著增长，出口成品油价格也上涨明显。成品油出口价格在稳步升高，而进口成品油中煤油与柴油的价格也整体上呈现增长态势，汽油的价格则呈波动式变化。这主要受到两方面因素的影响：一方面，国际市场的逐渐复苏，新冠疫苗的逐渐普及，全球各地加速恢复正常的生产生活，能源需求也随之快速上涨，因而拉动了部分成品油的进口价格；另一方面，2021 年下半年，多地限电措施导致部分炼厂负荷下降，同时柴油发电机使用量增加，柴油的刚需支撑较强，价格快速回调。

2. 成品油出口配额大幅萎缩

2021 年，中国汽油出口量为 1455.5 万吨，同比下跌 9%；柴油出口量为 1720.4 万吨，同比大幅下跌 13%；煤油出口量为 857.4 万吨，同比下跌 14.1%。2021 年，中国商务部发放了三个批次成品油出口配额，总共为 3760.55 万吨。2021 年，中国累计出口量为 4033.4 万吨，出口配额完成率为 107.3%。

2021 年 5 月，财政部、海关总署、税务总局共同宣布，自 2021 年 6 月 12 日起，对部分产品视同石脑油或燃料油征收进口环节消费税，主要涉及三种产品，包括混合芳烃、轻循环油和稀释沥青等，这一举措旨在打击“少数企业大量进口上述三种产品，加工生产不符合国家标准的燃油，流向非法经营渠道的”违法行为。此举将导致中国成品油进口规模缩减。另一方面，中国成品油出口配额也在减少，8 月 9 日，商务部下达了 2021 年第二批成品油、低硫船用燃料油出口配额通知，其中，成品油出口配额规模为 750 万吨，环比缩减 75%，同比缩减 73%。以上因素导致了中国原油进口依存度有些许下降趋势。

3. 成品油进口结构出现显著变化

2021 年，中国进口成品油主要油种包括汽油、煤油、柴油、石脑油、燃料油、润滑油。具体进口量、进口金额、出口量、出口金额见表 2。

表 2　2021 年中国成品油进口种类及金额

2021 年	进口量/万吨	进口额/万美元	出口量/万吨	出口额/万美元
汽油	35.8	24333.6	1455.5	827936.4
煤油	157.2	95014.2	857.4	481184.3
柴油	76.2	43770.7	1720.4	854041.5
石脑油	761.1	483824.1	0.0	0.0
燃料油	1382.4	659216.4	1962.5	965193.3
润滑油、脂及基础油	249.5	306919.3	30.1	41728.0

数据来源：中国石油和化学工业联合会。

总体上看，成品油进口量及进口额较 2020 年均有较大幅度的下降。其中，成品油出口主要是柴油和燃料油，成品油进口种类主要是燃料油和煤油。除了燃料油之外，其他成品油种类均较 2020 年同期显著下滑。

（三）2022 年中国成品油贸易展望

1. 成品油进口价格或将持续上涨

2022 年，中国成品油进口价格或将持续上涨。原油基本面维持供需紧张格局，能源需求改善，但OPEC维持限制供应政策，后续油价仍以稳步上涨为主。国际原油价格持续上涨，并且在未来预计成品油的价格还会保持上涨趋势，这将一方面导致成品油的成本增加，另一方面提振市场心态，两个方面共同促进了成品油进口价格上涨。由于2021年国家开始对轻循环油征收税费，轻循环油价格将有上涨趋势，价格优势不再。据粗略统计，因轻循环油退出市场导致的柴油缺口近千万吨。预计在接下来一年，国标柴油短期内难以弥补，导致成品油价格上涨。另外，在“双碳”目标政策约束下，国家电网对高耗能企业限电，导致企业只能采用柴油发电作为燃料进行生产，企业对柴油的需求增加，推动了成品油进口价格的上涨。

2. 政策缩紧导致成品油出口继续放缓

过去，国家宏观层面上一直都强调要严格控制成品油出口，控制“大进大出”的趋势。大量进口原油又大量出口成品油这种两头在外的模式，把中间环节的污染、排放留在国内，这种经营方式不可持续。另外，现在“双碳”目标也是国家非常重要的战略考量，政策收紧也利于“双碳”目标的实现。

过去，依靠出口去缓解成品油市场过剩的方式，一方面，企业效益没有保障，出口的利润不佳；另一方面，大量出口成品油，也不利于国内绿色低碳转型及“双碳”目标的实现。因此，预计2022年国家会针对成品油出口进一步缩紧政策，减少成品油的出口贸易。

2021年9月11日，国家发展改革委印发《完善能源消费强度和总量双控制度方案》的通知，向各省分解下达能耗双控的5年目标。为了进一步完善能耗“双控”，叠加近期电煤供应紧张，多地陆续加码管控措施，拉闸限电、停工停产等，这也限制了部分炼油企业。2021年，能源“双控”政策是大势所趋，预计到2022年仍有继续限电的可能，炼油企业将降低部分装置用电负荷，成品油产量会持续下滑，出口将进一步缩减。

3. 中国成品油出口配额将进一步减少

2022年，“双碳”政策背景下，成品油出口配额将进一步缩紧。在当前中国炼油产能过剩的背景下，出口端政策收紧已成为趋势，将进一步加速行业的优胜劣汰。国家将在两个方面展开行动，一方面收紧成品油出口，另一方面减少原油进口。不能一味靠出口去缓解成品油市场过剩的方式，将出口转为内销，从源头控制成品油的碳排放，助力“双碳”目标的实现。因此，2022年，中国成品油出口量将进一步下降，出口配额将进一步缩紧。

三、2021 年中国天然气贸易分析与 2022 年展望

2021 年，受宏观经济、供求关系等因素影响，全球天然气市场需求下降，供需宽松加剧，国际天然气价格全线下跌，欧美和东北亚 LNG 现货价格创历史新低；国内天然气需求增速下降，产量保持较快增长，进口增速大幅下降。据国家发展改革委资料显示，2021 年，国内天然气表观消费量 3697.7 亿立方米，比上年同期增长 13.4%；国内天然气产量 2052.6 亿立方米，比上年同期增长 8.2%；天然气进口量 1700.8 亿立方米，比上年同期增长 20%。

（一）总体运行情况

中国进口的天然气主要是 LNG 和管道天然气，2021 年，中国天然气进口仍以 LNG 为主。2021 年，天然气产量 2052.6 亿立方米，同比增长 8.2%，平均月度产量为 171.1 亿立方米。中国天然气进口对外依存度为 44.5%。进口天然气总量约为 12235.8 万吨，其中，LNG 进口量 7993.1 万吨，同比增长 18.6%，占天然气进口总量的 65.3%；管道天然气进口量为 4242.6 万吨，与 2020 年同期相比增加 22.9%，占到天然气进口总量的 34.7%（见图 6~图 8）。

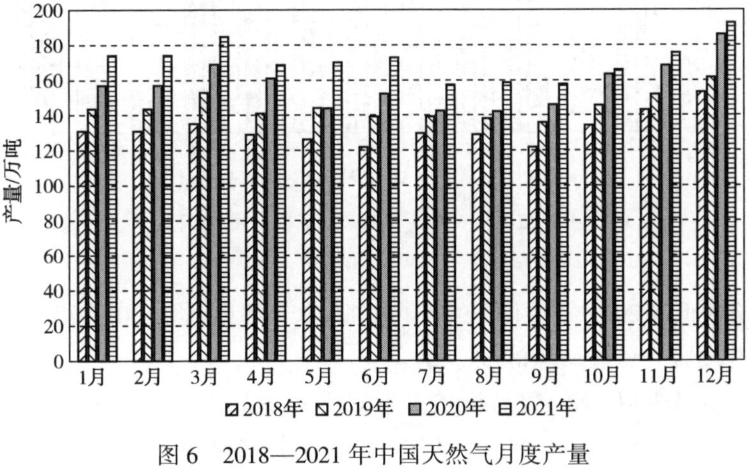

图 6　2018—2021 年中国天然气月度产量

数据来源：中国石油和化学工业联合会

（二）2021 年中国天然气贸易的主要特点

1. 液化天然气继续成为天然气进口主体

由于天然气环保的特性，中国对天然气的需求不断增大；加上 2021 年全球

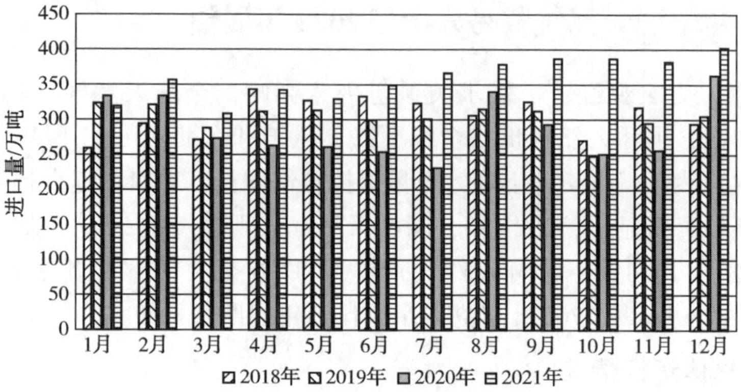

图 7　2018—2021 年中国管道天然气月度进口量

数据来源：中国石油和化学工业联合会

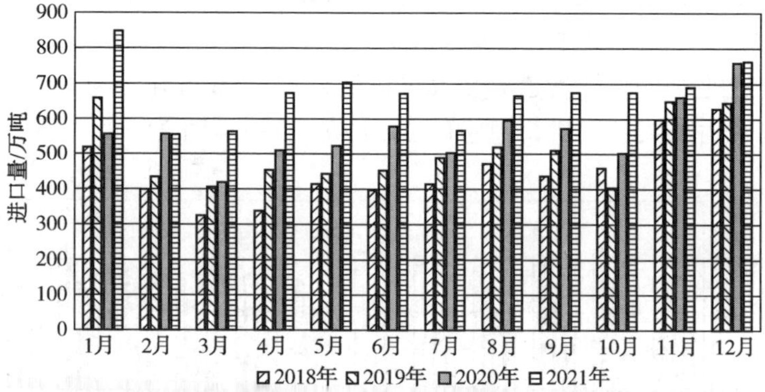

图 8　2018—2021 年中国 LNG 月度进口量

数据来源：中国石油和化学工业联合会

天然气价格较低，2021 年中国天然气进口增长势头强劲。2021 年，中国液化天然气进口占天然气总进口量的 65. 33%。

天然气贸易中以 LNG 贸易为主要形式，对提高天然气商品价值、推进产业市场化发展等方面均产生了较大的促进作用。另外，LNG 进口主要依靠海上船舶以液态形式运输，相较于管道天然气进口具有贸易方式灵活多样、供应较为安全等优点，近年来，LNG 逐渐成为进口天然气的主要类型。因此，未来 LNG 将是中国天然气贸易格局中的重要组成部分，占比将持续增加。

2. 天然气进口量波动加剧天然气对外依存度上升

中国石油和化学工业联合会的数据显示，2021 年，包括管道天然气和 LNG

在内，中国天然气总进口量达 12235.8 万吨，同比增加 20.0%，再创历史新高；进口额 561.59 亿美元，同比增加 67.5%。其中：LNG 进口量 7993.1 万吨，同比增加 18.6%；进口额 445.4 亿美元，同比增加 89.8%。

随着天然气进口量的增加，中国天然气对外依存度由 2020 年的 42.0%上涨至 2021 年的 44.5%。天然气对外依存度及进口量持续走高主要包括两方面原因：一方面，中国为了满足能源转型的需求与“双碳”目标的实现，天然气作为清洁的绿色能源，是当今世界能源布局的热点，提高其在中国能源结构中的比重是未来中国能源的重要着力点。因此，天然气的缺口将需要通过大量进口来补足。另一方面，中国天然气自给能力不足，能源资源与消费市场逆向分布，能效水平得到显著提升。对中国天然气进口安全的重视及应对策略制定随着依存度增加而变得越发紧迫。

3. 中美天然气贸易渠道破冰

2021 年，中国天然气管道气进口量为 4242.6 万吨。2021 年，已投运的 LNG 接收站通过新改和扩建储罐、码头等方式新增接收能力 1130 万吨/年，全国 22 个 LNG 接收站年设计接收能力达到 1.0357 亿吨，突破亿吨大关，储罐规模新增 21.22%至 1334 万立方米。随着中俄天然气东线管道于 2019 年 12 月 1 日建成投产，俄罗斯每年输送 380 亿立方米的天然气至中国。加上之前的中亚天然气管道、中缅天然气管道及海上进口天然气，到 2021 年，中国四大天然气进口通道格局已初步建成。另外，澳大利亚在往年一直是中国第一大液化天然气进口来源国，但随着近些年中澳关系的持续恶化，特别是新冠肺炎疫情发生以来，中澳两国关系直接降到冰点，一些大宗的贸易交易被取消，而天然气就是其中最大的交易之一。与此同时，2021 年 11 月 4 日，中国石化与美国维吉液化天然气公司共同签署了为期 20 年、400 万吨/年的液化天然气长期购销协议，这不仅打破了中美天然气交易的历史纪录，还打破了中国进口天然气单一合同金额最高纪录。

（三）2022 年中国天然气贸易展望

1. 天然气进口量有望进一步上涨

2022 年，中国天然气对外依存度将持续上升。首先，据美国能源部网站公布的最新文件显示，中国石化与美国维吉液化天然气公司签署了两项长达 20 年的巨额天然气协议。其次，中国“双碳”政策驱动各企业寻求更为清洁的能源替代化石能源，因此，相对清洁的天然气成为各企业的主要选择。因此，中国天然气进口量将进一步提升，对外依存度也将继续提高。

2. LNG 市场需求进一步扩大

中国的 LNG 进口基础设施从无到有，逐渐形成一条完整的产业链，LNG 进口成为中国最重要的天然气进口类别。在天然气管道新建周期长、扩容难度大的限制下，LNG 借助灵活的运输方式，能够有效连接供应端和需求端，增长速度高于管道天然气，成为中国天然气进口的最大构成部分。

2022 年，全球 LNG 的生产和贸易日趋活跃，逐渐成为世界油气工业新的热点。为保证能源供应多元化和改善能源消费结构，一些能源消费大国越来越重视 LNG 的引进，国际大石油公司也纷纷将其新的利润增长点转向 LNG 业务，LNG 将成为石油之后下一个全球争夺的热门能源商品。

伴随着“双碳”目标，天然气作为清洁能源将得到大力发展，成为推动能源绿色低碳转型的主要力量。预计 2022 年，中国 LNG 需求量会持续增加。中国天然气现货贸易方式占比也会越来越高，进口 LNG 将更加重视现货贸易。

3. 进口天然气来源地结构或有所调整

2021 年，国内天然气产量与日益增长的市场需求之间仍存在缺口，进口成为弥补天然气供需缺口的重要途径。中国哈纳斯莆田 LNG 接收站项目和惠州 LNG 接收站项目拟在 2022 年投产，接收站能力将不断提升，储气设施也会不断完善，促使 LNG 进口量增加。从进口国家来看，进口 LNG 的来源国共有 27 个，有利于提高天然气进口量，保证国家能源安全。尤其受新冠肺炎疫情影响，导致中国最大的天然气进口国澳大利亚取消以及计划取消多项天然气出口计划与订单。尽管中国进口天然气以长销协议为主，但是将更有利于保证国家能源安全以及在“双碳”政策的背景下提升国家能动性，对进口来源地结构进行调整也可能在 2022 年发生。

专　题　篇

新形势下中美竞争对中国能源安全影响研究

2017年底，美国政府相继发布了《国家安全战略报告》《核态势审议报告》《国防战略报告》，彰显出美国对中国的战略已经发生实质性的改变。至2020年5月20日，特朗普政府发布了《美国对华战略方针》，方针中明确指出，在过去的几十年中，美国将中国视为全面竞争对手，并承认美国对中国接触政策的失败。美国频频在经贸、科技、能源、人文等方面采取强硬措施，逐步展开对华的全面竞争。2018年3月，美国政府指示贸易代表从中国进口的商品中征收关税，中美贸易摩擦由此展开。加征关税、限制企业对华投资、扩列“实体清单”等成为美国打压中国企业的主要手段。随着5G时代的到来，美国为保持其在科技领域的领军地位，采用政治方式野蛮介入和干预中国科技领域发展。2020年上半年，美国对华为进行封杀，打压中国高新技术产业，限制核发申请赴美留学的中国学生签证；2020年5月22日，美国商务部宣布将中国33家企业及机构列入“实体清单”，其中包含哈尔滨工业大学等科研机构，科技和知识成为科技竞争的筹码。2021年，美参院通过了《2021年战略竞争法案》，路透社表明，美国两党在国会推动对抗中国的努力将迅速升温。《世界能源统计年鉴》显示，中国原油对外依存度达72.6%，受中美贸易摩擦的影响，中国逐步减少从美国的原油进口量，2019年，美国已退出中国原油进口前十国家。中美关系持续下行，两国或将进入全面竞争阶段。

2019年底暴发的新冠肺炎疫情，尽管在中国国内已基本得到控制，但在全球范围内仍不断蔓延，对全球经济社会造成严重冲击。同时，由于疫情导致的供给端产能不足和需求端市场萎靡并沿着产业链向上、下游扩散，进而严重冲击全球能源市场，主要表现在全球能源行业勘探开发、供给需求、油气价格等多领域，2020年，世界油气价格呈低位震荡态势，这将严重影响能源安全。在新冠肺炎疫情冲击下，全球经济形式、能源供需格局、大国博弈关系等诸多方面产生深刻变化，作为全球最大的两个经济体，中美关系如何发展将对中国经济格局和能源安全产生多方面的影响。因此，关注和探究新形势下中美竞争对中国能源安全的影响，分析中国应对中美竞争的对策和措施，对减轻新冠肺炎疫情及其他新变化对中国能源行业的冲击和提升中国能源安全具有迫切而重大的现实意义。

一、中美竞争新形势对中国能源安全的影响

能源是一个国家稳定发展的基石，是现代社会长久发展不可或缺的动力资源，而能源安全则是一国经济和社会安全的保障。新冠肺炎疫情暴发前，在特朗普政府推动下，中美经贸摩擦愈演愈烈。此次疫情更是加剧了摩擦，甚至造成中美对抗的态势，深入分析新形势下中美竞争对中国能源安全的影响，对于提升中国能源安全水平至关重要。

（一）能源获取影响

受到中美经贸关系恶化特别是贸易战的影响，中美能源关系也全面恶化。中国能源获取方面主要表现为中国对美国能源进口出现断崖式下跌。贸易战之前，中国已经成为美国能源出口的重要目的地。2017 年，美国丙烷出口的 14%、原油出口的 20%、液化天然气出口的 15%流向中国，同时中国分别是这三种美国产品的第三大、第二大和第三大出口市场。随着贸易战的升级，中国对美国能源同等加征报复性关税。美国原油对华出口从 2018 年 1 月创纪录的 44 万桶/日下降到 2019 年 5 月的 5 万桶/日。2019 年，中国从美国的进口原油量较 2018 年同期下降 82.7%，美国退出中国原油进口前十国家。2020 年，在新冠肺炎疫情及中美摩擦的叠加影响下，中国进一步削减了对美国原油进口量。

同时，随着中国国力的不断增强，以美国为首的一些国家对中国的猜疑和顾虑不断增加。在此背景下，美国为维持其霸权地位，采取多种形式牵制甚至干预中国海外能源获取。一方面，中国油气勘探开发部分技术暂时未实现自主化，而美国逐步对中国展开技术封锁，如页岩气水平井压裂技术等。同时，在中美贸易摩擦逐步升级的新形势下，美国对于中国科技发展的打压越发成为美国政策的重中之重，科技战的激烈程度将达到前所未有的高度。当前，中国科技正在起飞阶段且潜力无穷，美国为了巩固自己的霸权地位，打压措施愈加激烈，如使用立法手段进行技术管制、扩列“实体清单”、以窃取技术为由进行起诉、威逼利诱他国围堵中国等。从中短期来看，美国对中国展开的系列科技遏制性战略将对中国能源获取产生较大影响，不仅会严重打击投资者信心，还不利于中国国内相关能源技术发展。另一方面，美国利用美元霸权和美军航道霸权等手段，频繁实施长臂管辖和金融制裁，干扰甚至阻挠中国海外能源获取。以中东地区为例，中东地区油气资源丰富，为中国海外油气资源主要来源地。但美国积极在中东地区布局军事力量，企图将中东地区置于其控制之下，并以石油作为武器制裁和封锁中

国，进而直接影响中国海外能源的获取和安全。简言之，未来新形势下，中美之间仍将保持竞争关系，而这种竞争态势的演变势必会影响中国海外能源的获取能力，进而对中国能源安全产生较为深刻的影响。

（二）能源运输影响

中国现阶段有五大能源战略通道，分布在中东、非洲、亚太地区、俄罗斯及中亚地区，运输途径主要包括陆路和海路两种方式。陆路主要采取管道运输的方式，从中国的邻近国家接入能源，只有在中美之间展开金融方面的冲突时受到影响最为显著，其主要的影响途径仍然是以美元石油挂钩的金融机制为主。中国-中亚天然气管道起于阿姆河右岸的土库曼斯坦和乌兹别克斯坦边境，是世界上最长的天然气管道，设计年输气能力 250 亿立方米，设计压力 9.81 兆帕，从该管道输入的天然气量曾一度占同期国内天然气进口量的 50%以上。中国-俄罗斯东线原油管道是东西伯利亚-太平洋石油管道的一条中国支线（安大线）。管道在俄罗斯段长 72 千米，中国境内段长 927 千米，设计年输油量 1500 万吨，最大年输油量 3000 万吨。中缅原油管道设计输送能力为每年 2200 万吨，天然气管道输气能力为每年 120 亿立方米。原油管道主要输送从中东和非洲运来的原油，这部分原油包括每年从海上经马六甲海峡运往中国东南沿海地区的原油；天然气管道主要输送缅甸近海油气田产出的天然气，缅甸的天然气储量位居世界第 10 位。原油管道起始于若开邦皎漂马德岛，天然气管道起始于若开邦皎漂兰里岛，经缅甸 4 省邦从中国瑞丽入境后分流并与全国管线联网。当美国的金融制裁实施时，将会严重遏制中国的陆路运输。

而受中美竞争影响较大的是海上能源运输。如果中美关系全面恶化，两国在经贸领域、科技领域、能源领域、金融领域及军事领域展开全面冲突，海上运输线路可能面临毁灭性打击。海上进口通道尽管有中亚、中俄管道，但近 80%的进口油气仍需经马六甲海峡通过海上通道运往国内。第一条为中东航线。中国从中东进口的石油主要是从波斯湾出发，穿过霍尔木兹海峡，经阿拉伯海进入印度洋，再从马六甲海峡抵达中国南海地区，最终经台湾海峡到达中国内地。第二条是非洲航线，其中又分为两条：一条是由北非地区出发，从地中海起航，经过苏伊士运河和红海，穿过曼德海峡，再过亚丁湾，入阿拉伯海，渡过印度洋，由马六甲海峡进入南中国海；另一条是由西非地区出发，经过好望角，入印度洋，从马六甲海峡进入南中国海。第三条是东南亚航线。经马六甲海峡和台湾海峡到中国内地。此外，还有南美航线，经巴拿马运河入太平洋，最终至中国。海上贸易线路的稳定性远比管道输送差，中东航线途经霍尔木兹海峡，而霍尔木兹海峡的实际控制权掌握在被美国人视为“邪恶轴心国”的伊朗海军手中，只要美国或国际对伊朗实施经济制裁或核研发制裁，伊朗随时有借口封锁霍尔木兹海峡，切断海湾地区90%的原油运输；非洲航线途经亚丁湾，中国海军常年派舰队驻守，但仍然无法杜绝索马里海盗的侵袭；东南亚航线(包括所有途经马六甲海峡的航线)，早在2004年，美国曾与马六甲海峡周边国家协商推出《区域海事安全计划》，借反恐之名(马六甲海峡海盗曾经活动猖獗)，向东南亚地区增派兵力，立足马六甲海峡辐射整个印度洋，意在遏制中国的海上贸易生命线。

(三)能源转型影响

2021年是“十四五”时期的起步之年。为实现构建中国低碳经济发展目标，中央和各地区纷纷制定或出台的“十四五”规划中，均将加快推动绿色低碳发展作为主要发展方向。毋庸置疑，中国能源转型及绿色低碳发展，均是以科技创新为内在驱动力的。如传感器、超级计算、人工智能、大数据分析等在内的“数字化”技术，不仅能提升整体能源系统效率，还能使能源供应和消费变得更安全、更可靠和更具成本效益。此外，“电氢”能源体系的构建、第四代反应堆系统的研发突破等均是引领中国能源低碳转型的关键所在。然而，首先，随着中美经贸竞争升级，双方之间竞争逐渐升级为科技竞争，美国也随之对华展开系列科技制裁。如美国通过打压华为等中国高新技术企业，企图遏制中国高科技的迅速发展。其次，美国政府不仅限制部分中国留学生及学者入境，还授权联邦调查局“定点调查”中国在美学者和部分华裔科学家。再次，白宫正采取全面措施保护美国专有技术、加大出口审查。客观来看，中美科技竞争的新形势下，美国在科技和能源领域的制裁对于中国能源转型有利有弊。一方面，科技封锁、制裁将严重影响中国能源的快速转型，滞后于中国能源转型的步伐；但另一方面，也促进了中国能源技术的自主革新。

(四)能源投融资影响

当中美竞争涉及金融领域时，美方的金融制裁可能随中美对抗升级分成以下几个阶段，对企业资本的存续、获得与支付三个方面逐步干涉，程度依次加深：第一阶段，对于中国的特定行业、重点企业和关键个人在美方司法权限内进行冻结；第二阶段，限制企业在美国资本市场进行融资，切断企业美元的获取能力；第三阶段，通过将企业列入“特别指定实体”清单的方式，禁止其关联机构接入环球同业银行金融电信协会(SWIFT)或纽约清算所银行同业支付系统(CHIPS)，进而切断企业的跨境支付。由于海外油气投资的特殊性，在资本的运作、油气产品的生产与交易等环节，受到中美金融竞争掣肘的可能性极大，项目的展开与运作也面临着极大的不确定性风险。

在中美竞争的新形势下，美国基于巨大的市场、强大的经济体量和雄厚的技术实力，加之美元在国际货币中的主导地位，频频在经济贸易、能源、科技等领域制裁他国。未来，若中美在金融领域的摩擦不断激化，美国很可能借机以“维护国家利益”为由对中国实施金融制裁。对于拥有金融霸权的美国来说，金融制裁具有精确打击、成本低、风险小等优势。综合历史上美国对伊朗、伊拉克、利比亚、俄罗斯、朝鲜等国发起的金融制裁，美国可能采用但不限于以下几种方式对中国开打“金融战”：延迟或减免支付在中国巨额政府债务；冻结或没收中国在美金融资产；切断中国企业的国际融资渠道，提高国际融资成本；对中国关闭SWIFT和CHIPS国际货币支付清算通道。2021年，新冠肺炎疫情仍在美国蔓延，美国经济和资本市场受到巨大冲击，为美国以此为由拖欠债务提供条件。至2018年末，中国对外投资存量达1.98万亿美元，其中绝大多数以美元保有。若美国对其实行冻结或没收，打击力度将非同小可。一旦美国联合其盟友针对中国指定个人、企业、金融机构或某些行业，限制其国际融资和货币结算，将严重扰乱中国金融秩序，产生巨大冲击。

二、中美竞争新形势下中国的应对

（一）加强“一带一路”能源基础设施建设，提高油气能源供应能力

能源问题涉及国际地缘政治和安全，需要通过能源外交稳定地区局势、平衡各方利益，避免动辄发动“石油战争”。后疫情时代，可能导致逆全球化、单边主义、本土主义、保护主义等现象抬头，需要更好地发挥能源外交作用，致力于保持国际能源贸易正常秩序，确保全球能源通道安全畅通，推动形成长期稳定的世界能源生产、运输、消费格局。坚持互信、互利、平等的能源安全观，推动全方位、多层次、广领域的能源安全合作机制的建立。在现已参加的多边能源合作中争取发挥更大的作用，积极设法加入国际能源机构。加强与美国、欧盟及日韩的能源合作，共同维护市场稳定。继续加强同中东地区国家之间的联系，积极参与中东事务，维护中国在该地区的利益。加强同非洲国家的交流，开辟非洲能源供应地。加强与东南亚各国的合作。积极与澳大利亚和加拿大就能源开发展开合作。推进“一带一路”能源投资领域建设与发展，促进邻国友好交流，互相促进。借助“一带一路”这个平台，与其他国家优势互补，保障协同共进，共同促进能源安全领域的发展。中俄天然气管道北段也已经在2019年通气，成为中国与俄罗斯在能源领域深度合作的重要里程碑。

基础设施建设是“一带一路”沿线各国能源发展需要解决的首要问题，也是各国融入全球能源产业链的必要条件。应该按照高质量、可持续、抗风险、价格合理和包容可及的要求，立足于长远推动“一带一路”沿线能源基础设施建设，继续增加清洁能源基础设施建设投入，构建绿色能源和绿色金融相互赋能的模式，与沿线各国携手打造“绿色丝绸之路”。同时，中国石油、中国石化、中国海油作为中国能源行业的引领企业，应担当保障中国能源安全的重任。

（二）积极发掘潜在通道，加强战略合作，提升运输安全力度

从中国角度看，中缅油气管道的建成将在一定程度上缓解中国能源进口过度依赖“海路运输”的困局。每年，通过马六甲海峡传统海上通道运往中国的石油大约为2亿吨，占中国石油进口量的80%。但由于这一区域海盗频发，安全状况不佳。另外，美国等西方国家一直希望加强对海峡沿岸国家的影响，试图控制或参与这一重要海上通道的管理。因此，中缅原油管道此类管道的建设与管理对于中国具有极强的作用。

同时，中国应该积极展开自主研发，积极发掘潜在通道。中国进口油气的通道设计，应综合考虑油源、安全、经济效益等因素，海运、管道、铁路、公路并重，东西南北四面并举。西线中哈石油管道建成后，除哈萨克斯坦每年可向中国输出2000万吨石油外，可以争取中哈石油管道北线和俄罗斯连通，南线通过土库曼斯坦接入伊朗。东线泰纳线铺设后，俄方同意修建由斯科沃罗季诺至大庆的铁路支线，年运输能力达3000万吨。另外，中国应密切关注克拉地峡运河工程，还应考虑开辟巴基斯坦至中国新疆喀什的公路、铁路石油运输线，以作为南部运输线的补充。条件成熟时，考虑修建自巴基斯坦的瓜达尔港至新疆喀什中巴石油管线，把来自波斯湾和北非的石油运往中国新疆。

此外，需要推进中国航运企业与中央能源企业(中国石油、中国石化等)加强战略合作，提高国有团队对中国进口原油等重要能源物资的承运比例。灵活地运用“货载保留”措施，制定相应的货载政策，利用中国作为主要能源进口国的地位，通过双方商务谈判等方式，与能源出口国协商，积极争取货载分配份额和运输控制权，保障中国航运企业的发展，为能源进口运输提供保障。

（三）加速油气企业能源转型步伐，重点发展新能源业务

首先，以数字化、智能化为特征的“新基建”为中国能源技术创新、能源装备升级、能源结构调整和能源优化布局等创造了良好的条件。在新冠肺炎疫情的影响下，全球供应链和产业链的短板及脆弱性被发现，全球产业链的分工效率及供应链安全之间寻求协调平衡。未来，全球制造业供应链发展呈现敏捷化、短链化、智慧化、生态化、安全化、绿色化六大新趋势，并且中国在全球制造业中的地位会显著提升，全球制造业将进入多强并存、多区域发展、多元共治的新格局。在此形势下，中国能源行业迎来产业链升级改造的机遇，同时为中国能源相关企业提供了海外投资及合作的机会。伴随着数字化技术逐渐融入能源行业，促进了能源的便利化、智能化和低碳化发展，能源行业的服务功能逐渐增强。

其次，可再生能源产业体系进入转型的关键期，以数字化创新为代表的新技术及绿色气候基金的支持将会加速推动可再生能源的发展。在能源转型的过程中重新审视中国的能源资源禀赋，认识到在化石能源“富煤缺油少气”的同时，中国拥有丰富的可再生能源，即逐步建成中国以非化石能源为主的低碳能源体系，其资源基础是丰厚的，这对确保国家长远的能源安全、引导能源转型具有方向性和战略性的意义。2021 年，国际能源体系的主导权正在朝着清洁能源方向发展，低碳经济已经成为国际经济的增长热点，节能减排和绿色经济是未来国家竞争优势的基础。

再者，在“深度脱碳”的全球气候变化形势下，绿色氢和终端领域电气化等绿色科技迎来投资“新风口”。对于中国来说，电力行业是脱碳和节能减排潜力最大的部门，尤其是发电行业，所以中国大部分的节能减排措施均涉及发电结构的优化和调整，并未意识到终端用电同样可以作为脱碳的重点。在新冠肺炎疫情的影响下，为减少对于传统化石能源的依赖，绿色科技迎来发展机遇。对于中国的电力行业，绿色氢和供热、交通等终端能源电气化的绿色科技将会加快中国的“深度脱碳”和节能减排技术进程，迎来投资的“新风口”，促进中国能源行业的低碳化可持续发展。

最后，能源空间格局的转型蓄势待发。空间格局转型主要是指在着力发展西部经济和电力负荷的同时，推动中东部各省自身的能源发展，优化能源空间格局。中国中东部有着丰富的非化石能源，尤其是可再生能源，并在节能提效和开发技术方面具有优势，如能充分开发出来，可优化中国能源的空间格局。总体来说，推动中东部能源发展的思路，不仅符合中国能源空间转型的方向和要求，更符合中国能源转型中低碳化、高效化和智慧化的发展方向。

（四）大力发展石油交易相关货币金融体系，积极推进“三位一体”的人民币国际化策略

近些年来，美元在油气交易中的垄断地位凸显，使得美国掌控油气交易的主导权。由于美国积极推进返欧佩克（NOPEC）法案，沙特阿拉伯威胁如果法案通过将以非美元货币进行石油交易。随着跨境人民币交易规模不断扩大，人民币已

经成为全球第四大跨境支付货币，面对风险与机遇并存的局面，中国应当加速推动人民币国际化进程，择机打破美元在石油交易中的垄断地位。2018 年，中国政府已推动实施了新的“三位一体”人民币国际化策略，逐步对国外投资者开放了中国国内金融市场，这能够更加稳定、可持续地推动人民币国际化发展。为了规避美国实施更为严厉的制裁，俄罗斯、伊朗试图建立新的金融转移系统，与经贸合作伙伴合力打造独立于 SWIFT 系统、CHIPS 系统之外的国际金融体系。同时，中国应大力发展中国主导的人民币跨境支付系统(CIPS)，借助中国对外贸易发展积极向全世界推广，把握机遇，打破美国对国际石油支付和结算的控制。

三、结论

本文基于能源获取、能源运输、能源转型及能源投融资四个方面分析了中美竞争对中国能源安全的影响，得到以下结论：

(1) 中美关系恶化严重阻碍了中国能源海外获取能力，技术封锁将进一步严重影响中国能源获取安全。

(2) 中美竞争对能源陆路运输影响较小，而对能源海路运输影响显著，中美关系恶化会遏制中国的海上贸易生命线。

(3) 新形势下美国技术封锁在限制中国能源快速转型的同时也加速了中国能源技术的自主革新，中美竞争对能源转型的影响有利有弊。

(4) 由于金融制裁风险低、成本小的特点，中美竞争对能源投融资将产生巨大冲击，会严重扰乱中国金融秩序。

后疫情时代全球能源格局演进和重塑路径研究

2021年，随着全球医疗系统全面启动及新冠疫苗接种工作的持续推进，世界经济复苏进程加快，但受新冠肺炎疫情在全球范围内反复出现及毒株频繁变异的影响，全球经济运行仍然存在较多的不确定性，进而可能影响全球能源供需格局。2021年4月20日，国际能源署(IEA)发布《2021全球能源评论》，2021年全球能源需求增长4.6%，较2020年增加0.6%。但是，在2021年《世界能源展望》报告中，国际能源署表示，2021年，全球在满足未来能源需求方面的投资不足，能源市场的波动性仍将持续下去。其中，化石燃料需求量将在2030年左右达到平稳状态，到2050年会略有下降。同时，考虑到奥密克戎新毒株阻碍国际旅行，进而可能导致全球石油需求减缓，IEA在12月14日发布月报，将2022年第一季度的全球石油日需求预测下调了60万桶。因此，从整体格局来看，未来中短期内全球能源供过于求的基本面将持续。此外，IEA进一步指出，伴随全球低碳能源转型推进，新能源将是电力投资主体。《2021年全球能源投资报告》预计，2021年新能源发电投资总额将达5300亿美元，其中可再生能源占比70%。受新冠肺炎疫情冲击的长期影响，全球经济复苏面临的不稳定、不确定性因素依然较多，可能引发新一轮的能源地缘政治博弈，国际经济政治形势更趋复杂，全球能源合作将面临新的困难与挑战。因此，关注和探究后疫情时代全球能源格局演进重塑路径，对减轻疫情对中国能源行业的冲击和提升中国能源安全具有迫切而重大的现实意义。

一、全球能源结构调整态势

尽管疫情对全球能源产业的长期影响有限，但疫情将加速全球能源结构调整，并推动世界能源结构向天然气和新能源等低碳能源为主的新格局演进。其中，煤炭行业规模将大幅缩减，并逐渐向清洁化开采和集中规模化利用转型；传统石油行业逐渐进入稳定期，石油需求接近峰值；天然气和新能源占比不断提升，在实现能源转换的过程中发挥越来越重要的作用，或将成为全球最重要的清洁能源。

（一）煤炭产业发展受限，逐渐向清洁化方向转变

新冠肺炎疫情的暴发导致全球煤炭产业发展低迷。以中国煤炭产业为例，疫情持续期间，受经济下滑的影响，电力需求明显下降，导致中国市场对煤炭需求量直接减少，进一步加剧了煤炭产业产能过剩问题。尽管随着疫情得到有效控制，中国煤炭产业复工复产进程有所加快，但煤炭供给恢复明显快于煤炭消费，导致煤炭供应由偏松快速演进为供过于求，煤价快速下行。同时，近年来受水能、太阳能及风能发电等低成本发电技术冲击的影响，全球以煤炭为载体的火力发电量大幅回落。因此，后疫情时代，全球煤炭产业发展将受到更多限制。同时，在全球能源技术革命的推动下，随着各国对环境保护和气候变化重视程度的不断加强，全球煤炭产业将逐渐向清洁化开采和集中规模化利用的方向进行转变，进而逐渐形成现代化煤炭经济体系。

（二）石油需求复苏缓慢，供过于求态势或将持续

对于石油产业而言，新冠肺炎疫情对全球石油产业的影响中短期内仍将延续，因此预计短期内全球石油市场供大于求的态势仍将持续。主要原因有：第一，2021 年底，奥密克戎变异病毒暴发阻碍国际航线，IEA 报告显示，2021 年底全球石油市场已恢复至供给大于需求，且 2022 年初全球将面临更大幅度的供过于求；第二，2021 年 OPEC 剩余产能达 500 万桶/日，远高于全球平均能源需求水平；第三，非 OPEC 前几年投资的新增产能超过 200 万桶/日，增量主要来自巴西和圭亚那等国家；第四，此次新冠肺炎疫情严重冲击了全球石油消费，预计未来 3~5 年全球石油需求复苏缓慢。因此，后疫情时代，全球石油市场的持续低迷，或将促进石油公司加快转型，进而改变石油在未来世界能源消费市场中的地位。

（三）天然气产量小幅上升，长期供需有望双双回升

对于天然气产业而言，2021 年以来，随着新冠肺炎疫情逐步受控、世界各国疫苗接种工作持续进行，叠加工业生产活动持续恢复等因素，全球天然气供给和需求均有所回弹。供给方面，在全球经济共振复苏的背景下，天然气产量总体呈小幅上升趋势，但疫情的反复也使得天然气产能缺口始终无法全面恢复，而持续的供给侧冲击导致天然气产能短缺。需求方面，根据 IEA 发布的《2021 年第四季度全球天然气市场报告》，2021 年前三季度，全球天然气市场需求保持强劲态势，需求上涨的主要来源是欧洲和亚太地区成熟市场国家的发电、工商业等用气部门。同时，受供需失衡、极端天气及能源转型等因素影响，全球天然气价格持

续上涨，并成为2021年涨幅最大的能源大宗商品。此外，在气候变化大背景下，各国面对低碳乃至零碳的能源低碳转型进程加速，这将对包括天然气在内的各类化石能源需求增长带来较大冲击。但从中短期来看，碳减排压力也将带动各国能源政策向清洁能源利用倾斜，进而为全球天然气消费提供较大增长空间。

（四）新能源产业加速发展，投资将较快恢复和增长

新冠肺炎疫情的暴发加速了全球低碳转型的进程，包括中国在内的许多国家准备把新能源投资作为经济复苏的重要手段，传统化石能源投资将受到较大冲击，新能源投资会更快地恢复和逆市增长。同时，后疫情时代，各国新政策、新机制将助力电力新能源加速发展。随着全球各国对气候变化的关注不断加强，同时为了应对疫情给经济发展带来的影响，促进能源结构向清洁化转型成为全球各国的共同选择，许多国家纷纷出台了促进能源转型的支持政策。此外，后疫情时代，全球各国投资主流将偏向超低碳、可再生的新能源电力开发。可再生能源和低碳业务将得到相对提振。

二、全球主要地区能源地缘政治博弈态势

2021年，世界各国的经济逐步复苏，但全球经济增长率仍然不及2010年的5%，新冠肺炎疫情对经济的冲击仍在持续。因此，后疫情时代，各国发展重点将放在恢复经济和培育新的经济增长点上，但是短期内受疫情反复的影响，国际经济政治形势更趋复杂，这更容易引发新一轮的能源地缘政治博弈，尤其是世界主要能源核心地区将呈现更为复杂的博弈态势。2021年，世界能源地缘政治博弈主要围绕中东、中亚、亚太、非洲及拉美地区展开。

（一）中东博弈趋向复杂，各国油气争夺热度不减

中东地区地理位置优越，石油资源极为丰富，近年来一直是全球地缘政治博弈的重点场域。据2021年BP能源统计资料称，截至2020年底，中东地区剩余石油探明储量高达8359亿桶，占全世界剩余石油探明储量的48.3%，储采比更是高达82.6。天然气探明储量高达75.8万亿立方米，占世界天然气总量的40.3%。域外美国、欧盟等主要油气消费大国以及俄罗斯等具有世界影响力的传统强国，域内伊朗、土耳其等地区强国，围绕中东地区油气资源，在资源侧、运输侧、交易侧展开了全方位、高烈度的地缘政治博弈。2021年，新冠肺炎疫情放缓、全球经济增速反弹等使得全球原油价格飙升，对中东地缘政治产生了两方面影响：一是地区安全局势出现了一定程度的缓和，地区大国关系有所改善，地区热点冲突总体烈度有所降低；二是域外大国根据全球政治格局变动现实和各国

利益需要对中东政策进行调整的态势更加明晰。后疫情时代，中东地区大国将会继续寻求外部大国帮助，从而增加地区博弈的复杂程度和动荡的频次。同时，各国围绕中东地区油气资源的争夺热度不减。

（二）中亚投资风险加大，“一带一路”合作前景良好

中亚地区具有丰富的油气资源，加上其凸显的地缘政治位置，一直以来都是世界主要经济体展开能源博弈的重要地区。中亚五国地处欧亚大陆的心脏地带，在欧亚大陆具有重要的地缘政治地位，其外交策略往往在追求均势的同时在俄罗斯与西方之间摇摆不定。后疫情时代，受世界经济下行等因素影响，预计中亚各国经济复苏依旧乏力。一方面，俄罗斯、美国、欧盟等经济体将持续高度关注中亚地区发展动向。中国与中亚国家合作也将持续深化，但哈萨克斯坦营商环境欠佳的形势难以改观，反华势力将继续兴风作浪，威胁中哈油气合作。另一方面，中短期内，中亚地区整体政治风险和社会风险可能会进一步加大，但考虑到中亚各国的工作重点将是恢复经济，“一带一路”经济合作有可能成为未来各国打破经济壁垒、处理能源地缘政治博弈的主要选择。

（三）亚太能源互补有限，影响能源合作规模和前景

与世界其他地区相比，亚太地区的原油探明储量较少，但由于这一地区与中亚地区及海上要道相连，因此地缘政治博弈也异常激烈。其中，亚太地区能源地缘政治博弈主要围绕着运输通道的控制、海外资源来源争夺及海上油气资源争夺三个方面。然而，亚太地区内部能源互补性有限，这将成为影响亚太地区能源合作规模和前景的主要因素。亚太地区的能源需求增长迅速，但能源资源有限，因此无法完全在本地区内相互调节解决能源供求。当前和未来，亚太地区都必须从世界其他地区进口能源，尤其是从中东地区进口大量的石油。后疫情时代，中美地缘政治竞争仍然主导亚太地区整体局势。未来，中美关系具有很大的不确定性，这使得亚太地区国家在中美之间“选边站队”的情形更加复杂。

（四）非洲政治经济趋稳，短期“非洲热”仍将持续

近年来，世界主要国家和地区对非合作的竞争态势明显加强，呈现出“非洲热”的现象。西欧是非洲地区传统地缘优势国家，同非洲关系较为密切；美国石油公司大力开展与西非石油国的合作，还通过强大的外交优势排挤西欧各国；日本加紧争夺欧美竞争空间，积极与中国竞争，鼓励本国公司以合资和参股等方式进入非洲市场。后疫情时代，非洲作为世界上经济增长最快和潜力巨大的区域，其在世界政治和经济格局中的地位将不断上升，短期内大国在未来将继续加大对非洲的投入力度，“非洲热”将会持续。

（五）拉美地区持续动荡，或将成为大国博弈舞台

2019 年以来，拉美地区出现大规模动荡。当前，虽然拉美地区已经进入新的政治调整期，但外部力量特别是美国的干预加剧了拉美乱象，导致拉美政治生态恶化。2020 年，新冠肺炎疫情的暴发更是加剧了拉美地区的政局动荡，后疫情时代，拉美地区将由乱生变、乱变交织。除非出现新的政治思潮，否则各国左右阵营达成一致的可能性不大，各国政府仍将会在大概率上频繁更替。与此同时，随着中国在拉美地区影响力日益增加，同时俄罗斯于近期表示将重新置拉美于其外交政策的优先方向，拉美或将成为中、美、俄三国能源地缘政治博弈的舞台。

三、全球主要经济体能源战略博弈态势

后疫情时代，全球能源格局演进和重塑进入加速阶段，同时，随着美国页岩油气产业的加速发展，美国已经从以往的最大能源进口国，转变为重要的油气出口国。能源市场供需格局产生的重大变化，使得全球能源治理机制、体系及目标等随之发生实质性变化。在这样的背景下，全球主要国家或地区之间的能源战略博弈或将进一步加剧。因此，本文主要对美国、欧盟、日本、俄罗斯及印度的能源战略展开分析，进而探讨后疫情时代全球主要经济体之间的能源战略博弈态势。

（一）美国能源战略博弈

美国页岩油气革命深刻改变了世界油气市场的供需格局。根据 2021 年 BP 石油公司的统计数据，2020 年，美国原油出口量达 13530 万吨，与 2019 年相比上升了 8.98%，而中东国家原油出口量则有所下降。同时，在主要天然气出口国中，2020 年美国液化天然气出口量为 6140 亿立方米，与 2019 年相比上升了 29.2%，明显高于俄罗斯 2020 年液化天然气出口量 4040 亿立方米的水平。显然，在全球能源供需格局中，美国已经从以往的最大能源进口国，转变为重要的油气出口国。后疫情时代，美国逐渐成为新增油气出口大国，而中东等石油输出国在国际市场中的优势地位将被明显削弱。此外，未来中美能源关系也是影响美国能源战略布局甚至全球能源治理的一项重要因素。

（二）欧盟能源战略博弈

欧盟地区油气资源短缺并大量依赖进口，是世界能源消费主要经济体。因

此，欧盟能源战略目标是在全球范围内寻找价格稳定、运输便宜、供应量较为稳定增长的能源，同时尽量将能源进口来源多元化。后疫情时代，随着美国页岩油气开发技术的不断成熟及油气出口地位的不断加强，欧盟有望与美国采取直接对话，加强与美国的能源合作。与此同时，为保障能源和环境的可持续发展，近年来，欧盟各国十分重视能源工业、新能源和节能技术等的发展。欧盟对新能源技术的大规模应用，将推动新能源技术成本进一步降低，进而促进世界能源格局向以新能源为主的能源结构转型和发展。

（三）日本能源战略博弈

日本作为世界上液化天然气的进口大国，能源对外依存度较高。日本的一次能源供给中94%来自海外，其中87%的原油来自中东地区。能源安全与环保问题一直是日本能源发展的核心，因此日本努力保持世界能效领先地位，优化国际能源合作布局，充分利用国外能源资源保障本国能源安全。后疫情时代，日本政府已将氢能作为可持续能源政策的关键要素之一。同时，日本仍将继续布局中东地区，并重视中东地区原油获取能力。此外，随着美国逐渐成为世界油气供应国家，日本将依托美日同盟力争从美国获取油气资源。

（四）俄罗斯能源战略博弈

俄罗斯国内石油和天然气产业居世界第一，因此能源出口对于促进俄罗斯经济增长具有十分重要的作用。在战略合作方面，近年来俄罗斯对欧盟的能源外交作为优先方向的趋势逐渐明晰。然而，受美国页岩油气革命的影响，俄罗斯能源资源在欧盟能源市场上的作用可能被削弱，甚至被美国非常规油气出口所取代。因此，后疫情时代，俄罗斯或将更加重视亚洲市场，扩大向亚洲的能源出口，并加强在远东地区的基础设施建设。同时，未来俄罗斯可能会将能源战略东移，加强与中国全方位合作，同时保持与能源消费主要国的能源合作，争取同亚太地区多个消费大国营造多个买家、一个卖家的供求关系，以实现利益最大化。

（五）印度能源战略博弈

印度人口众多，但资源相对匮乏。印度国内石油储量占世界石油总储量的0.4%，天然气储量相对较低。近年来，印度积极开展与东南亚、中东和中亚等地区国家的能源外交，并建立从主要产油国通往印度的能源通道，进而满足印度由于经济发展而日益增长的能源需求。此次新冠肺炎疫情，对印度经济和能源市场冲击剧烈，但随着后续疫情影响的逐渐减弱和印度经济的复苏，印度对能源需求将进一步加大。预计到2032年，印度石油对外依存度将高达90%，因此未来中短期内，印度能源战略将发生改变，主要体现在国内持续推行能源供应多元化、节能降耗等政策的同时，继续开拓海外能源获取渠道，并不断扩大与全球主要资源国之间的能源合作。

四、全球能源合作演进态势

后疫情时代，随着全球能源生产中心加速“西移”和能源消费中心继续“东扩”，以新兴经济体为主的能源消费国将在能源合作中赢得更多主动权。同时，过去以发达经济体为主动的国际能源合作机制如 OPEC、IEA 等难以平衡新的能源格局下各利益相关方的利益诉求。而“一带一路”、区域全面经济伙伴关系协定(RCEP)等新型合作机制将不断完善现有的能源合作体系，为全球能源治理提供新思路。在新的世界能源供需格局下，各国国际能源合作项目推进过程中，灵活、多层次融资形式至关重要。此外，后疫情时代，低碳能源和气候合作将成为世界各国能源合作的重要领域之一，并将助推全球绿色复苏。

(一) 能源合作地区演进态势

在能源合作地区方面，随着美国页岩油气产业不断发展、加拿大油砂开采规模不断增大及委内瑞拉石油储量增至世界第一，全球能源供应中心逐渐向“西半球”转移，并开始呈现出 OPEC、俄罗斯-中亚及北美等多级供应的新格局。另一方面，全球能源消费中心将继续“东扩”。据国际权威机构预测，到 2035 年，亚太地区占全球能源需求的比重将超过 90%，从而使全球能源消费中心逐渐向“东半球”转移。此外，受新冠肺炎疫情影响，全球能源需求中短期内将持续疲软、能源价格持续低迷，这将对中东等主要能源生产国的经济状况和国内局势形成严重冲击，进而引发主要能源生产国之间的份额争夺。因此，预计后疫情时代，全球能源合作的主要地区将集中在中东、中亚、中俄、中欧、俄欧、中美等。此外，尽管中美能源博弈不断加剧、能源关系面临全面恶化，但中美两国能源贸易合作潜力巨大，未来仍有望重返能源合作。

(二) 能源合作机制演进态势

从合作机制来看，后疫情时代国际能源格局演进速度将有所加快，全球能源生产国和消费国利益分化将加速调整，在这种背景下，能源消费国开始在国际合作中赢得较大话语权和主动权。因此，以往由发达经济体主导的能源治理平台将难以平衡当前新旧能源生产国和消费国的利益诉求。后疫情时代，全球能源合作机制或将发生改变，并趋向于将主要能源生产国、消费国和过境国凝聚在一起，并就能源政策、市场建设、定价机制、运输通道安全等重大问题，形成约束力较强的新型合作机制。因此，预计后疫情时代，G20、APEC、RCEP、“一带一路”等新型多边能源合作机制将在推进全球能源合作发展中起到更为重要的作用。

（三）能源合作形式演进态势

从合作形式来说，未来随着全球能源格局和能源合作机制的深层次转变，能源合作形式也将发生变化，尤其是国际能源合作过程中的投融资方式的转变。考虑到全球能源合作涉及资金需求庞大，因此，预计未来能源合作项目的建设将依据具体项目的特点、投资规模、所在国投资政策、监管要求、经济实力、技术水平等，因地制宜，灵活选用不同投资方式，注重多层次融资形式。具体而言，能源合作项目推进过程中，将主要依托国际资本市场，发挥各方资信优势，综合运用各种股权融资与债权融资、直接融资与间接融资、传统融资与创新融资工具，构建经济、可靠、多元、灵活的融资保障体系，实现股权融资主体多元化，资金资源配置全球化。

（四）能源合作领域演进态势

在合作领域方面，除原油、LNG 等传统油气外，后疫情时代，低碳能源和气候合作将成为世界各国能源合作的重要领域之一，并将助推全球绿色复苏。2020 年 1 月，欧委会正式公布“欧洲绿色协议”，并呼吁欧盟各国将落实“欧洲绿色协议”作为各国应对疫情、恢复经济中的重要任务。同时，欧盟强调将实施“绿色新政”投资计划作为后疫情时代经济复苏的第一要务。截至 2021 年，包含德国、法国、意大利等主要欧盟国家均作出相应响应。因此，后疫情时代，为推进世界绿色复苏，低碳能源合作和气候合作将成为世界各国能源合作的又一重要方向。

五、结论

本文通过分析新冠肺炎疫情对全球能源结构调整、能源地缘政治博弈及能源合作态势等方面的影响，系统地剖析了后疫情时代全球能源格局演进和重塑路径。主要得到以下结论：

（1）后疫情时代，全球煤炭产业发展将受到更多限制，同时逐渐向清洁化开采和集中规模化利用的方向进行转变，进而逐渐形成现代化煤炭经济体系；同时，全球石油市场的持续低迷，或将促进石油公司加快转型，进而改变石油在未来世界能源消费市场中的地位；对于天然气而言，新冠肺炎疫情的暴发对天然气供需层面都造成了严重冲击，但长期来看，天然气产量和消费量有望双双回升；最后，疫情加速了全球低碳转型的进程，包括中国在内的许多国家准备把新能源投资作为经济绿色复苏的重要手段，传统化石能源投资将受到较大冲击，新能源投资会更快地恢复和逆市增长。

（2）未来短期内，受新冠肺炎疫情反复的影响，国际政治经济形势更趋复杂，这更容易引发新一轮的能源地缘政治博弈，尤其是世界主要能源核心地区将呈现更为复杂的博弈态势。同时，随着全球能源市场供需格局产生重大变化，世界主要经济体之间的能源战略博弈或将进一步加剧。

（3）后疫情时代，随着全球能源格局的演进和重塑，全球能源合作或将呈现新的态势。以“一带一路”、区域全面经济伙伴关系协定(RCEP)等为代表的新型合作机制将不断完善现有的能源合作体系，为全球能源治理提供新思路。此外，低碳能源和气候合作将成为世界各国能源合作的重要领域之一，并将助推全球绿色复苏。

“双碳”目标下成品油销售企业低碳转型发展探究

2020 年 9 月，习近平主席在联合国大会上首次提出中国“碳达峰”“碳中和”目标，2021 年 10 月，《中共中央、国务院关于完整准确全面贯彻新发展理念做好碳达峰碳中和工作的意见》和《2030 年前碳达峰行动方案》两份“碳达峰”“碳中和”工作的纲领性文件公布，明确了中国“碳达峰”“碳中和”的路线图和时间表。在实现“双碳”目标过程中，降低化石能源消费总量和比重成为工作重点。成品油销售企业不可避免地受到“双碳”目标影响，为应对发展的新要求，低碳运营成为未来成品油销售企业发展的关键，需要实施低碳化发展策略。

一、“双碳”目标下成品油销售企业面临的机遇与挑战

(一)“双碳”目标下成品油销售企业面临的机遇

1. 提高效率、降低能耗强度是“双碳”工作的主要目标

2021 年 10 月，《中共中央、国务院关于完整准确全面贯彻新发展理念做好碳达峰碳中和工作的意见》公布，其中主要目标有：到 2025 年，重点行业能源利用效率大幅提升，单位国内生产总值能耗比 2020 年下降 13.5%，单位国内生产总值二氧化碳排放比 2020 年下降 18%；到 2030 年，重点耗能行业利用效率达到国际领先水平，单位国内生产总值能耗大幅下降，单位国内生产总值二氧化碳排放量比 2005 年下降 65%以上；到 2060 年，清洁低碳、安全高效的能源体系基本建成，能源利用效率达到国际领先水平。该文件同时指出，未来将进一步提高燃油汽车能耗标准。

2.“双碳”目标下成品油销售企业仍有一定的发展空间

研究美国、德国、日本等国家碳达峰的历程和 2020 年石油仍为这些国家的第一大来源的能源消费现状，以及结合中国发展过程中能源消费的增长势头(见图 1)，可以预见：实现“双碳”目标过程中的未来 30 年，尤其是 2030 年碳达峰前后的相当长时间里，中国石油消费肯定仍将会保持合理的增长速度；天然气仍是未来较长一段时间内增长最快的化石能源，与非化石能源一同成为能源消费增

量的主体；预计到2040年，非化石能源需求占一次能源比重将达42%左右。中国作为世界第二大炼油产能国家，炼油能力约为9亿吨/年，未来即使10亿吨/年是中国炼油能力的峰值，中国的成品油消费总量仍有空间。在成品油消费达峰前后的一段时间里，中国加油站数量仍将会保持一定的增长。

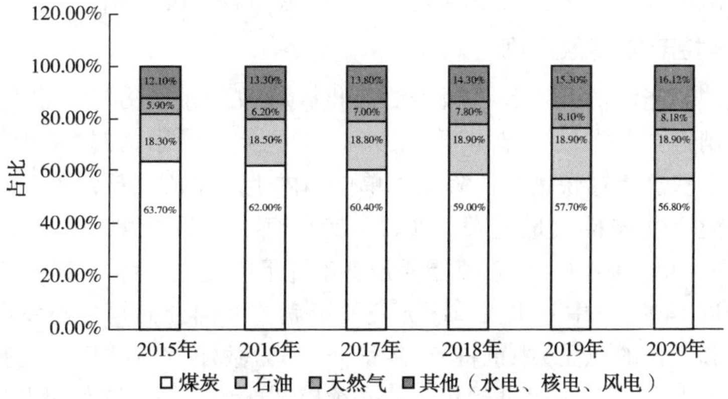

图1　2015—2020年中国能源消费结构变化

资料来源：国家统计局

（二）“双碳”目标下成品油销售企业面临的挑战

成品油销售企业作为服务业，不是两高行业，“双碳”的任务不重，压力也不大。除极少量的自用电、油和气外，无论是油品的批发、车辆加油、飞机和船舶加油、储运业务等，基本上不产生二氧化碳和温室气体。因此，成品油销售企业的发展受“双碳”目标的影响较大，在于“双碳”目标将深度引发油气供需两侧的结构性改革带来的挑战，具体表现在新能源汽车的快速增长将导致石油消费增长放缓和峰值提前到来。随着“双碳”政策力度的加大，可以预见，中国新能源汽车保有数量将会继续增加，这必然会冲击成品油的消费和传统的燃油加注业务。

二、“双碳”目标下低碳转型成为成品油销售企业发展的关键

在推进碳中和过程中，成品油销售企业将面临更加严格的碳约束，需要落实企业责任担当，加快培育绿色低碳核心竞争力。

（一）树立绿色低碳发展理念

能源绿色低碳发展是减少二氧化碳排放、如期实现中国“碳达峰”“碳中和”各项目标的关键，绿色低碳也相应成为对未来中国成品油销售企业发展的基本要

求。2021年10月24日,《中共中央、国务院关于完整准确全面贯彻新发展理念做好碳达峰碳中和工作的意见》发布,提出要全面推进清洁生产;扩大绿色低碳产品供给;强化能源消耗总量和能耗控制。在“双碳”目标指引下,经济社会发展将向绿色低碳方向转型,成品油销售企业必须以绿色低碳作为企业的发展方向,将绿色低碳贯穿于企业的各项工作,以顺应市场环境变化。

(二)坚持节能高效原则

节能是抑制能源消费增长、减少二氧化碳排放的重要方法,也是“双碳”目标对成品油销售企业发展的基本要求之一。近些年,中国通过“双控”政策有效抑制了能源消费总量过快增长、降低了单位国内生产总值能耗强度,进而控制了二氧化碳等温室气体排放量增长。2012—2020年,中国能源消费总量年平均增速在3%左右,单位国内生产总值能耗强度累计下降超过28%,其中“十三五”期间累计下降近14%。《中共中央、国务院关于完整准确全面贯彻新发展理念做好碳达峰碳中和工作的意见》中也将“节约优先”作为做好“双碳”工作的基本工作原则。在“双碳”目标下,成品油销售企业必须以节能为导向,降低企业用能。

(三)严控加油业务规模增长

发展可再生能源、提高非化石能源消费比重是减少碳排放、实现“双碳”的主要路径,业界普遍认为在“双碳”目标下,到2060年左右,中国非化石能源消费占比需要达70%~80%,甚至更高。在提高非化石能源消费总量和占比过程中,必然会加强对化石能源消费总量和能耗强度的控制。《2030年前碳达峰行动方案》中提出,2030年前,要保持石油消费处于合理区间,逐步调整汽油消费规模;在石化领域要严格项目准入,合理安排建设时序,严控新增炼油生产能力,到2025年,国内原油一次加工能力控制在10亿吨以内。行动方案明确,未来会加强对石油消费的控制,这意味着未来成品油市场增长空间将受到严格控制,另一方面,未来对上游炼化企业产能控制也必然会传导至下游的成品油经营企业,成品油销售企业需要通过控制加油业务规模增长达到市场供需基本平衡。

三、成品油销售企业低碳转型发展策略建议

成品油销售企业需要未雨绸缪、提前布局来主动迎接转型挑战,需要做好短期规划与中长期战略、自身发展与其他能源协同、传统经营与新业务布局、转型变革与风险防范等方面的战略平衡工作。

(一)提供高品质油气服务

作为产业链的前端,成品油销售企业是石油产业稳定运行和价值实现的重要

环节，每年要将超过3亿吨以上的成品油交付到消费者手中。细分到车辆加油领域，11.9万座加油站是成品油销售企业的主体和核心组成，服务的是超过4.3亿名驾驶人员和2.85亿辆以上的车辆。在实现“双碳”目标的过程中，尽管车用燃油消费的规模将大幅减小，但并不是所有用途的燃料都能被轻易替代。船舶和航空运输的用能需求很难电气化，其燃油消费趋势不降反增；而且，近年来快速发展的新能源汽车领域是润滑油市场的一片蓝海；还有，即使在传统的车用燃油消费领域，满足低排放要求的高能效、高品质燃料依然存在短缺。因此，成品油销售企业要用高品质油品和服务，让成千上万用户感受、体验中国石油产业的发展和社会文明的进步，推动整个行业高质量发展。

（二）主动收缩业务规模

降低化石能源消费总量和比重是实现“碳达峰”“碳中和”目标的主要方向和工作重点，2040年之后的深度脱碳则主要靠减油、减气来实现。作为传统化石能源产品，成品油会面临未来市场萎缩风险，成品油销售企业不可避免地会受到冲击，面临市场萎缩业务收缩风险。成品油销售企业可以优先淘汰能耗高、效益差的低效站，主动收缩业务规模，提高企业整体效益。同时，通过主动收缩业务规模，可以回流现金，投资于新能源、非油等业务，实现“抽资转向”。

（三）多元发展加能业务

近年来，中国在新能源汽车领域坚持“纯电”战略，使得以纯电汽车为代表的新能源汽车获得快速发展。2021年1—9月，中国新能源汽车产量为216.6万辆，同比增长1.8倍；销量为215.7万辆，同比增长1.9倍，产销两旺。2020年11月，国务院办公厅印发《新能源汽车发展规划(2021—2035年)》的通知，提出到2025年，要实现新能源汽车市场渗透率达20%，到2035年，电动汽车要成为销售主流、燃料汽车要实现商业化应用、氢燃料供给体系建设要稳步推进。据权威机构的预测，到“十四五”末，中国新能源汽车保有量将突破2000万辆。终端市场用能需求的变化，也给成品油销售企业多元发展加能业务带来了机遇。成品油销售企业可以从以下两方面着手多元发展加能业务：一是在能源化工领域有优势的企业，可以发挥在氢气产业链上的优势，以加氢站为重点切入新能源市场；二是建设综合加能站，集成多种加能业务，在做好传统加油服务的同时，服务好电动汽车、天然气汽车、氢能汽车等车辆的用能需求。包含业务的种类需要综合考虑投资回收期、站点面积、安全性、主要顾客人群需求等因素。如中国石化规划到2025年累计建成1000座加氢站或油氢混合站、5000座充换电站、7000座分布式光伏发电站点。智慧综合能源站的建设，是助力全社会共同减碳的探索。

（四）加快非油业务发展

发展非油业务一方面是为了增加当前企业收入，另一方面是为了实现业务多元化对冲未来业务规模收缩带来的不利影响。根据美国、日本等国外成品油销售企业经营经验，非油业务在企业盈利中占比大、贡献高，属于现金牛业务，需要大力拓展。经过近 20 年的发展，中国成品油销售企业非油业务发展取得了不小的进步，在加油站普遍开展了便利店、汽车美容等非油业务。但对比国际同行，中国成品油销售企业在非油业务种类开拓、自营商品开发上仍有很大发展空间。结合当前中国数字经济发展趋势，中国成品油销售企业需要在成品油与非油业务互动、成品油及非油产品数字化营销、非油产品开发上重点发力。

（五）加快企业数智化转型

加快企业数智化的重要目的是以企业数字化、智能化转型为手段提升运营效率、优化运营流程，进而挖掘节能潜力，降低企业运营过程中的碳排放。另外，企业数字化、智能化转型也是为了适应技术、市场需求变化，同时可以减少人力资本支出应对未来业务收缩挑战。借鉴埃尼公司数字化转型经验，中国成品油销售企业可以从以下几方面着手加快企业数字化、智能化转型：一是组建数字化、智能化部门，统筹负责企业数字化、智能化转型的战略制定、项目立项和执行、技术研发、绩效指标制定等；二是结合成品油业务需要，开展数字化、智能化应用创新；三是分业务、分层次建立转型绩效考核指标，配套激励方案；四是针对国内成品油公司在数字化、智能化转型过程中普遍存在的数据孤岛现象，要制定统一数据标准，加强不同管理系统的兼容性建设，建立不同系统间数据共享机制；五是梯次推进智慧加油站建设工作，提高加油站数字化、智能化水平。

智能油田建设的思考

近几年，原油价格的持续低迷给中国石油企业的发展带来了巨大压力，2020年，新冠肺炎疫情在全世界的蔓延，更使得全球油气市场的需求急剧下降。油田企业亟须采用更加高效、经济、便捷的生产技术和管理模式，以实现企业提高生产效率、降低生产成本、优化管理模式等目标。因此，智能油田建设成为油田企业提质增效的重要选择。智能油田是在数字油田建设的基础上，充分利用物联网、大数据、人工智能等新一代信息技术，使油田具备全面感知、预测预警、分析优化、数据驱动、智能操控的能力。随着新一代信息技术的蓬勃发展，油田的智能化建设将迎来新的发展机遇，这既是油气技术发展规律的必然趋势，也是油田企业高质量发展、保持行业竞争力的有效途径。

一、国内外智能油田建设概况

近年来，国内外能源公司积极寻求智能化发展，在不同环节均实施了重要战略举措，收到良好效果。国内油田开展数字化的时间较早，但相较国外油气公司来说发展较为缓慢，国际上先进的油气企业已从数字化进入智能化阶段，国内智能油田建设还处于进行个别采油厂、作业区的智能化试点阶段。

（一）国外智能油田建设情况

壳牌是智能油田建设的领先者，已在全球建立起59个智能油气田，该公司使用物联网、大数据等技术对实时数据进行采集和监控，并实行跨地区、跨学科协作，实现油田生产最佳状态。雪佛龙公司开发使用了一套I-Connect应用系统，该系统通过油藏数据分析共享，以及生产环节中各种信息数据的处理、分析及归纳整合，提高了油田生产、开发效率，增强了油田智能化水平。道达尔公司通过搭建油气生产一体化协同研究平台，实现油气藏、注采井、集输等生产全系统的模拟与优化，高效解决诸多开发生产问题，为油气田开发的智能管理提供了基础模型。英国石油公司(BP)的“未来油田”项目主要使用物联网与自动化技术，将现场与地下的实时数据传送到远端的数据中心进行分析和处理，并在全球建立了35个“先进协作中心”，这些中心联合起来形成一个统一的平台，可以实现不同专业领域、不同地点的远程协同。

(二)国内智能油田建设情况

在国内，中国石油较早地开启了智能油田建设，并发布了国内首个智能云平台——“勘探开发梦想云”平台，以此平台为基础，中国石油上游业务逐步迈向智能化时代。中国石油还推出了全球首款5G防爆AR智能头盔梦镜，搭载远程协作应用与AR智能作业解决方案，推进油气生产作业智能化发展。新疆油田于2010年提出将数字油田向智能油田推进，并于2020年通过了“智能油田建设与规模应用”科技成果评价，形成了国内首个智能油田建设理论体系，并提出了完整的智能油田概念、建设规划、技术体系和评估指标。大庆油田提出“数字油田—智能油田—智慧油田”三步走的发展战略，在大庆庆兴油田建成了第一个整装数字化油田，并开启了智能化油田建设的探索。中国石油长庆、塔里木等各个油田也相继加快了智能油田建设步伐，成效显著。

中国石化于2013年启动了智能油气田建设规划，2018年，在中原普光、西北油田三厂进行智能油气田示范试点，随后在江汉涪陵、胜利海洋推广智能油气田建设。其中，西北油田建设成效显著，该油田基于石化智云平台，基本实现了现场可视化、生产自动化、油藏数字化、管理信息化、决策智能化的智能油田建设目标，成为中国石化智能油田建设的一个标杆。

中国海油于2012年确立了推动智能油田建设的目标，致力于构建勘探开发协同工作环境和海陆协同工作体系，已逐步开启海上作业平台的智能化建设工作。2021年，已有28座平台实现无人化改造，平台无人化比例达11%。

二、智能油田建设的重要意义

(一)降低生产成本，提高生产效率

通过智能油田建设，油田的中小生产站场可以实现无人值守、大型站场实现少人集中监控，油田生产作业现场能够大量地减少用工，大幅压缩用工成本(见表1)。生产过程中对于能耗环节能够自主进行评价分析，找出能耗潜力节点，自动形成并提出节能降耗优化分析报告及优化方案，降低油田生产能耗。油水井数据能够实现自动采集，注水井、站实现自动调节，处理厂、联合站生产流程瞬间完成切换，远程监测系统还能够自动发现异常并报警，员工可以在中控室电子屏幕前提前收到预警信号，精准快速地找到故障点，提前采取措施，有效地避免生产设备的损坏，在不影响正常生产的同时，大幅压减了油田的维保费用，为油田带来经济效益。

表 1　油田单位智能化建设后部分用工优化成果

油田单位	部分用工优化成果
中国石油大庆油田采油三厂第二油矿	截至 2016 年底，全矿作为数字化示范区，总人数从 1023 人减少到 857 人，总计减少用工人数 166 人
中国石油大庆油田采油一厂	2017 年以来，实现 52 座变电所无人值守，优化用工 310 人
中国石油大庆油田采油四厂	2019 年 21 座变电所全部实现无人值守，节省用工 118 人
中国石油大庆油田采油五厂	数字化油田建设取得阶段性成果，截至 2021 年，节省岗位用工 459 人，累计降低用工成本 1.2 亿元
中国石油吐哈油田吐鲁番采油管理区	实现火 8 站、吐 4 站、胜南 4 号平台等远程视频监控、无人值守
中国石油新疆油田百口泉采油厂	从 2016 年产量不足百万吨到 2020 年实现油气当量 200 多万吨，人员总数控制在 1300 人左右
中国石油长庆油田	2007—2020 年，油田从 2000 万吨发展到 6000 万吨，用工总量仍保持在 7 万人左右
中国石化西北油田	在油气井数较 2012 年增加 600 多口的情况下，实现了以 3800 余人的员工队伍，管理运转一个年产 800 余万吨油当量的油田

数据来源：中国石油、中国石化官方网站。

智能油田信息化物联网建设，能够将生产现场的数据实时传输到生产指挥中心，对整个油田的生产、输送、处理及储集等做到实时监控，并通过大数据、人工智能等现代化技术手段进行快速分析，给出相应的生产调控运行方案，对智能油田的生产进行实时监控，使油田的开发生产状态始终保持最佳，保持高效率运转。同时，无纸化办公、远程会议、智能管理系统的使用简化了管理流程，提高了企业的管理运行效率。

（二）降低勘探风险，提高钻井效率

智能油田建设基于对大数据和人工智能等新技术的应用，在地质上能够实现对地层的自动对比，可有效提高对目标储层预测的准确率及降低勘探开发的风险；地震数据的处理速度和质量将得到优化，地震解释更加智能、可靠；测井曲线也将可以做到合理的预测，地质油藏模型的不断优化完善，在高性能计算机及大数据等新的科技手段的帮助下进行油藏勘探和开发，可以寻找到更加优质的油藏资源，降低勘探风险。

在钻井方面，基于智能油田的建设，将能够实现钻井实时监控、事故复杂预警、地面井下自动控制、基于大数据人工智能的决策分析、辅助决策等。在钻井过程中，通过地质信息、物理信息、方位信息等的实时交互，再根据钻井数据库

中的海量钻井数据进行匹配和智能分析，可以实现钻头马力和钻速的自动调节，以及引导钻头实现最佳井轨迹，缩短钻井周期，提高钻井效率。

（三）优化管理模式和劳动组织方式

智能油田的建设将形成中小型站场实现无人值守，大型站场少人值守，电子巡检、集中监控、生产指挥中心统一管理的新型管理形式，打破了油田传统的划区管理、层层上报的管理模式，由生产指挥中心集中协调管控，压缩了管理层级，逐步形成一体化运行、扁平化管理。该模式将油气田生产管理由后端推进到前端，可解决生产运行过程中点多、线长、面广、管理松散和效率低下等管理难题。

油田常规的机构设置和人员编制将得到优化，值守岗位大量减少，精简合并部分基层班组，人员数量向中控室、生产指挥中心以及生产保障维修队转移，劳动组织模式由分散趋于集中。员工人均管理油气井数量大幅增加，一线倒班人员的数量减少，巡井由以前的几天一次可变为每月一次。生产数据实现了自动采集，报表实现了智能生成，生产数据由人工管理逐步向智能管理迈进。组织结构优化、生产方式变革，带来了减人增效、减岗增效的效果，解决了油田上产和用工难的问题，大大提高了劳动生产效率。

（四）提高决策能力和水平

智能油田的建成将对油田生产运行当中的各个环节做到实时监控，以采集实时信息为基础，通过建立勘探、开发、财务、人力、计划经营等各种指标的统计分析和预测模型，可以实现业务、管理指标的自动分析、预测和动态预警。油田云平台、大数据、人工智能、物联网系统的优化合作，可建成强大的数据分析和方案优化能力。对收集到的信息进行合理的、科学的、快速的智能分析，为油田管理层精细分析、精准施策提供更加科学直观的技术支撑，为决策提供具有参考价值的执行方案，可以提高管理者的决策能力和水平。

（五）保障员工安全

油田的生产区域大多位于盐碱滩、丘陵、深山、高原或者戈壁荒漠等人烟稀少、自然条件恶劣的环境中。生产作业点多、覆盖范围广、井点分散、路况差，工人日常巡井非常艰辛，尤其是到了寒冬和酷暑季节，极有可能出现冻伤和中暑等状况。油田经过智能化改造后，一线员工在中控室就可以通过监控管理系统实时获取油井、计量间、小站的生产运行数据，监控设备设施的运行状态，员工的日常巡井可变为定期巡井，大幅降低了巡井次数，减少了员工突发安全事故的可能性。智能化、自动化系统可以对“磕头机”进行远程启停操控，根据实际生产需要，远程改变油水井运行状态，转化生产流程等工作，减少了员工上岗磕碰等安全事故的发生。在一些高含硫的油气田，有时因为设备设施投产时间比较长，老化腐蚀情况严重，或者因为操作不当导致硫化氢气体泄漏，在员工巡井和施工作业过程中会产生极大安全风险。通过智能化改造后，站场实现无人值守、远程操控，现场检测仪表能够实现智能报警，能够对事故进行初步控制，确保了本质安全，降低了员工的安全风险。

三、国内智能油田建设存在的问题

（一）缺乏统一建设标准

智能油田建设投资大，涉及范围广，建设周期长。很多油田在最开始数字化、智能化建设过程中各个环节没有制定统一的标准，这就导致了：

（1）物联网设备品牌混杂，既有国内设备也有国外设备，生产厂家和系统版本不统一，各种设备的接口协议不一致，不能很好地相互兼容。

（2）无线技术应用种类繁多，包括第四代的移动信息系统（4G）、通用无线分组业务（GPRS）、行动热点（Wi-Fi）、紫蜂（Zigbee）等，以及新兴的 LoRaWAN 技术，网络技术种类的不同增加了物联网系统建设、管理及维护的难度。

（3）在一些油田企业中，在进行数据的收集、传输、分析和共享等环节由于缺乏统一的标准，缺乏自主算法模型，降低了数据的连接性和流通性，不利于数据在不同组织之间的转移和存储，同时增加了数据泄露的风险。

（4）2021 年，各油田企业均在不同程度地推进智能油田建设，但基本上都是“各自为战”，有自己的一套体系，即使某一油田企业内部智能化建设达到了统一规范，在全国范围内想做到数据的互联互通难度也较大。

（二）建设成本较高

智能油田建设需要做到油气田生产数字化的全覆盖，油气生产物联网的全面推广。中国油气田数字化程度在近十几年的不断发展中有了很大提高，但物联网技术受到各种因素的制约覆盖率较低。智能化建设中各油田企业需要实现上万口井的数据采集、井场的可视化建设，联合站、处理厂的数字化升级等工作。在数字化的基础上实现区域性联网以及物联网的改造，还需要建立专门的网络传输渠道，搭建数据云平台，建立一支专门负责油田物联网、数字化建设以及各类应用系统软件、智能算法开发和维护的人才队伍。这都需要投入大量的人力、物力和财力，将会导致企业成本的急剧上升。

在近几年油价低迷的情况下，油田企业都在提倡“勒紧裤腰带过日子”的生产运行模式，相对集中地投入这部分大额费用，企业可能难以接受。

（三）数据的采集、传输、智能分析难度大，数据安全存在风险

油田生产是一个庞大的、动态的系统工程，需采集的数据门类众多且在不断更新。油田生产作业环境复杂、条件恶劣，生产一线基础设施落后。在这样的条件下，数据采集装置的安装、维护非常困难，而且有众多的采集设备需结合各个油田生产实际情况进行创新、攻关和研制，使设备适合生产环境，以保证长期稳定运行。所以，要对安装在井下、井口、井场等位置的仪器仪表、摄像头、传感器等装置的数据进行采集难度较大。另外，对于一些地理上覆盖面积较大、井组分散的油气田来说，由于通信设施建设成本较高，或是因为自然条件不利于信号传送等因素，导致数据无法传输也是个亟须解决的难题。油田生产运行过程中需要采集的数据种类更是多达几百种，数据量则是海量级别，且大多为非结构化数据，要把这些数据进一步地进行处理、分析和归纳演绎，技术之繁杂可以想象。

国内主要物联网软件和加密技术还不成熟，缺少自主研发的集成系统，大部分使用的软件系统和硬件设备都来自国外，这很有可能会让井位坐标、原油产量、油藏状态等机密信息存在被泄露或者被监听的风险。物联网、云计算等新技术依赖于各种程序和网络，而网络连接、数据传输和大量的终端都有可能引起信息泄露的问题出现。

（四）缺乏专业的 IT 人才

智能油田建设需要油田企业拥有大量专业性的 IT 人才，他们既需要了解油田的生产运营，又需要有很强的 IT 技术水平，能够结合油田运行实际，进行油田智能化建设相关项目的软件开发、算法设计、大数据分析等技术服务。由于油田企业在以往每年的员工招聘中，岗位设置绝大多数都是地质、工程、储运等与油田生产直接相关的主干专业，油田企业储备的专业 IT 技术人才较少。另外，油田企业的薪资水平较为固定，对于高薪的 IT 行业来说吸引力不大，很多 IT 人才在积累了一定经验后选择跳槽，把油田企业作为跳板，造成人才流失。所以，在智能油田快速发展的过程中难以在短时间内保证充足的 IT 人才。

四、国内智能油田建设对策建议

（一）统筹构建标准化体系

构建一个标准化体系是智能油田建设的基础和前提，标准的建立能够保障各项业务在开展过程中有章可循，做到统一、标准、安全、规范。

中国石油、中国石化、中国海油(简称“三桶油”)应在集团公司层面上结合中国油气行业发展现状和未来发展方向，不断完善顶层设计，出台统一的建设标准和技术规范，改变以往一个油田一套体系的问题。“三桶油”下属的各油气田分公司再以此为依据，结合自身油田生产运营的实际情况编制适用于本单位的细化标准，逐渐实现在技术设计、工程施工、建设管理、物资采购等方面的标准化。尽快实现统一的基础运维平台在各油田企业的全覆盖[如中国石油的油气生产物联网系统(A11 系统)，中国石化的油气生产指挥系统(PCS 系统)]，实现对信息资源标准化的录入和处理，进行集中统一的精细化管理，实现资源的合理调配。

标准化体系的构建和实施，能够缩短智能油田的建设周期、降低建设成本、提高建设质量。使物联网系统收集的海量实时数据进行多目的、跨单位流动，从而实现共享、协同的作用。

(二)降低建设成本

油公司应根据自身数字化、智能化建设水平，制定相应的发展战略，做好不同产能区块智能化改造后的经济效益评价，对不同经济效益区块采取有取舍、分批次、有计划地投入资金，分阶段地完成智能油田建设，以此降低智能油田建设过程带来的成本急剧增加的压力。

在数据传输网络建设方面，对于单个井点或者中小型站场来说，应尽可能使用无线网络，以代替铺设光纤网络所需要花费的高昂费用。可以大力推广低功耗广域网无线传输技术(LoRa)，这种技术具有传输距离较远、功耗低、网络结构简单、成本低的特点。其对应的产品就是收发器芯片，这样可以降低以往建设模式中使用 RTU、控制柜等设备的成本，并减少了现场施工成本，同时简单的网络结构也降低了通信链路的建设成本。大庆头台油田探索出的基于 LoRa 无线技术的物联网建设方案，使大庆油田物联网单井综合建设成本由 3 万元降至 1 万元以下。

(三)加强与高科技公司的合作

油田企业专长于勘探、开发、生产，高科技公司有新科技、新技术，在智能油田建设方面，油田企业应与高科技公司深化合作，加强技术交流和创新，利用高科技公司的先进技术和人才优势，解决信息通信和互联网技术方面的难题。

一方面，应利用好公司集团内部资源。如中国石油的昆仑数智公司，是中国石油于 2020 年 11 月通过内部整合组建的信息及通信技术科技公司，其前身一直为中国石油等大中型企业提供 IT 方面的服务支持，本身就具有丰富的服务于能源行业的经验。所以，油田分公司应在集团公司的助推下，加强与昆仑数智的交流合作，利用其优势技术和资源，推进数字化转型和智能化发展。另一方面，可以借助其他高科技公司的技术力量。例如，新疆油田公司就与华为技术有限公司于2020年11月签署了战略合作框架协议，新疆油田公司将利用华为公司在5G、人工智能、认知计算、工业互联网等领域的优势技术，有效解决智能油田建设过程中设备设施的创新研发，以及数据的采集、安全传输和智能分析等方面的难题；大庆油田公司也于2020年12月与浪潮集团签署了战略合作协议，双方将在数字油田建设、云数据中心建设等方面开展深入合作。

油田企业与高科技公司的不断合作，将有利于解决智能油田建设过程中技术上的难题，加速智能油田建设进程。

（四）加强IT人才队伍建设

油田公司作为传统的能源企业，长期以来缺乏对IT人才的储备，在油田升级转型的关键时期，对IT人才队伍的建设刻不容缓。油田企业应根据智能油田发展需要和自身的实际情况组织力量编制人才规划方案，多措并举实施人才规划战略。建议如下：

（1）加大招聘力度。在每年的校招中，相应增大招录IT相关专业人员的比例，作为油田企业长远发展的储备力量。对于人员紧缺的IT岗位，可适当招录优秀的社会人才，以保证智能油田建设的发展需要。

（2）提高福利待遇。在享受基本的员工薪酬制度上，可适当增加对优秀IT人才的补贴，提供良好的设备设施和工作环境，并可以出台更具吸引力的项目激励政策，激发IT员工的创新性和积极性。

（3）完善人才培养计划。油田企业应完善对IT人才的自主培训计划，组织人员编制科学合理的培养方案。不仅要以提高专业技术水平为目标，还要让IT技术人员有机会深入到油田生产当中去，了解油田基本的生产运营情况，以便更好地发现、解决油田智能化发展中的实际难题，从而培养出适合油田发展的高素质综合性人才。

五、结语

科技的进步势必会引起企业生产技术的革新和管理模式的优化，同时油价的持续低迷及中国能源行业的不断深化改革，迫使油田企业不得不思考如何利用现代高新技术来保证企业的高质量发展，保持在行业当中的优势地位。数字化转型和智能化发展是油田企业提质降本增效的有力抓手，应当引起行业内人士的高度重视。要借用好物联网、大数据、5G等新技术发展的东风，完善物联网建设，数据分析的优化创新，云平台的搭建。同时，要注重人才培养，优化管理模式，构建统一标准，以实现智能油田建设又好又快的发展。

费改税对石油化工行业绿色技术创新与ESG表现的影响

石油化工行业是中国国民经济的基础产业和支柱产业，为推动中国经济发展作出了巨大贡献，但石油化工行业作为污染排放的大户，其“三废”排放量位居全国工业行业前列。据2020年生态环境部、国家统计局和农业农村部联合发布的第二次全国污染源普查公报，石油化工行业化学需氧量排放量11.92万吨、氨氮排放为1.09万吨、总氮排放量3.84万吨、总磷排放量948.79吨、挥发性有机物排放量107.57万吨。国际能源署(IEA)统计数据也显示，2020年全球二氧化碳排放量为314亿吨，主要来自煤、石油和天然气等一次能源的使用。因此，石油化工行业一直是环保部门重点监测对象，也是环境规制的重点实施对象。1979年9月颁布的《环境保护法(试行)》中提出的排污费制度是重要的环境治理手段，其后国务院分别于1982年和1988年颁布了《征收排污费暂行办法》和《污染源治理专项基金有偿使用暂行办法》，正式确立了排污费制度。2002年1月，国务院发布了《排污费征收使用管理条例》，于2003年7月1日实施，强化了排污费的征收和管理。2014年9月1日，国家发展改革委、财政部、环保部(2018年已更名为生态环境部)联合发布《关于调整排污费征收标准等有关问题的通知》(发改价格〔2014〕2008号)，要求2015年6月底前完成大幅度上调排污费的征收标准，进一步促使石油化工企业治污减排，但排污费制度仍然存在收缴率过低或政策执行随意性大等问题。随着2018年1月1日中国首部“绿色税法”《环境保护税法》正式实施，实现了排污费制度向环境保护税制度的平稳转移。虽然环境保护税和排污费均是市场激励型环境规制，根据波特假说，会对企业的技术创新和绩效产生一定的促进作用。但与作为行政规定的排污费不同，环境保护税是监管力度更强的税收法律，两者之间仍然存在较大差异，具体见表1。

同时，随着中国进入高质量发展的新时代，创新驱动、绿色生产和可持续发展成为企业追求的方向和目标，而环境、社会和治理(Environment, Social and Governance，简称ESG)作为一种新的可持续发展理念，关注企业环境、社会和治理绩效而非财务绩效，目的在于引导投资者和企业推动可持续发展，ESG传递了追求经济价值和社会价值相统一的发展观，是实现经济高质量发展和企业可持续发展的有效抓手。在全球对可持续发展议题强势关注的背景下，石油化工行业作为污染排放的大户，在监管部门的引导下也加强了 ESG 信息披露质量。2020 年 11 月，由中国化工信息中心联合中诚信绿金科技(北京)有限公司牵头起草的团体标准《中国石油和化工行业上市公司 ESG 评价指南》正式发布，这是中国首个上市公司 ESG 评价标准，为中国石油化工行业上市公司 ESG 评价提供了统一规范和参考依据，同时促进了行业积极履行环境和社会责任，完善了公司治理，带动了整个行业的绿色转型升级。

表 1　排污费与环境保护税的区别

项　目	排污费	环境保护税
法律层级	行政法规	税收法律
征收权	环保部门	税务部门征收，环保部门配合开启“企业申报、税务征收、环保监测、信息共享”的税收征管模式
税收归属	中央地方分享	全部为地方
纳税人	缴纳人	纳税人
税目	大气污染物、水污染物、固体废物、环境噪声	大气污染物、水污染物、固体废物、噪声
计税依据	现行排污费计费办法	对大气污染物、水污染物，沿用了现行的污染物当量值表，并按照现行的方法即以排放量折合的污染当量数作为计税依据；以现行排污费收费标准为基础，设置环境保护税的税额标准
税收优惠	不存在收费优惠，针对低于浓度值和高于浓度值的污染物排放实行统一的收费标准	环保税法增加了纳税人减排的税收减免档次：纳税人排放应税大气污染物或者水污染物的浓度值低于国家和地方规定的污染物排放标准 30%的，减按 75%征收环境保护税；纳税人排放应税大气污染物或者水污染物的浓度值低于国家和地方规定的污染物排放标准 50%的，减按 50%征收环境保护税

数据来源：国家税务总局。

因此，本文以受环境保护税影响较大的石油化工行业为研究对象，探究环境规则制度的优化是否会进一步提升企业自主技术创新的动力，以实现绿色发展和创新发展的“双重红利”，进而提升企业 ESG 的表现。

一、费改税对石油化工行业的影响

相较于排污费，环境保护税通过对企业排放的污染物征税将企业的环境成本内部化，增加了企业的成本黏性，促使企业提高治理水平，将治污工作提高到风险管理战略高度，并制定以绿色发展和可持续发展为导向的商业战略。进一步促使企业加大环保投资，通过产品结构和生产过程的绿色技术创新实现节能减排的目标，从而改善企业的环境绩效。同时，绿色技术创新可以降低能源消耗，减少废弃物处置，提供安全的工作场所，并通过为公众提供绿色、安全的环保型产品，提高企业的社会责任绩效，从而提升企业的 ESG 表现。

本文根据国务院国资委考核分配局对石油化工行业的分类，参考证监会上市公司分类指引(2012)标准，以石油和天然气开采业，石油加工、炼焦和核燃料业，化学原料及化学制品制造加工业，化学纤维制造业，橡胶及塑料制品业五大行业 400 家沪深 A 股上市公司为研究对象。由于排污费在 2014 年最后一次调整征收标准，因此选择 2014—2020 年作为费改税研究期间，其中 2014—2017 年反映排污费的征收情况，2018—2020 年反映环境保护税的征税情况。基于上述样本，本文探究费改税对石油化工行业的绿色技术创新和 ESG 表现的推动作用，从而判断环境保护税是否加快带动石油化工行业融入当前绿色低碳转型的经济发展道路，实现经济、生态可持续发展。

（一）税费变化

与排污费相比，环境保护税的应税水污染物涉及 61 项、应税大气污染物涉及 44 项，除常规污染物以外，其他特征化学污染物绝大部分都跟石油化工行业排放相关，例如氰化物、重金属等，基本涵盖了所有石油和化工子行业。这跟以往只对简单常规污染物征收的排污费相比，对石油石化行业的要求明显变得更加严格。同时，环境保护税法规定了税收减免等优惠政策，目的在于充分发挥环保税“多排多征、少排少征、不排不征”的正向激励作用，石油和化工企业可以借此契机，积极通过技术创新等手段开展固体废物综合利用和废水、废气深度治理。

在费改税和要求绿色发展的背景下，石油和化工行业为加快推进石油和化工行业供给侧结构性改革，促进实现绿色可持续发展，推动中国由“石油和化工大国”向“石油和化工强国”跨越，中国石油和化学工业联合会在 2016 年就发布了《石油和化工行业绿色发展行动计划(2016—2020 年)》，之后通过现场调研石油化工企业及重点园区，在 2017 年进一步编制更具针对性和可操作性的绿色发展六大行动计划，推动石油和化工行业的技术进步及可持续发展。

根据石油化工行业的公司报告或者社会责任报告，数据如图 1 所示，可以看出，2014 年排污费上调征收标准后，排污费缴纳依然呈上升趋势，说明排污费虽然提高了征收标准，但大部分企业的治污成本仍高于排污成本，因此宁愿选择缴纳排污费而不进行治污。而自 2018 年实施环境保护税以来，石油化工行业平均税额整体呈大幅下降趋势。同时，除 2020 年受新冠肺炎疫情影响产值略有下降外，2014 年以来石油化工行业的产值一直处于增长趋势，说明并非通过减产实现减排。而是受环境保护税的政策激励，企业环保意识得到提高，从而通过加大环保治理设施的投入与技术升级改造减少污染物的排放。

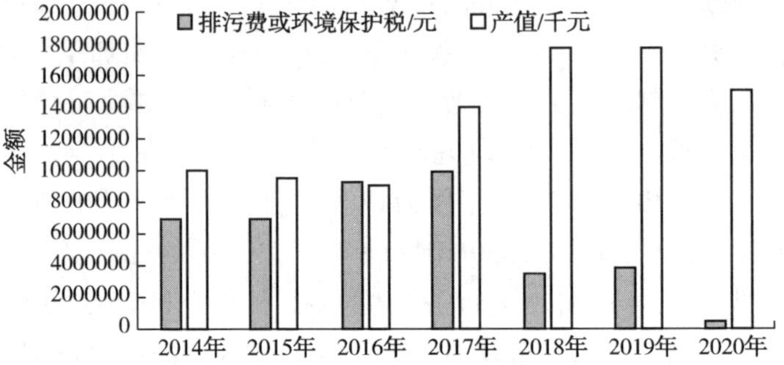

图 1　石油化工行业 2014—2020 年排污费(环境保护税)均值及产值均值

数据来源：根据石油化工企业 2014—2020 年报整理所得

(二) 绿色技术创新的变化

根据石油化工行业上市企业披露的公司报告或者社会责任报告，2014—2020 年石油化工行业研发投入均值数据如图 2 所示。可以看出，2014—2020 年研发投

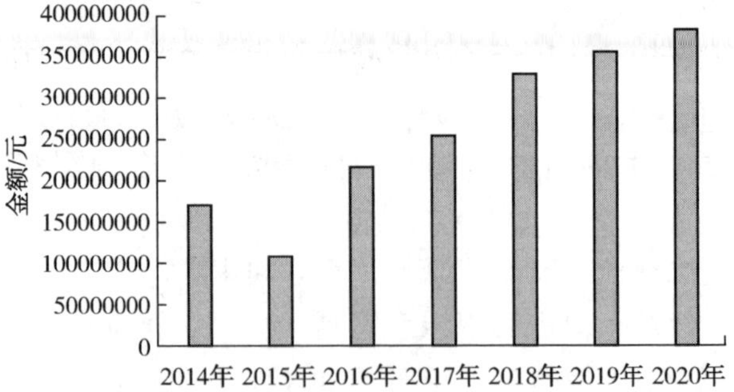

图 2　石油化工行业 2014—2020 年研发投入均值[①]

数据来源：国泰安数据库

① 本文选取的公司在 2014—2020 年年间披露研发投入数据的企业数量不一致，因此使用研发投入均值数据。

入金额整体为增长趋势。随着2014年提出加快建立生态文明法律制度，石油化工行业逐渐在发展过程中重视生态环保理念，根据石油化工企业披露的公司年报可以看出，研发投入大部分为致力于清洁产品和清洁生产技术的绿色研发，以减少治污排污成本，例如：上海石化2019年和2020年持续对碳纤维和氢能等清洁生产技术进行研发投入，其中2019年年报披露其对清洁产品和装置设备工艺的绿色技术创新与研发总投入占比高达86.75%。

根据石油化工行业披露的信息，2014—2020年石油和化工行业的绿色专利总量如图3所示。

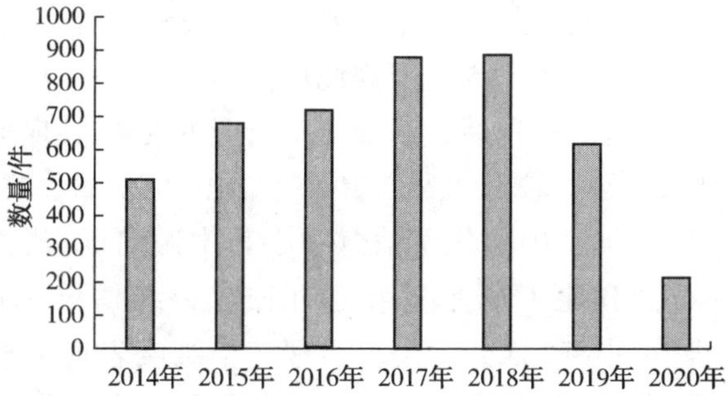

图3　石油化工行业2014—2020年绿色专利申请总量

数据来源：Wind数据库

可以看出，2018年费改税之前，石油化工行业绿色专利数量较多，且2014—2017年呈上升趋势，这主要是由于2014年9月夏季达沃斯论坛上李克强总理提出“大众创业，万众创新”，作为国家经济命脉的重要行业，石油化工行业掀起了创新的新浪潮，以追求数量和速度为目标，多为创新水平较低的实用新型专利为主。同时，由于知识产权的申请难度较低，创新的水平表现出“大而不强、多而不优”的问题。

2018年费改税之后，虽然石油化工行业仍持续加大绿色研发投入，但绿色专利数量却呈现下降态势。究其原因：一是随着环境税的开征，石油化工行业更加着力于清洁绿色生产的重大基础研究和关键核心技术攻关，以此攻克一批绿色创新制高点技术。由此，绿色技术创新的难度增大，研发周期拉长，创新水平提高。例如，中国石化自2009年开始投资燃煤燃焦脱硫治理项目，一直在减少硫化物的绿色创新上进行技术攻关，直至2019年才研发完成了关于硫化物排放的“炼化含硫废气超低硫排放及资源化利用成套技术”，2020年在该技术基础上研发出了符合最新标准的低硫船用燃料油。该技术历时近十年时间，采用新型催化剂和净化装置显著减少了二氧化硫排放，推动了含硫废气治理技术的进步。二是面对中国创新“大而不强、多而不优”现象，2016 年底，国家知识产权局出台了专利质量提升工程实施方案，明确提出以“高水平创造、高质量申请、高效率审查、高效益运用”为目标，2018 年国家认监委、国家知识产权局关于联合发布《知识产权认证管理办法》规范了知识产权的认证，加强了对知识产权认证的监督管理，这使得专利申请的难度也在逐年增大。

（三）ESG 表现的变化

ESG 理念在中国起步较晚，香港联交所于 2012 年出台了《环境、社会和管治报告指引》，ESG 在中国才逐步建立并发展，因此 ESG 信息整体披露水平较低，导致前期样本缺失，最终共得到 508 个观测值。

图 4 显示，开征环境保护税后，石油化工行业的 ESG 表现虽优于征收排污费期间，但 ESG 表现总体处于较低水平。2020 年 12 月 27 日，在北京举行的中国石化产业 ESG 高峰论坛上，中国化工信息中心与中诚信绿金科技(北京)有限公司共同发布了中国石油和化工行业上市公司 ESG 评级榜单 TOP50。其中，A—AAA 级[分别为企业在环境、社会、公司治理 3 个维度表现水平较高(A)、很高(AA)、极高(AAA)]仅 11 家上市公司(包含 A 股和 H 股)获得，除中国石化和中国石油位居榜单第二位和第三位外，其他石油化工企业 ESG 评级大部分处于中等及以下水平。同时，TOP50 榜单也显示，石油化工行业 ESG 评分分布呈现两极分化趋势，特别是在环境和社会责任方面两极分化现象更为明显。

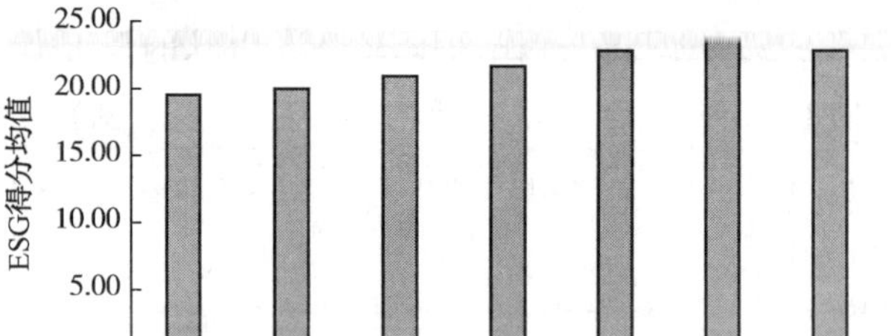

图 4　石油化工行业 2014—2020 年 ESG 得分均值

数据来源：彭博数据库

由于石油化工属于重污染行业，因此在进行 ESG 评级时，更关注其在环境方面的表现与贡献，故环境维度所占权重较大，直接影响企业整体 ESG 的表现。由表 2 可知，石油化工行业 ESG 得分总体呈上升趋势，但相较其他行业得分较低的原因主要还是其环境维度评分表现不佳所致。

表 2 石油化工行业 2014—2020 年 ESG 分项得分均值

项　目	2014 年	2015 年	2016 年	2017 年	2018 年	2019 年	2020 年
环境(E)	9.98	10.41	10.11	11.63	12.69	12.33	11.85
社会(S)	24.78	24.11	24.37	25.49	25.52	25.32	24.54
治理(G)	41.63	41.12	46.12	46.93	47.25	47.18	46.61
ESG	20.79	20.98	21.82	23.08	23.72	23.54	22.70

数据来源：彭博数据库。

图 5 显示，自 2018 年费改税以后，石油化工行业的环境维度得分保持 10%以上的增长，其中，2019 年的增长率最高，达 29.26%。由于 2020 年发布了一系列新规(见表 3)，对石油化工行业提出了更高的环保要求，故当年石油化工行业环境维度得分有所下降，但仍高于费改税前环境得分最高水平——2017 年的 11.63 分。这表明相较于排污费，环境保护税对石油化工行业在环境方面的表现具有更加明显的提升效果。

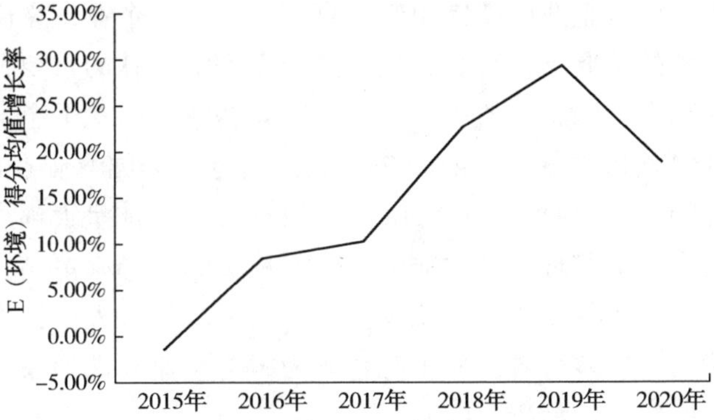

图 5 石油化工行业 2015—2020 年环境维度得分增长率

数据来源：彭博数据库

表 3 2020 年环保新规

时　间	环保文件
2020 年 1 月 1 日	国际海事组织(IMO)发布的“限硫令”正式生效
2020 年 1 月 16 日	国家发展改革委、生态环境部印发《关于进一步加强塑料污染治理的意见》
2020 年 9 月 1 日	《中华人民共和国固体废物污染环境防治法》施行

数据来源：海事服务网和中国政府网。

二、产权异质性分析

由于我国国情的特殊性，产权性质与企业责任密切相关。本文根据产权性质将样本划分为国有石油化工企业和非国有石油化工企业，并分别进行统计分析。石油行业作为我国能源战略行业，与能源安全密切相关，长期以来都是由国有企业专营。近些年来，随着油气体制改革的不断推进，各个环节的垄断局面逐渐被打破。2020 年 1 月 9 日，自然资源部在《自然资源部关于推进矿产资源管理改革若干事项的意见(试行)》新闻发布会上表示，将全面放开油气勘查开采，允许民企、外资企业等社会各界资本进入油气勘探开发领域。此举意味着我国油气勘查开采领域由国企垄断的格局被打破，国内油气行业将全面开放和市场化。国家对民营企业在油气领域发展的支持更加明确，民营企业继续加大油气领域的投资力度，涉足石油化工的民营企业不断壮大，2021 年 8 月，全国工联发布的 2021 年中国民营企业 500 强名单中，涉及石油化工的企业有 67 家，较上年增加 7 家。

(一) 税费差异

如图 6 所示，国有企业的整体税额一直高于非国有企业，原因是石油和化工行业作为国民经济的重要支柱行业，是关系国家经济命脉的重要行业，国企生产规模要远大于非国企，国企产值一直高于非国有企业，因此国企的污染物排放量相对更多，税额也就相对更多。如图 7 所示，国有与非国有企业的税负(排污费或环境保护税税额比营业收入)在 2018 年费改税后，整体呈大幅度下降趋势，通过减排降税的效果逐渐显现。其中非国有企业税负的下降率更高，两者之间差距缩小。究其原因，费改税以后，环境保护观念进一步深入人心，相对于国有企业一直是保护环境的主要践行者，非国有企业为树立企业环保形象，费改税后逐渐开始注重环境保护责任的承担。

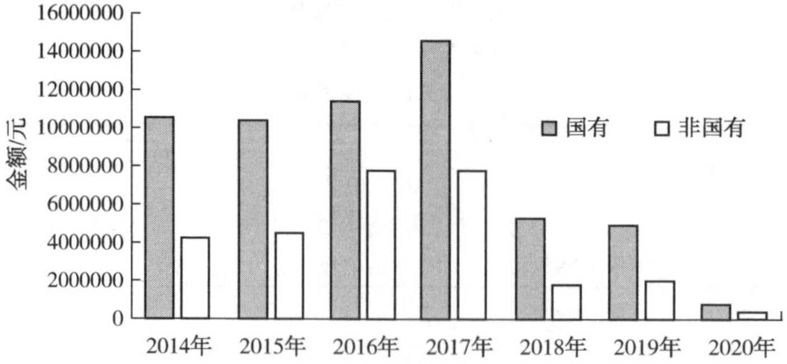

图 6　2014—2020 年国有与非国有石油化工企业排污费(环境保护税)均值

数据来源：根据石油化工企业 2014—2020 年报整理所得

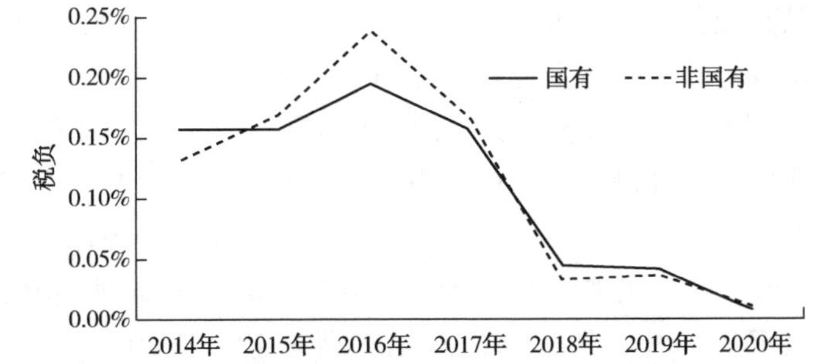

图 7　2014—2020 年国有与非国有石油化工企业税负差异趋势

数据来源：根据石油化工企业 2014—2020 年报整理所得

(二) 绿色技术创新

由图 8 可以看出，国有企业的绿色技术创新水平明显要好于非国有企业。图 9 显示国有企业的研发投入也明显多于非国有企业。

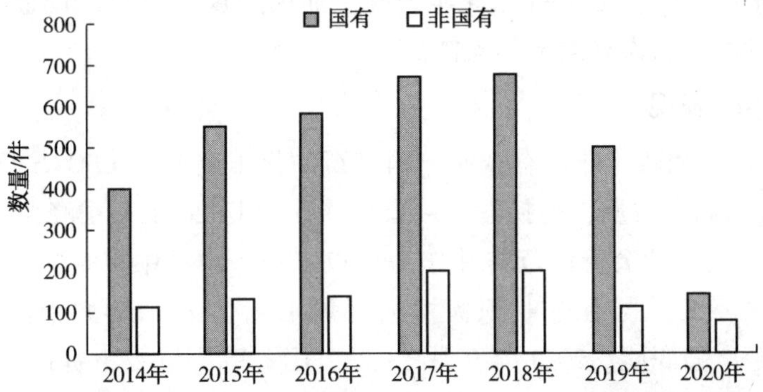

图 8　2014—2020 年国有与非国有石油化工企业绿色专利申请数量

数据来源：Wind 数据库

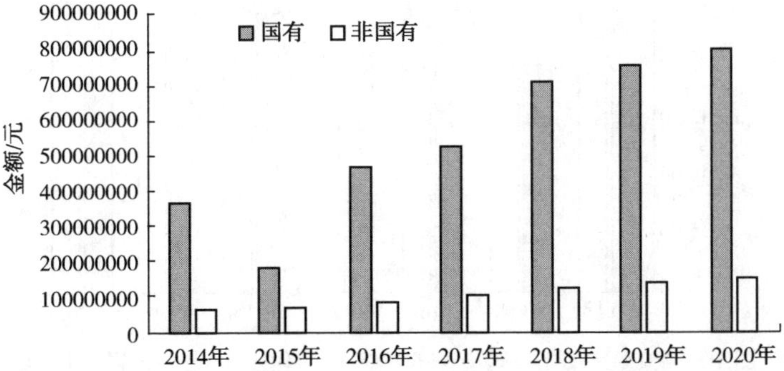

图 9　2014—2020 年国有与非国有石油化工企业研发投入均值

数据来源：国泰安数据库

以从事产品和业务类型相近的中国石化和卫星石化作为对比，作为国有企业的中国石化相比较于作为民营企业的卫星石化，研发投入较多，这也导致了民营企业在绿色技术创新中的投资动力不足；作为国有企业，企业的社会责任感更强，非国有企业更关注经济目标。中国石化高度重视节能减排与环境保护，并积极为绿色低碳发展作出贡献，2014—2016 年的“碧水蓝天”环保专项行动，实施环保治理项目 870 个，在此基础上 2018 年公司发布“绿色企业行动计划”，研发生物航煤、可降解生物基塑料等绿色石化产品，连续多年研发清洁绿色生产技术，在减少二氧化硫的排放上不断有突破性的进展，2018 年，二氧化硫排放量减少 18%，至 2019 年，中国石化研发的“炼化含硫废气超低硫排放及资源化利用成套技术”已推广应用于 300 余套装置，共节约装置投资 20.62 亿元。而对于卫星石化，更加关注经济目标，绿色技术创新水平从 2016 年到 2020 年没有很大提升。由于国有企业的规模相对较大，更有实力和资金研发绿色创新技术，相对于中国石油和中国石化，卫星石化等非国有企业由于规模较小，资金和技术受限，在绿色技术创新方面没有太多的关注。

（三）ESG 表现

图 10 显示，相较于非国有企业，国有石油化工企业在 ESG 方面履行质量更高。在“负责任、高质量、可持续——ESG 中国论坛 2021 春季峰会”上，国务院国资委把 ESG 纳入社会责任范畴并作为重点工作，推动中央企业加强 ESG 信息披露。近年来，大量国有企业积极探索开展 ESG 治理，例如中国石化股份将 ESG 纳入了董事会职能。2021 年 9 月 18 日，国务院国资委、责任云研究院发布了首本《中央企业上市公司 ESG 蓝皮书(2021)》，并公布了“央企 ESG · 先锋 50 指数”，选出 50 家上市公司，为国务院国资委统筹推动央企上市公司 ESG 工作

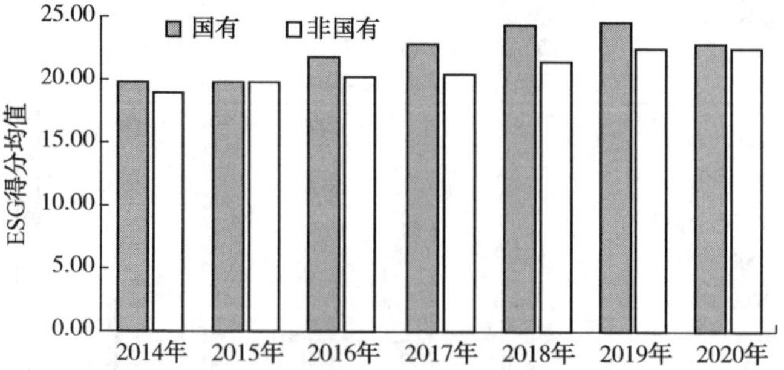

图 10　2014—2020 年国有与非国有石油化工企业 ESG 得分均值

数据来源：彭博数据库

提供重要参考，其中中国石化榜上有名。央企上市公司 ESG 水平评级显示，中国石油、中国海油和中海油服等部分石油化工企业达到优秀水平。费改税后，国有企业和非国有企业的 ESG 得分差距在逐渐缩小，说明环境保护税政策的实施促进非国有企业在 ESG 方面投入更多资源，加强环境与社会风险的管理，积极推动企业可持续发展能力的提升。

三、结论与政策建议

（一）主要结论

（1）相较于排污费，环境保护税进一步激励石油化工行业积极减排，环保税额呈现大幅下降的趋势。国有与非国有企业的税负在费改税后，整体呈大幅下降趋势。同时，相较于国有企业，环境保护税有助于非国有企业进一步提升环保意识，非国有企业税负的下降率更高，两者之间差距缩小，并不断接近于国有企业水平。

（2）相较于排污费，环境保护税进一步增加了石油化工行业的绿色研发投入，但由于创新技术的难度增加且专利申请难度提高，费改税之后，石油化工行业绿色专利数量有所下降，但绿色技术创新的质量水平得到提升；相较于非国有企业，国有企业的绿色技术创新水平更高。

（3）相较于排污费，环境保护税促使石油化工行业的 ESG 环境维度的得分增长率迅速上升。但石油化工行业 ESG 级别分布呈现两极分化趋势，特别是在环境和社会责任方面，两极分化现象更为明显。相较于非国有企业，国有石油化工企业在 ESG 方面履行质量更高，但两者的差距在逐渐缩小。

（二）对策与建议

1. 扩大环境保护税征收范围或设置碳税

随着 2020 年第七十五届联合国大会上习近平主席提出“二氧化碳排放力争 2030 年前达到峰值，力争 2060 年前实现碳中和”的双碳目标，表明中国经济发展将迎来一场极其广泛深刻的绿色工业革命，绿色低碳转型成为各行各业发展的重要方向。而二氧化碳截至 2021 年尚未被纳入环境保护税的征收范围，石油化工行业作为碳减排的主力军，通过将二氧化碳纳入征收范围，可以进一步推动石油化工行业积极减排降碳的力度，提高石油化工行业的环保意识，充分发挥环境保护税的激励作用；也有部分学者认为，由于二氧化碳属于温室气体，不属于污染气体，为了避免将二氧化碳纳入征收范围会存在法律地位上的学理分歧，因此可以设置碳税，加大政府对二氧化碳减排的调控力度，同时有助于中国绿色税制的完善与优化。

2. 完善税收优惠政策

环境保护税的优惠政策主要是对减少污染物的排放浓度给予税收减免，但未对实现减排的原因予以区分。环境保护税的目的是减少污染物排放，不是减少生产能力，因此应避免限产实现的减排享受税收优惠政策。所以，税收优惠政策的实施应与企业的产能和效益挂钩，只针对企业通过环保投资、绿色技术创新实现的减排给予优惠政策，做到对石油化工行业减排与创新的精准激励，推动经济与环境的可持续发展。

3. 制定差异化政策

建议消减不同产权性质的企业在减排动力和创新能力上的差异性，针对非国有企业的资金压力和创新资源有限等特征，建议给予更多的税收优惠，通过差异化政策转变企业的发展观念，提高企业的创新。

4. 石油化工行业应积极进行绿色技术创新，树立可持续发展观念

石油化工行业应继续加大绿色研发投入力度，并合理利用税收优惠和政府补助等政策，通过实质性绿色技术创新实现减排降碳，在缓解企业成本黏性的同时，实现绿色低碳转型。同时，在高质量发展和“双碳”目标的要求下，财务绩效已不是衡量企业发展的唯一标准，ESG 理念在国内的迅速发展使投资者越来越重视企业的环境保护责任等，因此，石油化工行业应转变发展观念，重视并提高自身的 ESG 表现，在获取外部投资的同时，及时调整和解决自身问题，促进可持续发展。

全球 LNG 贸易新趋势及中国能源企业 LNG 业务发展建议

2021 年，全球 LNG 项目产能建设最终投资决定(FID)和贸易总量经历了较大幅度的动荡。全球新冠肺炎疫情持续恶化导致天然气需求急跌、天然气价格跌至历史谷底、液化项目投资决策陷入停滞、飓风导致重点项目停工、供应短期紧缺遭遇亚洲需求复苏、创纪录极寒天气催生增量需求、大西洋供应增加考验巴拿马航道运力，多因素叠加导致 LNG 价格创历史新高。

为迅速适应瞬息万变的市场，日趋成熟的 LNG 市场参与者们对贸易灵活性的需求高于以往任何时期。目的地灵活、资源池供货、一体化整合或多模式联盟成为在 LNG 产业链内获取一席之地的共识。传统的石油巨头也凭借早期战略布局、产业链优化整合和全流程的卓越运营成为有效连通全球 LNG 生产端和消费端的重要环节。

一、新形势下全球 LNG 资源供应呈现全新模式

(一)“资源池供货”在 LNG 贸易占比中不断提升

传统的 LNG 上游项目在投资决策前需要锁定一定份额的 LNG 长期贸易合同，以降低上游巨额投资风险，通常贸易合同约定为“点对点”供应，这种合同模式仍然是交易的主流。但在这种交易模式下，一方面卖方供应能力受项目产能约束，无法满足买方增量或补提的需求，另一方面当项目出现故障时，买家面临断供风险。

随着 LNG 供应宽松局面的出现和现货交易的日益活跃，国际石油公司在完善全球资源布局的同时，开始向“资源池供应商”转型。“资源池供应商”可将卖方所有 LNG 项目作为供应来源，突破了“单项目点对点”供应的局限性，强化了资源供应的稳定性和抗风险能力。此外，拥有强大资金实力和风险承受能力的国际石油巨头，部分上游项目投资决策不再需要绑定长期购销协议。这种模式一方面给予买方更多的供应保障，例如增量或补提要求能够被满足，规避断供风险；另一方面给予卖方资源调配的灵活性。“资源池供应”受到买卖双方的青睐，并

成为当前国际 LNG 贸易合同的主要供应模式。

伴随着全球 LNG 贸易量的连年增长，“资源池供货”模式在长期购销协议中的占比也在逐年提高。据睿咨得能源管理咨询有限公司(Rystad Energy)统计，2001—2005 年签署的 LNG 长期购销协议为 1.17 亿吨/年，其中资源池供货的合同只占 3%；到了 2011—2015 年和 2016—2019 年期间，资源池供货的合同比例逐渐提高到了 20%和 26%(见图 1)。其中，拥有全球范围内 LNG 资源布局的壳牌、道达尔、英国石油、马来西亚国家石油公司和埃尼集团也是签订资源池供应合同最活跃的公司。

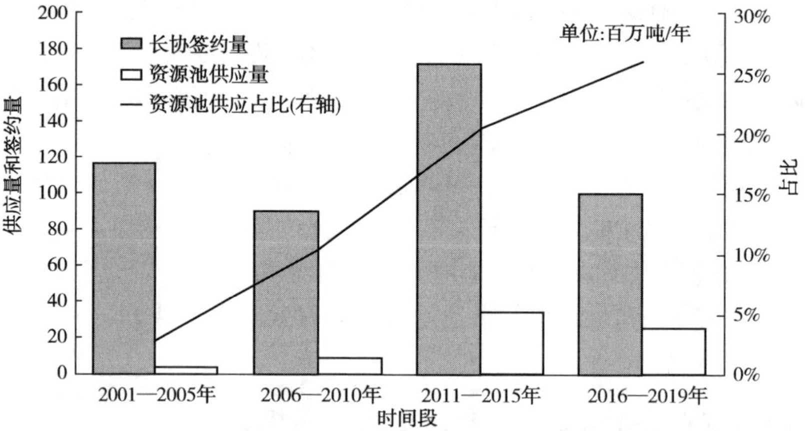

图 1　全球 LNG 长期贸易合同中资源池供应量占比变化

资料来源：睿咨得能源管理咨询有限公司

(二) 现货交易量与第三方贸易业务协同增长

由图 1 可知，2016—2019 年签署的 LNG 长期购销协议总量比 2011—2015 年期间下降了 41%，在 LNG 贸易量逐年上涨的背景下，这意味着现货交易的占比有大幅提高。据国际液化天然气进口国联盟组织(GIIGNL)报告可知，2010 年 LNG 现货交易比例不足 20%，到 2018 年该比例升至 32%，2020 年达到 40%。在近年来 LNG 供应过剩的背景下，资源池供货、第三方贸易、目的地灵活条款与现货交易量协同增长，均是满足不断涌现的市场新买家需求的新模式，同时也吸引了更多的市场参与者开展 LNG 贸易业务。

2018 年，壳牌的 LNG 销售量达到 7121 万吨，较前一年上涨 8%，这一增长主要来自第三方贸易增长(作为贸易商采购资源并转卖)和 LNG 产量的提高。2020 年，在全球主要资源池供应商中，壳牌、道达尔、英国石油公司(BP)、马来西亚国家石油公司除了自产自销 LNG 和权益提气量以外，均有一定比例的第三方贸易气量(见图2)。在2020年市场不佳的情况下，壳牌LNG销售量也超过了7000万吨，其中一半以上的贡献来自第三方贸易。在2020年的现货市场中表现出前所未有的活跃，拥有第三方贸易能力的供应商比其他供应商拥有更大的抗风险能力。

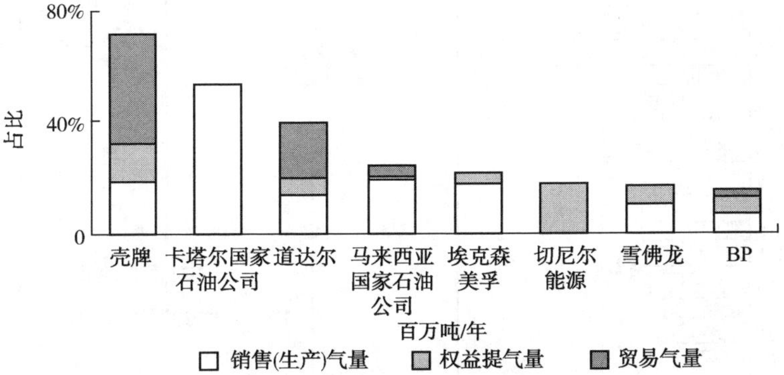

注：销售气量指项目生产方成立的合资销售公司的销量

图2　2020年全球主要LNG供应商资源池结构

资料来源：Shell. Integrated Gas Strategy Deep Dive. 2021(2).

(三)目的地灵活条款为船运成本优化提供了空间

来自美国和墨西哥湾的项目大部分是离岸交付(FOB)，没有固定目的地，航运需求不断变化，这种合同深受资源池供应商青睐。据IHS统计，壳牌、道达尔和BP等公司2020年的供应合同大部分甚至全部都是这种模式(见图3)。资源商会根据全球LNG市场价格和净收益的动态变化，按月调整短期运输需求。因此，无论从被动履约还是主动优化运营的角度，都要求供应商拥有一定的船舶吨位数才能履行交货责任，并根据供货合同和目的地市场，综合考虑地区价差、运输距离、轮船租约等因素构建长期和短期航运组合方案。

船运优化的核心是贸易主导下的船货协同。在考虑船舶的最后交货地点和下一个装货地点及日期的基础上，优化船期和航线，减少闲置、尽量满载，以提高船舶利用率。此外，少数情况下，供应商之间也可以通过短期供应互换协议优化，所有利用船期优化出来的富余运力均可被用来参与FOB现货投标。

当前，来自墨西哥湾运往中国的LNG面临巴拿马运河延误问题。巴拿马运河的通航窗口需要依据承运商前12个月的船型、通航频率和缴费情况的综合排名竞争获得。到达巴拿马运河而没有获得泊位船只的过境延误比通过好望角的额外航行天数还多，来自墨西哥湾的LNG实际运输成本高于历史统计水平。供应

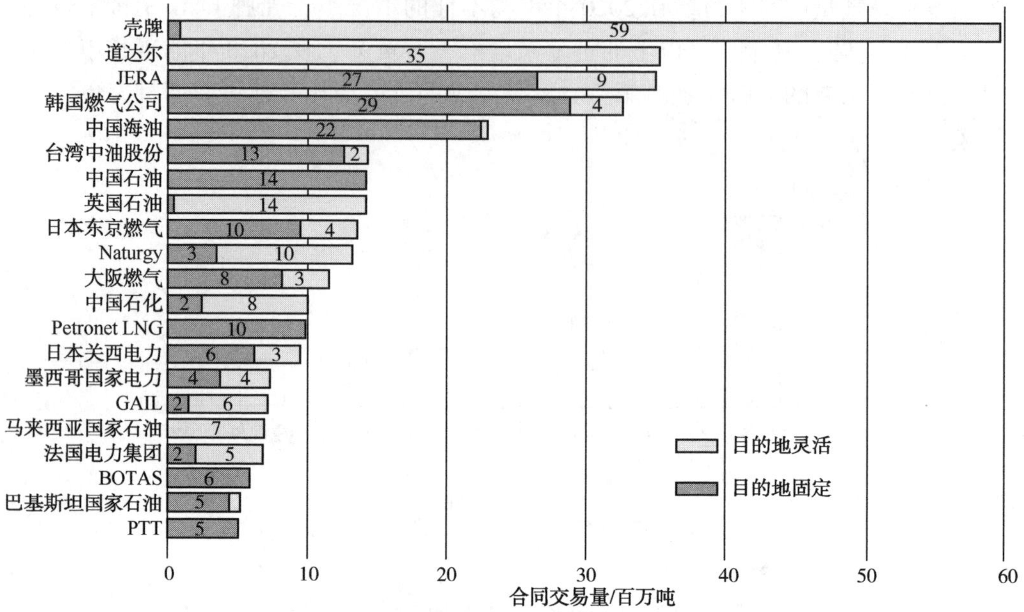

图 3　2020 年全球主要 LNG 采购合同目的地灵活性

资料来源：IHS Markit

商和运输商的强强联合能够保证巴拿马的通航窗口，从而降低运费。持有美国墨西哥湾 LNG 合同的卖家或贸易商，在 LNG 现货价格较低的时期，通常做法是将 LNG 转卖到欧洲，并从太平洋盆地购买现货以弥补在亚洲市场的供应合约。

（四）一体化运营成为降本和避险的重要手段

越来越多的 LNG 灵活性贸易促进国际石油公司通过并购或联盟布局 LNG 产、销、贸、运、接、用全产业链，通过资源池供货、第三方贸易、运输路径优化等手段实现 LNG 全流程价值增值，从而有助于新的产能建设 FID 的推进。为买方提供更多的供应灵活性，也是在市场环境不佳的情况下可采取的有效的风险规避手段。

据麦肯锡对部分 LNG 供应商的调研结果显示，由于 2020 年天然气价格下降，排除第一季度的异常干扰(新冠肺炎疫情等)，2020 年后三个季度同比 2019 年同期，拥有同样 LNG 资产的一体化运营商比传统销售商业绩下滑至少 7%。履行长期合同的“点对点”传统经销商，2019 年仅供应 5 个市场，而一体化运营商由于拥有目的地灵活的 FOB 合同和第三方贸易商承购合同，能够供应全球 31 个国家；2020 年，“点对点”销售商依然维持 40%市场的供应稳定，而一体化运营商供应的 21 个市场中，有 12 个是全新的市场。

二、变化市场中 LNG 产业链主要参与者的角色演变

全球的 LNG 产业链包括天然气生产、LNG 销售、LNG 贸易及运输、LNG 采购、天然气销售等环节。参与其中的主体可以分为 LNG 生产商和经营商两大类，其中，生产商包括传统的生产(销售)商和一体化运营商；经营商包括以第三方贸易和运输为主的贸易商和负责 LNG 采购的公共事业公司(见图 4)。随着市场环境的变化，他们或通过一体化整合覆盖全产业链，或依据核心优势主导产业链中局部环节，不同的参与者有不同的商业策略及与其他主体的合作模式，他们参与市场供应和消费的程度也不相同。

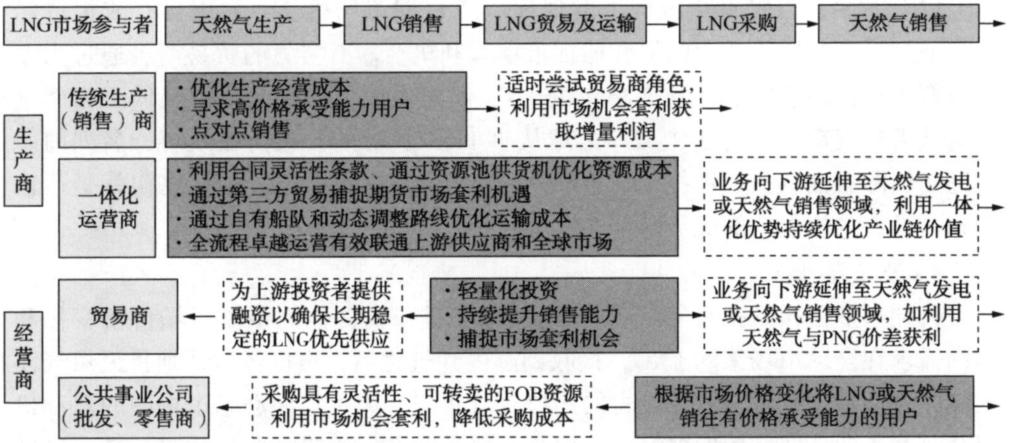

图 4　全球 LNG 产业链及主要参与者及其业务拓展方向

资料来源：根据麦肯锡研究报告《LNG portfolio optimization：Putting the business model to the test》整理

(一) 产业链中各主体职能及发展趋势

1. 传统的 LNG 生产(销售)商

传统的 LNG 生产商主要从事天然气生产、液化和销售业务，通常拥有丰富的天然气资源和有优势的资源成本，以优化生产成本和寻求高价格承受能力用户为主要经营思路，贸易合同多为“点对点”模式，销售能力不足时也寻求第三方贸易公司代销。随着买家对灵活性要求的提高及现货市场的日益成熟，传统的“点对点”销售商也开始尝试贸易商及运输商的角色。坐拥低成本资源，更有优势通过把握市场机遇获取短期套利机会。

2. 一体化运营商

一体化运营商通常拥有全球范围的 LNG 生产线、运输船队、接收站及储气

设施、天然气发电等终端业务。他们利用合同灵活性条款，以资源池供货优化供应成本，拥有第三方贸易能力，能够及时捕捉地区价格变化并进行套利操作，通过自有船队动态优化路线和负荷从而优化运输成本，通过自建或参股接收站等存储设施布局天然气销售或发电等终端利用领域，延伸产业链价值，能够通过全流程的卓越运营满足差异化的用户需求。埃克森美孚、壳牌、BP 等国际石油公司均在天然气全产业链实施积极扩张战略，建立了 LNG 业务产、贸、运、销、用一体化的发展模式。上述 3 家公司率先完成 LNG 行业产业链一体化整合，并通过不断优化为市场灵活性持续作出贡献，行业龙头地位得以巩固。

3. LNG 贸易商

LNG 贸易商以轻量化投资，发现现货或短期市场机会，利用自有或租赁船队，通过采购和销售能力的提升捕捉市场套利机会。有实力的贸易商会通过为上游投资者提供融资以确保长期稳定的 LNG 优先供应，同时向下游延伸至天然气发电或天然气销售等终端领域。全球从事 LNG 贸易的公司为数众多，名列前茅的还是国际石油巨头。占据 LNG 业务头把交椅的壳牌公司，创始之初就是运输公司，具有与生俱来的优势。

4. 公共事业公司

公共事业公司是指天然气进口国的 LNG 进口商，他们根据市场价格变化和国内需求在全球市场采购 LNG，接收到国内并气化后，根据经营计划将天然气注入储气库或销往有价格承受能力的用户。近年来，为了把握动态市场中的获利机遇，公共事业公司开始发展第三方贸易及船运业务，逐步具备采购灵活性、可转卖的 FOB 资源的能力，并利用市场机会套利。

（二）一体化运营商在 LNG 市场地位举足轻重

如同石油工业发展史中的垄断巨头的出现，LNG 发展历程中也不可避免地会出现一体化的整合者。就像任何行业只有少数巨头一样，LNG 市场的一体化运营商也凤毛麟角，传统的国际大石油公司最有条件担当重任。2015 年，低油价导致油气“投资低迷”，正是壳牌参与投资了加拿大 LNG、埃克森美孚投资了金鹰 LNG 项目，突破了只有绑定长期购销合同才能推进项目 FID 的传统，打破了产能建设遇阻的僵局。这意味着在市场面临不确定性的背景下，一体化经营商有实力并主动承担了更大的风险，为随之而来的 LNG 产能建设高峰和市场繁荣作出了贡献。他们既推进上游项目产能建设，又是中长期合同的供应主体，同时积极参与短期及现货交易，借助强大的供应渠道、多元化的产品组合和足够大的灵活性来巩固其竞争优势。

从近 5 年来行业内兼并收购的案例可以看出，LNG 市场一体化经营模式是大势所趋。2015 年，壳牌收购英国天然气集团(BG)，打响了整合的发令枪；2017 年，道达尔通过收购 Engie 的部分液化天然气业务，强化了自身的行业地位。2018 年，卡塔尔液化天然气公司(Qatar Gas)和拉斯拉凡天然气公司(Ras Gas)两家天然气巨头整合，进一步优化了成本优势，巩固了全球第一大 LNG 生产商的地位。近两年，通过 FID 的北极 LNG 2 号项目、加拿大 LNG 等项目中有中国国家石油公司的身影。从采购商的角度来看，整合两家日本公共事业公司资产的 JERA 公司的出现，标志着潜在的买方一体化运营商的出现，这也是其他亚洲企业可能效仿的模式。此外，日本 JERA 公司和欧洲能源公司 EDF Trading 合并成为 JERA Global Markets(JERAGM)，整合优化双方的一体化产业链，进一步提高了双方在全球 LNG 市场上的灵活性和抗风险能力。

三、一体化运营商盈亏平衡成本分析

以国际大石油公司为主的一体化运营商拥有产、销、贸、运、储、用全产业链自产及优化能力，占据全球 LNG 市场份额的 1/3，预计到 2022 年，这一份额将超过 50%。对 LNG 采购商来说，毫无疑问将是资源来源的有力保障和有吸引力价格的提供者。

由图 5 可知，2021—2025 年，全球 7 家主要 LNG 供应商合计将有年均 4560 万吨的未签约贸易量，其中，壳牌年均 1300 万吨，占其 2020 年总销量的 20%，

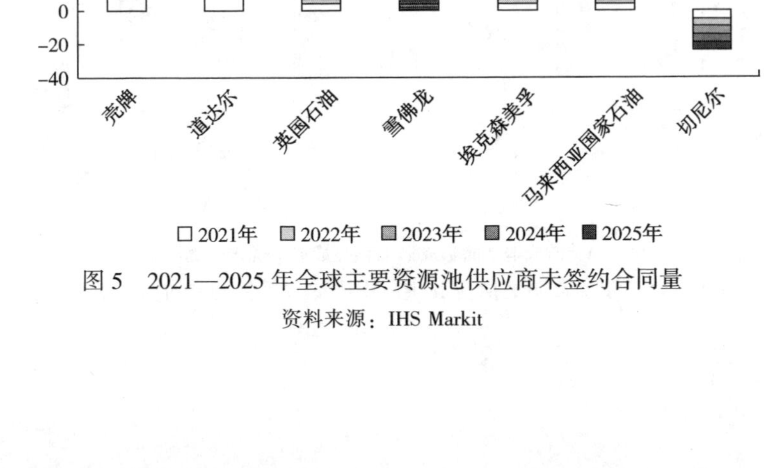

图 5 2021—2025 年全球主要资源池供应商未签约合同量

资料来源：IHS Markit

道达尔年均2300万吨，占其2020年总销量的58%。道达尔公司未签约合同占当前总贸易量比例较大，对其贸易能力也是严峻的考验。虽然说当前市场现货价格居高不下，资源商进行短期或现货交易获利更多，但是全球LNG产能过剩的基本面未变，且较高的价格会加速前期停滞的产能建设进程。2021年，扩建生产线的卡塔尔石油公司在第一轮面对国际石油公司的招标过程中，国际公司绑定中国长期用户并获得与卡塔尔石油议价空间的意愿强烈，且国际石油公司通过生产、贸易及运费全流程优化，有能力给下游用户提供有竞争力的价格。因此，从保证稳定供应的角度，一体化经营商是下游采购者稳定且有议价空间的选择。

在LNG资源采购过程中，价格公式始终是买卖双方谈判的核心。本文试图通过资源池供应商离岸盈亏平衡成本加上到中国或亚洲的运费，给出与该资源商LNG采购谈判的价格边界。

依据IHS Markit的LNG Breakeven FOB Cost数据库，对全球主要资源池供应商2020年盈亏平衡离岸成本进行了统计，分别考虑油价70美元/桶，全投资内部收益率IRR为8%和10%的两种情境，基于各公司全球范围内的LNG项目上游、管输、液化环节的盈亏平衡成本，加权计算了各公司资源池加权平均离岸价格(FOB)。运费的计算需要考虑一体化运营商的运输优化能力，简化处理的原则是不高于资源池各项目到中国或亚洲运费的加权平均水平。因此，依据IHS Markit的LNG Project Economics Graphing Tool工具，统计各公司资源池中所有项目到中国或亚洲紧邻国家(例如日本、韩国)的运费水平，首先计算加权平均综合运费，其次筛选低于加权平均综合运费的项目，再次加权平均，得到优化后该公司资源池供应亚洲市场的平均运费水平。综合FOB价格和优化后的运费，得出资源池供应商供应中国市场的盈亏平衡到岸价水平(见图6和图7)。

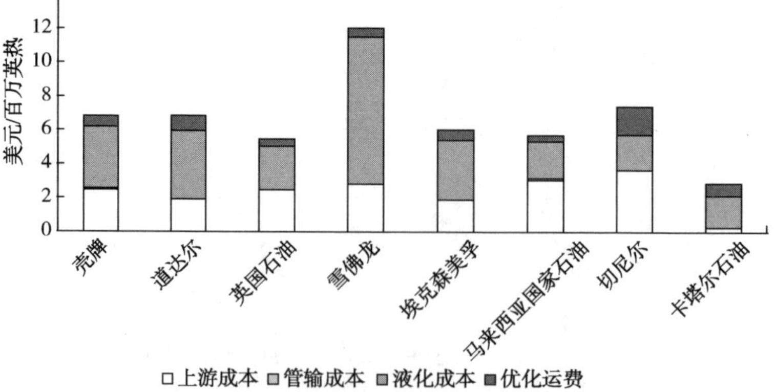

图6　全球主要资源池供应商供应中国盈亏平衡到岸价(8%的IRR)

资料来源：IHS Markit

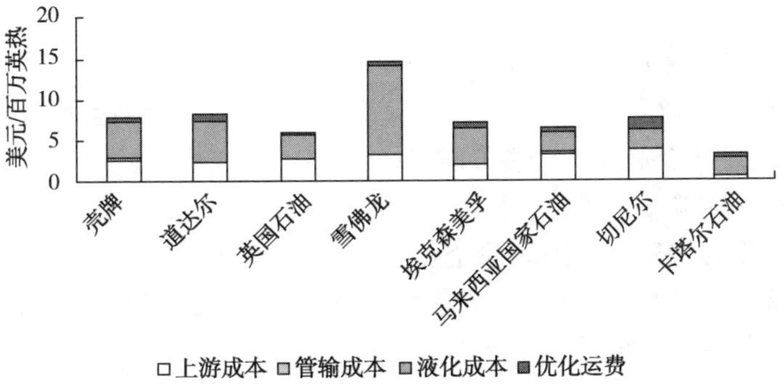

图 7 全球主要资源池供应商供应中国盈亏平衡到岸价（10%的 IRR）

资料来源：IHS Markit

需要进一步说明的是，来自美国和墨西哥湾项目的 LNG 运输至亚洲的最优成本路径需要经过巴拿马海峡，按运河的运力不可避免地要面临延误带来的成本增加，所参考数据库中的相关运费并未考虑这一因素，因此运费整体估计偏低。但同时考虑一体化运营商自有或租用的船运公司在巴拿马运河的历史排名，以及其大西洋盆地 LNG 转售欧洲的历史经验，一体化运营商是最有实力应对巴拿马运力瓶颈、实现运费优化的选择。

从全球主要资源池供应商供应中国盈亏平衡到岸价可知，在油价 70 美元/桶、供应商内部收益率 8%的条件下，除了雪佛龙由于美国高更项目液化成本较高和卡塔尔石油公司由于上游和液化成本最具优势以外，其他资源池供应商的盈亏平衡成本在 5.46~7.40 美元/百万英热，折合挂钩油价斜率在 7.8%~10.57%。

四、启示与建议

在当前的国际 LNG 市场中，“资源池供货”和合同灵活性成为符合买卖双方利益的模式，一体化运营和全流程优化成为市场参与者适应动荡市场的选择。鉴于中国市场的天然气对外依存度逐年升高，缺口主要由国际 LNG 贸易填补，且近中期需求急迫，对中国 LNG 进口商近中期 LNG 资源采购和长期发展提出如下建议。

（一）积极延伸产业链上游业务，加速资源池构建

早在 21 世纪初，壳牌、BP、道达尔等国际大石油公司就着手布局天然气上游资产，并通过自主经营、技术创新和兼并收购，探索 LNG 业务，并逐渐覆盖产销贸运储用全产业链。当前，LNG 进口国的主要采购商也纷纷通过参股的方式布局 LNG 上游业务。建议中国能源企业把握近期气价高企、产能建设 FID 可能

重新启动的机遇，积极延伸LNG产业链上游业务，加速资源池的构建。

（二）探索FOB合同模式，布局第三方贸易业务

壳牌之所以成为行业龙头企业，是由于公司的贸易量远超其他竞争者，7000万吨/年的供应量甚至高于卡塔尔国家石油公司，其中超过半数来自第三方贸易业务。近年来，日本、韩国的LNG采购商通过第三方贸易业务的发展，也在迅速扩大贸易资源池。建议中国能源企业在LNG采购的目标筛选中，增加FOB合同模式的选择，借机探索第三方贸易模式，加速构建LNG进口资源池，弥补LNG一体化业务中缺失的重要的环节。

（三）与LNG船运龙头企业联盟，获得运费优化空间

选择FOB合同的基础是采购商有优化运输成本的能力。当前FOB的来源地主要在大西洋盆地，能否获得巴拿马运河的通航资格是关键。大资源供应商能够优化运费的核心是与Maersk、Mediterranean、COSCO等运河排名靠前的公司有长期合作协议。建议中国能源企业尝试与国际航运巨头联合造船或建立战略联盟，或尝试牵头建立海外资源商与国内船运公司的“利益共同体”，在产业链各环节交叉持股、利益共享、风险共担，加速打通LNG业务链条。

（四）一体化运营商是现阶段LNG资源引进的首选对象

一体化供应商占据全球LNG市场份额的近50%，2021—2025年，8家主要一体化运营商有年均4560万吨的未签约贸易量，在油价70美元/桶、内部收益率8%的条件下，供应中国的盈亏平衡成本，卡塔尔石油为2.87美元/百万英热，除雪佛龙以外的其他几家公司在5.46~7.40美元/百万英热之间，折合挂钩布伦特油价斜率在7.8%~10.57%。当前，市场新签合同斜率普遍高于11%，且现货价格居高不下。考虑中国能源企业在国内市场的价格承受力和一定程度的谈判议价空间，一体化运营商是能够提供资源稳定供应和有竞争力价格的首选对象。

（五）完善LNG一体化产业链，拥有更大的优化空间

无论是石油工业发展史上数次经济危机和油价暴跌，还是当前日趋复杂的天然气市场动荡，一体化经营都是各类主体规避风险的有效手段和战略调整方向。2020年，一体化运营商在低气价环境下的业绩证明，拥有完整的产业链、多元化的资源来源和差异化市场份额，才有优化的空间和抵抗价格波动的避险手段。在贸易商提供融资支持上游布局、船运商选择与资源商战略合作、采购商积极参与产能建设投资并拓展第三方贸易的背景下，建议中国能源企业顺应行业趋势，通过资金、技术、石油业务的一体化优势协助完善LNG产业链，为中长期中国天然气资源来源多元化和成本优化搭建平台。

“冰上丝绸之路”背景下中俄油气资源合作

2017年7月，国家主席习近平会见俄罗斯总理梅德韦杰夫，提出要开展北极航道合作，共同打造“冰上丝绸之路”。至此，“冰上丝绸之路”作为中国“一带一路”倡议在东北亚方向的延伸被正式提出。2018年1月，中国政府正式发布《中国的北极政策》白皮书，体现了中国对参与北极开发和北极地区国际合作的高度重视。构建“冰上丝绸之路”是中国针对北极开发提出的重要倡议，得到了俄罗斯政府的积极响应，新时代中俄全面战略协作伙伴关系稳步提升。这些都对中俄两国合作开发北极油气资源提供了机遇。

中俄共同开发北极油气资源对加强中俄双边能源互补、提高中国在北极事务的影响力、扩大两国影响力有不可替代的作用，同时也会给两国带来经济利益。虽然中俄共同开发北极资源对两国有很大的益处，但中国技术水平优势不明显、中俄在“冰上丝绸之路”概念上存在分歧、回报率低、北极国家间对中国的质疑、北极地区重要的地缘战略地位、北极生态环境脆弱等问题也不可避免地显露出来。本文在“冰上丝绸之路”的背景下，通过SWOT分析中俄油气合作所面临的优势、劣势、风险、挑战，并对此提出相应对策。

一、中俄北极能源合作现状

中国作为非北极国家，在2013年成为北极理事会正式观察国之前，一直无法深入参与北极事务。环北极国家出于对国家安全、能源安全等顾虑，一直将中国企业排除在北极能源勘探和生产之外。俄罗斯起初也限制中国在北极的影响力，但在国际油价大幅下跌、美国页岩气革命、欧美长期经济制裁的大背景下，俄罗斯逐步调整了北极政策，开放了若干油气田，希望在北极利益争夺中保持绝对优势的同时，通过大规模开发北极振兴国内经济，这为中国参与到北极能源的开发提供了契机。

近几年，中俄关系明显改善，2019年中俄两国关系确定为“新时代中俄全面战略协作伙伴关系”，与此同时，中国还加大了在俄罗斯的投资。2019年12月2日，在两国元首的见证下，中俄东线天然气管道正式通气。在中俄能源合作的项目中，最瞩目的当属亚马尔液化天然气(LNG)项目和北极液化气2号项目。亚马尔液化天然气(LNG)项目是中国提出“一带一路”倡议在俄罗斯实施的首个特大能源合作项目，也是中俄共建“冰上丝绸之路”的重要组成部分。该项目开始于2013年，由俄罗斯最大独立天然气生产商诺瓦泰克公司主导，中国丝路基金、中国石油和法国道达尔公司作出项目最终投资决定，四方各占比50.1%、9.9%、20%和20%，该项目是全球纬度最高、规模最大的超级工程。2018年底，该项目全面建成投产。亚马尔液化天然气(LNG)项目将北极航道和能源资源充分结合起来，是中俄在北极圈合作的首个全产业链合作项目。

北极液化气2号项目由俄罗斯诺瓦泰克公司、中国石油、中国海油、法国道达尔、日本的三井和日本石油天然气和金属矿物资源机构(jogmec)共同开发，五方各占比60%、10%、10%、10%和10%。该项目预计建成3条液化天然气生产线，总生产能力为1980万吨/年，预计于2023投运。

2021年，亚马尔液化天然气运输已成为北方航道之最，“冰上丝绸之路”向西、向东、向南延伸，液化天然气发展迅速，预计到2024年，年运输量可达8000万吨。

二、“冰上丝绸之路”背景下中俄油气资源合作的SWOT分析

(一)合作优势分析

1. 油气资源丰富

丰富的资源禀赋是中俄北极能源合作的基础。从资源的角度看，中俄北极能源合作空间广阔。北极圈内蕴藏着极其丰富的石油和天然气资源，尤其俄罗斯所属北极地区资源禀赋突出，石油、天然气、煤炭等矿产资源丰富。天然气开采量占全俄开采量的80%，石油开采量占全俄开采量的60%，能源开发潜力巨大。俄罗斯所属北极地区占有北极油气的最大份额，约合2900亿桶(395.6亿吨)油当量，占北极所有油气开发总量的88.2%，其潜在储量约为480亿桶石油(相当于俄罗斯石油总储量的14%)和43万亿立方米天然气(相当于俄罗斯天然气总储量的40%)。根据美国永安公司报告，俄罗斯在北极油气资源总和约为2200亿桶，约占全球大陆架总资源的52%。北极超过59亿桶油当量的油气田有11个，其中有10个位于俄罗斯西伯利亚盆地。5亿~50亿桶油当量油气田有54个，其中43个属于俄罗斯。2021年，俄罗斯北极油气勘探共发现268个油气田，已探明原油储量368亿桶，天然气和天然气液2651亿桶(363.2亿吨)油当量。预计俄罗斯北极待勘探资源量石油400亿桶(954.8亿吨)，天然气和天然气液1954亿桶(267.7亿吨)油当量。

2. 合作经验丰富

中俄在北极地区能源合作较多，亚马尔液化天然气项目是其中最具代表性的成果，这一项目集天然气勘探、开发、液化、运输、销售一体化，是两国在北极地区开展的规模最大的国际能源合作项目，这一项目被普京称为“俄中友好合作的鲜明例子”。该项目在运作的三年时间里，形成俄罗斯主导项目建设(50.1%)、中国提供资金(29.9%)、法国提供技术和咨询(20%)的三方全新合作模式，也是中俄北极液化天然气合作迈向新时代的一个具体体现。格达半岛的北极 LNG-2 项目是第二个液化天然气项目，该项目并非亚马尔项目的扩展，而是一个全新的项目。该项目包括天然气开采、液化和外运，以及建设井场、集气设施、天然气液化工厂、重力式平台等，总投资 255 亿美元。同期，诺瓦泰克计划在堪察加半岛建造一个 LNG 转运站，预计此转运站将与北极 LNG-2 项目同时建成，届时，Arc7 冰级 LNG 运输船不仅可以完成到转运站转至普通邮轮的运输，还可以实现北方航道的充分利用甚至全年运输。除亚马尔 LNG 项目和北极 LNG-2 项目这两个中俄北极能源合作的标志性合作之外，近几年，中俄在油气其他方面的合作也在循序渐进地推进。框架油气方面的合作可以追溯到 2006 年，中国石化与俄罗斯石油公司建立了油气上游合资企业乌德穆尔特公司。此后，在萨哈林-3 维宁区块等多个项目进行合作。亚马尔 LNG 项目作为中俄北极能源合作旗舰项目的落实推进，推进了中俄“冰上丝绸之路”的建设。

3. 稳定的政治基础

两个国家的能源合作需要两国政府间有密切的合作关系，中俄“冰上丝绸之路”的合作离不开两国密切的政治交流。近几年，中俄两国关系密切。2015 年，中俄总理第二十次定期会晤联合公报中，有关“冰上丝绸之路”的构想就已经被提出，在当时对这一构想的表述为“加强北方航道开发利用合作，开展北极航运研究”。2017 年 5 月，在“一带一路”国家合作高峰论坛上，普京总统明确提出，希望中国将北极航道同“一带一路”连接起来的愿景。2017 年 7 月 4 日，习近平主席在会见俄罗斯总理梅德韦杰夫时，正式提出“冰上丝绸之路”这一概念，在这一构想与战略共识推出之后，两国政府在积极推动市场资源向北极方面倾斜。中俄战略协作伙伴关系的不断深化，两位元首定期会晤机制及各级分委会定期磋商机制的建立，为两国在北极油气方面的稳定合作有较强的推动作用。2018 年 1 月 26 日，《中国的北极政策》白皮书出台，在政策层面为中国参与北极活动提供了国家级的政策，为原先在北极合作相关的多个层次、不同机构、表述互异等问题，确立了有利于中国参与北极能源合作的长期性战略定位。

(二)合作劣势分析

1. 技术水平削弱中国优势

当前，中国资源开发利用技术虽然与前几年相比有所提高，但与国际先进水平相比差距较大。在天然气开采过程和液化天然气的运输过程中，仍存在很多技术难题。虽然经过东海及南海多年的油气勘探，在成套的深海油气资源勘探、开采和远洋钻井平台建造方面中国已经掌握了相关技术，但北极地区有其自身的特点，首先就是极寒的天气，在北极进行勘探开发需要能耐低温严寒的勘探设备和能够承受浮冰撞击的钻井平台，中国没有在这种条件下进行勘探开发的先例，相应的设备技术研究几乎为零。北极航行环境恶劣，船舶通行北极航道需要破冰船进行引航，自身也应具备一定的抗寒等级，中国在极区船舶建造方面技术水平较弱，同相关国家相比有很大差距。2021 年，中国只有“雪龙号”和正在建造的“雪龙 2 号”主要用于科研，并不具有制造破冰型 LNG 船的能力。中俄超级液化天然气项目的运输船全部由韩国制造并进口，带来的成本远高于普通货船的运输成本，增加了天然气的机会成本。有关海域航海图书资料更新缓慢、船舶通信容易受到电磁波的干扰、北极航道助航设施匮乏，这些都是中国“冰上丝绸之路”实施过程中的阻碍。

2. 与日韩相比，中国优势较弱

北极合作的国家间存在竞争，在俄罗斯北极开发过程中，北极国家和非北极国家都表现出对北极事务极大的兴趣，多个国家的参与对北极的开发起到促进作用。俄罗斯采取的策略是增强本国开发北极的能力和潜力，同时与其他国家合作，建立外部伙伴关系，追求国家间合作关系的平衡，不能对某一个国家过度依赖。对俄罗斯来说，在北极地区加强其主权的完整极其重要，因此，俄罗斯一直非常谨慎地看待同中国的关系。因此，在北极开发过程中，俄罗斯也一直重视与日本、韩国、印度、英国等国家的合作。尤其是中、日、韩三国在北极地区的经济、能源、政治、安全等方面利益诉求都有所重合。如中国重视北方航道的开通和能源开发，借此实现海外能源进口多元化，以巩固本国能源战略安全，获得新的发展活力。日本在北极能源开发、运输及海洋环境变化中有所重视，韩国“新北方政策”重视与俄罗斯在北极地区的合作，关注北方海航道开发带来的产业建设。对中国而言，在这些领域与日韩相比并不具备明显的优势。除俄罗斯之外，其他北极和非北极大国对中国参与北极事务也抱有谨慎态度，尤其是美国，高度关注中国在北极事务中的参与，散布中国正在用北极战略勾画潜在世界“领导者”的形象。

3. 中俄在“冰上丝绸之路”概念上存在分歧

虽然“冰上丝绸之路”是中俄两国的共同主张，但在基本概念方面两国缺少共识。“冰上丝绸之路”这一概念是国内的主流用法，但在两国签署的正式文件中尚未使用这一用法，在俄罗斯官方机构、正式文件或者会议纪要中一直使用“北方海航道”的措辞。主要原因在于：首先，作为北极大国，俄罗斯担心一旦将中俄在北极地区的合作建立在“冰上丝绸之路”的倡议上，会弱化俄罗斯在北极的战略地位，影响俄罗斯在北极地区的主导地位，在此种担忧下，“北极蓝色经济通道”这一折中说法在俄罗斯文章中比较常见；其次，对于中国参与北方海航道这一事件中，俄罗斯也有自己的担忧，在中俄两国经济实力差距不断扩大的背景下，在俄罗斯国内政界、精英中出现“中国威胁论”的声音，他们担心中国会借与北极国家的合作扩大中国在北极地区的影响力。

（三）合作机遇分析

1. 俄罗斯开发北极资源需要中国的资金投入

北极开采环境恶劣、资源开采难度大，俄罗斯开发北极需要大量资金，俄联邦财政难以保证充裕的资金。西方对俄罗斯银行的经济制裁，限制俄罗斯开发北极所需的资金。仅靠俄罗斯的能力显然不足以支撑，必须依靠国际合作。在俄罗斯受西方经济制裁的背景下，中国具有资金优势，可以弥补航道建设中的短板。俄罗斯需要借助中国的资金和技术开发北极资源，将北极地区建设成为战略能源产地，保持俄罗斯世界能源出口大国地位，保证俄罗斯经济持续发展。中国作为世界第二大经济体，拥有中国国家开发银行、丝路基金等众多政策性对外投资工具，还与俄罗斯合作设立了俄中人民币合作基金(The Russia-China RMB Cooperation Fund)、俄中投资基金(RCIF)等联合金融机构，为中俄在北极深入合作提供了重要的资金保障。

2. 欧美对俄罗斯经济制裁给中俄合作提供机遇

美国作为当今世界上唯一的超级大国，试图维持自己全球霸权的地位，对中俄两国都有相应的遏制战略。自2014年乌克兰危机之后，欧美国家开始对俄罗斯实施制裁，2021年，制裁又有进一步加重的趋势。常年的经济制裁使得俄罗斯经济形势发展严峻，作为经济支柱的能源，欧洲是俄罗斯主要的出口市场，能源领域一直是欧美重点打压的领域。不仅如此，欧美各国对俄罗斯石油天然气企业获取外国融资渠道进行了限制，禁止本国能源公司在俄罗斯投资。中国有广阔的市场，随着经济增长，对石油天然气资源的需求也与日俱增，可以作为俄罗斯稳定的替代能源出口市场。通过与中国共建“冰上丝绸之路”开展油气能源领域的合作，可以推动对北极地区的开发，同时也能打破欧美的经济制裁与外交独立。与俄罗斯的能源合作也能减少中国对传统能源进口国中东、非洲等地的依赖，扩大能源进口国范围，实现能源进口国的多元化，保障能源安全。

3. 全球变暖带来的正面效应

自20世纪初以来，北极温度上升速度加快，冰雪减少，导致北极海平面上升、海冰减少。冬季北极大部分被冰层覆盖，夏季冰雪融化，海冰数量减少，海平面增加，增加大海对太阳能辐射的吸收率，海洋吸收大量热能，海冰进一步减少，海平面又增加，形成了一个恶性循环。预计21世纪末，北极大部分地表温度将显著上升，永久冻土层将会解冻和减少，有利于输油管道的铺设及交通基础设施的建设。气候变暖，尤其冰川融化，海面浮冰减少，拉长了“冰上丝绸之路”上船只的通行时间，为新航道投入使用提高了机会，也给开发当地丰富的自然资源提供契机，有利于中俄在北极地区的能源合作。

（四）合作挑战分析

1. 回报率低

北极地区油气勘探开发是一项风险较大的投资。首先，北极地区气候条件恶劣、冰层条件严峻，勘探和钻井作业面临危险性高、设备运输和维护成本高、天气的变化等，可能导致运营终止或延误。为应对北极寒冷的气候，需要在钻井现场进行加盖保护、钻机的转移安放等，都增加了北极勘探的成本。海上勘探项目实施过程中出现的高投资、低成功率、重复测量以及勘探结果中的低储量或者出现技术不可采储量等问题，都有可能造成北极油气勘探项目收益低。高成本问题的存在，使得原先在北极的项目被搁置，类似于壳牌等石油巨头也由于成本问题取消或者无限期推迟了在北极的相关项目。

2. 北极地区重要的地缘战略地位

北极地区有重要的地缘战略意义，是大国博弈的重要地区，在北极尤其是大陆架延伸方面该地区争端不断，北极丰富的油气和矿产资源也是该地区产生竞争的潜在诱因。北极地区间对北极地区资源、领土、领海的博弈影响了中俄“冰上丝绸之路”倡议的推进。北极地区一直以来就是国际政治经济博弈的重要战略区域，俄罗斯、美国在北极地区的军事化角逐从未间断。在俄罗斯与美国关系日益紧张的今天，以两国为代表的军备竞赛给中俄在此地区展开的合作带来了许多不确定性因素。加上中国作为北极理事会观察员国参加北极事务受限，没有表决权，只有提议权和发言权，对理事会的决议难以产生实质性影响，限制了中国在有关北极事务中的作用。北极理事会的存在及北极国家为维护国家利益出台的不同北极政策，对中国参与北极事务带来了挑战。

3. 北极地区生态环境脆弱

北极地区气候条件恶劣，天气严寒。通过大气对流，地球的中高纬地区进行空气交换，北极在全球气候系统中起着“调节器”的作用。北极地区一年中冬季长达6个月，光照时间有限。导致北极区域内生物结构单一，生态环境的自我修复能力极弱。一旦食物链中某一个环节出现问题，遭受污染，这一环节将会进行传递从而对整个北极地区将受到影响。2020年在俄罗斯西伯利亚北部发生的柴油泄漏事件，对北极圈内自然环境带来了毁灭性破坏，俄罗斯自然资源和环境副部长称该地区的生态系统可能需要10年才能恢复。这就要求中俄在进行合作开发北极资源的同时重视环境，对污染采取零容忍的态度。相应的，这对中俄共建“冰上丝绸之路”提出了更高的要求，也带来更大的挑战。

三、政策建议

（一）完善北极各项法律法规

中俄北极合作的各项利益需要一个强有力的法律体系进行保障。对于北极地区来讲，北极地区应当参照南极地区建立的《南极条约》，创建具有北极地区色彩的、地域专属性的《北极条约》，借鉴《南极条约》立法精神与价值，对北极地区各类治理活动提供法律依据。在科学考察、航道运行、主权划分、管辖权的行使、主权划分、能源开发等方面对北极各项活动进行约束。以制度性的方式，对人类在北极从事的活动进行约束。在能源开发保护方面，应制定统一的标准，对北极各国在北极地区无限制的能源开发活动进行制约。制定统一的环境保护标准，对于各国在能源技术开发中更具针对性。《北极条约》的制定会面对多方利益博弈，要将北极各国的利益诉求、北极地区的生态环境及与《联合国海洋法公约》有机结合，注定是一个相对艰难的过程。但《北极条约》的颁布，对北极各项事务中出现的问题得到缓解，对中俄北极能源合作也有保驾护航的作用。

（二）加强政治互信

中俄间的政治互信是两国关系平稳有序发展的重要保障，是发展两国关系的基础。两国需要提高政治互信水平，以加强两国在北极地区的能源合作。中俄在加强政治互信的同时，在两国切身利益相关的问题上给予肯定和支持，有助于把两国概念性地推向新高度。中俄在共同战略制定方面加强合作，推动两国能源合作发展。加强政策对话。中国作为一个负责任的大国，在参与北极事务时，应秉承尊重、合作、共赢、可持续的原则。以中俄双方共同利益诉求为出发点，积极推动中国“冰上丝绸之路”与俄罗斯远东地区发展的战略对接。以能源合作为切入点，推动中俄在经济贸易、科技等方面的合作，建立更深层次的政治互信。

（三）在开发北极过程中重视环境保护

在全球变暖的影响下，北极冰川融化的速度加快，北极地区国家极端天气频繁出现，突发性、并发性的气象灾害频率也增多。在与俄罗斯共同开发北极资源时，中国也应该始终把环境问题放在首位，履行有关北极地区组织条约的义务，承担环境保护责任。在注重保护环境的同时，两国也应对北极生态保护和北极动植物多样性进行关注。北极地区正面临多种濒危野生动植物的灭绝，未来中俄通过对北极生态系统进行科学评估，并在提升俄罗斯北极地区生态系统的自我恢复能力、适应能力等方面合作。中俄也应共同关注气候变化的问题，作为《巴黎协定》的成员国，两国有责任、有义务针对气候变化采取措施。

（四）重视中俄科学考察合作

中俄两国在北极科考的合作早在2003年就已经开始。中国在北极的科考开始时间较晚，但中国在南极的研究也积累了不少宝贵的经验。与中国相比，俄罗斯的研究成果显著，已经积累了丰富的经验。俄罗斯拥有庞大的研究北极问题的机构和科学技术人员，科学考察数据丰富，两国的合作可以实现优势互补。从2016年至2021年底，中俄已经进行了多次北极联合科考，取得了多项突破性成果。2019年4月，双方共同制定《中俄北极研究中心科学发展10年规划(2019—2028年)》，有利于带动两国科技合作，促进中俄双方在海洋科技领域的全面协作。中俄北极科考研究需要多角度、多领域、多机构的参与，才能充分发挥两国科考必备的优势。

（五）北极旅游合作

北极地区有独特的自然景观，北极八国都有相关的北极旅游项目，俄罗斯当局也针对其特色开发当地的旅游资源，对基地地区旅游业发展所涉及的运输、物流、环境、旅游附加产品及定价等具体问题进行研究。虽然俄罗斯北极旅游开发处于初级阶段，但也吸引了一定规模的观光游客。与中国在北极地区投资主要以能源、自然资源相比，在旅游业方面的投资显得很少。中国对北极旅游前景也表现出了极大的兴趣。自2008年以来，在前往北极地区的游客中，中国游客几乎占游客总量的30%，俄罗斯公民仅占总量的5%。对于俄罗斯而言，发展北极旅游主要的并不是旅游本身，而是试图通过发展旅游业缓解北极地区人口稀少的问题。俄罗斯北极地区基础设施建设的完善程度和旅游产品的发展程度是中国进行旅游合作所看重的。北极地区富有异国风情，加上北极地区特有的自然风光，是吸引中国游客的主要方面。中俄旅游方面的合作将会对俄罗斯现存的与北极其他国家相比基础设施建设不完善、对外国游客行政管理严格、价格过高的问题起到修正作用，增强俄罗斯北极旅游行业的影响力。

四、结语

中俄在北极油气合作是两国共同打造“冰上丝绸之路”的重要成果。中国通过与俄罗斯在北极的合作获得了参与开发北极新航道的机会，借助优化中国海洋通道安全这一机会，进一步同北极国家间建立联系，奠定了北极互联互通的基础。北极油气项目可以有效缓解中国国内能源转型的迫切需要，调整能源供给结构，扩大能源进口结构。在中俄北极油气合作的技术交流中，中国的能源行业还可以提高国际竞争力水平的综合能力。中俄北极油气合作涵盖了在装备制造、上游开发与生产、航道建设、能源金融、油气设备与技术服务、极地科研等多个领域的合作，其中涉及的领域突破了以往中俄合作的水平。中俄北极油气合作满足了两国的利益诉求，是中俄进一步深化全方位战略合作伙伴关系的有效途径。

中俄油气资源合作前景广阔，但也存在一些问题，这就要求我们做好充足的准备，坚定信心，在合作过程中不断完善双边机制，共同推进中俄北极油气资源合作开发的稳步前进。

“放管服”背景下成品油流通行业高质量发展举措

2015年，国家开始逐步推进“放管服”改革。2019年，国务院进一步明确提出“放管服”改革要求。成品油流通行业市场格局不断演变，竞争更加激烈，同时政府部门的监管工作也面临新的挑战。通过深入调研，提出了中国成品油流通行业高质量发展的举措，明确了进一步加强和完善成品油流通管理、培育流通发展新优势的侧重点，为更好地服务民生、扩大消费、推进高质量发展提供重要决策支持。

一、“放管服”背景下成品油流通行业发展现状

随着国家逐步深化市场化改革，越来越多的民营企业参与到成品油流通行业中来。同时，根据“十四五”规划，中国将会逐步减少对于化石能源的依赖，加快低碳、新能源的建设。各省市对于成品油行业的“十四五”规划重点在于流通环节，对加油站建设、民营资本参与批发与储运等将加强统筹规划。

（一）成品油批发市场现状

1. 成品油批发市场运行现状分析

从供应面看，2021年，中国主营炼油厂开工负荷整体表现平稳，季节性检修影响相对明显。其中，最低点出现在3月，当月平均开工负荷为71.72%，高点出现在11月，当月平均开工负荷为78.21%。从需求面看，成品油需求整体回涨，汽油、航煤涨幅均超10%。2021年，国内公共卫生事件虽偶有发生，但均得到快速有效的控制，国内经济受影响较2020年明显减弱，整体经济发展表现乐观。受此影响，2021年，中国汽油、柴油、煤油需求整体表现向好，尤其是9月、10月出现集中补货热潮，也导致国内部分地区出现资源偏紧情况。

2. 成品油批发市场价格变化分析

2021年，中国成品油批发均价同比明显上涨，整体呈现出持续回涨并于9月、10月阶段性冲高后再次回落的走势。造成国内成品油批发价格整体上涨的主要原因是国际原油价格涨势明显，此外，国内成品油需求较好及阶段性、区域性的资源偏紧，也是导致价格短时大涨的重要影响因素。

3. 成品油批发市场竞争分析

自《关于加快发展流通促进商业消费的意见》发布以来，取消了石油成品油批发仓储经营资格审批，将成品油零售经营资格审批下放至地市级人民政府，加强了成品油流通事中、事后监管，扩大了成品油市场准入。除了原有的业内企业参与外，还吸引了资金充沛的投资者，行业容量有限，此举加剧了中国成品油批发市场竞争。炼化版图转变为中国石油、中国石化与其他国企和地方炼油厂“三分天下”的局面，成品油零售市场形成“两大多小”的竞争格局。

（二）成品油储运及零售现状

1. 成品油高库存成常态

据统计，2021 年末，汽油商业库存累计达到近 1600 万吨，累计涨幅 30.97%，年均上涨 3.04%，价格期间回落 3579 元/吨，跌幅 38%，年均下滑 5.17%；柴油商业库存累计达到库存近 1900 万吨，累计涨幅 39.6%，年均涨幅 3.78%，价格期间回落 3615 元/吨，跌幅 43.46%，年均下滑 6.14%。造成累计库存增长的主要原因是供需失衡，2021 年成品油高库存逐渐成为常态。

2. 民营加油站增速有所放缓

截至 2021 年 8 月，中国境内加油站总量达 12 万座，其中，两大主营(中国石化、中国石油)加油站数量占据了中国境内加油站总数量的 45%左右，民营加油站等占据加油站总量的 50%左右，中海油、中化及外资加油站占据剩余的 5%左右，但销量上，两大主营加油站销量占据 70%以上。随着成品油零售市场各项政策的逐步放开，民营加油站快速扩张，但近年来政府审批及监管较严格，民营加油站增速也逐步放缓。部分地方炼油厂在大力发展加油站零售终端。

3. 成品油供需仍存在一定失衡

据国家统计局数据，2021 年 1—8 月，中国成品油产量 17320.3 万吨，同比上涨 10.41%，中国最早摆脱了新冠肺炎疫情的影响，成品油产销量大幅上涨。截至 8 月中旬，2021 年国内汽油商业库存同比下降 12 万吨，柴油商业库存同比上涨 379 万吨，柴油库存压力巨大，结构性失衡仍存在。

二、成品油流通行业发展存在的问题

（一）监管执法面临更高要求，却缺乏依据

伴随着成品油销售主体的增多，成品油市场中出现的问题也越来越多，但国内相关的法律体系并不完善。国内针对成品油流通行业出台最新的法律法规是

2016 年颁布的，难以应对当前日趋复杂的市场环境，与成品油行业相关的法律法规亟待完善。

（二）成品油市场供应主体增加，供需矛盾加大

2021 年，中国民营加油站增速有所放缓，外资加油站缓慢增长。加油站总量趋于饱和，增长空间已经很小。2017—2021 年，成品油供需矛盾逐年加深，主要体现在供需差量呈现逐年扩大的趋势，并且供需差量增速逐年提高。整体上看，中国炼油能力过剩，且有加剧趋势，需求市场有所缩小，供需不平衡矛盾仍然突出。

（三）能源转型下，成品油零售面临巨大挑战

新能源汽车的推广给成品油零售带来了巨大挑战。新能源汽车渗透率持续上升。随着新能源汽车、氢燃料客车的增加，叠加产业、“新基建”政策催化、双碳目标的提出，各石油公司助力绿色低碳转型，综合加能站的布局脚步加快，其中尤其快速推进加氢站的建设，成品油的需求空间在被不断压缩。

（四）价格竞争激烈，各地区、各油品价差较大

成品油市场主体多元化格局继续深化，市场竞争日趋激烈。油品同质化、价差扩大化，价格战蔓延，但如同饮鸩止渴，初期价降量升，但最终可能导致成品油销售企业销量、效益双下降。一些成品油销售企业出现亏损，导致加油站服务功能弱化、员工规模减小、员工服务意识差，市场份额被蚕食，陷入恶性循环。汽油批发市场价格特征主要表现为东北地区与华东地区低位、西北地区与西南地区高位；柴油批发市场价格则华东地区低位、西南与沿江地区高位。

（五）成品油交易机构和交易平台不够完善

2021 年，国内只有不到 10 家成品油交易中心，且主要分布在东部沿海地区。这已不能满足目前的交易需求，尤其是内陆地区的交易需求。另外，2021 年，国内成品油交易平台以传统的现货交易为主，在远期合约和期货交易方面的尝试较少。相比于国内大部分商品已经逐渐成熟的电商模式，成品油互联网交易平台发展较慢，基本还处于初期探索阶段，线上交易方式比较单一。

三、成品油流通行业高质量发展举措

（一）加快出台新的管理办法，为监管执法提供依据

有关石油流通行业最新的法律法规是 2016 年国家发改委出台的《石油价格管理办法》，距今已过去近 6 年。然而，6 年之间政府针对石油流通行业的“放管服”改革却在不断加深，废止《成品油市场管理办法》后，各省级部门编写了《成

品油零售体系发展规划》和《成品油零售审批标准》，按照规划对当地加油站进行布局和审批。民营和外资企业越来越多地参与到成品油流通市场中来，使得市场环境变得越来越复杂，急需出台更为完善的法律法规对市场主体的行为进行规范，为执法部门提供指导。

（二）优化营商环境，培育多元市场需求主体

为化解成品油过剩产能，需要培育更加多元的需求主体。继续改善成品油市场的营商环境，促进其他行业的企业参与到成品油市场中来，以相对合理的价格保障更多企业的用油需求。针对需求主体，应当提升他们的成品油利用效率，并结合碳减排要求帮助其减少和处理成品油燃烧带来的环境污染。

（三）把握发展机遇，实现产业转型升级和布局优化

随着新能源产业的发展，成品油的需求空间逐渐缩小。现有的成品油企业应该顺应新能源行业的发展趋势，抓住发展机遇，对现有的加油站进行升级改造，提供加氢、充电等服务，实现自身的转型。另外，顺应国家的乡村振兴战略，开拓乡镇市场，完善乡镇供油体系。

（四）放开成品油价格，市场信号引导资源配置

随着“放管服”改革下市场竞争主体的不断增加，国家可以尝试进一步放开市场价格，发挥市场在资源配置中的决定性作用，以激发各类市场主体的活力，打破国有企业的垄断，在成品油流通行业形成以国有企业为主导，各类型企业共同发展的格局。

（五）继续加强成品油交易机构和交易平台建设

为满足中西部地区的发展需求，选择中西部交通发达地区建立区域中心的成品油交易平台。对于现有的成品油交易平台，要不断完善其运行规则，拓宽交易范围，逐步探索并放开成品油远期和期货贸易。此外，加强网上成品油交易平台建设与监管，利用互联网和大数据技术，智能识别符合条件的供应商和客户，提高成品油交易的效率。

（六）建立和完善区域合作协调机制

除中国石油等大型国有石油公司外，民营企业和外资企业还不具备在全国范围内跨区域供油的能力。成品油供给企业和客户之间的运输、成品油供给企业之间的运输、成品油企业内部的跨区运输都会产生大量的运输成本。为此，应强化区域内供油企业之间的协调合作，结合交易平台功能，更加高效地满足各区域客户的用油需求。

当前是否存在全球性能源危机

2021 年下半年，“能源危机”“欧洲能源危机”“全球能源危机”的说法甚嚣尘上、不绝于耳。全球范围内的天然气及 LNG 现货交易价格暴涨，尤其在欧洲，有“一飞冲天”之感；英国加油站无油可加；中国多地供电紧张，实行拉闸限电；世界其他一些重要经济体也陷入能源短缺的困境，印度出现严重电荒，巴西的水力发电崩溃。而这一切可以归结为化石能源短缺。要知道，就在一年前，几乎所有的专家和机构都判断，传统化石能源过剩是未来较长时期持续存在的现象，化石能源已经进入低价时代。然而，仅仅在一年后，随着全球范围内的天然气价格暴涨，以及上述国家出现的煤荒、油荒和电荒，“能源短缺”便在全球范围内铺天盖地般地爆发。国内外业界、学界、媒体界，均异口同声地将此次能源短缺带来的各种“荒”和价格暴涨形容为“能源危机”，甚至宣称：“全球性能源危机可能才刚刚开始。”情况真是这样吗？能源危机真的爆发了吗？是危言耸听，还是能源转型过程中的阵痛？此次“危机”是局部危机，还是全球性危机？虽然全球正在经历一场化石能源供应量(含煤电和气电等二次化石能源)“意外”大幅下降而给经济运行、企业生产和民众生活带来的严重“震荡”，以及化石能源价格暴涨导致的一些企业成本高企而陷入困境甚至破产的局面，但这一切尚不能判定是发生了“能源危机”，“全球性能源危机”之说更是牵强。“能源危机说”就有点耸人听闻、夸大其词了。

一、2021 年能源短缺和价格暴涨仍属市场失灵

从历史上爆发的数次石油危机来看，称得上危机的要么是供应中断，要么是战争等不可抗力。能源短缺和价格暴涨现象依然可算作是市场失灵，尚不能称为危机。

无论是 1973 年爆发的第一次石油危机，还是分别于 1979 年和 1990 年爆发的第二次和第三次石油危机，均系极端事件导致的供应中断，进而导致石油危机的爆发。

第一次石油危机，系以沙特为首的阿拉伯产油国，因不满美国、日本和其他

西方相关国家在第四次中东战争期间对以色列的偏袒，而对美国等西方国家发起的石油禁运，切断对它们的石油供应，从而酿成了第二次世界大战以来比较严重的政治经济危机，导致油价暴涨4倍，致使美国经济出现"滞涨"。这是一次标准的石油危机。"石油武器"由此得名。

第二次石油危机，系1979年伊朗爆发伊斯兰革命，导致伊朗对全球的石油出口供应中断，市场上一下少了300万桶/日左右的供给，引发了石油价格暴涨。

第三次石油危机，系1990年伊拉克入侵科威特和随后发生的海湾战争，导致伊拉克和科威特这两个先前的石油出口大国出现石油供应中断，对世界经济带来严重负面影响。

因此，从历史上看，判断一次能源事件是否属于危机性质，应该以是否出现严重的"供应中断"作为主要衡量标准。形成能源危机至少应具备突发性、严重性、不可抗力等特点。比如，如果下一次美伊(美国和伊朗)在波斯湾爆发冲突，导致霍尔木兹海峡被关闭，全球约40%的石油贸易被迫中断，则将又是一次严重的能源危机。

就当前各相关国家出现能源短供和价格上涨的情况看，可以算作是一次较为严重的市场动荡，但尚达不到能源危机的程度。

二、全球能源地缘政治态势尚不会导致能源危机

从国际关系演变和大国博弈来看，中国、美国、俄罗斯和OPEC等主要行为体之间在能源上依然是以合作为主，特别是中美两国的能源合作在加强，缺少了地缘政治冲突的能源动荡尚达不到"危机"的程度。

无论是自2016年底以来出现的"OPEC+"联盟(以沙特为首的OPEC+以俄罗斯为首的非OPEC，也称维也纳联盟)，还是2020年为应对新冠肺炎疫情导致的消费骤降、油价暴跌而出现的"OPEC++"(+美国)协议，一个显著的特点是，以沙特、俄罗斯、美国为代表的全球油气主要供应国，它们的合作和互动在加强，这是能源供给侧近年来出现的新情况。

需求侧方面，美国、中国、印度、日本和韩国等主要的能源进口国，其在全球能源格局中的"角色扮演"也在发生变化。特别是美国和中国，由原先同为主要进口国的"竞争关系"，转变为"美国出口、中国进口"的合作关系。

因此，从各主要能源消费国、产油国的多个双边关系来看，合作依然是主流，并没有受到大国博弈加剧带来的负面影响。或者说，各国的能源安全形势，包括中国在内，并未因大国博弈加剧而出现明显的恶化倾向。这就意味着当前全

球的能源地缘政治态势尚不会导致“能源危机”的出现。

而且，2021年以来，一直围绕北溪2号天然气管线博弈的美俄关系出现“柳暗花明”的局面。美伊(美国和伊朗)的对立与冲突也在降温，双方已进行了多轮谈判。缺少了大国博弈的能源市场动荡尚构不成能源危机。

三、三大主要能源中心尚未爆发大范围的能源短缺

2021年，放眼全球三大主要能源供给与消费中心，亚太、北美和西欧尚未爆发大范围的能源短缺和供应中断，所以全球性能源危机的说法言过其实。

以石油和天然气为例，过去10年，亚太、北美和西欧的石油消费量占全球消费总量的70%左右，其中亚太、北美和西欧分别占39%、18%和15%；天然气占60%左右，其中亚太、北美和西欧分别占23%、22%和14%。只要上述三大地区或其中任何一个地区没有发生“急性休克”、供应中断等极端事件，则都不能算是爆发能源危机。

亚太地区，除了印度的煤电短缺导致出现暂时的电荒，以及中国东北地区出现拉闸限电的“意外”，中国绝大部分地区、日韩和东南亚等重要经济体基本上保持正常的能源供应与消费。而且，10月8日的国务院常务会议已经对当前的煤炭短供及能源供需的波动进行把脉，提出了一揽子解决措施。中国的能源供需形势正逐步、快速回归正常。

北美地区，截至2021年底，状况最佳，没有出现局部或某个地区能源短缺导致民众不满的事件发生。自从“页岩革命”取得胜利，基本实现能源独立以来，美国的能源安全和能源地缘政治话题已经不是美国外交政策的重点，第一次石油危机之后出现的种种外交斡旋不再重现。当前，除了天然气价格翻了一番还多以外(HH价格从2020年的2.2美元/百万英热，涨到2021年的5美元/百万英热)，美国的化石能源供需堪称“岁月静好”。

西欧地区，除了英国伦敦出现比较严重的油荒，德国、法国等欧盟主要经济体并没有出现严重的能源短缺。北溪2号天然气管线建成后，预计2022年的输气量会超过100亿立方米，这对德国和其他欧洲国家而言，能源供应又多了一个保障。再者，此次英国的油荒主要是英国脱欧以后的人为壁垒和疫情蔓延之下运油卡车司机不足造成的，不是能源产业链本身出现了问题，而是“劳工链”的问题。

四、全球碳中和冒进是此次能源价格上涨的主因

所谓“能源危机才刚刚开始”的说法，实际上是指能源短缺可能会常态化，

碳中和背景下的油气投资急剧萎缩导致行业信心不足，能源转型之路崎岖而复杂。

不得不说，全球范围内的“碳中和”冒进和中国“双碳”目标倒逼下的运动式减碳，是此次煤炭短缺和天然气价格暴涨的最大背景和核心因素。“碳中和”由一场环保与气候范围内的议题，在利益集团推动和大国博弈加剧推手的夹击下，已经演变为一个彻彻底底的国际政治问题，变成了一个涉及价值观和道义道德的问题，变成一个对全球气候变化领导权争夺的问题。一边是运动式地减碳，另一边是高成本、高风险新能源项目的疯狂冒进。“碳中和”在跑偏的同时，化石能源短缺也在爆发。

当然，从另外一个维度也说明，能源转型绝非一帆风顺。理论上，向清洁能源的过渡旨在使现有的能源系统更具弹性，而不是更脆弱，但实际的转变将需要数十年的时间。2021 年，主要产油国和一些国际大石油公司正在改变政策，转向绿色低碳能源，但这将大大加剧现有能源系统的危险。

五、2021 年下半年能源价格暴涨还有“美国因素”和“美元因素”

2021 年下半年，全球大范围能源价格暴涨背后的“美国因素”和“美元因素”也在推波助澜。大范围能源短缺和价格暴涨是在大国博弈加剧、中美两国对抗与竞争力度空前的背景下发生的。

过去，在中美友好的“超级全球化”时代，几个大国一起合作解决问题，如 2008 年的全球经济和金融危机，这种情景将不再重现。如今，世界已经进入“有限全球化”甚至是保护主义横行的时期，通过多边主义的合作解决问题变得难上加难。澳大利亚这一煤炭和铁矿石出口大国，由于其倒向美国，中澳关系恶化，实际上已经“摧毁”了中澳之间的能源合作。还有印度，加入“美日印澳”同盟后，曾经设想的中印这两个能源(石油)进口大国联手抑制“亚洲溢价”也已成为泡影。

另外，此轮全球范围内的能源价格暴涨，还源于美国在肆无忌惮地执行“弱势美元”政策，肆无忌惮地“放水”，肆无忌惮地推行“无限量化宽松”。只要美国货币政策不改变，以美元定价的全球大宗能源商品，其价格的一路上扬就是大概率事件。2021 年，布伦特油价已突破并基本稳定在 80 美元/桶以上。有机构预测，年内会突破 90 美元/桶，甚至出现了未来会涨到 200 美元/桶的“狂言”。

当然，美国货币政策必将调整，美国一旦从当前的“泥潭”中走出，“强势美元”就将出现，到时极有可能再次出现能源大宗商品价格断崖式下跌，而美国将会又一次完成对全球“韭菜”国家的收割。

因此，要想扭转此次全球大范围内的能源短缺和价格暴涨，重塑能源企业的投资信心是关键。本来，受新冠肺炎疫情的严重冲击，2020 年的全球石油天然气勘探开发投资已比 2019 年下降 30%左右。再加上能源转型，对化石能源的信心普遍下降，石油公司“不敢投、不愿投、不能投”的心理暗示更加强烈。在全球范围内化石能源体系尚无法被大规模替代和民众消费模式未发生根本性变化之前，要扭转天然气价格暴涨和石油价格不断上涨的局面，唯一且可行的办法就是增加供给，也就是增加投入。

碳中和目标下天然气产业发展的多情景构想

天然气作为清洁高效的低碳化石能源，肩负着能源消费结构从化石能源向可再生能源过渡的重要使命，对促进中国2060年前实现碳中和目标具有重要的意义。但上述目标的提出也给中国天然气产业的发展带来了诸多不确定性。为此，本文梳理了现有碳中和目标导向下有关能源转型的研究结果，通过估算碳汇量的方式得到中国2060年的碳源量并与现有的碳排放情形进行对比，进而将天然气产业的多种发展前景分为消费量达峰后下降和未达峰持续上升两种类型，分析不同前景下的发展重点，从上游生产、贸易运输和下游消费三个方面探讨了碳中和目标下天然气产业的实现路径。

一、碳中和目标导向下天然气发展定位

中国在2020年召开的第75届联合国大会上提出，中国的二氧化碳(CO_2)排放力争于2030年前达到峰值，努力争取2060年前实现碳中和。所谓碳中和，是指企业、团体或个人测算在一定时间内直接或间接产生的温室气体排放总量，通过植树造林、节能减排等形式，来抵消自身产生的二氧化碳排放量，实现其“零排放”。但碳中和的意义并非是要在2060年前实现“绝对的零排放”，而是通过技术创新等手段将人为活动排放对自然环境造成的影响降低到可以忽略的程度，达到人为碳源和碳汇新的平衡。2015年达成的《巴黎协定》设定了到21世纪末将全球平均气温相比前工业化时期升幅控制在2℃以内并力争控制在1.5℃以下的全球目标。中国到2060年实现碳中和，实际上就是要努力实现以1.5℃目标为导向的长期深度脱碳转型路径，这需要全社会经济体系、能源体系、技术体系等方面作出巨大的改变，这其中最重要的是深化能源体制改革，实现能源利用最大程度上的减排。

中国作为世界上最大的发展中国家及碳排放大国，要在未来40年内完成从碳排放达峰到碳中和的转型，需要建立起以新能源和可再生能源为主体的可持续能源体系。但中国现有的能源结构仍以煤炭等化石能源为主，化石能源占一次能源消费的85%以上，外加中国现有的能源资源禀赋现状，化石能源仍是今后相当

长时间内保证国家能源安全的现实选择。国际能源署(IEA)统计的2006—2019年中国分能源品种的二氧化碳排放量情况，天然气的碳排放量要远远低于煤炭和石油，是更为清洁的化石能源。碳中和目标导向下的能源转型重点在于退煤，天然气替代煤炭对全球碳减排产生的积极作用已在以往的统计数据中得到了证实，2016—2019年，全球“煤改气”减少的二氧化碳排放量达4亿吨，相当于这一时期碳排放总增量的25%。因此，对于中国以煤炭为主的能源消费现状，天然气对煤炭的替代将对碳中和目标的实现发挥重要作用。

另外，可再生能源消费市场的扩大是碳中和时代下的必然发展趋势，但是受技术限制，中国距可再生能源的大范围普及使用还需要一定的时间，天然气作为能源消费结构从高碳化石能源向可再生能源发展过程中的过渡燃料，短期来看，2060年碳中和目标的实现离不开天然气。但长期来看，相比可再生能源，天然气全产业链碳足迹强度仍然不低，且是不可再生资源。因此，天然气除作为原料的市场需求外，其他方面的需求很可能逐步被可再生能源取代，其未来的发展也将面临不可预估的挑战。

二、天然气发展前景探讨

（一）未考虑碳中和目标的未来能源消费结构情形

根据国际能源署(IEA)、英国石油公司(BP)等多个国际能源机构所公布的能源展望，笔者整理了有关中国未来能源需求的预测情景(见表1)。相关的预测数据是根据历史和当前的政策、经济与市场环境，以及不考虑碳中和目标情形下对中国未来能源消费基本走势的预估。对各机构给出的不同情景下三大化石能源消费量、可再生能源消费量及一次能源消费量的预测结果求均值，以此来表示未来中国能源消费的基本发展趋势，并计算三大化石能源及可再生能源占一次能源消费的比例，来表示不考虑碳中和目标下未来中国能源消费结构的基本情形。

表1　国际能源机构所公布能源展望中的预测情景表

情景名称	描　述
IEA-CPS-2019	国际能源署的当前政策情景
EIA-RS-2019	美国能源信息署的参考情景
OPEC-WOO-2019	OPEC的世界石油展望
BP-BAU-2020	英国石油公司的基准情景
SHELL-SKY-2018	壳牌天空情景
ETRI-BAU-2019	中国石油经济技术研究院基准情景

未来 30 年，中国煤炭消费在一次能源消费中的占比将显著下降，到 2050 年为 30%左右；石油消费占比趋于平缓，天然气消费占比在 2040 年之前有所上升，2040 年之后呈缓慢下降趋势，可再生能源占比显著提升，但在 2050 年占一次能源消费的比重仍不足 40%。现有碳中和目标导向下能源转型的相关研究结果表明，碳中和情形下的一次能源消费比例中，非化石能源要高于 80%，三大化石能源均需下降到 10%以下。因此，该预测情形下的中国能源发展进程远不能在 2060 年之前实现碳中和目标。

天然气消费占比在 2030 年之后趋于平缓，维持在 11%~12%，没有明显的上升或下降趋势，这表明，在未来以可再生能源为主要目标的能源发展进程中，天然气的发展潜力得不到有效释放，所面临的发展前景也有所局限。实现碳中和目标需要能源系统的颠覆性变革，以及在经济、社会和金融等各个领域持续开展创新，促使高碳化石能源需求提早达峰，加速可再生能源发展进程。天然气作为清洁的化石能源，促进其高质量发展，对碳中和目标导向下的新兴能源系统的形成将有重要作用。

（二）基于现有研究的碳中和目标导向下天然气发展前景

近年来，为建设清洁低碳、安全高效的能源体系，中国一直致力于提高天然气的消费使用比例，天然气消费量从 2000 年的不足 300 亿立方米扩大到 2021 年的约 3000 亿立方米，20 年内的年均增速高达 10.3%，远高于同期能源消费总量 6.5%的增速。中国的天然气市场正处于蓬勃发展时期，且众多“煤改气”“油改气”等项目在持续推进，其消费需求不断攀升。但 2060 年碳中和目标所要求的强化减排，将对未来天然气发展产生诸多不确定影响，天然气需求有可能很快达峰回落。因此，为了解碳中和目标导向下天然气发展前景，本节根据现有的研究假设，通过量化预估的方式来探讨未来天然气发展的基本趋势。

大气中二氧化碳浓度是碳源排放和碳汇吸收两者相平衡的结果。《联合国气候变化框架公约》（UNFCCC）将碳源定义为向大气中释放二氧化碳的过程、活动或机制，大气中的二氧化碳主要由人为活动导致的化石燃料燃烧产生；UNFCCC 将碳汇定义为从大气中清除二氧化碳的过程、活动或机制，碳汇主要包括森林碳汇和海洋碳汇。随着技术的发展，还可以通过捕获化石燃料和生物质能燃烧释放的二氧化碳并将其存储在地下的负碳技术，即通过碳捕获封存（CCS）来完成碳汇。因此，未来的碳汇主要由三个部分组成，即陆地碳汇、海洋碳汇及 CCS 碳汇。碳汇相比碳源更不易因人为因素的驱动而发生改变，更容易对其进行估算。因此，笔者通过估算碳汇的方式来得到 2060 年的碳源量，与现有的排放情形进行对比，由此分析中国碳减排的基本发展趋势，并结合碳中和目标导向下化石能源的消费结构，倒推预估2060年天然气消费量，由此量化探讨其发展前景。

本文梳理了现有对碳中和目标导向下能源转型的相关研究，总结了不同能源发展假设情景，并根据相关情景中提供的数据计算在不同假设情景下二氧化碳的排放量及天然气消费情况。

1. 情景一：《中国长期低碳发展战略与转型路径研究》——清华大学气候变化与可持续发展研究院

该研究强调，中国2060年实现碳中和本质上就是实现1.5℃目标为导向的长期深度脱碳转型路径。因而，2060年碳中和情形下的能源发展情况可视作与实现1.5℃能源转型的情况相同。该研究中，1.5℃目标导向下二氧化碳净零排放情景的一次能源消费构成的基本情况为：到2050年，非化石能源占比超过85%，煤炭比例将低于5%。该情景下的碳汇量情况为：陆地碳汇量7.8亿吨二氧化碳(本文碳汇量均指二氧化碳)，CCS碳汇量8.8亿吨。

其他相关研究显示，中国海洋每年可从大气中吸收约2.4亿吨二氧化碳，由此可以估算，2060年由陆地、海洋和CCS碳汇量组成的中国碳汇总量约为19亿吨。碳中和情形下，二氧化碳排放量同样为19亿吨。1.5℃目标导向下，2050年一次能源消费比例构成显示，化石能源消费约占一次能源消费总量的15%，其中煤炭占比为5%左右，石油与天然气则共占比10%，假设石油与天然气消费量相同，则天然气消费量占比约为5%。该一次能源消费结构可视作碳中和情景下的一次能源消费结构，并假设碳排放均由化石燃料燃烧产生，结合碳排放系数，通过计算可以预估得到2060年天然气消费量约为2200亿立方米。

2. 情景二：《2060年碳中和目标下的低碳能源转型情景分析》——清华大学能源环境经济研究所

该研究就2060年碳中和情景下的一次能源消费总量及各能源消费量给出了较为明确的数值：一次能源消费总量约为47亿吨标准煤，非化石能源消费占一次能源消费的比例为81%，煤炭消费占比7%，石油消费占比8%，天然气消费占比4%。根据该预估值，计算该情景下2060年中国的二氧化碳排放量约为20亿吨，天然气消费量约为1400亿立方米。该研究中并未就陆地与海洋碳汇量给出明确的数据，但就2060年碳中和情景下的CCS碳汇量给出了与情景一不同的假设，该研究预估2060年中国CCS碳汇量将达16亿吨。由此可知，该情景下的陆地与海洋碳汇量的和约为4亿吨。

3. 情景三：最大化碳汇量情景

为最大化地讨论碳中和情景下可容纳的碳排放量与天然气消费情况，在不同碳汇类型下取当前最大碳汇量，以组成情景三：最大化碳汇量情景，由此了解和达成碳中和目标所允许的最宽松减排力度。

陆地碳汇量除情景一和情景二的值外，中国科学院大气物理研究所的相关研究结果显示：中国陆地生态系统年均吸收二氧化碳约 11.1 亿吨，要大于上述两情景中的碳汇量，因此该情景中的陆地碳汇量取 11.1 亿吨，海洋碳汇量取情景一中的 2.4 亿吨，CCS 碳汇量取情景二中的 16 亿吨，最后组成情景三的碳汇总量为 29.5 亿吨。表 2 总结了 2060 年不同情景下的碳汇量组成情况。

表 2　2060 年不同情景下的碳汇量情况表　　亿吨

情　景	不同类型碳汇量			碳汇总量
	陆地	海洋	CCS	
情景一	7.8	2.4	8.8	19.0
情景二	4.0	16.0	20.0	40.0
情景三	11.1	2.4	16.0	29.5

碳中和情景下，碳排放量同样为 29.5 亿吨。这是就当前研究资料和发展情况而言，碳中和所允许的最大碳排放量。由于该情景下并无与 2060 年一次能源消费结构相关的支撑资料，所以，分别利用情景一与情景二中的一次能源消费结构，结合碳排放系数来计算当达成碳中和，碳排放量达到 29.5 亿吨时，天然气的消费量情况，并得到以下结果。

（1）利用情景一中的一次能源消费结构：煤炭、石油和天然气占一次能源消费的比例均为 5%。经计算，最大化碳汇量情景下，2060 年达成碳中和时，天然气的消费量为 3400 亿立方米。

（2）利用情景二中的一次能源消费结构：煤炭消费在一次能源消费中的占比为 7%，石油占比为 8%，天然气占比为 4%。经计算，最大化碳汇量情景下，2060 年达成碳中和时天然气的消费量为 2000 亿立方米。

IEA 公布的 2019 年中国碳排放总量为 98 亿吨，由上述碳中和导向下不同能源消费情景的碳排放情况可知，中国需要在 40 年内减排 70 亿～80 亿吨二氧化碳，才可以在 2060 年实现碳中和，中国将面临前所未有的减排压力。2019 年，中国天然气表观消费量为 3064 亿立方米，由图 1 可知，在情景一、情景二和情景三中，2060 年碳中和情景下的天然气消费总量将比 2019 年下降 1/3 左右，而情景三中的天然气消费量则略高于 2019 年。在不同情景下，天然气消费量在达峰后的趋势变化存在较大差异，但整体呈现达峰后下降的变化趋势。这表明，在碳中和目标导向下以可再生能源为主体的新兴能源体系中，天然气的发展空间将明显受限，其作为清洁能源的发展优势也得不到充分体现。因此，如何在有限的时间与空间内，发挥出其作为清洁能源的最大价值，积极助力碳中和目标的实现，是天然气行业必须关注的问题。

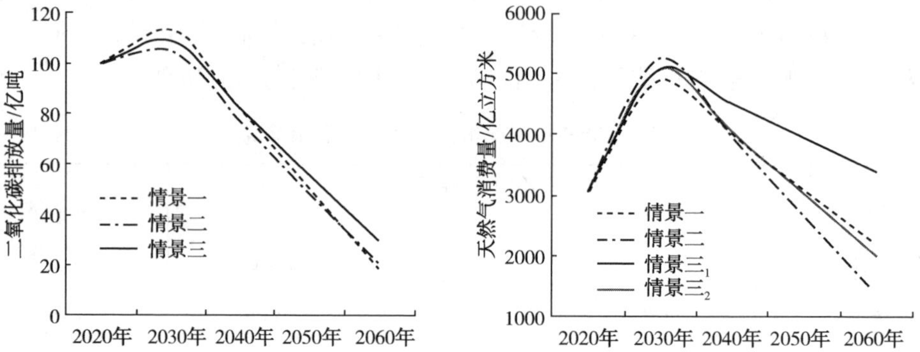

图 1　碳中和目标导向下二氧化碳排放量和天然气消费量在不同情景中的发展趋势图

三、碳中和目标导向下天然气发展多情景构想

上述情景所预估的碳中和目标导向下的一次能源消费情况虽有所差别，但其所表示的能源发展基本走势是一致的，均呈现煤炭消费比例显著下降，非化石能源消费比例大幅提升，天然气消费先升后降的情形。这是对未来能源变革前景的主流预测，也是实现碳中和目标的最根本途径。但除此之外，能源的发展进程会受诸多不确定性因素的影响，因此一次能源消费可能存在其他的发展趋势。天然气作为清洁高效的低碳化石能源，在现阶段减煤进程中发挥着重要作用，也是中国能源体系从化石能源向可再生能源过渡过程中可以直面能源需求的重要选项。因此，碳中和目标导向下的能源改革进程中，天然气消费很可能会呈持续增长的态势，在新兴能源体系中占据一席之地。由此，本部分就未来能源消费结构设置多个假设情景，来分析在不同情景下天然气的发展前景，探寻可支持碳中和目标导向下天然气消费持续增长的能源消费结构。

（一）数据设置

在前述情景二的研究中，给出了 2060 年碳中和情景下一次能源消费的预估量为 47 亿吨标准煤，以及 2030 年碳达峰时天然气消费的预估量为 5200 亿立方米，约占一次能源消费的 13%，因此，利用情景二中所给出的相关数据进行后续的预估研究。为最大化地考虑天然气的未来发展空间，本节假设情景中所用到的2060年的碳排放量为上述三种情景中的最大碳排放量计算结果，即29.5亿吨。

（二）情景构想

1. 情景A（极端情景）：煤炭与石油消费量为零

在极端情景中，到2060年达成碳中和时，煤炭与石油的消费量降为零，2060年所有的碳排放均由天然气消费产生。根据2060年的碳排放量29.5亿吨，结合碳排放系数，计算2060年天然气消费量约为14000亿立方米，占一次能源消费的近40%，非化石能源消费将占比60%。在此情景下，天然气拥有最大化的发展空间。

2. 情景B：煤炭与石油消费在一次能源消费中占比均为5%

在该情景中，煤炭与石油消费量显著下降，在2060年碳中和时均占一次能源消费的5%。根据碳排放量与碳排放系数，可以计算得到该情景下，2060年天然气消费量约为8500亿立方米，占一次能源消费的25%，则非化石能源消费占比为65%。在此情景下，天然气与现在相比有近2倍的发展空间，并且大幅高于碳达峰时的消费量，具有十分乐观的发展前景。

3. 情景C：煤炭与石油消费在一次能源消费中占比均为8%

在该情景中，煤炭与石油消费持续下降，在2060年碳中和时均占一次能源消费的8%。根据2060年的一次能源消费量与碳排放系数，计算得到2060年天然气消费量在该情景下约为5400亿立方米，在一次能源消费中占比近16%，非化石能源消费则占比为68%。在此情景下，天然气与现有情况相比有近1倍的发展空间，与碳达峰时的消费量几乎持平，有较为可观的发展前景。

4. 情景D：煤炭与石油消费在一次能源消费中占比均为10%

该情景下，煤炭与石油消费均占一次能源消费的10%，结合碳排放量与碳排放系数，计算得到2060年碳中和情形下天然气的消费量约为3300亿立方米，占一次能源消费的比例为10%，则非化石能源消费占比70%。该情景下，天然气消费占一次能源的比重小于2030年碳达峰时的13%，这表明该情景下天然气消费在达峰后开始下降。因此，若要保证天然气在碳中和情景下有可观的发展前景，保持上涨的趋势，则需要保证煤炭和石油消费占一次能源的比例不能超过8%。图2、图3展现了不同情景下的天然气消费发展趋势及2060年一次能源的消费结构情况。

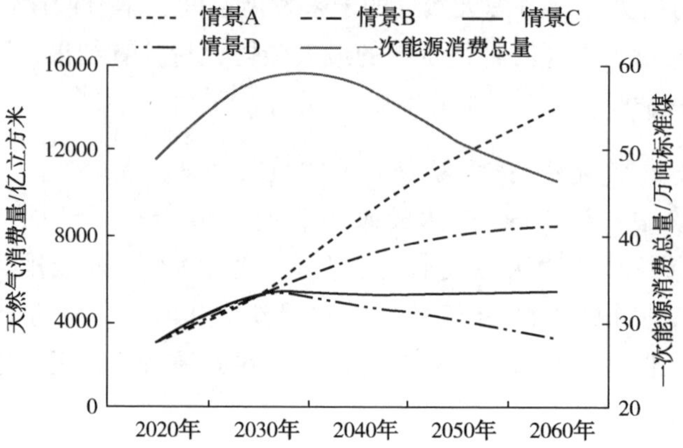

图 2　不同情景下天然气消费量图

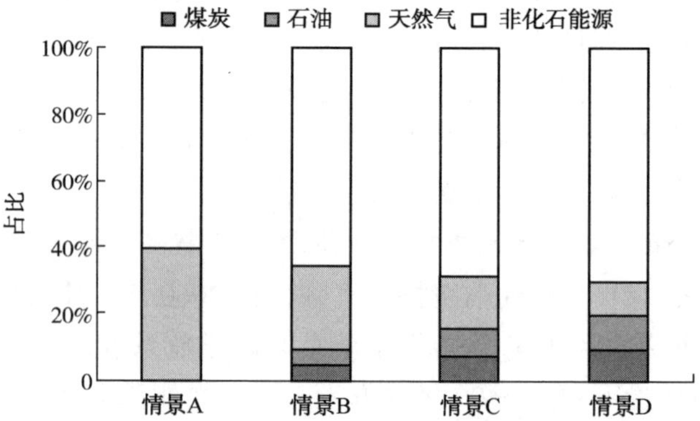

图 3　2060 年不同情景下的一次能源消费结构图

上述各情景的设置是基于现有碳中和研究资料和能源发展情况，对未来天然气消费预估的假设性讨论。该讨论中，天然气未来的消费情况主要取决于达成碳中和时的碳排放量，若碳排放量有更为显著的下降，留给化石能源的消费空间则更为紧缺，天然气的发展也将受到约束，要保持其消费的持续增长是十分困难的。同时，该讨论也提供了一个天然气未来发展的临界情况，即煤炭与石油消费占一次能源比例均不超过 8%时，在达成碳中和所允许的最大化碳排放情况下，天然气消费将持续增长，该结果可为以追求天然气最大发展空间为目标的能源结构调整提供一定的参考。碳中和目标导向下的化石能源消费下降是能源发展的必然趋势，天然气作为清洁的化石能源，较之于煤炭与石油有着相对乐观的发展前景，但仍需要积极探索更高质量的发展路径，才能保留其在碳中和能源大变革进程中的一席之地。

四、碳中和目标导向下天然气产业实现路径

（一）不同前景下天然气产业发展重点

碳中和即大气中碳源和碳汇达到均衡的一个状态。据国际能源署（IEA）统计，2019 年世界能源活动导致的二氧化碳排放量为 330 亿吨，远远高于碳汇量，由此导致大气中二氧化碳过剩，引起气候变化等一系列问题。所以，要实现碳中和，最根本路径就是要降低碳源的排放。前文所讨论的天然气发展前景可根据天然气消费的发展趋势大致分为两类：一类是达峰后下降（情景一、情景二、情景三、情景 D）；另一类是未达峰持续上升（情景 A、情景 B、情景 C）。天然气产业在碳中和目标导向下的实现路径主要涉及上游生产、贸易运输和下游消费三个方面，其面临的发展前景不同，所对应实现路径的方向与重点也有所不同，但都应围绕降低碳源这一根本路径展开。

在第一类天然气发展前景中，天然气需求市场的发展空间有所萎缩，消费量在达峰后开始下降。下降的原因可能包括产业结构升级，高能耗行业被逐步淘汰，以及非化石能源在天然气主要消费行业逐步取代天然气等。因此，在碳中和目标导向下的能源改革进程中，天然气行业需要积极探索更为有效的低碳转型路径，寻求更高质量的发展，在并不宽裕的发展空间中发挥最大的效用，这就需要从全产业链的角度来思考减排。以液化天然气（LNG）为例，对 LNG 全过程碳排放的统计研究结果可知，75%的碳排放源自 LNG 终端消费，而上游生产液化产生的碳排放占比 15%，海运占比 3%左右。由此可见，想要实现天然气的高质量发展，不仅要保证下游消费的低碳化，还应在天然气开发及贸易运输过程中保持零碳运营，实现天然气发展的全过程清洁化。因此，在天然气达峰后下降的情景中，天然气产业的发展重点应在上游生产端加强对碳源的控制，在贸易运输端积极探索更为低碳的贸易方式。

中国天然气下游消费的主要行业包括工业燃料、城市燃气、发电及化工四个方面，在天然气消费达峰后下降的情景下，天然气需求市场空间受限，主要用气行业也会相应萎缩。情景一中 1.5℃目标导向下的低碳转型路径研究强调，到 2050 年，非化石电力在总电量中的比例将超过 90%。因此，在发电行业中，燃气发电将被可再生能源发电大规模取代，电力行业也会成为主要用气行业中萎缩幅度最大的行业。在工业及城市燃气方面，天然气作燃料的情况下，则有可能会被新兴燃料或者电力所替代，因此，这两个行业也存在用气量萎缩的可能。而在化工行业，天然气主要作化工原料来使用，被大规模替代的可能性较低，所以，

在化工行业仍会为天然气留有一定的发展空间。

在第二类天然气发展前景中，能源需求市场仍为天然气留有一定的发展空间，其消费量保持上涨趋势。该前景下天然气的发展应以提高消费比例、释放发展潜能为重点。并且，天然气作为清洁高效的低碳化石能源，其消费比重的增加，对煤炭替代力度的加大，对于中国这样以煤炭等高碳化石能源为主的能源消费结构及碳排放现状来说就是在降低碳源。但截至 2021 年，中国天然气消费占一次能源比例仍不足 10%，远低于世界平均水平，在各个行业都留存有较大的发展空间。中国的天然气主要终端市场分为工业燃料终端、居民用气终端、发电终端和化工终端四大部分。因此，可加大天然气在主要用气终端的使用量，由此在下游消费方面促进碳中和目标的实现。

根据上述分析，天然气产业在不同前景下发展的重点与措施如图 4 所示。

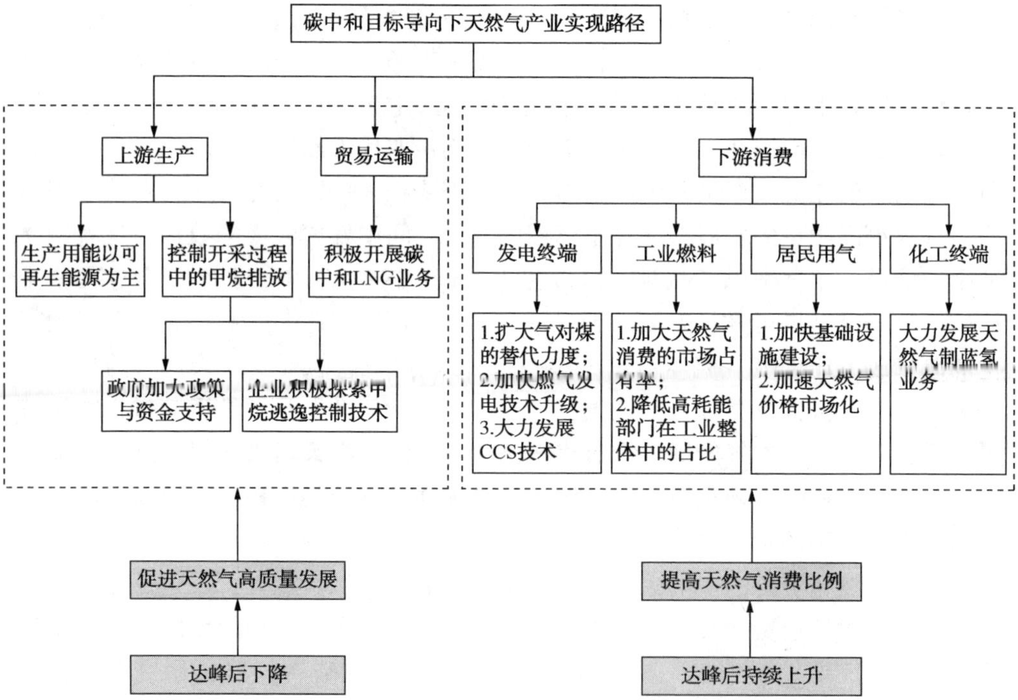

图 4　天然气在不同发展前景下的发展重点与措施图

（二）碳中和目标导向下天然气产业发展路径

1. 上游生产

碳中和中的碳狭义上指的是二氧化碳，更为宽泛的则指温室气体，IEA 的统计数据显示，世界温室气体排放的73%来自二氧化碳，而占比27%的非二氧化碳温室气体同样对大气产生着巨大影响。甲烷在非二氧化碳温室气体中占据较大比例，是天然气的主要成分。空气中的甲烷主要来自油气开采和储运过程中的泄漏，同时农业活动中也会产生甲烷排放。据IEA统计，2018年全球甲烷排放量为5.7亿吨，相当于171亿吨二氧化碳。甲烷在百年尺度上增温潜势是二氧化碳的21倍左右，是实现有效减排需要着重控制的一类温室气体。2021年，有关甲烷治理的关注度在全球范围内一直不低，英国石油公司和意大利埃尼集团等都将“减少甲烷”定为实现净零排放的目标之一。

对于天然气行业来说，仅天然气生产过程中排放的甲烷就超过全球油气行业的50%。为实现天然气的高质量发展，需要有效控制天然气开采过程中的甲烷排放，并将其作为天然气生产方面减碳措施的重点。这要求各参与主体共同努力：①政府应加大有关甲烷逃逸控制的政策与资金支持；②企业应积极探索科学有效的控制技术，减少天然气开采过程中的甲烷逃逸，开发逃逸检测监视系统，使更多的甲烷泄漏能够被发现并及时修复；③天然气开采过程中的用能也会产生碳排放，因此生产用能(主要为电力)应以可再生能源为主，以保证上游生产的全过程清洁化。天然气的低碳清洁供应，可使天然气行业整体清洁化提高，让兼顾减少碳排放和能源供给保障的天然气发挥出更大的效用，更大程度上减少中国能源消费产生的碳源总量。

2. 贸易运输

天然气虽为清洁的化石能源，但其在开采、处理、储运及终端利用等方面仍然会有不少的碳排放产生。为实现天然气贸易全过程清洁化，碳中和LNG应运而生，成为天然气贸易碳中和的现实发展路径及未来能源组合的重要组成部分。碳中和LNG是基于碳中和的基本原理，利用自主开发或购买的碳信用额，对LNG全生命周期的碳排放进行抵消。具体包括“碳汇抵补”等概念的实施，即出口商通过种树、参与可再生能源开发项目等，来补偿LNG在下游使用中产生的碳排放。碳中和LNG将“碳中和”“净零排放”等理念引入了天然气贸易当中，可进一步挖掘天然气这一清洁能源的环保价值，为天然气贸易发展提供一种更为全面的清洁能源方案，积极促进天然气行业在应对气候变化背景下的可持续发展。

但由于碳中和LNG是能源市场的新兴事物，中国还未对碳中和LNG概念进行广泛普及，外加碳中和LNG不能为下游买家带来有效的经济效益，导致2021年中国市场对其接受度非常有限。但随着中国2060年实现碳中和目标的提出，中国能源终端消费者对绿色环保、节能减排的意识会逐渐提高，由此碳中和LNG

为下游买家企业带来的社会效益也会逐步显现，会为其企业形象、信用评级等带来积极的社会联动效应。同时，也会促进由多方参与的碳排放约束和交易机制的完善，包括政府对相关政策的引导和监管、上游供应商对核算信息的公开、下游买家对运营能力的提升等。将碳中和LNG发展成为可持续业务，是碳中和目标导向下天然气高质量发展的重要组成部分，对加速中国能源结构转型，保障能源交易市场的积极健康发展具有重要的意义。

3. 下游消费

（1）发电终端。电力行业是中国碳排放的最主要来源，占总排放量的41%，面临主动控制碳排放和2060年碳中和的新形势，亟须科学应对。2021年，中国的电力结构仍以火力发电为主，2019年，中国火力发电量为5.05万亿千瓦·时，占发电总量的68.88%，其中，燃煤发电占90.24%，燃气发电占4.61%，由此导致电力行业成为碳排放的主要行业。因此，在中国以火力发电为主导的发电结构下，除了扩大非化石能源发电比例外，加快促进火力发电减排才是实现电力行业清洁化发展的重要路径，“以气代煤”应成为火力发电的主要发展趋势。

（2）工业燃料终端。工业用气是天然气消费的主力，2019年，工业用天然气占全国用气量的35%。同时，工业也是碳排放产生的主要行业，主要来自高能耗产品如钢铁、水泥、玻璃、陶瓷等产品的制造过程，据统计，2019年，仅钢铁工业的碳排放就约占全国碳排放总量的15%。工业领域碳排放包括一次能源燃烧产生的碳排放和工业生产过程中通过化学或物理过程产生的碳排放两个部分。其中，工业化石能源燃烧的碳排放占工业领域碳排放总量的80%以上。因此，工业领域的减排路径同样需要减少高碳化石能源的燃烧，提高天然气和可再生能源等清洁能源的使用比例。虽然2021年工业用气占据天然气消费的较大比例，但由于天然气使用比例总体偏低，现有的工业用气改变不了工业碳排放的局面。所以，根本路径仍是需要加大天然气消费的市场占有率，大面积涵盖高能耗制造业，并加快产业结构的调整，降低高耗能部门在工业整体中的占比，积极推动中国工业的清洁化发展。

（3）居民用气终端。中国与其他国家相比，居民用散煤量占煤炭总量的比例非常大，且散煤燃烧排放的污染物约为电煤的10~20倍，对空气质量的影响极大。近年来，“煤改气”“煤改电”等政策的实施已有效改善了散煤燃烧的影响，居民用气也随之增加。但受到国内天然气供应不足、基础设施建设滞后及相关政策不健全等因素的影响，“煤改气”节奏开始放缓，散煤复烧的现象开始出现。碳中和目标的提出再一次强化了节能减排的决心，天然气行业需加强供应稳定，加快基础设施建设，加速天然气价格市场化，为“煤改气”政策的顺利实施、减碳目标的达成提供保障。

（4）化工终端。化工终端的用气需求主要是利用天然气作化工原料。随着CCS技术的普及和发展，CCS与天然气化工的结合，由此发展出的“天然气制蓝氢”业务，将在提高天然气消费和减少碳排放方面发挥重要作用。氢能是世界上最干净的能源，资源丰富，可持续发展，是未来能源发展的新方向。氢气可由化石燃料产生，主要来源是天然气，其生产过程会伴生大量的二氧化碳，通过CCS技术将其产生的二氧化碳捕获封存，这样产生的氢气称为“蓝氢”。“蓝氢”的发展可极大拓宽天然气在化工领域的发展渠道，提高制氢过程清洁化，并产生新能源氢能，可多方面促进碳中和目标的实现。

碳中和时代，石油向左向右

随着2015年《巴黎协定》设定了21世纪后半叶实现净零排放的目标，越来越多的国家政府正在将其转化为国家战略，提出了无碳未来的愿景。同样，中国也提出了“双碳”目标。壳牌、道达尔等欧洲几大油气公司也随之宣布了不同程度地实施低碳计划。一时间，传统油气业务何去何从、传统油气企业转型与否等，油气百年变局一系列问题摆在世人面前。正值“十四五”规划开启期，我们身处净零时代，又该如何认识、如何对待？

一、大石油公司发展新能源潜力巨大

大石油公司业务发展清晰。壳牌发展各类新能源业务：参股荷兰海上和美国8个陆海风能项目；参股玻电(Glasspoint)公司，探索太阳能技术，实现低碳运营；在德国设立合资企业，计划投资390个氢气零售站；在巴西设立甘蔗制乙醇合资企业(Raizen)，生产低碳生物燃料。英国石油公司(BP)主要发展太阳能、陆上风电和碳捕集、利用与封存(CCUS)业务。早在2000年就提出“超越石油”战略构想。在美国经营14个风电场，并计划扩能，成为最大风电业务石油公司；收购美国清洁能源燃料公司生物甲烷资产；在巴西拥有三家燃料乙醇企业。道达尔主要发展电力、太阳能、陆上和海上风电、氢能等。收购全球第二大太阳能电池板制造商(Sun Power)公司66%股份；发展两大类第一代生物燃料，并积极开发第二代生物燃料；收购法国电池制造公司(Saft Groupe)；在印度尼西亚和菲律宾有多个地热项目，成为世界上最大的地热生产商。

2016年以来，欧洲主要企业收并购投资(含风险投资)新能源90多亿美元。道达尔收购投资50多亿美元，其中，最大的是收购直接能源(Direct Energy)、帅德福(Saft)和葡萄牙电力集团(EDP)在西班牙的资产；是太阳能利用的早期推动者，2011年，收购Sun Power大部分股权。英国石油公司BP的投资计划最为耀眼，到2030年，绿色能源投资将从每年5亿美元增加到50亿美元，增长近10倍，占其总支出的1/3，相当于其余欧洲主要企业投资的总和。挪威国油2022年投资净额(不含项目融资)将达23亿美元，埃尼2020—2023年新能源投资为其平均支出。

二、发展中国家企业以跟随为主

发展中国家既没有欧洲企业激进，也没有 CCUS 技术优势，倾向于通过提升能效、降低甲烷和常规火炬排放等措施以实现减排目标。如沙特阿美加入世界银行的“2030 年常规火炬零排放行动计划”，计划 2023 年前投资 500 万美元实现 1000 兆瓦可再生能源装机容量。巴西石油 2006 年起披露碳排放数据，2008—2017 年从开采的天然气中分离并回注二氧化碳 700 万吨，计划 2017—2027 年继续投资低碳技术领域 10 亿美元。墨西哥石油到 2021 年二氧化碳排放当量下降 25%。

中国企业低碳影响力持续提升。为落实“推进能源生产和消费革命，构建清洁低碳、安全高效的能源体系”要求，三大油企积极推进绿色低碳转型，各自制订了行动计划。中国石油将通过技术创新和绿色发展，加大天然气领域投入力度；形成油气为主、多能互补格局，走绿色低碳清洁发展之路。计划 2030 年国内天然气产量占公司国内一次能源产量的 55%，2050 年低碳发展达到国际先进水平，2060 年实现碳中和。中国石化提出远景目标，绿色低碳发展 2035 年达到国际先进水平，2050 年达到国际领先水平。启动“绿色企业行动计划”，以“奉献清洁能源，践行绿色发展”理念，提供清洁能源和绿色产品，提升绿色生产水平，引领行业绿色发展。中国海油率先发展气电项目，气电能源初具规模。多年前进军光伏，成立全资子公司，经营太阳能发电项目等。2009 年，投资 50 亿元建设 20 条动力电池生产线，打造全国最大新能源产业基地。2012 年初，投资 3 亿美元建设 150 兆瓦太阳能电池生产工厂和光伏电站。之后，新能源项目如火如荼展开。

三、低碳行动几点判断

未来，减碳压力将持续增大。近期这些现象可让业内人士感受到全球碳中和浪潮有多么迅猛，进而产生无形压力，并且不断加大。一是作为能源消费和碳排放第一大国，中国对世界的承诺持续加码，这种自我加压必然层层传递。二是丹麦已经宣布，2050 年前停止北海地区全部油气生产活动。此前在 2017 年，法国已经宣布 2040 年前停止全部化石能源生产活动。丹麦、英国等多国环保组织呼吁英国、挪威等化石能源生产大国“尽快跟上步伐”。这种叫停油气生产活动的举措对油气企业无疑压力巨大。三是壳牌公司四名高管因嫌弃该公司发展新能源业务不够快、投资不够多愤而辞职离开壳牌。高端人才流失为传统油气业务敲响了警钟。

西方降低碳排放、发展新能源将更集中于四大类。太阳能、风能、氢能和CCUS四大类越来越受青睐，太阳能和海上风能占主要企业可再生能源总产能的75%以上。Equinor和壳牌就由这两种技术主导。英国石油公司(BP)还希望增加对海上风能的开发，其投资组合以太阳能和后石油时代遗留的美国陆上风能资产为主。雷普索尔公司(Repsol)在西班牙国内陆上风电市场占有重要地位。在政策支持和技术进步推动下，CCUS和绿色氢能正被大力推广，欧盟、英国、加拿大、澳大利亚、日本等已将这两种技术确定为到2050年实现净零碳经济的主要推动力，澳大利亚、日本等12国已制定国家氢能战略。但这两种技术都处于初始发展阶段。主要油气企业注重发展太阳能和风能，更注重发展CCUS和绿色氢能，尤其注重创造规模经济和降低成本。壳牌、道达尔、Equinor、雷普索尔和BP都已经投资了绿色氢能，而美国企业将进一步提高CCUS技术。欧洲向左，美国向右。欧洲企业能源转型进一步加快，纷纷发布激进转型战略，宣布变身国际综合能源公司，引领净零碳方向。但美国企业所面临的压力比欧洲要小得多，因此除康菲外，美国主要油气企业没有跟随欧洲同行转型步伐，与欧洲的差别在扩大。他们笃信未来油气业务仍有较大发展，因此仍专注于传统油气业务，对净零碳计划没有表现出太大热情。2020年10月19日，康菲宣布净零碳排放阶段性目标，到2030年减少碳排放35%~45%，比原目标5%~15%大大提高，成为北美首家呼应净零的大石油公司。埃克森美孚和雪佛龙基因里就刻着保守和谨慎，与欧洲企业开放和灵活的风格对照鲜明。两大区域石油公司历来行事风格不同，疫情影响又放大了两者差异。当然，美国企业未来仍有可能大举投资新能源，只不过在等待成熟时机。

未来，将面临更多诉讼、更严监管和更大压力。一方面，诉讼数量快速攀升。据统计，1997年，全球与气候变化相关的法规只有60部，到2020年5月已达到1859部，增长了近30倍，即每四五年法规数量就翻一番。与此同时，全球气候诉讼的数量也显著提升。1997—2017年间，诉讼数量增加了20倍，诉讼地域也在向发展中国家快速扩张。2019年，全球28个国家发生1300多起气候诉讼案件。2015年以来，越来越多的诉讼案件针对大型油气企业，部分诉讼索要高达数十亿美元的损害赔偿。另一方面，监管持续升级。各国金融监管机构积极推进企业和投资者有关气候风险、碳排放和低碳管理等相关信息的透明度。在许多司法管辖区，企业气候风险及相关信息披露正由完全自愿转化为法律规定。美国证监会2010年起要求上市公司年报中披露气候变化为其带来的实质性风险或机会；欧盟2018年起要求投资者考虑气候变化等企业环境、社会和治理表现；二十国集团（G20）在 2015 年 12 月设立了“气候相关金融披露特别工作组（TCFD）”，2016 年 12 月完成了《企业碳财务披露指南》。管理着近 34 万亿美元资产的 340 多家投资者均已承诺实施 TCFD 建议来加强其与气候相关的信息披露。

经营成本难免上升。碳税已经在部分国家得到实施。加拿大 2020 年起开征碳税，由 30 加元/吨二氧化碳起，每年每吨增加 10 加元，2022 年增至 50 加元/吨；已提议以后每年每吨增加 15 加元，2030 年增至 170 加元/吨，各省在此基础上还可以根据自己的情况增加。BP 和壳牌等巨头对长期碳税预测是 85 美元/吨左右。碳税的征收和不断加码无疑意味着经营成本上升。

四、为低碳目标作贡献

在中国油气对外依存度已经分别高达 73%、46%的当下，油气企业应将降低油气对外依存度或阻止其过快增长作为工作重心，更加积极地开发国内油气资源，更加有效地获取海外油气资源。由此，油气保供仍是第一位。中国已经作出 2060 年碳中和承诺，油气企业肩负保障国家油气供应的社会责任，在实施“增储上产”的同时，要为实现国家的减碳目标作出贡献，更需找到新的发力点，以保持持续的市场竞争力。

（一）关注碳风险、研究碳专题

资源国碳风险在于三个方面：一是油砂、重油等高碳项目，蒸汽辅助重力泄油技术开采油砂的碳排放量比常规石油高 12%，以往并购和经营均未做任何低碳考虑，一旦资源国在低（净零）碳旗号下征收高碳税、出台过于严厉的环保措施，或环保非政府组织搅局等，便可能构成项目的颠覆性风险；二是资源国碳税和低碳监管一旦趋紧、趋严，便意味着项目经营成本上升；三是可能面对诉讼案件。

因此，要加强碳专题研究，跟踪全球碳问题发展趋势和前沿。既要充分分析上述碳风险，密切注意资源国低碳政策出台时机和监管程度，将低碳引起的成本上升充分考虑；还要格外重视新项目评价与收购中的低碳因素。加强碳专题研究国际合作。必要时，可委托埃信华迈（IHS）或伍德麦肯兹（北京）咨询有限公司（Wood Mac）等国际知名公司就碳专题提供专项咨询，在全面认识碳问题基础上制定海外油气业务碳战略。

（二）发展低碳减排业务

优化资产结构，加大天然气发展力度。发展天然气既是着眼于未来业务发展的必然选择，也是响应低碳化未来的必然步骤。在充分论证市场和效益基础上，应该大力发展、优先发展液化天然气(LNG)。适时减持、出售重油和油砂等高碳项目。

适度发展电力，疏通天然气出路。发展电力是实现低(净零)碳的可靠方向，发展海外电力还是增加天然气利用途径、疏通天然气出路、延伸天然气产业链、实现天然气更好发展的有效手段。应该联合电力企业在天然气富集但难以实现其他利用的区域适度发展。

二氧化碳驱提高采收率有如下特点：一是应用领域广泛。各资源国对排放限制有紧有松，因此，海外项目在努力减排下仍存在不少火炬燃烧排空现象。由此，应主动制订分步实施计划，在几年内力争“消灭”火炬，争取实现零排空。将回收的气体分离后加以利用，可燃气体由矿区自用或输往民用，不可燃气体用于回注；根据测算的经济性情况，也可全部用于回注。碳捕集、利用与封存技术(CCUS)的应用不仅是油气企业履行社会责任、实现减排目标的重要技术手段，也是新的经济增长点。长远看，各国对碳排放的控制将越来越严格，碳税和碳价都会上涨，CCUS项目的盈利能力会不断上升，实现二氧化碳驱提高采收率规模化应用，会使CCUS成本降低。中国石油在大庆、吉林和长庆等油气田有先导试验和成熟应用，基本可满足海外应用要求。

推广自用电力太阳能化，减少自用化石，应该大力推广这些项目，大力宣传其贡献，甚至可将企业对社区的捐助定向应用于可再生能源项目。

并购或参股，适量发展可再生能源项目，树立企业形象。在当前碳中和时代，作为负责任的国际化能源企业，我们不可能置身事外，应主动论证发展可再生能源项目的可能性，采用并购或参股方式，适量发展一些相关项目，维持好对后代负责、对环境负责的良好企业形象。

新时代下油气行业
高质量发展内涵与实现路径

在工业化发展的进程中，能源是支持经济增长和经济发展的重要基石。能源发展服务于经济发展，能源发展形势的转变取决于经济发展形势的转变。过去，中国社会主要矛盾是“人民不断增长的物质文化需要与落后的社会生产之间的矛盾”，需求位于主导地位，扩大生产规模、提高产出增速、满足需求的增长是当时维系经济增长的主要动力。随着矛盾逐渐变为“人民日益增长的美好生活需要与不平衡不充分的发展之间的矛盾”，供给占据主导地位，提高供给质量、优化供给结构成为新的经济发展动力。2017 年，党的十九大报告首次指出：“中国经济已由高速增长阶段转向高质量发展阶段。”顺应经济高质量发展阶段的新要求，能源改革进入蓄力加速期。在这一新时代背景下，对油气行业高质量发展也提出了新要求，指明了油气行业发展的方向和目标。

一、习近平新时代中国特色社会主义思想下油气高质量发展的内涵

2018 年 4 月，习近平总书记在视察湖北时指出：“推动高质量发展是做好经济工作的根本要求。高质量发展是体现新发展理念，是经济发展从‘有没有’转向‘好不好’。”尽管在高速增长阶段中国经济取得了举世公认的成就，但高速增长追求的是以量制胜，从而忽略了对生态环境、供给有效性等方面的影响，不可避免地造成了一些突出的问题和缺陷。从高速增长向高质量发展的这一转向，就是从“量”到“质”的一次提升。

十九大以来，习近平总书记在不同场合多次强调要推动经济高质量发展，丰富高质量发展的内涵，为中国经济发展指明方向。为适应经济发展的新要求，需要加深对油气行业高质量发展内涵的理解与认识。

（一）油气高质量发展以创新、协调、绿色、开放、共享的发展理念为指导

建设清洁低碳、安全高效的油气体系是油气行业发展变革的重要使命，特别是当前世界能源格局发生深刻调整、新一轮的能源革命兴起，为油气行业向高质

量发展提供了良好的条件和契机。因此，在油气行业的高质量发展中，要坚持以创新、协调、绿色、开放、共享的发展理念为指导，把创新作为发展的第一动力；提升油气产能利用效率，推动油气行业协调发展；清洁高效地利用油气资源，保障经济发展和生态保护并行；加强油气资源的勘探开发，在“一带一路”倡议的引领下深入全球能源治理；加强油气基础设施与管网机制的建设，推进全国油气共享发展；增强国内油气供给保障能力，确保国家能源安全。

（二）油气高质量发展以油气资源利用有效性和绿色发展为前提

当人民的需求不再只是解决温饱，而是转向更高质量的生活需求时，过去高速增长模式的缺陷就会显露。随着工业化和城镇化的推进，人民群众对能源的依赖程度随之提高，对高质量用能、绿色节能的要求也越发提高。一方面，若继续以量为重，将会出现有效能源供给不足、无效能源供给过剩的现象，继而造成能源供给效率低下。另一方面，若继续保持以牺牲生态环境为代价的高速增长，不仅是生态环境，人类的生存环境也将遭遇危机。只有留住绿水青山，油气行业才具备高质量发展的环境基础；保证油气资源利用效率，油气行业的高质量发展才具有“质”的意义。

（三）油气高质量发展以质量、效率和动力变革为路径

党的十九大报告中强调：“中国经济正处在转变发展方式、优化经济结构、转换增长动力的攻关期”“必须坚持质量第一、效益优先，以供给侧结构性改革为主线，推动经济发展质量变革、效率变革、动力变革”。当前，全球油气行业正经历深刻变革，石油和天然气作为中国能源结构中的重要组成部分，必须加快改革创新的步伐，增加油气行业的创新力和竞争力。在提高经济效益和加强环境保护的双重约束下，以“质量变革、效率变革、动力变革”共同推进中国油气行业高质量发展。

（四）油气高质量发展以“四个革命、一个合作”为内核

2014 年 6 月 13 日，习近平主席就推动能源生产和消费革命提出“四个革命、一个合作”的能源安全新战略，指明了推动中国能源事业高质量发展的方向和路径。当今世界正面临百年未有之大变局，中国油气行业正面临前所未有的机遇和挑战。推进油气行业高质量发展，就是要围绕清洁、高效、安全、创新和开放，推动油气行业的消费革命、供给革命、技术革命、体制革命和国际合作。提供充足、优质、绿色、安全的油气消费环境，满足人民和国家的高质量用能需求。

（五）油气高质量发展以实现清洁低碳、智慧高效、经济安全的能源体系为目标

2020 年 9 月，中国提出力争 2060 年前实现“碳中和”目标，围绕“十四五”规划中加快推动绿色低碳发展的建议，油气高质量发展要坚持以绿色为本，实现清洁低碳的目标。创新、节能贯穿于中国经济社会发展全过程，通过有效提升油气产业综合效率，优化油气产业开发布局，实现智慧高效的油气产业体系也是油气行业高质量发展的一个重要目标。油气高质量发展能够保障中国油气安全，为中国经济发展创造新的增长点，实现经济安全的目标。新时代，在清洁低碳、智慧高效和经济安全三个方面达到相互融合的状态，是油气高质量发展的最终归宿（见图 1）。

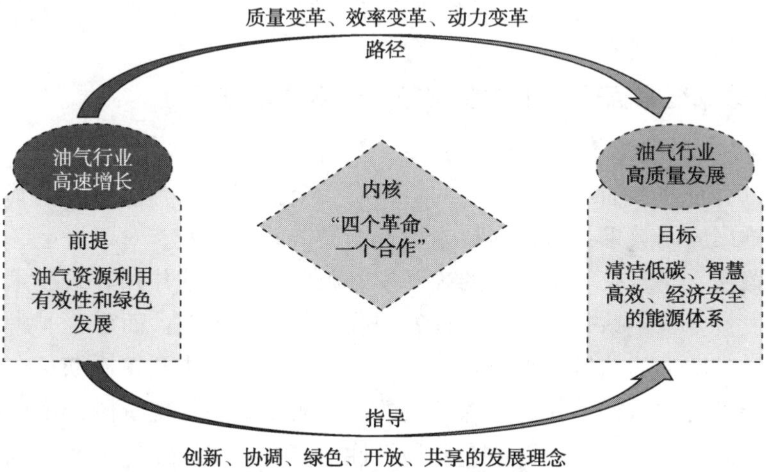

图 1　油气行业高质量发展内涵

二、中国油气行业高质量发展关键问题的甄别

在推进中国特色社会主义建设、实现“两个一百年”奋斗目标的关键时期，中国油气行业高质量发展依旧面临许多亟待解决的问题。

（一）质量变革有待进一步提高

1. 化解过剩产能压力增大

油气行业质量变革的关键是要提升油气生产质量，增加有效供给。但中国油气行业存在明显的炼油产能过剩问题，截至 2019 年，中国原油一次加工能力达 8.6 亿吨，而全年原油加工量仅为 6.3 亿吨。原油一次加工能力过剩，产能利用率不足70%，而大型、超大型项目仍在陆续上马，产能过剩压力不断增大。

2. 与绿色转型升级要求尚有差距

一方面，近年来中国部分地区油气生产消费的环境承载能力接近上限，大气污染严重，国家为加强环境保护陆续出台了生态环境保护政策，但天然气资源富集区大多属于环境敏感地区，这一矛盾严重制约了中国天然气资源的有效释放，放缓了绿色转型的步伐。另一方面，作为科技革命和能源革命的突破口，绿色能源技术创新成为油气行业绿色转型升级的主要推手，但与国际领先的绿色能源技术水平相比，中国在非常规油气勘探开发和温室气体减排的核心技术上，自主创新和自主研发进程明显滞后，如应对气候变化的关键技术——碳捕集利用与封存技术（CCUS）就因成本受限而难以在中国实现商业化，中国油气行业实现绿色转型升级还有较长的路要走。

（二）效率变革面临技术效益与管理运维的双重压力

1. 核心技术投资效益不高

传统国有企业在油气勘探开发的科技研发上投资很大，但只考核其研究成果却不考核推广应用效果，造成新技术投资的经济效益较差。对于海上、深水、低渗透、埋藏深、高含硫等难动用的未开发资源，尽管在钻井和开采技术上投入了大量的研发资金，但钻井成功率和开发采收率仍有待提高；而对于非常规油气储量的开采和难度大的储量开采而言，技术创新不足，造成开发周期长，且需要进口大量高端设备和材料，导致勘探开发的总体成本偏高。现阶段，虽然搭建好产学研用的科研基础平台，但石油企业积极性不够高，致使油气创新示范工程和重大科技专项未能发挥出应有的作用，企业与科研机构跨界联合攻关而真正实现重大突破的成果较少，严重制约了技术效率的提升。

2. 管理运维有待进一步完善

油气勘探开发的上游市场基本开放，但因缺乏相应的实施细则与完备的矿业权市场进入和退出机制，主要进行油气勘探开发的石油企业仅对资源丰度高的地区有开发意向，对新区、新领域、新层系和非常规油气资源风险勘探直接投入积极性不高，对天然气的增储上产、石油的增储稳产造成潜在负面影响，低效管理造成资源的严重浪费。

中国油气体制改革是包括上中下游的全产业链改革，成立国家管网公司，就是抓住了问题的“牛鼻子”。但由于历史遗留问题，国家管网公司实现资源统筹的高效配置还需要较长一段时间，油气管网的运营调度和管理水平还需要大幅提升。2021年，中国原油管道布局基本完成，但成品油输配的区域性支线管道依然不足，天然气管道整体密度较低，省内管网区域分割严重，各类管网互联互通程度不佳。

（三）动力变革需调整发展新动力

1. 公平开放的市场格局短期内难以实现

中国在短期内建成公平开放的油气市场体系仍面临较大的挑战。首先，上游油气资源探矿权和采矿权仍将主要集中于石油企业，矿业权流转市场有待建立，生产技术服务市场仍需完善；其次，中游管道公司运营和调度机制亟待完善；最后，下游市场体系建设仍需加强，市场主体培育、市场结构优化、市场交易模式探索等还要抓紧实施，成品油和天然气的期货市场亟待研究建立。

2. 交易中心未能有效发挥作用

中国油气现货交易中心尚处于培育期，交易服务等配套机制仍不够健全，市场配置资源的作用未能有效发挥。由于充分竞争的市场环境尚未完全形成，参与主体少、交易不活跃等问题较为严重。交易中心产品设计还有进一步提升的空间，市场的各类交易需求尚不能被完全满足。

3. 体制机制改革仍需深化落地

尽管在“十三五”期间，石油天然气领域体制机制改革取得了积极进展，但全产业链整体改革仍稍显滞后，产供储销等各个环节矛盾增加，改革红利难以及时释放。城镇燃气领域、成品油下游市场虽然进一步开放，更多的市场主体参与形成多元的市场结构，但上游市场主体依然较少、竞争不充分，部分冲抵了其他环节的体制机制改革效果。国家管网公司也正经历着内部及其与产业链相关环节的磨合期，油气体制改革向纵深推进仍需深化落实。

4. 创新驱动力不足

创新是高质量发展的第一驱动力，而中国主要石油企业虽然已经在创新制度上有所加强，但创新内容仍以应用层面的跟随性研究为主，基础科学研究和核心技术的自主研发明显滞后。大型海上油气综合钻探平台、深海油气开采等关键装备因国际关系复杂而进口受限，在短期内单纯依靠自主创新较难取得重大突破，在未来一段时间内油气关键装备创新驱动力不足，将成为制约中国油气行业高质量发展的关键因素。

三、推动中国油气行业高质量发展的路径

随着“十四五”时期的到来，中国油气行业应不断缩小与绿色转型升级要求

之间的差距，提高管理和技术两方面的效率，形成油气行业经济发展新动力，突破油气行业高质量发展过程中面临的挑战，构建清洁低碳、智慧高效、经济安全的油气体系，真正实现油气行业的高质量发展。

(一) 油气行业高质量发展的质量变革

1. 炼化一体化化解炼油产能过剩

坚持转型升级和淘汰落后相结合，着力化解和防范炼油产能过剩，提升产能利用效率。中国石化行业存在的问题是炼油产能过剩，但化工产品(尤其是高端化工产品)的供给不足。成品油的需求增长逐渐放缓，同时有机化工原料依然短缺，供需变化倒逼炼油企业从“燃料型”向“炼化一体化”转变。淘汰能耗高、污染重的落后产能，延长炼油加工产业链，实现炼油与下游高端石化产品的平衡发展，由“一油独大”向“油化并举”或“油头化尾”转变，能有效提高产业清洁高效水平。随着国内炼化市场的进一步放开，大型外资企业或将在中国布局炼化一体化项目，形成国营、地炼、外资等经营主体多元化的竞争态势。

2. 供需双侧共同促进绿色能源转型升级

新冠肺炎疫情后，全球能源和气候治理进入新阶段。为加快推进实现“双碳”目标，推动疫情后全球经济“绿色复苏”与应对气候变化，绿色能源转型尤为迫切。从供给侧来看，大力发展清洁能源，推动清洁能源成为能源增量主体，是实现绿色发展的必经之路。对于油气行业来说，要积极推动天然气国内供应能力的加速发展。包括在四川、新疆等地建设天然气生产供应区，推动页岩气、煤层气、致密气等非常规天然气的低成本规模化开发，同时，要注意处理好天然气勘探开发过程中的环境问题。从消费侧来看，要重点控制石油消费增量，同时，扩大天然气的替代规模。在高耗能的交通运输业，应深入推进交通运输用能清洁化，提高交通运输工具能效水平，推进交通运输领域节能绿色发展。在新型城镇化建设的过程中，大力推进城镇以电代油等。

(二) 油气行业高质量发展的效率

1. 借助国际合作加强行业技术竞争力

在油气对外依存度快速攀升、国际油气资源争夺愈演愈烈等多重困难挑战下，必须紧紧依靠科技创新打造技术利器，提升行业竞争力。中国能源技术从模仿到创新，始终在保持突破。在油气开采领域，三次采油和复杂区块油气开发等技术和装备已达到世界先进水平；在油气储运领域，长输管道电驱压缩机组等成套设备基本实现自主化，第三代大输量天然气管道工程技术和复杂地表气候条件管道设计、储气库建设技术实现突破。油气基础设施互联互通的逐步实现，为油气领域的深度国际合作奠定了基础。与“一带一路”沿线国家在炼化、深海油气勘探开发和非常规油气等领域的国际合作，与中亚油气资源国搭建油气国际运输通道和多元合作平台等，形成了油气对外开放新格局。投资多元化发展使油气勘探开发技术水平、勘探成功率和采收率出现一定幅度的提高，成本控制效益、环境和碳减排效益也有了更好的体现。

2. 联合数字化、智能化技术提升生产效率和管理水平

油气生产与现代信息领域的深度融合，有效增加了油气产能并创新了油气田管理模式。其中，三维地震勘探、测井、钻井等海量地下数据的不断挖掘和运用，有效提升了页岩油气资源“甜点”的发现成功率，进一步助力中国在川渝页岩气、大港和新疆页岩油勘探上接连取得重大发现。管输领域与“互联网+”的深度融合，推动了智能管道和智慧管网的建设，加速形成全国“一张网”的连通，更合理、覆盖面更广的管网布局实现了天然气资源在各区域乃至全国范围内的高效运行。数字气田的推广建设，不仅能够降低单位生产成本，还加强了生产安全水平；“智慧油田”和“数字气田”的建设增加了“无人值守”采油厂、采气厂的覆盖率，加强了生产安全水平，形成油气田管理新模式，极大地提升了油气生产效率，并降低单位生产成本与用工总量。随着5G核心技术和关键装备的深入研发，油气生产输配利用在各个环节得到进一步优化，油气生产效率和管理水平提高，更多社会资本进入油气高端装备产业，未来市场空间不断拓展。

（三）油气行业高质量发展的动力变革

动力变革是供需支撑能力和经济发展动力的变化调整。从供需支撑能力来看，中国油气行业着力推动供给侧结构性改革；从经济发展动力来看，在组织发展动力上推动形成价格开放、主体多元的市场，在结构发展动力上深化体制机制改革，在创新发展动力上主动寻求创新积极性。

1. 逐步培育建立有序竞争市场格局

按照“管住中间、放开两头”的总体要求，应当打破上中下游一体化经济模式和垄断格局，对油气行业上下游进行市场化改革。在上游，对油气资源矿业权完全采用招投标，通过市场竞争的方式有偿获得，并继续完善矿业权的退出与出让制度；在下游，以互联网思维培育油气行业生态圈，破除行业壁垒，促进各专业领域的相互渗透与融合，鼓励更多社会资本加入，推动形成主体多元化、市场结构合理化、交易模式多元化的市场格局。

2. 逐步发挥交易中心的核心作用

建立完善的油气交易市场，确立公平、开放、透明、统一的市场规则，能加快形成现代油气市场体系。依托上海、重庆和西安的石油天然气交易中心、深圳天然气交易中心、浙江天然气交易市场，以及正在设立过程中的区域级油气交易中心，全面放开成品油及天然气竞争性环节价格，由供需双方协商或市场竞价形成价格，建立主要由市场决定的价格机制。另外，还要加快排污权、碳交易市场的建设，推进天然气现货和期货交易平台的建设，实现交易中心在市场化配置资源、价格发现方面的核心作用。

3. 相继落地实施体制机制改革举措

“十三五”期间，国家先后出台了《关于深化石油天然气体制改革的若干意见》《石油天然气管网运营机制改革实施意见》《关于取消和下放一批行政许可事项的决定》等关于油气领域深化改革的文件，初步形成油气体制机制改革制度体系，明确了对油气上中下游的全面改革部署。油气领域将进一步深化更高水平的制度型对外开放，在放开外资准入限制的基础上，全局性和系统性地打造国际合作新局面。扩大外资参与中国油气行业投资建设，建立清晰、透明、公开的市场准入规则及相关配套政策，在实践中不断完善外商投资的争端解决机制和国家安全审查等相关制度。

4. 多主体协同参与激发创新积极性

在政府引导、市场主导和社会参与的共同作用下，中国油气科技创新协同作用得到进一步发挥，油气勘探开发核心技术攻关得以推进。对国外成熟核心技术和关键设备的引进、吸收和再创新，有效解决了非常规和难开发的油气资源勘探开发的难点问题。将市场和企业的潜力充分发挥出来，在国家持续增加对科技研发的投入下，建立以企业为核心的联合攻关国家重点研发创新中心，突破油气重难点领域的瓶颈。建立健全油气技术创新机制、油气企业技术创新经营业绩考核制度，激发企业创新内生动力，培育具备国际竞争力的技术创新领军企业。实施重大人才工程，打造中国高层次创新型科研技术团队。

四、结论

在习近平新时代中国特色社会主义思想的指引下，在中国经济由高速增长转向高质量增长的关键时期，推动油气行业高质量发展是保障国家能源安全、践行国家绿色发展战略、推进中国能源革命纵深发展的根本需要。本文结合经济高质量发展的内涵和中国油气行业发展的短板，重新理解了油气行业高质量发展内涵，识别出现阶段油气行业向高质量发展过程中存在的关键问题，提出了推动中国油气行业高质量发展的路径，相关结论如下：

在理解高质量发展内涵的基础上，结合中国油气行业发展的短板和能源变革的重要战略和目标，提出油气行业高质量发展的内涵，即以创新、协调、绿色、开放、共享的发展理念为指导，将建设清洁低碳、安全高效的油气体系这一油气行业发展变革的使命贯彻到底；以油气资源利用有效性和绿色发展为前提，改变过往“以量制胜”的局面，在不破坏生态环境的前提下，提高油气资源利用效率，实现油气行业生产从“量”到“质”的跨越；以质量、效率和动力变革为路径，完成油气行业的绿色转型升级、实现油气生产方面的提质增效、提升勘探方面石油增储稳产与天然气增储上产的成效、有效发挥国家管网公司的作用以加速全国“一张网”的连通、培育价格开放且主体多元的油气市场、落地实施油气行业的体制机制改革等；以“四个革命、一个合作”为内核，推动油气行业的消费革命、供给革命、技术革命与体制革命，同时借助全方位的国际合作加强中国油气行业的国际地位；以实现清洁低碳、智慧高效、经济安全的能源体系为目标，为中国实现“碳中和”、保障中国油气安全、带动中国经济创造新高提供动力。全方面剖析油气行业高质量发展的内涵特征，为厘清中国油气行业高质量发展的路径提供了理论依据。

从质量变革、效率变革和动力变革三个方向识别出中国油气行业存在的不足与挑战，并在以“四个革命、一个合作”为内核的基础上，有针对性地提出实现油气行业高质量发展的具体措施。在质量变革上，通过炼化一体化解决有效产能不足、无效产能过剩问题；通过处理好油气勘探开发过程中的环境污染、提升油品质量、推动用能清洁化等措施缩小与绿色能源转型升级要求间的差距。在效率变革上，结合国际合作提高油气行业的技术效率，将数字化与智能化技术应用在油气田管理中，以促进油气生产效率与管理水平的提升，提高油气行业的技术与管理效率。在动力变革上，首先，要打破上中下游一体化垄断，进行上下游的市场化改革，形成主体和交易模式多元、结构合理主体的市场格局；其次，建立完善的石油天然气交易市场，有效发挥交易中心的核心作用，实现价格开放的油气市场体系；再次，对于已出台的油气行业相关体制机制改革举措，须深化落地以推动改革前进，而对于现阶段油气行业仍存在的弊端，则要不断加强和完善制度机制方案，推进油气领域迈向更高的台阶；最后，以多主体协同参与的形式推进核心技术攻关，激发市场和企业的创新积极性，以突破油气勘探开发瓶颈，组建科研技术团队来提高创新驱动力。

调整计价方式规避原油招标风险案例分析及多维空间石油经营风险规避方法思考

受市场供需关系、全球经济、战争和新冠肺炎疫情等多种因素的影响，原油价格的变动具有较大弹性，客观上将给原油招标等经营工作带来一定的风险和挑战，相关方需要主动应对，采取有效措施，及时规避价格风险。本文以2020年5月安第斯公司某期原油招标事件为案例，评估以修改计价方式为手段来规避价格风险的有效性，同时探讨多维空间规避油价风险的工作启示。

一、案例背景情况介绍

2020年3月底，赛宁英国公司按照计划安排启动安第斯公司服务合同项下某期原油招标销售工作，此次招标的标的为南美安第斯公司装期2020年下半年的NAPO原油。鉴于当时全球正处于新冠肺炎疫情集中暴发期，OPEC组织对原油产量并未达成一致意见，北美重油市场承压较大，赛宁英国公司向安第斯公司、中国石油国际勘探开发有限公司及中国石化国际石油勘探开发公司(以下简称“两总部”)建议，较以往推迟招标时间至5月4—8日，此建议得到安第斯公司和两总部的书面批复。

2020年4月21日，世界原油市场三大基准原油之一的美国纽约商品交易所(NYMEX)西得克萨斯中间基原油(WTI)轻质原油遭遇疯狂抛售，5月，WTI原油首行期货合约暴跌约300%，跌至-37.63美元/桶，历史上首次收于负值。

鉴于安第斯公司原油招标销售自2010年以来一直挂靠WTI原油首行期货合约，并获得了良好的收益。但是，4月21日WTI原油期货跌至负值给本期招标销售工作和项目公司回收成本造成前所未有的挑战。若2020年下半年仍旧沿用以前挂靠WTI首行期货合约招标销售，安第斯公司甚至有可能面临原油销售出去后还要向买方支付现金的风险。

二、及时修改计价方式，积极应对风险挑战

考虑到以上情况，赛宁英国公司安第斯原油销售工作组就此专门召开内部工

作会议，针对2020年下半年各种市场事态发展可能性进行了讨论，并制定了应对策略及相关措施，积极与市场客户保持沟通，并广泛听取意见。随后，会同安第斯公司、中国石化国际石油勘探开发公司进行三方会议，共同商讨应对方案。在进行了多次认真细致的讨论后，赛宁英国公司将各项措施建议归纳整理，列出五项解决方案(见表1)，并按照风险和效益总体考量的原则进行了排序，依次阐明利弊。赛宁英国公司建议在当时市场环境下，应以规避风险为首要任务，原招标价格公式应予以修改，以杜绝NAPO原油计价暴露在负油价风险敞口下。

表1　解决方案与排序

序号	基准	优　点	缺　点
1	NYMEX WTI 1st line	与税收参考价格(官价)紧密关联	高波动性，最后交易日流动性弱
2	NYMEX WTI 2nd line	与税收参考价格(官价)关联，较首行价格的波动性小，与NYMEX WTI数据一致	与税收参考价格(官价)存在潜在价差
3	ICE WTI 2nd line	较NYMEX WTI早一天到期，可避免最后交易日的价格风险	与税收参考价格(官价)存在潜在价差
4	Platts Latin America WTI stripe	低波动性，反映相对于现行合约月份的现金市场价值	潜在有偏向的市场交易，规模相对较小
5	ICE Brent 2nd line	由于对仓储配送没有限制，因此波动性低于WTI	与税收参考价格(官价)关联性较弱

安第斯公司最终采纳了赛宁英国公司提出的建议，并同意修改计价方式方案，将挂靠原油基准价由波动剧烈的NYMEX WTI首行期货合约改为当前市场下波动较小的NYMEX WTI次行期货合约，并设置特殊保护条款，对招标文件进行了创新性调整，将未来市场油价波动对销售价格带来的影响降至最低。

三、效果评估及效益分析

(一)计价方式修改后的风险规避效果

2020年5月4日开标当日，赛宁英国公司协同伦敦工作小组，应安第斯公司要求，与前两名投标公司进行了积极的多轮议价工作，将升水招标价格由最初投标价格0.5美元/桶提升至0.68美元/桶。5月8日，赛宁英国公司根据安第斯项目公司和两总部的指示，将安第斯公司服务合同项下第十八期原油以基准价+0.68美元/桶的价格销售给了买家，实现了远高于预期的销售价格。按2020年下半年安第斯项目公司出口量446.7万桶计，招标后的议价推价实现了额外80.4万美元的收入。

另外，此次招标合同约定NAPO原油计价采用NYMEX WTI次行期货合约取代以往的首行合约，根据2020年下半年公布的NYMEX WTI首行和次行价格，WTI次行价格较首行价格平均高约0.2美元/桶，通过修改计价方式实现110.3万美元的额外收入。

(二)效益分析

赛宁英国公司在招标中通过推迟招标时间、招标后进行有效议价，并创造性地修改NAPO原油计价方式等三项操作，最大程度上规避了国际原油市场价格出现负值带来的跌价风险，实现总共约190.7万美元(具体各项详见表2)的潜在额外收入。

表2 赛宁英国公司各项指标

时间	提油量/桶	WTI首行/(美元/桶)	WTI次行/(美元/桶)	首次行价差/(美元/桶)	招标后议价/(美元/桶)	实现收入	实现收入	实现总收入/万美元
						改首行为次行计价/万美元	通过议价/万美元	
7月	525539.15	40.7659	40.9391	0.1732	0.18	91023.38	94597.05	185620.43
8月	931506.64	42.3881	42.6557	0.2676	0.18	249271.18	167671.20	416942.37
9月	879601.83	39.6257	39.92	0.2943	0.18	258866.82	158328.33	417195.15
10月	589793.69	39.5545	39.8459	0.2914	0.18	171865.88	106162.86	278028.75
11月	832136.60	41.3465	41.609	0.2625	0.18	218435.86	149784.59	368220.45
12月	707517.64	47.0682	47.2286	0.1604	0.18	113485.83	127353.18	240839.00
合计	4466095.55					1102948.95	803897.21	1906846.14

赛宁英国公司在此次招标过程中主动应对风险，积极采取各种措施，核心手段是及时修改原油计价方式。但是，在修改计价方式前，还需要做更多符合实际情况的细节考虑，比如在国际油价出现极端价格的情况下，更改基准不应给市场买家造成太大压力，因为他们往往会根据货主使用的基准选择特定的对冲工具，而且买家还会将计算月差作为一个考量因素，并将其反映在出价中。然而，由于我们的货主本身没有任何成本对冲，比较稳妥的策略是以波动最小的价格定价销售，并且选取与成本相关性较大的基准价格。当然，就当时的市场情况而言，货主的成本很可能并不会被任何公开接受的与基准相关的售价所完全涵盖。因此，设置底价(floor price)将能够防止结算价格达到比成本水平低得多的情况发生。

从更安全的角度来看，通过在当期招标条款中暂时引入底价条款，能够在极端市场情况下为货主带来更多安全性，即赋予货主根据实际情况选择价格的权力，即选取装期当月或者装期前月的价格以更好地覆盖成本。但这一机制的引入或许也会以牺牲溢价而使收益受到一定程度的影响。

此次赛宁英国公司的操作经验可以为后续各项油气销售工作提供借鉴参考，我们应根据市场实际情况灵活调整销售方式和计价方式，将规避价格风险放在首位。

四、多维空间石油经营风险规避思考

影响油价的因素种类繁多，涉及政治、经济、库存、气候、技术等多个方面，上述案例中呈现的问题只是一个表象，本质上是多种因素的此消彼长，成为不同时期油价的主导因素。纵观全球石油市场，经营模式多样性迅速发展，石油企业避险模式已由传统一维空间向三维空间发展，而且日趋成熟。

传统的石油经营模式中，石油企业通常都是采用低买高卖的方式进行经营获利与避险，企业盈利能力与原油价格涨跌呈现出高度线性关系，即所谓的原始一维线性盈利与避险经营模式。

为规避价格不利带来的风险，人们将避险手段扩展到“期货合约”。具体来看，无论价格涨跌，通过期货合约都可以实现规避不利的价格波动，但其前提条件是做空或做多要与价格运行方向一致，否则将会发生亏损，且理论盈亏可趋向无限大。通过这种机制，交易空间从线性扩展到平面二维空间，即出现买多后价格上涨盈利、卖空后价格下跌盈利，买多后价格下跌亏损和卖空后价格上涨亏损等四个区域。尽管价格涨跌都可盈利，但遇到上述后两者交易结果依旧不能规避经营中的全部风险。著名的案例便是墨西哥国家石油公司成功地应用由美国等西方国家创设的金融市场及其石油金融交易工具，实现经营目标并创造额外避险收益的案例。

为消除在期货交易二维空间中的不确定性，“期货期权”应运而生，即在未来一个时期内可以行使买卖的权利，由买方向卖方支付一定数量的金钱(权利金)后，拥有在未来一段时间内(指美式期权)或未来某一特定日期(指欧式期权)，以事先规定好的履约价格(或执行价格)，向卖方购买或出售一定数量特定标的物的权利，却不必承担必须买进或卖出的义务，由此将交易策略的可能空间扩展到立体三维空间。

中国的石油企业需要认识到在三维空间下进行的避险操作不仅应包括石油市场风险，还应包括规避顶层设计与实施脱节、金融工具创新与市场需求脱节、开放与管制脱节等制度建设上的风险。

上海原油期货实货交割回顾与问题探讨

上海原油期货以“国际平台、净价交易、保税交割、人民币计价”为主要特点，净价交易指的是期货合约的价格不包含进口关税和进口增值税，以便更容易与纽约商业交易所(NYMEX)WTI原油和伦敦洲际交易所(ICE)布伦特原油合约直接比较价格。上海原油期货自上市以来，交易量持续增加，其价格发现和风险管理功能日益增强，特别是仓单复出口对亚太地区现货市场产生一定影响。2021年，通过采用扩大交割库容、增加交割费用等措施，上海原油期货交割业务经受住极端事件考验，增强了市场信心，但距离真正形成具有全球影响力的区域定价基准还有一定差距。

一、上海国际能源交易中心原油期货交割回顾

(一) 原油期货

2018年3月，上海原油期货上市，通过建立期货-现货的价格体系，提升中国在国际石油贸易定价体系中的影响力。上市不到3个月，成交量仅次于纽约商业交易所WTI原油和伦敦洲际交易所布伦特原油期货，上市一年累计成交量近3700万手，总成交金额人民币超17万亿元，合约流动性居世界第三。作为中国首个对外开放的期货合约，上海原油期货与纽约商业交易所WTI原油和伦敦洲际交易所布伦特原油期货组成全球24小时交易网络，三者价格高度相关，形成有效联动。在面对沙特阿拉伯生产设施遇袭、新冠肺炎疫情等重大国际事件时，反映亚太地区市场供需的上海原油期货走出自己的独立行情，经受了市场的考验。上海原油期货上市以来的表现证明其既是一个成功的国际化期货品种，又极具中国特色。

(二) 原油期货交割库

2018年2月，上海国际能源交易中心首批批复原油指定交割仓库共6家8个存放点，核定库容595万立方米，启用库容315万立方米，交割仓库主要集中在东部沿海。由于交割量较少，2019年仅新增海南交割仓库存放点。2020年，受新冠肺炎疫情影响，油价暴跌，原油入库交割需求激增。为应对突发事件，上海

国际能源交易中心积极开展扩容工作，全年共新增批复交割仓库6个，总启用库容1190万立方米，有效保障了极端事件条件下上海原油期货的平稳运行。2021年，上海国际能源交易中心批复新增青岛海业摩科瑞仓储有限公司、大鼎油储有限公司等外资或民企背景的交割仓库，持续扩大交割仓库规模，优化交割仓库构成。青岛海业摩科瑞仓储有限公司成为唯一一家外企背景的交割仓库。2021年3月，中国石油燃料油有限责任公司放弃宁波大榭仓储分公司原油期货存放点资格，这是第一家放弃原油期货存放点资格的仓储企业。截至2021年6月底，上海国际能源交易中心共批复交割仓库9家16个存放点，核定库容1759万立方米，启用库容1212万立方米(见表1)。

表1　上海原油期货交割仓库情况

序号	指定交割仓库	存放点	核定库容	启用库容	
			万立方米	万立方米	万桶
1	中国石化石油商业储备有限公司	中国石化曹妃甸	100	40	200
2		中国石化日照	120	100	520
3		中国石化舟山	80	70	350
4		中国石化湛江	90	80	416
5		中国石化海南	100	60	300
6	中国石油燃料油有限责任公司	中油湛江	70	50	311
7	中化兴中石油转运(舟山)有限公司	中化兴中	100	35	210.1
8	大连中石油国际储运有限公司	中油大连保税库	145	145	829.5
9		中油大连国际储备库	180	180	1080
10		中油广西国际储备库	20	20	120
11	山东省港口集团有限公司	青岛港实华	40	40	239.2
12		青岛港摩科瑞	100	40	239.2
13	洋山申港国际石油储运有限公司	洋山石油	30	20	126
14	大连北方油品储运有限公司	北方油品	40	10	54
15	中化弘润石油储运(潍坊)有限公司	中化弘润	500	300	1800
16	大鼎油储有限公司	大鼎油储	44	22	130
合　计			1759	1212	6925

数据来源：上海国际能源交易中心官方网站的库存周报和历史年度交易信息。

按企业性质，上海原油期货交割仓库运营商中的大型石油公司占比超过50%。按地区来看，交割仓库主要集中在环渤海和山东地区，占总启用库容的

70%(见图1)，上述地区也是中国炼油产业相对集中的地区。从库区货物贴水来说，中化弘润石油储运(潍坊)有限公司库区是唯一内陆库，该公司地区升水3元/桶。

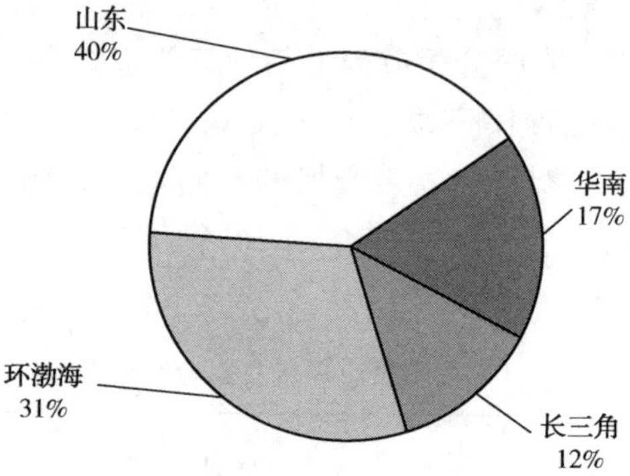

图1　交割仓库启用库容分布地区

数据来源：上海国际能源交易中心官网网站的库存周报和历史年度交易信息

(三) 原油期货实货交割

2018年9月，上海原油期货顺利完成首个交割月SC1809合约交割，交割量为60.1万桶。首批3家完成交割的仓库分别是大连中石油国际储运有限公司的中油大连保税库、中国石化石油商业储备有限公司舟山分公司册子岛油库和中国石油燃料油有限责任公司湛江分公司保税库。首次交割完成，标志着上海原油期货顺利走完全流程。截至2021年6月底，上海原油期货已完成33批合约交割，交割量为11355.5万桶。以下从交割油种、交割原油数量、交割仓库等几个角度回顾上海原油期货上市以来的实货交割情况。

1. 交割油种多样化，但仍有油种未交割

上海国际能源交易中心指定可交割油种分别为巴士拉轻质原油、阿曼原油、上扎库姆原油、卡塔尔海洋原油、迪拜原油、马西拉原油、穆尔班原油和国产胜利原油，共8种原油。其中，马西拉原油和穆尔班原油由于品质较好，升水5元/桶，巴士拉轻原油和胜利原油贴水5元/桶。

截至2021年6月底，巴士拉轻质原油、阿曼原油、上扎库姆原油、迪拜原油和卡塔尔海洋原油共5种原油已入库生成仓单，穆尔班原油、马西拉原油和胜利原油3种原油则还未入库生成仓单。交割油种以巴士拉轻原油为主；其次是阿曼原油和上扎库姆原油，两者占比接近。巴士拉轻质原油占整个交割原油库存的60%以上，仅在2019年5月和2020年5月短暂低于50%，占比高的主要原因是巴士拉轻质原油经济性在可交割油种中最好。

阿曼原油交割经济性仅次于巴士拉轻质原油，其交割量也仅次于巴士拉轻质原油的交割量，2020 年 7 月 27 日，阿曼原油库存最高，达 935.6 万桶，占整个交割原油的 20.7%。卡塔尔海洋原油和迪拜原油由于经济性和产量等原因，实际交割量很少，迪拜原油仅在中油大连国际库入库 49.9 万桶。

胜利原油由于国产油保税及报关进口政策复杂等多方面原因而未实现交割。马西拉原油和穆尔班原油直到 2021 年底仍未实现交割，究其原因主要是品质较好，两种原油固定升水 5 元/桶，使得交易的经济性较差。从原油期货上市以来 3 年时间观察，上海国际能源交易中心在调整交割原油升贴水方面十分谨慎。上海国际能源交易中心仅因为巴士拉轻质原油品质变化，短暂调整过巴士拉轻质原油的分级及贴水。2020 年，巨大套利窗口打开时，马西拉原油仍未实现入库，若后续贴水仍然固定不变，则入库交割的可能性不大。入库交割原油除考虑经济性因素外，还要考虑可获得性，交割最多的巴士拉轻质原油长期合约主要集中在大型国际石油公司，贸易公司要想入库交割只能购买现货。阿曼原油可以通过迪拜商品交易所阿曼原油期货交割或现货市场交易获得，2020 年，阿曼原油产量约为 95 万桶/日，出口到中国的占比较高。上扎库姆原油和穆尔班原油可以通过穆尔班原油期货交割或现货市场交易获得。同时，迪拜原油、阿曼原油、上扎库姆原油、穆尔班原油 4 个油种又可以通过普氏窗口购买获得(见表 2)。为了配合穆尔班原油期货上市，2021 年 6 月起，阿联酋解除了穆尔班原油和上扎库姆原油出售目的地限制，从而缓解了上海原油期货交割原油的来源及去向受限制的问题。

表 2　普氏窗口交割品种

交易品种	可交割品种
普氏迪拜	迪拜、上扎库姆、阿曼、埃尔沙辛、穆尔班
普氏阿曼	阿曼、穆尔班
普氏穆尔班	穆尔班

交割原油出库则主要反映交割油种在现货市场的实际需求，首先是阿曼原油为出库最迅速的油种，其次是上扎库姆原油，最后是巴士拉轻质原油。主要原因是阿曼原油和上扎库姆原油可以为民营炼油厂所消化，民营炼油厂消化巴士拉轻质原油的能力有限，仅能少量掺炼，导致巴士拉轻质原油出库缓慢。

2. 交割数量增加，交易回归理性

2018—2019 年，上海原油期货交割数量较少，平均库存交割原油数量为 200

万桶/日。虽然纸货日成交量位居世界前三，高达10万手左右，但月末实货交割数量不足，平均维持在130万桶/日左右。上海原油期货上市初期由于部分月份合约交易量不大，交易量主要集中在3月合约、6月合约、9月合约和12月合约，因此仓单量与交割量之比波动较大，2020年以后两者之比降低到10倍左右。

同样，以首行合约在退出月的交易量与月末仓单数量之比观察上海原油期货交易热度，原油期货刚上市时，交易量主要集中在部分合约，交易量远超仓单量，两者之比高达千倍，绝大多数成交都不是基于实货交易，显然交易热度属于过热。经过2020年新冠肺炎疫情后，交易逐渐回归理性，交易量与仓单之比降低到40倍左右的水平。仓单量和成交量、交割量比值都降低到相对合理水平，且交易量未发生下滑，侧面证明具有交割能力的石油公司和贸易公司已由上海原油期货上市初期的关注者转变为积极参与者，这与2020年上海原油期货走出独立行情，交割业务平稳有序，展示出其对亚洲地区原油现货市场的巨大影响力密不可分。

3. 经受新冠肺炎疫情考验，交割业务运行平稳

2020年，受新冠肺炎疫情影响，国际原油价格暴跌，全球范围内原油储罐需求暴涨，甚至由于库容紧张，2020年4月20日，纽约商业交易所WTI原油合约价格首次跌至负值。

根据隆众咨询的中国港口商业原油库存数据，可以看出国内原油仓储库容紧张，港口库存居高不下，库容未低于60%。既有部分货主囤积低价原油，也有部分炼油厂缩减加工量，导致前期采购原油库存无法消化。交割库方面，2020年2月，国内已批复原油交割仓库库容远远不能满足需求，导致买方挤兑市场，上海国际能源交易中心SC原油和伦敦洲际交易所布伦特原油价差自2020年3月起急速增加，最高达到13.34美元/桶。上海国际能源交易中心一方面抓紧提高仓储费，增加买方持仓成本；另一方面积极扩容交割仓库，以满足激增的交割需求。仓单数量从2020年4月开始增加，5—7月为全年入库高峰，入库量约占全年入库量的80%以上，8月达到上海原油期货上市以来最高注册仓单量4529万桶。仓单量增长落后于上海国际能源交易中心SC原油和伦敦洲际交易所布伦特原油价差的主要原因是，入库需要提前申报和疫情影响港口接卸效率。随着上海原油期货仓单出库，现货市场贴水明显下降，表明上海原油期货对现货市场价格的影响力在持续提升。

8月开始，上海国际能源交易中心SC原油和伦敦洲际交易所布伦特原油相比具备价格优势，吸引国内炼油厂采购或贸易商注销仓单，转口到亚太其他区

域。8—11 月为全年出库高峰，占全年出库量的 80%以上。2020 年，上海原油期货实物交割量显著提升，经受住极端事件考验，全年平稳运行。既为国内炼油企业提供了进口原油采购的新渠道，又为降低采购成本、规避汇率贴水等提供思路。

4. 交割库业务以大型石油公司为主，其他企业为辅

观察 2020—2021 年入库交割业务仓单分布情况，上海原油期货仓单主要集中在大型石油公司的交割仓库，原因：一是信用良好，占整个交割仓库的比例很高；二是大型石油公司在贸易、仓储物流环节拥有优势，货主在入库时会优先选择，控制存储风险。以中化弘润为代表的民营企业库存在 2020 年 5 月仓单数量爆发式增长，在套利结束后，库存占比迅速下降。主要原因：一是上海原油期货价格低于同期中东现货原油到岸价格，陆续有货主提货出库；二是极端套利行情结束后，由于入库和存储成本较高，交割仓库业务量下降。

二、上海原油期货与布伦特、WTI 原油期货交割的对比

期货交割主要是实物交割和现金交割两种方式，按期货合约是否到期又可以将实物交割分为标准交割和期转现(EFP)两种方式。实物交割是指按照交易所规定程序进行实物所有权转移，在中国所有上市的商品期货均采用实物交割。现金交割指的是不进行物权转移，仅根据结算价格结算从而了结到期合约。期转现是指交易双方达成协议，将相同月份方向相反的合约平仓，同时按协议价格进行实物交换，标的物可以不受限制，为交易双方提供了灵活性。

纽约商业交易所 WTI 原油期货是成交量最大的原油期货合约，采用实物交割方式，交割地点在库欣(Cushing)，即通过库欣连接 Enterprise 或 Enbridge 储罐的管道或储油设施交割，交割期限为最后交易日后 1 个月。WTI 原油合约还可以采用备用交割程序(ADI)、期转现和期货转掉期(EFS)。伦敦洲际交易所布伦特原油期货是成交量全球第二大原油期货合约，采用现金结算，即按照最后结算价格进行清算。同时，可以利用期转现将期货头寸转为布伦特原油远期头寸。上海国际能源交易中心 SC 原油采用实物交割方式，标的为标准仓单，交割地点为上海国际能源交易中心指定交割仓库。从交割地点来看，上海国际能源交易中心 SC 原油主要反映中国沿海到岸价，纽约商业交易所 WTI 原油则主要反映库欣地区的供需情况。

伦敦洲际交易所布伦特原油采用现金结算，较为灵活，同时又用期转现与布伦特原油远期绑定，实现期货和现货的紧密联系。纽约商业交易所 WTI 原油主

要由买方落实原油的存储，在新冠肺炎疫情期间，卖方逼仓，导致负油价。上海国际能源交易中心 SC 原油由卖方落实仓储，在极端情况下，买方逼仓，推高了上海国际能源交易中心 SC 原油价格(见表 3)。

表 3　主要原油期货交割方式对比

交易所	品　种	最后交易日	交割方式	交割期	交割地点
纽约商业交易所	WTI	前一月 25 日前三个工作日	实物交割	交割月第一天至最后一天	库欣
伦敦洲际交易所	布伦特	合约月前两个月最后一个交易日	现金交割	最后交易日后一天	—
上海国际能源交易中心	SC	交割月前一个月最后一个交易日	实物交割	最后交易日后连续五个交易日	指定交割仓库

三、原油交割各环节出现的问题

(一) 入库环节

1. 未及时入库，造成仓单签发滞后交割时点

近年来，中国原油对外依存度不断增加，原油进口量逐年攀升，但原油码头接卸能力增加有限，日照、青岛热门港口堵港时有发生。2020 年，低油价下采购和集中到港，山东地区码头锚地数十艘油轮排队，很容易产生因接卸不及时造成仓单生成滞后的情况，从而造成违约或者被上海国际能源交易中心强制平仓。

2. 库仓日常经营影响实物交割

原油库区建设成本较高，除 2020 年油价暴跌、入库量激增外，正常时间交割量不大，交割库经常会处于闲置状态，有限的交割仓储费无法弥补油库运营成本。因此，部分交割库会投入交割业务以外的油库经营业务，有可能会造成储罐存放其他原油而无法及时腾空等意外事件，影响仓单生成。另外，不同地域海关对监管政策理解存在差异，存在不允许非交割原油入库的情况，从而导致库区运行成本增加。以上也是部分地区退出交割仓库的原因。

(二) 通关环节

1. 入库和出库均需二次报关

入库申报一般需要进行二次改单，即先按提单数量申报入库，待指定检验机构出具商检报告后，再根据实际罐检数量进行二次报关，修改保税账册数量。出库时，同样先按注销仓单数量折算实际出库量报关，然后待指定检验机构出具商

检报告后，再根据实际出库量进行二次报关，核销保税账册。交割程序长，交割手续复杂，影响开展业务的积极性。

2. 最终保税账册核销困难

由于中国监管部门每次均按实际出库量核销保税账册，且计量检验存在合理偏差，最后一笔出库时，保税账册量余量和实际商检量存在偏差，无法无差别匹配，而买方在期货市场按合约购买仓单，也无法提供与保税账册数量一致的单证，导致期货交割仓库核销困难，需要库区申请损耗或补缴税款，手续复杂，影响库区运行效率。

（三）交割环节

1. 仓单分配易造成罐容浪费或死货

上海国际能源交易中心按照“时间优先，数量取整，就近配对，统筹安排”的原则分配仓单。分配原则在保证交割公平性的同时，也可能造成仓单分配无法满足提货人需求或剩余仓单不满足出库条件。根据上海国际能源交易中心交割细则，不达到20万桶无法出库，可以进行现货补足，需要具备国内原油销售资质及进口配额的货主配合，否则很难完成余量出库，造成死货或者罐容浪费。

2. 实货交割成本高

除货款外，货主还需要承担入库保证金(1.5元/桶，入库后退还)、指定机构检验费(约0.3元/吨)、卸船费(12~20元/吨不等)、油污基金(0.3元/吨)、报关代理费(0.1~0.3元/吨)、部分码头理货费(约500~1000元/船)及拖轮费(根据码头条件决定拖轮数量和马力)等，合计增加交割成本15~22元/吨。

（四）出库环节

中国是能源净进口国，国内原油需求量巨大，国内码头装船一般为卸船线反输，装船将影响码头接卸效率，影响码头运行的积极性，也造成部分港口装货排队等候时间较长，增加装船成本。另外，码头和库区设计时主要考虑原油接卸，卸船能力每天最高可达15万~20万吨，反输装船能力相对较小，每天最高3万~10万吨，装船速度较慢，造成货主提货出库时滞期费较多。

四、建议

在国内外各方的大力支持下，上海原油期货经受住市场的考验，特别是在2020年出现极端事件的情况下，交割量猛增，仍然平稳运行，未发生系统性风险，交易信心明显增强。然而，这仅是中国在推出具有国际影响力期货品种过程中的一小步，上海原油期货距离成为一个成熟的国际期货品种还有许多问题需要解决。

（一）加强防范市场风险

2020年的市场跌宕起伏，说明中国原油期货各环节还面临很多短板，需要上海国际能源交易中心加强与国内外大型石油公司及仓储企业合作，提升交割原油、交割仓库应急保障能力，创新交割机制，积极应对未来错综复杂的国际形势，防范交割挤兑风险，以及可能导致的信用和金融风险，推进中国原油期货交易平稳运行发展。

（二）优化完善交割仓库布局

2020年交割量猛增，上海国际能源交易中心持续增加交割仓库数量以满足货主需求，实际运行中部分交割仓库在入库和出库环节存在延迟和成本较高的问题，需要建立交割仓库分级评价和管理机制，优化完善交割仓库布局，完善基础设施建设，构建交割仓库网络，通过实物串换、仓单串换、异地出库等方式，既满足交割业务需求，又降低交割成本。

（三）建立仓单交易平台

交割仓库进、出成本相对较高，如果国内装船运输成本更高，加之受到码头能力、油库日常经营、极端事件等影响，可能造成部分库区无法满足货主交割需求的情况。需要建立仓单交易平台，通过仓单交易，实现期现货转换，降低交割运输成本，扩大仓单交易规模，形成仓单二级交易市场，延长产业链，使交割更加便利化，为客户提供更便捷的服务。

（四）完善交割机制

进一步研究原油交割机制，增加诸如船上交割、库存保税原油交割、海外交割及储备交割仓库布点（提前审核，需要时及时审批）等，增加交割仓库潜在交割能力，完善交割能力储备，以应对突发市场变化，提高应急保障能力。

国内油品类期货运行情况及功能发挥

近年来国内期货品种上市进程加快，目前能源化工系期货品种序列已十分丰富，包括原油、燃料油、低硫燃料油、沥青、液化石油气、乙二醇、苯乙烯、甲醇、尿素、短纤、PTA、PE、PP、PVC 等，对煤化工、重油、化纤及塑料产业链形成一定覆盖。其中大多数期货品种上市时间较长，在产业内已形成一定定价地位及认可度，以原油、燃料油、低硫燃料油为代表的保税油品类期货虽然上市时间较短，但在近两年油价剧烈波动以及船用燃料油市场低硫化进程的特殊环境下经受住了考验，表现亮眼值得格外关注，本文所述油品类期货即指这三个期货品种。油品类期货上市以来的价格运行一定程度反映了区域供需基本面，作为期货市场国际化的先锋，油品类期货交易交割方式不断完善创新，在服务实体经济、增强定价权等多个方面崭露头角。后期应继续增强油品类期货在贸易环节的定价应用，优化参与者结构，加快推进成品油期货上市，为上下游企业提供更为便捷有效的风险管理工具，助力油气产业发展。

一、国内油品类期货运行情况

国内原油及低硫燃料油期货分别于 2018 年 3 月 26 日及 2020 年 6 月 22 日在上海期货交易所子公司上海国际能源交易中心（INE）上市，燃料油期货 2004 年上市后经过多年发展及变革，目前所述燃料油期货即指 2018 年 7 月 16 日在上海期货交易所挂牌交易的保税 380 燃料油期货。原油、燃料油、低硫燃料油期货皆采用“净价交易、保税交割”的设计方案，即盘面锚定沿海库区油品的保税价格，由于不同油品的产业政策及贸易格局不尽相同，近年来的运行过程中各有亮点，但都各自在一定程度上改变了长期以来原油及保税船用燃料油完全依靠海外基准进行定价的局面，油品期货价格已经开始体现中国市场的基本面因素。

（一）内盘油品类期货市场规模及分析

一般来说，持仓量可以一定程度体现期货市场的存量规模，产业套期保值参与者、投机资金等参与程度的增加都能在持仓量上得到反映，成交量则一定程度体现了期货市场的活跃度，投机资金特别是日内交易者的参与程度对成交量影响较大。持仓量与成交量的提升是期货市场得以发展的重要标志，也是产业套期保值及投机基金规模化参与的前提。

原油、燃料油及低硫燃料油期货上市以来持仓量与成交量呈现上升趋势。具体来看，原油期货2021年日均持仓量为7.5万手，即1047万吨，为布伦特、WTI原油日均持仓量的3.1%、3.3%，日均成交量达17.5万手，即2437万吨，为布伦特、WTI原油日均成交量的19.8%、17.8%；燃料油期货2021年日均持仓量为39.7万手，即397万吨，日均成交量为114万手，即1140万吨；低硫燃料油期货2021年日均持仓量为9.5万手，即95万吨，日均成交量为7.7万手，即77万吨。

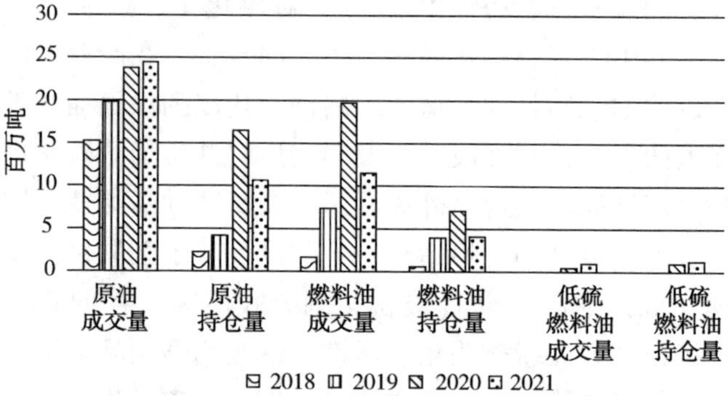

图1　油品类期货日均成交量与日均持仓量

数据来源：上海期货交易所

可以看出，除了低硫燃料油处于发展初期市场规模相对有限外，原油及燃料油期货市场规模已相对可观。特别需注意的是，2020年油品市场价格及内外盘价差剧烈波动，投资吸引力大幅提升，原油及燃料油期货市场规模一度迎来爆发式增长，燃料油日均成交量一度达196.4万手，以手数计算在全球能源类期货及期权2020年成交量排名中位列第二，仅次于布伦特原油期货。与此同时，2020年原油及燃料油期货实物交割量分别达1182.8万吨及73.6万吨，是上市4年中交割量最高的一年。2021年原油及燃料油持仓量的回落一方面与价格波动率降低导致投机资金参与度减少有关，另一方面也和交割套利机会减少、限硫令下高硫燃料油现货规模萎缩等现货端因素有关，总体来看仓量仍处较为健康的发展趋势之中。而即使油品价格波动放缓，2021年原油成交量的持续走高以及低硫燃料油市场规模小幅增加也说明了油品类期货市场的规模增长仍有一定韧性。

（二）原油期货价格运行情况及分析

国内原油期货交割品质为中质含硫原油，目前可交割油种包括阿联酋迪拜原油、上扎库姆原油、阿曼原油、卡塔尔海洋油、也门马西拉原油、伊拉克巴士拉轻油、穆尔班原油，以及中国胜利原油。经过不断扩容，至2021年末上海原油期货交割仓库启用库容达1212万立方米，主要分布在山东、辽宁、浙江、海南等地。在此背景下，内盘原油期货理论上与中东原油到岸价格密切相关，卖方交割成本一般由可交割油种的FOB价加上运费、保险、港杂费、入库费、仓储费、交割手续费等费用组成，当盘面价格高于交割成本时，可形成无风险套利吸引交割品入库，当盘面价格过低时，则将吸引实货买方通过期货交割买入货源。因此常态化市场下内外盘价差一般保持在相对合理的区间。

对于期货合约的跨市场价差，如果相关市场均具备有效性且拥有一定区域定价权，跨市场价差能较为有效地反映不同市场基本面差异，跨区价格之间相互制约影响。例如国际原油期货市场中常见的WTI与Brent价差、Brent与Dubai原油价差均具备这种特征，与此同时跨区贸易活动的成本决定价差边界，但在受到物流或库容瓶颈时既定边界可能被进一步打破。国内原油期货上市近4年来，与国际市场的联动已由初期单纯反映交割品到岸成本开始向基于基本面差异的价差波动转变，在2020年以来新冠肺炎疫情影响的极端市场环境下国内原油期货的表现尤其具有区域特征。

考虑到Brent原油在欧亚市场的定价基准地位以及市场关注度、流动性等原因，我们以国内原油期货与Brent原油期货的价差代表内外盘价差，以体现国内原油期货价格运行中的区域特性。由图2可以看出，2018年至2019年期间，原油期货内外盘价差大部分时间在-20元/桶至20元/桶区间内波动，上市初期价差极低与主力合约错配有关，2019年末价差走高则主要因运费的大幅上涨，但整体来看上市前两年价差运行均较为平稳。

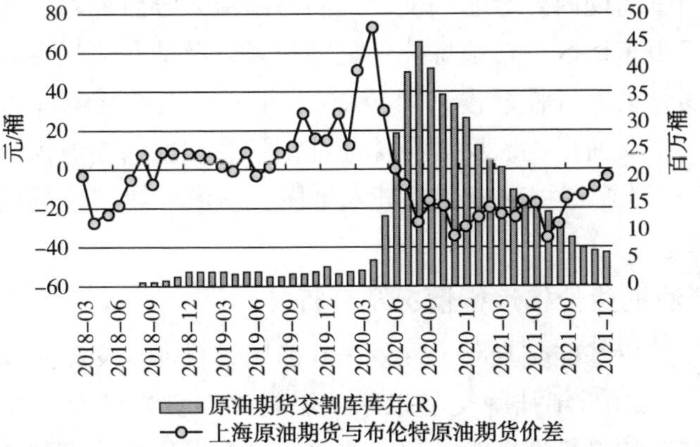

图2　原油期货内外盘价差月均值与交割库库存走势

数据来源：Wind，上海期货交易所

近两年来，原油期货内外盘价差波动明显增大，2020 年 3—4 月海外新冠肺炎疫情快速蔓延，沙特与俄罗斯一度陷入短期价格战，随之而来的是原油价格的暴跌及全球油品库存的快速累积，在此阶段全球不同原油期货因其基准品质、区域基本面及合约规则的不同呈现明显差异，国内原油期货成为当时全球价格最为强势的期货合约，内外盘价差月均值一度创下 71.9 元/桶的高点。原油期货内强外弱的局面与当时的基本面背景十分吻合，2020 年 3 月开始中国率先控制疫情开启复工复产，在地板价政策支撑下成品油价格远强于海外，炼厂开工率大幅提升，原油进口量续创新高，在此背景下原油到岸现货的贴水价格亦有明显提升。另一方面，在当时原油市场库存压力大幅增加以及月差拉大使得屯油需求极端旺盛的背景下，全球原油库容均面临考验，仓储成本大幅提升。在仓储设施价值凸显的背景下，WTI 原油期货由于是交割买方负责寻找库容，库容紧缺直接影响到买方的接货意愿及能力，因此一度创下负油价的结算记录。与此相反的是，国内原油期货的交割库制度本质是卖方负责将货物交割入库，参与交割的买方接到仓单的同时也将得到租用仓库的权利，因此买盘力量较为旺盛，交割制度也为当时内外盘价差的急剧走高提供了重要支撑。在此期间，内外盘价差的强势吸引了大量交割品开始流入交割库，期货交割库库存走势对当时国内大量进口原油、商业库存不断累积的现象具有很强的代表意义。

2020 年 5 月以来，“欧佩克+”正式执行针对新冠疫情的天量减产，全球原油市场供需矛盾大幅缓和并开启了持续去库周期，同时海外需求陆续修复，支撑原油价格的边际量由国内转向国外，内外盘价差大幅回落并长期保持低位，与其间国内外市场的基本面差异仍较为吻合。对应至国内原油期货的交割逻辑，价差的持续低位主要源于前期内外盘套利交割油品持续流入导致库存压力过大，尤其大量交割品集中于山东地区，在地炼原油配额趋紧以及油品适用性相对较弱的背景下买盘较为薄弱，去库进程缓慢，但至 2021 年末，无论交割库库存还是内外盘价差都已逐步向疫情前靠拢。反观全球原油市场基本面，随着海外封锁措施不断减少，“欧佩克+”减产进程亦将逐步进入尾声，国内外原油市场的基本面差异也将向常态化回归。

（三）燃料油期货价格运行情况及分析

现行燃料油期货基准交割品为保税 380 船用燃料油，交割地集中在以舟山为主的长三角地区。2018 年挂牌交易以来，燃料油期货内外盘价差波动与原油期货内外盘价差波动的趋势性较为一致，主要因国内保税高硫燃料油市场长期以来基本完全依靠进口，贸易环节挂靠新加坡价格基准，贸易成本边界基本决定了内外盘价差边界。燃料油期货内外盘价差于 2019 年下半年开始波动加大，主要因 IMO2020 限硫新规临近影响下高硫燃料油处主动去库周期，低库存下各地价格弹性被不断放大，当年年末受运费飙涨影响内外盘价差亦大幅冲高。疫情发酵后燃料油内外盘价差也经历了与原油类似的冲高继而回落的过程，与国内买盘力量的强弱转换及油品库容压力的由紧转松息息相关。更为特别的是，由于 IMO2020 限硫新规执行后高硫燃料油船用需求急剧萎缩，期货交割库库存对现货市场的影响力大幅提升，2020 年交割库月均仓单量与全国高硫船用燃料油月均消费量的比值为 5.3，2021 年这一比值为 1.9，在全球商品期货中均处绝对高位，在很大程度上限制了燃料油期货内外盘价差的走高，反之内外盘价差的弱势也反映了保税高硫船用燃料油市场库存消费比处绝对高位的供需格局(图 3)。

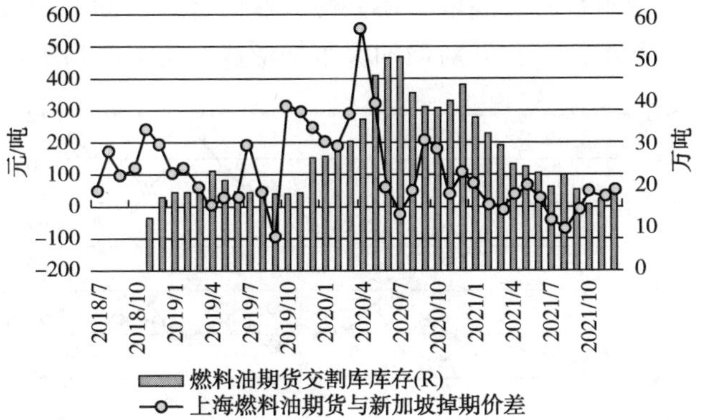

图 3　燃料油期货内外盘价差与交割库库存走势

数据来源：Refinitiv，上海期货交易所

(四) 低硫燃料油期货价格运行情况及分析

低硫燃料油期货基准交割品属于符合 IMO2020 规定的含硫量 0.5%以下的低硫船用燃料油，交割地集中在以长三角为主的沿海地区。长期以来，由于出口退税未能实现，国内燃料油若供应到保税市场不具有价格优势，2020 年初全球海运限硫新规开始实施的同时，2020 年 1 月财政部、税务总局、海关总署联合发布《关于对国际航行船舶加注燃料油实行出口退税政策的公告》，明确了对国际航行船舶在中国沿海港口加注的低硫燃料油，实行出口退(免)税政策。同年 4 月，商务部、海关总署发布《将低硫船用燃料油纳入出口许可证管理货物目录(2020 年)》以及《关于下达 2020 年第一批低硫船用燃料油出口配额的通知》，标志着我国生产的低硫船用燃料油产品正式纳入出口许可证管理，并实行出口配额管理制度，国产低硫燃料油开始大规模进入保税船用市场。

在此背景下，保税低硫船用燃料油的供应主体已逐步转变为国内炼厂，与原油及保税380燃料油市场高度依赖进口的局面明显不同，中国因素对低硫燃料油市场的影响相对较大，低硫燃料油期货的定价地位也更加值得期待。低硫燃料油期货在2020年上市以来的价格运行态势也由锚定进口成本转变为较外盘基本平水，趋同于现货市场，这一变化在内外盘价差上得以体现。低硫燃料油上市初期内外盘价差高企，主要因市场对国产替代以及国内船加油市场价格优势缺乏信心，但随着国内以中国石油、中国石化为首的主营炼厂产量持续提升，同时在扩大国内船加油市场份额的过程中报价较有竞争力，国内以舟山地区为代表的低硫燃料油船加油价格已大部分时间低于新加坡，低硫燃料油期货的内外盘价差逐步走低，反映了保税市场供应充裕对价格的压力。2021年全年低硫燃料油期货内外盘价差与国内产量走势具有高度负相关性，业内普遍认为低硫燃料油期货有效反映了国内市场的基本面变化并对新加坡市场形成一定影响(图4)。

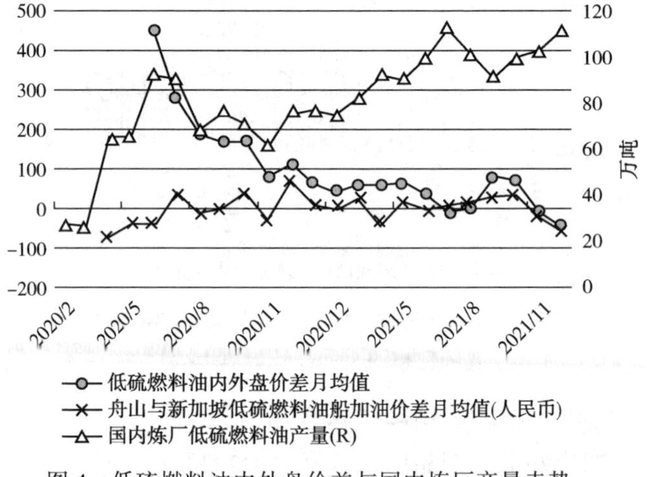

图4　低硫燃料油内外盘价差与国内炼厂产量走势

数据来源：Refinitiv，JLC，上海期货交易所

二、国内油品期货功能发挥

(一) 机构参与度提升，切实服务实体经济

国内原油期货上市以来参与者结构持续改善，2020年一般法人客户持仓量在全市场日均持仓量中占比约60%，至2021年10月这一比值继续升至近70%，金融及产业机构已是市场的主要参与方。疫情以来国内原油期货与实体企业的联系更加紧密，新冠肺炎疫情暴发初期，国内原油期货的高溢价吸引贸易商在锁定

进口利润的同时增加原油进口，同期交易所不断增加交割库库容保障了交割的平稳进行，在此阶段国内原油期货为贸易企业风险对冲、促进全球原油价格重回理性平衡以及增加国内库存储备发挥了重要作用。2020 年 8 月至 2021 年 8 月，国内原油期货较外盘出现明显贴水，贸易商通过期现结合的方式获取交割库货源继而转运出口或出售给国内炼厂，也有多家地方炼厂间接参与到买入交割环节后报关进口加工。在此阶段国内原油期货为优化炼厂采购成本发挥了重要作用。

虽然燃料油及低硫燃料油期货法人持仓占比并未公布，但仍有多种迹象表明产业机构参与积极性较高。2021 年燃料油及低硫燃料油期货实物交割量分别为 30.6 万吨及 35.6 万吨，分别占全国高硫及低硫保税船加注量的 20%及 1.7%，据悉产业机构中贸易商仍是主要的参与方。保税船用燃料油行业实行特许经营，2021 年共有 18 家企业拥有加注牌照，其中大部分均关注或间接参与到燃料油及低硫燃料油期货市场中来，并开展了多次期货仓单直供业务。近两年来，燃料油及低硫燃料油期货与原油期货类似在贸易商锁定进口利润、增加国内库存储备、优化下游采购成本等方面发挥了积极作用。

（二）辐射范围扩大，国际影响力提高

国内原油期货 2020 年日均境外客户持仓量在总持仓量中占比约 25%，至 2021 年 10 月这一比值继续升至超 30%，作为我国第一个对外开放的期货品种，已由广受境外机构关注向境外机构积极参与过渡。根据上海国际能源交易中心数据，至 2021 年末备案的境外中介机构已达 75 家，境外客户分布在亚洲、非洲、欧洲、北美洲、南美洲和大洋洲等六大洲的 20 多个国家和地区。

在近两年来油品类期货实物交割量大幅提升的同时，保税交割后交割货物去向的辐射范围明显扩大，除了常见的报关进口流向国内炼厂外，转关及复运出口的方式屡见不鲜，其中原油期货内外盘价差较低时交割货物多次被复出口至韩国、缅甸等地，在境内库存压力较大、内外盘价差较低时也一度有燃料油期货交割货物从舟山复运出口至新加坡。

由于国内炼厂生产低硫燃料油适用的出口退税政策仅针对保税船加油而不能直接出口，因此低硫燃料油期货交割货物的复运出口并不常见。但低硫燃料油期货在交割制度中首创了“境内交割+境外提货”模式，即一个或者多个指定交割仓库或厂库及其联合方，通过集团化管理、运营和合作，经上海国际能源交易中心批准，为期货商品提供标准仓单、异地提货等集团交割业务。至 2021 年末低硫燃料油期货交割集团为中国石油国际事业有限公司及其下属公司，2021 年初多家低硫燃料油期货境外交易客户通过中国石油国际事业(新加坡)有限公司完成境外提货，标志着国内期货市场的境外设库探索取得重大突破。

(三) 价格有效性增强，定价功能渐显

从国内油品类期货上市以来的运行情况可以看出，油品类期货已能一定程度反映国内基本面的相对变化并经受住了极端市场的考验。价格发现是期货市场的主要功能和成功运行的必要条件，国内油品类期货价格有效性的增强为定价功能的发挥奠定了基础。原油期货已由上市初期单纯反映中东原油到岸价格逐步向东北亚贸易集散地参考价转变，形成一定区域影响力，近两年来已有贸易商在与地方炼厂的现货贸易中提供以国内原油期货作为基准价的选择权，在山东地区期货交割库货源较多时这种现象更为普遍。

随着国内炼厂在亚洲低硫燃料油现货市场中影响力大幅提升，保税船加油市场亟须能反映国内供需的价格基准。长期以来，亚洲低硫燃料油船加油价格都主要以新加坡柴油掉期价格作为基准，升贴水波动较大导致产业保值难度较高。2021 年 6 月 21 日，上海期货交易所和浙江国际油气交易中心联合研发编制的“中国舟山低硫燃料油保税船供报价”发布，该报价以低硫燃料油期货每日结算价加升贴水的形式发布，并由舟山当地主要船供油企业报价后经计算形成舟山价格，开启了保税低硫燃料油加注领域使用人民币计价的先河，据悉 2021 年现货企业以该报价形式成交保税低硫燃料油 5000 吨以上。

(四) 交易交割制度创新，风险管理工具日益丰富

近两年油品类期货在国内期货市场中率先推出了一系列创新举措，除了低硫燃料油“境内交割+境外提货”的交割模式以及发布“中国舟山低硫燃料油保税船供报价”外，2020 年 10 月 12 日原油期货 TAS(结算价交易)指令顺利上线，同日发布原油期货日中交易参考价，2021 年 6 月 21 日原油期货期权挂牌交易，10 月 29 日低硫燃料油期货发布月均结算价(MOS)，国内油品类期货的交易交割制度日益完善。诸多举措中既有基于现货市场国际惯例的规范化改良，也有基于我国市场特殊性的个性化创新，为市场参与者提供了更为便捷丰富的衍生工具，发挥了油品类期货的风险管理功能。

三、国内油品类期货发展建议

(一) 增加贸易环节定价应用，提升国际市场话语权

低硫燃料油期货的定价功能已经在现货市场中有所凸显，原油期货在现货市

场中的定价应用亦有所突破，但与中国庞大的油品市场现货体量相比，油品类期货在现货贸易环节中的使用场景还非常有限。中国是全球原油进口第一大国，舟山港也已稳居全球前十大船加油港口之列，但目前进口原油及保税船加油市场主要依靠国外基准价进行定价的局面仍未改变，使得我国在油品贸易中处于相对被动的地位。随着国内油品类期货对区域供需基本面的反映越发有效，已具备作为基准价格的基础，如果能推动现货贸易环节进行更多的定价应用，也将反向促进期货价格有效性进一步增加，对提升我国在油品市场的国际话语权具有积极意义。

在此背景下，一方面应通过优化交易交割流程与交割库布局等措施进一步增强油品类期货的定价有效性，另一方面应利用消费方优势加强议价能力，通过与“一带一路”沿线能源大国之间的能源贸易合作，增加国内油品期货作为现货基准价的定价应用。在全球去美元化情绪有所抬头的背景下，应积极利用国内油品类期货加大人民币在全球油气贸易结算中的占比，加快人民币国际化进程。保税船用燃料油市场应继续以全球燃料油低硫化转型以及国内炼厂低硫船用燃料油产量快速增加为契机，推动低硫燃料油期货在亚洲船用油市场的价格影响力，在将舟山建设为东北亚保税燃料油加注中心的同时力争将低硫燃料油期货培育为东北亚船加油基准价格。

（二）加强市场培育，丰富机构投资者类型

虽然国内油品类期货的机构参与者持仓比例不断提升，但较国外较为成熟的能源品期货而言，投资者类型仍需进一步优化。一方面因参与国内油品类期货的实物交割主要为价差套利，另一方面因国内上游开采及下游炼化环节对期货市场的参与程度偏低，导致国内油品类期货的产业机构参与者中主要为贸易商。在此背景下，交易所及相关行业机构应进一步加强市场培育以丰富投资者类型，组织涉及期货公司、银行、交割仓库、码头、海关等多方的联合培训，切实让企业了解风险管理的必要性及可行性。针对企业保值周期长、资金占用大等问题，应继续深化推行做市商制度和调整相关合约交易费用，促进远月合约流动性的改善，也可考虑制定针对相关企业的保证金优惠或冲抵的相关制度以减轻资金压力。此外，近两年来个人投资者对油气类大宗商品的投资热情明显增加，其间也暴露出诸如“原油宝”事件的风险问题，应加速推进基金公司利用国内油品类期货进行ETF等创新产品的设计，尽可能将大宗商品投资规范化，同时通过提升市场规模及优化交易制度吸引资产管理机构在大类资产配置中增加对国内油品类期货的使用。

(三)完善期货品种，助力油品市场改革

套期保值是期货市场的核心功能，对大部分身处产业链中的加工企业来说，期货往往需覆盖其上下游主要产品才能实现利润锁定。目前原油下游产品中占比最大的汽柴油所对应的期货产品尚未推出，限制了国内油品类期货市场的发展及相关企业套期保值活动的可行性。成品油市场化改革正在加速推进，成品油批发环节在各区域已逐步形成主要受供需环境影响的相对市场化的价格，成品油期货上市已具备一定基础条件。国家应继续推进成品油定价机制向完全市场化转变，优化税收政策、加强税收监管，通过更加透明的市场激发市场活力，为成品油期货上市扫清障碍。后期交易所也可适时推出成品油裂解价差、油品月间价差等相关合约，为产业链相关企业的风险管理和稳定经营提供有效工具。长远来看，期货定价有效性及定价地位的提升也将反哺成品油市场化改革，在提升能源安全、加速产能升级、实现双碳目标等多个方面具有战略意义。

附　　件

附件1 2021年中国油气产业发展大事记

2021年1月

1月1日，中国石油集团国内油气2020年产量当量历史首次突破2亿吨，天然气产量当量首次突破1亿吨。

1月6日，中俄东线天然气管道工程（河北永清—上海）江苏段线路第七标段正式开工，标志着中俄东线天然气管道南段沿线各省线路工程全部进入建设阶段。

1月7日，生态环境部公布《碳排放权交易管理办法（试行）》，并印发配套的配额分配方案和重点排放单位名单。

1月13日，中国石化西南油气分公司储层改造新工艺取得的新突破。

1月13日，中沙天津石化（中石化和沙特基础工业投资公司共建）130万吨/年乙烯改造项目新增20万吨/年液体原料裂解炉一次投料成功。

1月14日，中国海油宣布全球首座10万吨级深水半潜式生产储油平台——“深海一号”能源站在山东烟台交付启航。这一最新海洋工程重大装备，实现了3项世界级创新、运用了13项国内首创技术。

1月15日，在由中国石油和化学工业联合会主办的《石油和化学工业“十四五”发展指南》发布会上，石化联合会和17家企业及园区共同发出《中国石油和化学工业碳达峰与碳中和宣言》。

1月15日，中国石化建设的全球单炉能力最大的乙烯裂解炉30万吨/年气体原料裂解炉在中科炼化一次投料成功。

1月18日，国家能源局发布《关于印发〈2021年能源监管工作要点〉的通知》（国能发监管〔2021〕2号）。

1月20日，由中国石油广东石化聚烯烃包装厂房及仓库桩基工程正式开工，系亚洲石油石化行业在建规模最大的智能立体包装仓库。

1月25日，中国海油宣布，自然资源部油气储量评审办公室审定惠州26-6

油气田探明地质储量为5000万立方米油当量，标志着中国珠江口盆地再获重大油气发现。

1月26日，中国石油化工股份有限公司与利安德巴赛尔工业公司签署合资协议成立合资公司，未来将在宁波镇海建设1套全新的环氧丙烷(PO)和苯乙烯(SM)生产装置。

1月26日，世界首个埋深超7000米高含硫生物礁大气田——中国石化元坝气田累计生产天然气200.02亿立方米，气田创新形成的高效绿色开发技术已整体达到国际先进、部分达到国际领先水平。

1月28日，中国最大天然气储气库——中国石油新疆油田呼图壁储气库历经8个采气周期，累计采气量突破100亿立方米。

1月28日，国家发展改革委能源研究所发布《2020年中国可再生能源展望报告》。1月28日，国际能源署发布了《2020年可再生能源报告》。

2021年2月

2月1日，中国石化西南石油局威荣页岩气田全长49.5千米的集输管道工程已全面竣工，具备25亿立方米/年输气能力。

2月6日，中国海油“深海一号”能源站顺利抵达海南岛东南陵水海域，落位“深海一号”大气田(陵水17-2)，开启海上系泊、安装和生产调试工作，标志着中国首个1500米自营深水大气田向正式投产又迈出了关键一步。

2月19日，中海油服宣布，由中国自主研发的235℃、175兆帕超高温满贯测井系统“ESCOOL系统”，在渤海油田钻井作业中创造了5572米井深和193℃井温的作业纪录，其成像质量达到国际主流设备水平。

2月22日，中国海油在渤海再获大型油气发现——渤中13-2油气田探明地质储量亿吨级油气当量。

2月22日，国务院网站发布《关于加快建立健全绿色低碳循环发展经济体系的指导意见》。

2月28日，中国海油宣布在山西临兴气田探明地质储量为1010亿立方米，中国海油在陆上成功发现千亿立方米大气田。

2021年3月

3月5日，中国石油辽河油田公司自产的5000吨超稠油、1万吨重质油，在辽宁自贸试验区大连片区的大连石油交易所进行了线上交易。

3月10日，中国石油塔里木油田在国内首创超深复杂地层五压力预测技术获得成功。

3月10日，中国石油储气库2020年至2021年采暖季采气量达100.37亿立方米，储气库周期采气首超100亿立方米。

3月11日，中国石化海南首个氢能充装设施建成。

3月12日，中国石油长庆油田2021年累计生产天然气已达100.8亿立方米，仅用71天突破100亿立方米大关。

3月14日，烟台港西港区液化天然气(LNG)项目接收站工程首座储罐桩基施工已圆满完成，创同类项目“单罐桩基施工工期最短”纪录。

3月18日，中国石油浙江油田页岩气阳102H8-2井通过“投捞式气举工作筒+盲阀+破裂盘”带压作业气举排水采气一体化管柱投捞作业技术恢复生产，这项技术由吐哈油田气举技术中心首创，填补了国内空白。

3月22日，中国石油化工股份有限公司和卡塔尔石油公司签署了200万吨/年的液化天然气(LNG)长期购销协议。

3月24日，中国石油塔里木油田轮探3井目的层测井作业完成，国产高端测井装备成功取得合格的测井资料，标志着国产测井装备耐温耐压性能迈上新台阶。

3月29日，中国石化股份有限公司宣布将以净零碳排放为终极目标，力争比国家承诺提前10年实现碳中和。

3月31日，国务院国资委网站发布消息，经报国务院批准，中国中化集团有限公司(中化集团)与中国化工集团有限公司(中国化工)实施联合重组。

3月31日，国家石油天然气管网集团有限公司(国家管网集团)正式接管原中国石油昆仑能源下属北京天然气管道有限公司(北京管道公司)和大连液化天然气有限公司(大连LNG公司)股权。至此，中国油气主干管网资产整合已全面完成，实现了中国全部油气主干管网并网运行，实现“全国一张网”。

2021年4月

4月2日，中国石油化工集团有限公司首次成功发行绿色债券。

4月2日，中国石油渤海钻探第一钻井公司承钻的集团公司风险探井江页探1井顺利完钻，完钻井深6410米，垂深4606米，创国内页岩气垂深最深水平井新纪录。

4月7日，中国石油西南油气田公司足203H2-1井完钻，井深7318米，刷新国内页岩气井深纪录。

4月9日，中国石化华东石油局与南化公司合作建设的CCUS(碳捕集、利用与封存)，年捕集二氧化碳超10万吨。

4月12日，上海市首座可用数字货币支付的加油站正式上线。

4月12日，塔里木油田最新发明的"WSFW"盐层卡钻解卡新技术，在勘探实践中破解了盐膏层卡钻这个世界级的石油勘探开发难题。

4月13日，国家天然气基础设施互联互通重点工程、首条直供雄安新区的天然气主干管道——蒙西管道项目一期(天津—河北定兴)正式开工建设。

4月15日，中国石化集团与蔚来公司合作建设的全球首座全智能换电站——中石化朝英站正式投运。

4月15日，中国石油长城钻探钻井刷新川渝页岩气威远204区块四开钻井周期最短、四开最快机械钻速和全井钻井周期最短三项纪录。

4月15日，中国海油建设的中国首个千亿立方米自营深水大气田"深海一号"完成全部开发井的钻完井作业。

4月15—17日，中美气候变化磋商在上海举行，联合声明应对气候危机。

4月17日，《中国油气产业发展分析与展望报告蓝皮书(2020—2021)》和《中国低碳经济发展报告蓝皮书(2020—2021)》在京发布。

4月21日，中国石油辽河油田奈30井全程变黏滑溜水体积压裂试验成功，初步验证了辽河油田自主攻关的新型压裂液体系已具备推广能力。

4月22日，由美国主办的全球领导人气候峰会以视频方式举行，包括中国、俄罗斯、英国、日本等国家的领导人以及联合国秘书长古特雷斯等国际组织领导人出席峰会。

4月23日，中海信托股份有限公司与中海油能源发展股份有限公司举行签约仪式，全国首单以CCER(国家核证碳减排量)为基础资产的碳中和服务信托——"中海蔚蓝CCER碳中和服务信托"正式成立。

4月26日，中国石化自主研发的原油催化裂解技术实现全球首次工业化应用。

4月29日，中国海油宣布，中国首个海上智能气田群——东方气田群全面建成，海上油气生产运营迈入智能化和数字化时代。

4月30日，中国石油股份公司拟与中国石油集团公司、中油资本共同投资

100亿元设立产业资本投资公司，公司名称为中国石油集团昆仑资本有限公司。

2021年5月

5月1日，中国石油西南油气田公司泸211井顺利完钻，完钻井深6880米，水平段长1700米，是国内首口5000米以深页岩气水平井，刷新国内页岩气井井深纪录。

5月6日，财政部、海关总署、税务总局近日联合印发《关于"十四五"期间能源资源勘探开发利用进口税收政策的通知》。

5月7日，中国石油宝石机械牵头研制的国内首台"一键式"人机交互7000米自动化钻机，顺利通过出厂验收，标志着中国已成为全球少数可自主研制自动化钻机的国家。

5月8日，中国中化控股有限责任公司正式揭牌成立。

5月13日，中国石化西北油田的油服中心自主研发的首座移动式光伏发电站试运行成功，标志着西北油田探索助力国家碳达峰、碳中和目标迈出了新的步伐。

5月13日，福布斯发布"2021年全球企业2000强"榜单，中国石油在全球范围位列第63名，在能源领域位列第5名。

5月14日，财政部、海关总署、税务总局发布公告：自2021年6月12日起，对部分成品油视同石脑油或燃料油征收进口环节消费税。

5月14日，中国海油自主研发的首套浅水水下采油树系统当日在渤海海试成功。

5月15日，中国石油天然气管道局有限公司研发的国内首创全机械化补口技术与装备在中俄东线(安平—泰安)五标段施工现场工业试验成功。

5月18日，中国油气企业甲烷控排联盟成立大会在北京召开。

5月18日，中国石化江苏常州石油嘉泽加油站分布式光伏发电项目正式投运。

5月18日，中国油气管道"长江第一长距离水下隧道"——中俄东线天然气管道长江盾构穿越工程在江苏南通正式掘进开钻。

5月18日，中国油气企业甲烷控排联盟成立。该联盟由中国石油、中国石化、中国海油、国家管网、北京燃气、华润燃气、新奥能源7家成员单位共同组成。

5月19日，中国海油宣布，中国自主设计、建造的最大海上原油生产平台——陆丰 14-4 中心平台在南海东部海域顺利完成浮托安装，标志着中国大型海洋油气装备建造和安装能力得到进一步提升。

5 月 20 日，首套国产电驱高压离心式储气库压缩机组在中国石油辽河油田安装完成，标志着中国储气库关键设备制造又向前迈出重要一步。

5 月 21 日，中国石油东方物探承担的国内最大页岩油三维勘探项目“鄂尔多斯盆地伊陕斜坡合水地区三维项目”正式启动。

5 月 25 日，国家发展改革委发布《关于“十四五”时期深化价格机制改革行动方案的通知》（发改价格〔2021〕689 号）。

5 月 26 日，生态环境部表示，2021 年 7 月 1 日起全面实施重型柴油车国六排放标准实施，标志着中国汽车标准全面进入国六时代。

5 月 28 日，宁夏首朗吉元新能源科技有限公司（北京首钢朗泽新能源科技有限公司和宁夏吉元冶金集团有限公司共建）投建的全球首套利用铁合金工业尾气制燃料乙醇项目在宁夏石嘴山市平罗县正式投产。

2021 年 6 月

6 月 1 日，中国石化首个“海上移动加油站”润吉 1 号加油船正式运营。

6 月 2 日，中国石油西南油气田自主研发的高压套管启动滑套在足 203H2-1 井成功应用，解决了深井长水平段连续油管建立首段压裂通道作业受限的难题。

6 月 4 日，中国石油塔里木富满油田落实一条储量规模超 2 亿吨超级富油气断裂带，落实资源量超 10 亿吨，成为中国发现的最大超深海相断控缝洞型碳酸盐岩油藏。

6 月 7 日，国家发展改革委出台了《天然气管道运输价格管理办法（暂行）》和《天然气管道运输定价成本监审办法（暂行）》，进一步完善天然气管道运输价格管理体系。

6 月 7 日，中国石油长庆油田深部调驱技术“一种低渗透油藏深部调驱的方法（专利号：US10920127B2）”获国际专利授权。

6 月 8 日，中国石油长庆油田华 H90-3 井顺利完井，该井水平段长度达到 5060 米，刷新了亚洲陆上水平井最长水平段纪录。

6 月 9 日，中国海油江苏 LNG 滨海接收站扩建工程，在江苏盐城启动。扩建工程完成后，江苏 LNG 滨海接收站年处理 LNG 能力可达 600 万吨，将成为国内规模最大的 LNG 储备基地。

6月10日，国内首个5G智能炼厂在中国石油长庆石化落地，标志着中国石化行业开启了5G+智能应用。

6月16日，中国石化西北油田累产原油1.22亿吨、天然气306亿立方米，折合油气当量逾1.46亿吨，有效保障了中国能源安全。

6月17日，国内首套柴油油气回收装置在中国石油大连石化分公司投入运行，弥补了国内柴油装车油气回收处理的行业盲点。

6月18日，中国石油宣布塔里木油田公司在富满油田找到一个10亿吨级新的石油规模储量区，成为近10年塔里木盆地石油勘探最大的发现。

6月18日，中国石油首个OBN(海底节点)——“2020年度北部湾盆地23/29区块三维地震资料处理”项目日前在海口通过验收，标志着中国石油与中国海油合作的首个OBN项目取得新突破。

6月20日，中国石油宣布长庆油田在鄂尔多斯盆地长7生油层探明地质储量超过10亿吨的页岩油整装大油田，成为中国目前探明储量规模最大的页岩油大油田。

6月20日，中国石油首套、西部钻探试油公司地面测试远程自控一体化系统，首次在塔里木油田博孜10井应用成功。

6月21日，原油期权在上海期货交易所子公司上海国际能源交易中心挂牌交易，这是中国首批对外开放的期权品种。

6月23日，中国石油长庆油田整体建成国内首个超低渗透油藏转变开发方式示范区。

6月24日，中国石化投用行业首套碳排放监控系统。

6月25日，陆上最大页岩油长水平井平台——国家级页岩油示范区华H100平台中国石油长庆油田所部署的31口水平井提前完井。

6月25日，中国海油勘探开发的1500米深水大气田“深海一号”在海南陵水海域正式投产。

6月28日，中国石化镇海基地一期项目全面建成，转入开工准备阶段。

6月29日，中国石化智能运营中心上线启动。

2021年7月

7月1日，国家发展改革委发布《“十四五”循环经济发展规划》(发改环资〔2021〕969号)。规划提出到2025年，中国资源循环型产业体系基本建立，覆盖全社会的资源循环利用体系基本建成。

7月1日，中国石油华北油田在辽河油田大连石油交易所完成首单原油线上竞价销售。

7月5日，中国石油化工集团有限公司宣布，启动百万吨级碳捕集利用与封存(CCUS)项目建设——齐鲁石化-胜利油田 CCUS 项目。

7月8日，中国石化首个陆上风电项目——新星石油公司陕西渭南大荔分散式风电项目开工建设。

7月14日，中国海油宣布，中国首艘1.5万吨动力定位穿梭油轮北海新希望号，在江苏南通竣工交付。

7月15日，国家能源局召开2021年大力提升油气勘探开发力度工作推进会。

7月16日，全国统一的碳排放权交易市场正式启动，碳配额开盘价为48元/吨。

7月19日，中国石化上海石化获得国际航空航天质量组织(IAQG)颁发的AS9100D 质量管理体系认证证书。

7月20日，中国石化 CCUS(二氧化碳捕集、利用与封存)重点实验室揭牌。

7月21日，中国石化顺利完成全国碳市场首笔大宗协议交易，从华润集团买入10万吨全国碳市场碳配额。

7月22日，中国石油长庆油田致密气项目组刷新了亚洲陆上水平井最长水平段纪录，建成中国最大致密气生产基地。

7月23日，国家管网集团海南省环岛天然气管网东环线(文昌—琼海—三亚输气管道)正式进入运营阶段。

7月23日，中国石化江汉盐化工湖北有限公司1.2万吨/年漂粉精装置投料试车成功，消毒剂年生产能力超10万吨，成为全球最大消毒剂生产基地。

7月26日，中国石油专属财产保险股份公司与中债信用增进投资股份有限公司合作开展的首单 CRMA(信用风险缓释工具)业务正式落地，标志着保险资金在创新运用 CRMA 方面取得新的重要进展，这也是保险资金首单 CRMA 交易。

7月28日，国家能源局发布的数据显示，上半年中国能源消费实现快速增长，全社会用电量同比增长16.2%，工业用电贡献率明显超过往年水平。

7月29日，中国石油渤海钻探建设的国内首口海上储气库井成功入窗。

2021年8月

8月2日，中国海油宣布，中国首个自营深水油田群流花16-2全面投产，是中国海上开发水深最深的油田群。

8月2日，中石油煤层气有限责任公司忻州分公司煤层气开发项目保8-1平3井顺利钻至1711米完钻，标志着国内首个亿立方米煤层气水平井整装规模开发项目全面高效完成钻井任务。

8月3日，中国首套利用自主技术建成的大型乙烷制乙烯项目——中国石油兰州石化长庆乙烷制乙烯项目，在陕西榆林正式建成投产，每年可生产80万吨乙烯及相关聚乙烯产品。

8月9日，中国石油西南油气田的双探108井定向井高温密闭取芯作业近日以7474.5米井深，创国内密闭取芯最深纪录。

8月10日，中国石油宝鸡钢管成功研制全球最高强度连续管，整体性能达到世界领先水平。

8月11日，中国海油宣布，由其牵头研制的国内首套水下应急封井器在南海深水海域海试成功，可应对3000米水下漏油事故。

8月16日，中国石化西南石油局中江气田新增天然气探明储量340.29亿立方米，累计探明储量1061亿立方米，为进一步提升中国石化洁净能源供应能力、助力川渝地区建设中国首个千亿级天然气生产基地。

8月17日，中国石油吐哈油田的首口煤层气水平井顺利完井，吐哈油田低阶煤层气的大规模开采成为可能。

8月18日，海峡两岸最大石化产业合作项目——中国石化古雷炼化一体化项目建成投产，乙烯等主体生产装置打通全流程，实现一次投料开车成功，并产出合格产品。

8月20日，“深海一号”超深水大气田正式登陆，标志着中国海油南海东西部海域10余个气田正式实现互连互通，中国海油南海大气区多气源互补、安全保供的格局就此形成。

8月21日，中国石油自主研发的智能节点收放系统下线，标志着业界首款智能节点收放系统研发成功。

8月24日，装机容量为400千瓦的中国石化上海石化示范性光伏电站并网发电，预计一年可减少碳排放341吨。

8月25日，福建石化和沙特基础工业公司共建的中沙古雷乙烯项目合资合同正式签约。

8月25日，中国石油西南油气田公司申请的“一种质量-时间法测量天然气流量的原级装置及工艺”国际发明专利获得俄罗斯联邦知识产权局颁发的发明专利证书，是中国唯一一套具有自主知识产权的“质量-时间法原级”装置。

8月26日，中石化氢能源(天津)有限公司成立。

8月26日，中国石化西北油田分公司部署在中国塔里木盆地的重点探井——顺北44X井，于近日试获日油气当量产量超千吨，标志着顺北油气田4号断裂带获得亿吨级油气区重大发现。

8月28日，中国海油宣布，中国首个海上二氧化碳封存示范工程在南海珠江口盆地正式启动。

8月30日，中国石化华东石油局风险探井胜页5HF井试获日产15万立方米高产商业气流。

8月30日，中国首个自营超深水大气田“深海一号”首次提油作业顺利完成。中国海油首次使用动力定位油轮进行作业，这在中国尚属首次。

2021年9月

9月1日，中国石化首个兆瓦级电解水制氢示范项目在中原油田启动。

9月6日，中国海油宣布，“深海一号”大气田实现全部投产。

9月7日，中国石化元坝气田累计生产天然气超220亿立方米。

9月8日，中国海油签订国内首单最大LNG单一燃料船舶供气合同。中海油广东水运清洁能源有限公司在广州举行首批LNG单一燃料动力船舶供气合同签约仪式。

9月9日，中国海油宣布，由中国自主设计建造的全球首艘智能深水钻井平台“深蓝探索”在珠江口盆地成功开钻，标志着中国智能化深水油气装备发展迈出了实质性一步。

9月9日，国家粮食和物资储备局发布信息称，经国务院批准，国家粮食和物资储备局首次以轮换方式分期分批组织投放国家储备原油。

9月10日，中国石化茂名石化燃料电池供氢中心开工建设。

9月11日，中国石化燃料油公司首次为大型LNG动力船舶加注LNG燃料，标志着中国石化清洁能源在水上的推广应用实现新突破。

9月17日，国家油气战略研究中心和中国石油勘探开发研究院联合举办的《全球油气勘探开发形势及油公司动态(2021年)》发布会在京举行。

9月17日，“轻质原油裂解制乙烯工业化试验项目”在天津石化顺利投油并收到预期效果，标志着中国石化打造技术先导型公司和世界领先洁净能源化工公司迈出坚实一步。

9 月 20 日，油气行业气候倡议组织（简称 OGCI）成员企业董事长/CEO 联合签署发布了 OGCI 最新发展战略。

9 月 22 日，中国氢能联盟发布《可再生氢 100 行动倡议》。

9 月 22 日，中国石化、中远海运、中国东航在上海联合举办中国首船全生命周期碳中和石油认证仪式，上海环境能源交易所分别向三家企业颁发中国首张碳中和石油认证书。

9 月 23 日，中国海油天津分公司承建的中国首个海上油田群岸电应用项目——渤海海域秦皇岛—曹妃甸油田群岸电应用示范项目投产，这也是全球海上油田交流输电电压最高、规模最大的岸电项目。

9 月 24 日，中国海油宣布渤中 19-4 油田综合调整项目投产。

9 月 25 日，2021 全球能源转型高层论坛在北京昌平未来科学城举办。

9 月 28 日，上海石化氢燃料电池供氢中心建成，系中国石化在上海地区的首座供氢中心，投用后预计全年可减少碳排放 2920 吨。

2021 年 10 月

10 月 8 日，中国石化涪陵页岩气田累计生产页岩气 400 亿立方米。

10 月 8 日，中国海油入选“央企 ESG · 先锋 50 指数”。

10 月 10 日，中国石油长庆油田部署实施的先导试验油藏调驱控水取得新突破。

10 月 10 日，中国石油渤海钻探录井二公司提供技术服务的吉华 1 平 16 井顺利完井，创巴彦油田吉华 1 区块井深最深纪录和国内片麻岩潜山水平段最长纪录。

10 月 11 日，中国石化与中国科协以视频形式签署全面战略合作协议。

10 月 13 日，大连（抚顺）石油化工研究院成功中标白俄罗斯纳夫坦炼油公司缓和加氢裂化装置催化剂采购项目，这标志中国石化首次进入白俄罗斯加氢裂化技术市场，助力“一带一路”建设。

10 月 16 日，中国石油上海销售公司首座加氢站鸿音路加氢站正式投入运营。

10 月 18 日，中国石化在中原油田地区新建的卫 11 储气库建成注气，标志着中国华北地区最大天然气地下储气库群——中原储气库群建成投产，库容气量达到 100.3 亿立方米。

10月18日至19日，2021油气田数字化智能化技术应用研讨会在西安召开。

10月19日，国家发展改革委组织重点煤炭企业、中国煤炭工业协会、中国电力企业联合会召开今冬明春能源保供工作机制煤炭专题座谈会，研究依法对煤炭价格实施干预措施。

10月19日，中国石化在上海举办“双碳”背景下的氢能产业发展高端论坛。

10月20日，中国石油大庆石化公司新建20万吨/年ABS装置正式土建开工。

10月20日，中国海油的神木—安平煤层气管道工程顶管穿越南水北调中线干渠施工作业20日正式竣工，标志着这一国家重点管道工程山西—河北段主体工程完工。

10月21日，由中国世界石油理事会国家委员会主办的“碳达峰、碳中和背景下的能源转型主题交流会”在杭州举行。

10月24日，国务院印发《2030年前碳达峰行动方案的通知》(国发〔2021〕23号)。

10月24日，中国石化勘探分公司部署在重庆市綦江区东溪构造的重点页岩气探井——东页深2井在埋深4300米的优质页岩气层试获日产41.2万立方米页岩气，标志着中国在埋深4000米以上的深层页岩气勘探领域取得新的重大进展。

10月25日，中国石油西南油气田牟8井瞬时注气量达27万立方米。至此，四川首座储气库群牟家坪、老翁场储气库累计注气突破5000万立方米，提前完成全年注气任务。

10月29日，上海期货交易所子公司上海国际能源交易中心正式发布月均结算价(MOS)，首个实施品种为低硫燃料油期货。

2021年11月

11月1日，第26届联合国气候变化大会(COP26)领导人会议在英国格拉斯哥召开。

11月4日，中国石化与美国维吉液化天然气公司(Venture Global LNG)共同签署了为期20年、400万吨/年的液化天然气(LNG)长期购销协议。

11月7日，中国石油工程建设公司(CPECC)中油(新疆)油建分公司承建的中俄东线天然气管道工程(永清—上海)黄河穿越工程定向钻施工完成。

11 月 8 日，中国人民银行宣布，推出碳减排支持工具。

11 月 8 日，中国石油大港油田储气库群正式采气生产，向北京、天津、河北输送天然气，迎战寒潮。该储气库已安全平稳运行 7669 天，21 年来库群累计注采气量稳居全国首位。

11 月 9 日，国家发展改革委等十部门印发《“十四五”全国清洁生产推行方案》，方案提出，未来五年，全面推行清洁生产。

11 月 10 日，中国和美国在格拉斯哥《联合国气候变化框架公约》第 26 次缔约方大会(COP26)期间发布《中美关于在 21 世纪 20 年代强化气候行动的格拉斯哥联合宣言》。

11 月 10 日，全国碳市场共运行 77 个交易日，配额累计成交量达到 2344.04 万吨，累计成交额突破 10 亿元，达到 10.44 亿元。

11 月 10 日，第四届世界油商大会上公布的 2020 年“全球十大船加油港口”名单表明中国舟山港位居全球第六。

11 月 12 日，国家发展改革委、财政部、自然资源部印发《推进资源型地区高质量发展“十四五”实施方案》，方案指出，建立安全可靠的资源能源储备、供给和保障体系；加大石油、天然气、铜、铬、钨、稀土、晶质石墨等战略性矿产资源勘查。

11 月 17 日，国家石油天然气管网集团有限公司 LNG 接收站管理公司天津 LNG 接收站二期项目两座 22 万立方米储罐实现同时升顶。

11 月 17 日，中国石化宣布“轻质原油裂解制乙烯技术开发及工业应用”实验成功，实现了原油蒸汽裂解技术的国内首次工业化应用。

11 月 18 日，国家石油天然气基础设施重点工程——日照—濮阳—洛阳原油管道(日濮洛管道)全线建成投产。

11 月 19 日，中国石油在巴西深水盐下风险勘探获得重大发现。

11 月 20 日，由中海石油气电集团建设运营的中国首座沿海 LNG 船舶加注站在海南省澄迈县马村港码头正式投运。

11 月 20 日，国家能源局公布截至 2021 年 10 月底，中国可再生能源发电累计装机容量达到 10.02 亿千瓦，突破 10 亿千瓦大关。

11 月 23 日，中国海油宣布，位于南海东部海域的陆丰油田群区域开发项目成功投产。

11 月 23 日，国家能源局印发《供电企业信息公开实施办法》(国能发监管规〔2021〕56 号)。

11 月 24 日，中国海油“深海一号”(位于海南陵水海域)日产天然气达 1000 万立方米，提前达到设计产量峰值，具备了每年产气 30 亿立方米的能力。

11 月 25 日，蔚来与壳牌签署战略合作协议，到 2025 年将在中国共建 100 座换电站。

11 月 26 日，中国石化鄂尔多斯盆地累计生产天然气突破 500 亿立方米。

11 月 29 日，中国海油宣布位于英国北海的 Buzzard 油田二期开发项目安全投产。

11 月 29 日，第三届中俄能源商务论坛以线上与线下结合方式在北京召开。

11 月 30 日，中国石化在北京、乌鲁木齐、新疆库车三地举行云启动仪式，宣布中国首个万吨级光伏绿氢示范项目——中国石化新疆库车绿氢示范项目正式启动建设。

2021 年 12 月

12 月 1 日，北京实施“京 6B”汽柴油标准、非道路移动机械国四排放标准、高排放机械禁用区扩大等三项重点政策。

12 月 3 日，中国石油长城钻探公司完钻长深 47 井，完钻井深 5950 米，刷新吉林油田最深井纪录。

12 月 6 日，第二十三届世界石油大会在美国休斯敦开幕。

12 月 6 日，天津 LNG 接收站首次进行 LNG 船舶夜间航行作业。

12 月 7 日，中国石化广东石油广州金龙综合能源服务站正式投营，至此中国石化已建成换电站、分布式光伏发电站点各 1000 座。

12 月 8 日，中国石化雄安新能源有限公司成立，注册资本 1 亿元人民币。

12 月 9 日，工业和信息化部发布《国家工业节能技术推荐目录(2021)》《“能效之星”装备产品目录(2021)》《国家通信业节能技术产品推荐目录(2021)》。

12 月 10 日，国内首个实现 LNG 装车业务全流程智能化管理的信息管理系统——天津 LNG 智能装车管理系统正式上线运行。

12 月 12 日，中国科学院广州能源研究所成功研制国际首套有效体积 2585 升、最大模拟海深 3000 米的大尺度全尺寸开采井天然气水合物三维综合试验开采系统。

12 月 12 日，中韩石化(中国石化集团和韩国 SK 公司合资共建)2021 年乙烯产量超 101 万吨，标志着该公司乙烯迈入百万吨级行列。

12月14日，工业和信息化部、国家发展改革委、科学技术部、生态环境部公布《国家工业资源综合利用先进适用工艺技术设备目录(2021年版)》。

12月14日，中国石化华东石油局部署在苏北盆地的3口页岩油探井获高产页岩油流。

12月14日，中国石油新疆油田采气一厂克拉美丽气田年产油气当量突破100万吨，达到100.18万吨。

12月15日，中韩石化首次完成全国碳履约。

12月15日，上海环交所数据显示全国碳排放权交易市场在第102个交易日成交量突破1亿吨。

12月19日，中国海油首次向香港特别行政区供应碳中和液化天然气。

12月21日，国家能源局印发《电力辅助服务管理办法》(国能发监管规〔2021〕61号)、《电力并网运行管理规定》(国能发监管规〔2021〕60号)。

12月22日，中国石油大港油田陆相页岩油规模效益开发获新突破，页岩油累计产量18万吨，日产量稳定在300吨以上。

12月27日，中国海油向国内供应天然气达2.42亿立方米，同比增长28.7%，创下单日供应量历史新高。

12月28日，西气东输管道系统今年已累计输送天然气突破1000亿立方米，这是此管道系统年输气量首次破千亿立方米。

12月29日，中国石化天津LNG接收站“2号泊位”投用，成为国内首座正式投用“双泊位”LNG码头。

12月29日，国家能源局、农业农村部、国家乡村振兴局印发《加快农村能源转型发展助力乡村振兴的实施意见》(国能发规划〔2021〕66号)。

12月29日，工业和信息化部、科学技术部、自然资源部印发《“十四五”原材料工业发展规划》(工信部联规〔2021〕212号)。

12月30日，国务院国资委印发《关于推进中央企业高质量发展做好碳达峰碳中和工作的指导意见》。意见明确，到2060年，中央企业绿色低碳循环发展的产业体系和清洁低碳安全高效的能源体系全面建立，形成绿色低碳核心竞争优势，为国家顺利实现碳中和目标作出积极贡献。

12月31日，全国碳排放权交易市场第一个履约周期顺利结束。全国碳市场累计运行114个交易日，碳排放配额累计成交量1.79亿吨，累计成交额76.61亿元。

附件 2　2021 年国内外油气产业相关数据

附表 1　2021 年中国全年石油石化主要产品产量　万吨、亿立方米

名称 \ 月份	1—2	3	4	5	6	7	8
原油	3208.2	1709.8	1644.7	1702.8	1666.7	1688.5	1701.4
天然气	348.3	184.7	168.7	170.1	172.8	157.3	158.6
成品油	5544.6	2918.1	2828.6	2972.9	3055.5	3038.5	2965.3
汽油	2044.0	1597.8	1182.3	1268.6	1318.5	1374.1	1360.4
煤油	681.8	363.9	393.9	431.9	411.9	349.2	280.0
柴油	2459.0	1316.2	1252.4	1272.4	1325.1	1315.2	1324.9
燃料油	570.2	343.6	288.9	324.3	349.0	378.7	423.5
石脑油	785.7	420.2	351.0	396.3	365.3	382.9	403.3
液化石油气	689.9	500.1	383.0	394.9	415.4	418.4	404.0
石油焦	476.8	259.9	248.3	246.2	253	260.7	239.0
石油沥青	899.5	491.1	563.7	504.5	481.4	434.8	514.8

名称 \ 月份	9	10	11	12	合计	同比%
原油	1662.1	1634.6	1629.2	1649.6	19897.6	2.1%
天然气	157.8	166.0	175.7	192.6	2052.6	8.7%
成品油	2888.7	3074.2	3222.8	3229.0	35738.2	7.9%
汽油	1293.6	1313.5	1351.0	1353.5	15457.3	17.4%
煤油	306.9	308.7	226.4	189.3	3943.9	-2.6%
柴油	1288.2	1452.0	1645.4	1686.2	16337.0	2.7%
燃料油	448.6	351.5	429.4	442.5	4350.2	27.7%
石脑油	422.2	452.8	481.7	490.3	4951.7	17.0%
液化石油气	401.3	393.9	386.4	369.7	4757.0	6.9%
石油焦	259.8	262.7	262.0	261.1	3029.5	3.7%
石油沥青	441.8	482.2	433.5	304.4	5551.7	-11.6%

数据来源：中国石油和化学工业联合会。

附表 2　2021 年国内主要汽柴油月平均价格　　　元/吨

日期	89#无铅汽油	92#无铅汽油	95#无铅汽油	0#柴油	-10#柴油	燃料油	液化天然气
2021 年 1 月	7516	7729	8079	6569	6775	4010	5490
2021 年 2 月	7821	8038	8403	6862	7075	4180	3820
2021 年 3 月	8336	8558	8946	7359	7583	4730	3260
2021 年 4 月	8229	8461	8844	7254	7487	4490	3420
2021 年 5 月	8379	8613	9003	7399	7634	4590	3530
2021 年 6 月	8604	8841	9243	7619	7860	4700	3550
2021 年 7 月	8849	9089	9501	7852	8100	4790	4310
2021 年 8 月	8549	8785	9182	7559	7799	4660	5510
2021 年 9 月	8734	8973	9379	7742	7987	4770	6130
2021 年 10 月	9274	9517	9948	8259	8509	5610	6370
2021 年 11 月	9329	9582	10014	8314	8577	5270	7460
2021 年 12 月	8834	9083	9495	7837	8093	5090	5190
年均价	8538	8772	9170	7552	7790	4741	4837
比上年增减/%	16.2	15.8	15.7	17.8	16.8	17.4	33.0

数据来源：中国石油和化学工业联合会。

附表 3　2021 年国际原油现货市场月平均价格　　　美元/桶

日期	西德克萨斯中质油（WTI）	布伦特	迪拜	辛塔	大庆	胜利
2021 年 1 月	51.93	55.11	54.77	52.48	50.22	56.33
2021 年 2 月	58.92	61.91	60.86	57.97	57.47	63.40
2021 年 3 月	62.53	64.94	64.41	59.20	61.14	67.35
2021 年 4 月	61.38	65.62	62.89	58.19	59.50	65.24
2021 年 5 月	65.12	68.15	66.31	61.07	63.22	68.19
2021 年 6 月	71.32	73.10	71.58	66.89	68.02	72.31
2021 年 7 月	72.49	75.17	72.87	68.54	68.96	73.60
2021 年 8 月	67.73	70.75	69.49	62.73	63.74	69.43
2021 年 9 月	71.65	74.49	72.61	68.13	67.97	74.05
2021 年 10 月	81.48	83.54	81.59	76.19	77.56	82.82
2021 年 11 月	79.15	81.05	80.28	74.79	75.88	80.76
2021 年 12 月	72.84	74.86	73.80	68.17	71.46	75.23
年均价	68.05	70.72	69.29	64.53	65.43	70.73
比上年增减/%	41.90	40.92	39.05	39.44	41.82	36.17

数据来源：中国石油和化学工业联合会。

附表 4　2021 年国际市场主要油品月平均现货价格

普氏现货报价/(美元/桶)

日期	95#无铅汽油	柴油	航空煤油	石脑油	燃料油(180)*	燃料油(380)*
2021 年 1 月	60.05	58.59	58.02	55.58	326.61	324.91
2021 年 2 月	68.00	66.36	65.05	61.54	364.98	346.04
2021 年 3 月	73.37	69.39	66.49	64.54	384.00	378.89
2021 年 4 月	73.93	68.62	66.40	62.20	374.31	368.39
2021 年 5 月	76.18	73.92	71.68	65.53	378.95	372.13
2021 年 6 月	79.38	78.29	75.45	70.05	408.24	401.27
2021 年 7 月	85.02	79.72	77.04	75.04	419.66	409.75
2021 年 8 月	81.09	76.40	73.86	70.75	410.55	400.85
2021 年 9 月	84.78	83.81	80.82	75.68	471.80	451.21
2021 年 10 月	99.26	95.85	92.33	84.53	494.18	485.14
2021 年 11 月	96.50	92.83	90.45	84.85	455.73	447.51
2021 年 12 月	89.01	86.85	84.34	78.29	422.20	415.73
年均价	80.58	77.55	75.16	70.76	409.27	400.15
比上年增减/%	44.42	39.83	40.85	46.42	43.67	43.96

*表示油价的单位为：美元/吨。

数据来源：中国石油和化学工业联合会。

附表 5　2021 年北美市场天然气 NGI 现货月平均价格

美元/百万英热单位

日期	纽约	路易斯安那州亨利	芝加哥	NGI 均值
2021 年 1 月	3.06	2.6	2.56	3.05
2021 年 2 月	5.53	5.86	12.00	8.84
2021 年 3 月	2.25	2.56	2.48	2.90
2021 年 4 月	2.13	2.59	2.55	3.05
2021 年 5 月	2.42	2.94	2.77	3.20
2021 年 6 月	3.14	2.68	3.86	3.29
2021 年 7 月	3.39	3.82	3.64	4.81
2021 年 8 月	3.8	4.2	3.90	4.93
2021 年 9 月	4.31	5.05	4.85	6.26
2021 年 10 月	4.77	5.48	5.30	6.10
2021 年 11 月	4.71	4.9	4.77	5.34
2021 年 12 月	3.50	3.66	3.58	5.53
年均价	3.58	3.86	4.36	4.78

数据来源：中国石油和化学工业联合会。

附表 6 2010—2020 年全球主要国家和地区的石油探明储量 十亿桶

地区＼年份	2010	2011	2012	2013	2014	2015	2016	2017	2018	2019	2020
委内瑞拉	296.5	296.5	297.6	298.3	298.3	300.9	300.9	301.8	303.3	303.8	303.8
沙特阿拉伯王国	264.5	265.4	265.9	265.9	267.0	266.6	266.5	266.2	297.7	297.6	97.8
伊朗	151.2	151.2	157.0	157.0	157.8	157.8	158.4	157.2	155.6	155.6	157.8
伊拉克	115.0	143.1	150.0	150.0	150.0	143.1	153.0	148.8	147.2	145.0	145.0
俄罗斯	105.8	105.7	105.5	105.0	103.2	102.38	109.5	106.2	106.2	107.8	107.8
科威特	101.5	101.5	101.5	101.5	101.5	101.5	101.5	101.5	101.5	101.5	101.5
阿拉伯联合酋长国	97.8	97.8	97.8	97.8	97.8	97.8	97.8	97.8	97.8	97.8	97.8
利比亚	47.1	47.1	48.0	48.5	48.4	48.4	48.4	48.4	48.4	48.4	48.4
尼日利亚	37.2	37.2	37.2	37.1	37.1	37.1	37.1	37.5	37.5	37.0	36.9
哈萨克斯坦	30.0	30.0	30.0	30.0	30.0	30.0	30.0	30.0	30.0	30.0	30.0
中国	14.8	14.7	17.3	18.1	18.5	18.5	25.7	25.7	25.9	26.2	26.0
经济合作组织（OECD）	235.0	234.7	238.3	248.8	248.6	255.3	244.0	244.0	254.0	260.1	260.0
石油输出国组织（欧佩克）	1167.3	1196.3	1169.9	1214.2	1216.5	1221.6	1220.5	1217.4	1242.2	1214.7	1214.7
欧盟	6.8	6.7	6.8	6.8	5.8	5.6	5.1	4.8	4.8	5.0	2.4
全球总计	1622.06	1652.61	1668.9	1687.9	1700.1	1697.6	1706.7	1697.1	1729.7	1734.8	1732.4

数据来源：2021 年 BP 能源统计年鉴。

附表 7 2010—2020 年全球主要国家和地区的石油产量 百万吨/年

地区＼年份	2010	2011	2012	2013	2014	2015	2016	2017	2018	2019	2020
沙特阿拉伯王国	463.3	522.7	549.2	538.4	543.8	568.0	586.7	559.3	576.8	556.6	519.6
俄罗斯	512.3	519.5	526.7	532.2	537.4	544.6	558.5	558.5	567.9	573.4	524.4
美国	333.1	346.1	395.1	448.5	524.5	567.4	542.9	574.9	670.2	747.8	712.7
中国	203.0	202.9	207.5	210.0	211.4	214.6	199.7	191.5	189.1	191.0	194.8
加拿大	160.6	170.1	182.9	195.4	209.8	216.1	218.8	236.6	257.7	263.5	252.2
伊朗	212.0	212.5	180.5	169.7	174.0	180.2	216.1	231.4	218.7	157.8	142.7
阿拉伯联合酋长国	135.2	150.5	156.2	162.8	163.4	176.1	182.4	176.2	176.7	180.5	165.6
伊拉克	120.8	135.8	151.3	151.9	158.8	195.6	217.6	222.4	227.0	234.2	202.0
科威特	123.4	140.9	154.0	151.4	150.2	148.2	152.7	145.0	146.8	143.4	130.1
委内瑞拉	145.8	141.5	139.3	137.8	138.5	135.4	121.0	107.6	75.6	46.6	27.4
墨西哥	145.6	144.5	143.9	141.8	137.1	127.5	121.4	109.5	102.3	94.9	95.1
经济合作组织（OECD）	898.9	906.1	953.9	1008.3	1095.6	1140.9	1107.0	1138.9	1247.3	1323.6	1281.4
石油输出国组织（欧佩克）	1612.1	1641.7	1712.6	1657.0	1651.2	1719.8	1774.7	1761.6	1747.1	1650.7	1448.4
非石油输出国组织（NON-欧佩克）	2366.5	2367.9	2409.1	2472.8	2575.9	2638.2	2600.4	2624.2	2737.1	2827.3	2716.7
欧盟	30.5	29.2	28.0	27.4	27.0	26.1	23.0	22.7	21.9	20.2	19.3
全球总计	3978.6	4009.6	4121.6	4129.8	4227.2	4358.1	4375.1	4385.9	4484.2	4478.0	4165.1

数据来源：2021 年 BP 能源统计年鉴。

附表 8　2010—2020 年全球主要国家和地区的石油消费量　　千桶/日

地区＼年份	2010	2011	2012	2013	2014	2015	2016	2017	2018	2019	2020
美国	18322	17997	17586	18011	18131	18524	18622	18878	19447	19475	17178
中国	9390	9739	10170	10668	11120	12066	12499	13137	13576	14005	14225
日本	4424	4412	4676	4496	4279	4113	3988	3953	3824	3689	3268
印度	3308	3475	3674	3717	3832	4147	4544	4724	4974	5148	4669
俄罗斯	2878	3074	3119	3163	3300	3197	3265	3271	3320	3393	3238
巴西	2271	2432	2509	2655	2725	2558	2433	2481	2392	2438	2323
沙特阿拉伯王国	3124	3285	3451	3444	3760	3879	3865	3799	3617	3635	3544
德国	2373	2294	2276	2336	2273	2269	2307	2374	2255	2270	2045
韩国	2312	2331	2396	2402	2398	2503	2686	2738	2720	2703	2560
加拿大	2386	2400	2424	2419	2442	2452	2452	2423	2501	2537	2282
经济合作组织(OECD)	45684	45074	44628	44656	44239	44950	45426	45916	46372	46056	40282
非经济合作组织(NON-OECD)	40884	42456	43979	45333	46438	47836	48954	50184	50892	51542	48195
欧盟	11998	11632	11154	10954	10748	10911	11090	11318	11348	11298	9774
全球总计	86568	87530	88607	89988	90677	92787	94381	96099	97265	97598	88477

数据来源：2021 年 BP 能源统计年鉴。

附表 9　2010—2020 年全球主要国家和地区的炼油能力　　千桶/日

地区＼年份	2010	2011	2012	2013	2014	2015	2016	2017	2018	2019	2020
美国	17736	17367	17823	17925	17967	18317	18617	18598	18808	18974	18143
中国	12323	13015	13681	14503	15253	15024	14895	15231	15655	16199	16691
俄罗斯	5527	5673	5767	6229	6366	6472	6543	6545	6551	6676	6736
印度	3703	3795	4279	4319	4319	4307	4620	4699	4972	4994	5018
日本	4291	4274	4254	4123	3749	3721	3600	3343	3343	3343	3285
韩国	2774	2864	2878	2878	3123	3128	3259	3298	3346	3393	3572
沙特阿拉伯王国	2109	2107	2107	2507	2899	2899	2901	2826	2835	2905	2905
巴西	1992	2014	2004	2097	2238	2281	2289	2285	2285	2290	2290
德国	2091	2077	2097	2061	2077	2049	2051	2069	2085	2085	2085
意大利	2396	2276	2098	1861	1900	1900	1900	1900	1900	1900	1900
经济合作组织(OECD)	45680	45560	45388	44893	44501	44787	44869	44700	45193	45541	44804
非经济合作组织(NON-OECD)	48191	49494	49965	51243	52969	53111	53550	53995	54933	56207	57143
欧盟	13544	13432	13143	12777	12824	12871	12761	12757	12758	12770	12663
全球总计	93871	95054	95353	96136	97470	97898	98420	98696	100125	101748	101947

数据来源：2021 年 BP 能源统计年鉴。

附表 10　2010—2020 年全球主要国家和地区的天然气探明储量

万亿立方米

地区＼年份	2010	2011	2012	2013	2014	2015	2016	2017	2018	2019	2020
伊朗	33.1	33.1	33.6	33.8	34.0	34.0	33.5	33.2	32.0	32.1	32.1
俄罗斯	31.1	32.9	32.9	31.3	32.6	32.3	32.3	34.8	38.0	37.6	37.4
卡塔尔	25.0	25.0	25.1	24.7	24.5	24.5	24.3	24.9	24.7	24.7	24.7
土库曼斯坦	13.4	24.3	17.5	17.5	17.5	17.5	17.5	19.5	19.5	13.6	13.6
美国	8.2	8.5	8.5	9.3	9.8	10.4	8.7	8.7	12.9	12.6	12.6
沙特阿拉伯王国	8.0	8.2	8.2	8.2	8.2	8.3	8.4	8.0	5.9	6.0	6.0
阿拉伯联合酋长国	6.1	6.1	6.1	6.1	6.1	6.1	6.1	5.9	5.9	5.9	5.9
委内瑞拉	5.5	5.5	5.6	5.6	5.6	5.6.	5.7	6.4	6.3	6.3	6.3
尼日利亚	5.1	5.1	5.2	5.1	5.1	5.1	5.3	5.2	5.4	5.4	5.5
阿尔及利亚	4.5	4.5	4.5	4.5	4.5	4.5	4.5	4.3	4.3	4.3	2.3
中国	2.9	3.1	3.1	3.3	3.5	3..8	5.4	5.5	6.4	8.4	8.4
经济合作组织(OECD)	18.1	18.7	18.6	19.2	19.5	19.6	17.8	17.7	20.1	20.0	20.3
非经济合作组织(NON-OECD)	178.0	189.7	168.6	166.5	167.6	167.3	168.8	175.4	177.0	170.3	167.8
欧盟	2.3	1.8	1.7	1.6	1.5	1.3	1.3	1.2	0.7	0.4	0.4
全球总计	196.1	208.4	187.3	185.7	187.1	186.9	186.6	193.1	197.1	190.3	188.1

数据来源：2021 年 BP 能源统计年鉴。

附表 11　2010—2020 年全球主要国家和地区的天然气产量

十亿立方米/年

地区＼年份	2010	2011	2012	2013	2014	2015	2016	2017	2018	2019	2020
美国	575.2	617.4	649.1	655.7	704.7	740.3	727.4	746.2	840.9	930.0	914.6
俄罗斯	598.4	616.8	601.9	614.5	591.2	584.4	589.3	635.6	669.1	679.0	638.5
卡塔尔	123.1	150.4	162.5	167.9	169.4	175.8	174.5	170.5	169.1	172.1	171.3
伊朗	143.9	151.0	156.9	157.5	175.5	183.5	199.3	213.8	232.0	241.4	250.8
加拿大	149.6	151.1	150.3	151.9	159.0	160.8	172.0	173.9	176.8	169.0	165.2
中国	96.5	106.2	111.5	121.8	131.2	135.7	137.9	149.2	161.4	177.6	194.0
挪威	106.2	100.5	113.9	107.9	107.5	116.1	115.9	123.7	121.3	114.3	111.5
沙特阿拉伯王国	83.3	87.6	94.4	95.0	97.3	99.2	105.3	109.3	112.1	111.2	112.1
阿尔及利亚	77.4	79.6	78.4	79.3	80.2	81.4	91.4	93.0	93.8	87.0	81.5
印度尼西亚	87.0	82.7	78.3	77.6	76.4	76.2	75.1	72.7	72.8	67.6	63.2
经济合作组织(OECD)	1130.9	1151.0	1187.0	1196.4	1242.1	1281.0	1296.7	1331.1	1430.9	1510.8	1478.5
非经济合作组织(NON-OECD)	2019.0	2107.0	2139.8	2169.6	2195.8	2230.6	2255.4	2345.1	2422.0	2465.4	2375.2
欧盟	125.6	117.5	113.9	113.9	99.9	84.3	82.3	76.8	68.8	61.1	47.8
全球总计	3150.8	3258.0	3326.8	3366.1	3437.9	3511.7	3552.1	3676.2	3852.9	3976.2	3853.7

数据来源：2021 年 BP 能源统计年鉴。

附表 12　2010—2020 年全球主要国家和地区的天然气消费量

十亿立方米/年

年份 地区	2010	2011	2012	2013	2014	2015	2016	2017	2018	2019	2020
美国	648. 2	658. 2	688. 1	707. 0	722. 3	743. 6	749. 1	740. 0	821. 7	849. 2	832. 0
俄罗斯	423. 9	435. 6	428. 6	424. 9	422. 2	408. 7	420. 6	431. 1	454. 5	444. 3	411. 4
中国	108. 9	135. 2	150. 9	171. 9	188. 4	194. 7	209. 4	241. 3	283. 9	308. 4	330. 6
伊朗	144. 4	153. 2	152. 5	153. 8	173. 4	184. 0	196. 3	205. 0	219. 6	223. 4	233. 1
日本	99. 9	112. 0	123. 2	123. 5	124. 8	118. 7	116. 4	117. 0	115. 7	108. 1	104. 4
沙特阿拉伯王国	83. 3	87. 6	94. 4	95. 0	97. 3	99. 2	105. 3	109. 3	112. 1	111. 2	112. 1
加拿大	92. 0	101. 1	99. 8	105. 9	110. 4	110. 5	106. 4	110. 3	116. 4	117. 8	112. 6
墨西哥	66	70. 8	73. 7	77. 8	78. 8	80. 8	83. 0	86. 0	87. 6	88. 0	86. 3
德国	88. 1	80. 9	81. 1	85. 0	73. 9	77. 0	84. 9	87. 7	85. 9	88. 7	86. 5
英国	98. 5	81. 9	76. 9	76. 3	70. 1	72. 0	80. 7	78. 5	79. 5	77. 3	72. 5
意大利	79. 1	74. 2	71. 4	66. 7	59. 0	64. 3	67. 5	71. 6	69. 2	70. 8	67. 7
经济合作组织(OECD)	1553. 3	1547. 5	1583. 6	1616. 6	1591. 2	1623. 7	1657. 6	1678. 7	1763. 9	1800. 0	1757. 7
非经济合作组织(NON-OECD)	1607. 1	1688. 2	1736. 9	1758. 1	1808. 9	1854. 5	1901. 0	1975. 0	2074. 0	2104. 0	2065. 1
欧盟	422. 8	389. 0	382. 2	374. 5	331. 4	346. 7	368. 2	385. 2	378. 1	391. 2	379. 9
全球总计	3160. 5	3235. 7	3320. 5	3374. 6	3400. 1	3748. 2	3558. 6	3653. 7	3837. 9	3903. 9	3822. 8

数据来源：2021 年 BP 能源统计年鉴。

参 考 文 献

[1] Abdullah, N. N., & Anwar, G. 2021. An Empirical Analysis of Natural Gas as an Alternative Fuel for Internal Transportation. International Journal of English Literature and Social Sciences, 6 (1).

[2] Beauregard, P. 2021. International emotional resonance: Explaining transatlantic economic sanctions against Russia. Cooperation and Conflict, 00108367211027609.

[3] Bese, E., Friday, H. S., & Özden, C. 2021. The Effect of External Debt on Emissions: Evidence from China. International Journal of Energy Economics and Policy, 11(1), 440.

[4] BP. 2018. BP Statistical Review of World Energy 2017. http://www.bp.com/en/global/corporate/energy-economics/statistical-review-of-world-energy/downloads.html.

[5] Brock, A., Sovacool, B. K., & Hook, A. 2021. Volatile photovoltaics: Green industrialization, sacrifice zones, and the political ecology of solar energy in Germany. Annals of the American Association of Geographers, 111(6), 1756-1778.

[6] Chin, J. 2021. Papua New Guinea in 2020: China Rising and Bougainville Independence. Asian Survey, 61(1), 160-165.

[7] Cordero, E. C., Centeno, D., & Todd, A. M. 2020. The role of climate change education on individual lifetime carbon emissions. PloS one, 15(2), e0206266.

[8] Dmytrów, K., Landmesser, J., & Bieszk-Stolorz, B. 2021. The connections between COVID-19 and the energy commodities prices: evidence through the Dynamic Time Warping method. Energies, 14(13), 4024.

[9] Dong, K., Jiang, Q., Shahbaz, M., & Zhao, J. 2021. Does low-carbon energy transition mitigate energy poverty? The case of natural gas for China. Energy Economics, 99, 105324.

[10] EIA.2020. U. S. Energy Information Administration. Short-term energy outlook. 2020. https://www.eia.gov/outlooks/steo/report/natgas.php.

[11] ENERGY R. 2020. Global discovered oil and gas resources set to reach 10 billionboe in 2020, Russia in the lead. https://www.rystadenergy.com/newsevents/news/press-releases/global-discovered-oil-and-gas-resources-set-to-reach-10-billion-boe-in-2020-russia-in-the-lead/.

[12] Etokakpan, M. U., Saint Akadiri, S., & Alola, A. A. 2021. Natural gas consumption-economic output and environmental sustainability target in China: an N-shaped hypothesis inference. Environmental Science and Pollution Research, 1-13.

[13] Felbermayr, G., and Gröschl, J. 2013. Natural disasters and the effect of trade on income: A new panel IV approach. European Economic Review, 58, 18-30.

[14] Feng, G. F., Wang, Q. J., Chu, Y., Wen, J., & Chang, C. P. 2021. Does the shale

gas boom changethe natural gas price-production relationship? Evidence from the US market. Energy Economics, 93, 104327.

[15] Fragkos, P., van Soest, H. L., Schaeffer, R., Reedman, L., Köberle, A. C., Macaluso, N.,... & Iyer, G. 2021. Energy system transitions and low-carbon pathways in Australia, Brazil, Canada, China, EU-28, India, Indonesia, Japan, Republic of Korea, Russia and the United States. Energy, 216, 119385.

[16] Ghenai, C., & Bettayeb, M. 2021. Data analysis of the electricity generation mix for clean energy transition during COVID-19 lockdowns. Energy Sources, Part A: Recovery, Utilization, and Environmental Effects, 1-21.

[17] Gong, X., Liu, Y., & Wang, X. 2021. Dynamic volatility spillovers across oil and natural gas futures markets based on a time-varying spillover method. International Review of Financial Analysis, 76, 101790.

[18] Harding, T., and Venables, A. J. 2016. The implications of natural resource exports for non-resource trade. IMF Economic Review, 64(2), 268-302.

[19] He, S., and Guo, K. 2021. What factors contribute to the mutual dependence degree of China in its crude oil trading relationship with oil-exporting countries? Energy, 228.

[20] Hobolt, S. B., Leeper, T. J., & Tilley, J. 2021. Divided by the vote: Affective polarization in the wake of the Brexit referendum. British Journal of Political Science, 51(4), 1476-1493.

[21] IEA. 2020. International Energy Agency, Global Energy Review 2020. Paris: International Energy Agency 2020, April, Available from: https://www.iea.org/reports/global-energy-review-2020.

[22] IEA. 2020. International Energy Agency, World Energy Investment 2020. https://www.iea.org/reports/world-energy-investment-2020/fuel-supply.

[23] IEA. 2021. International Energy Agency, World Energy Investment 2021. https://iea.blob.core.windows.net/assets/5e6b3821-bb8f-4df4-a88b-e891cd8251e3/WorldEnergyInvestment2021.

[24] IGU. 2020. WorldLng Report. https://igu.org/app/uploads-wp/2020/04/2020-World-LNG-Report.pdf.

[25] IHS Markit. 2021. IHS Markit Liquefaction Project Economics Graphing Tool. 2021-06-03.

[26] IHS Markit. 2021. IHS Markit LNG Breakeven FOB Costs. 2021-06-03.

[27] IHS Markit. 2021. Two visions of the future of LNG: Consolidation vs. Commoditization. 2021-09-28.

[28] International Energy Agency. Data and statistics. 2021-10-25. https://www.iea.org/data-and-statistics? country=CHIN-AREG&fuel=CO2%20emissions&indicator=CO2BySource.

[29] Jareño, F., González, M. D. L. O., López, R., & Ramos, A. R. 2021. Cryptocurrencies

and oil price shocks: A NARDL analysis in the COVID-19 pandemic. Resources Policy, 74, 102281.

[30] Jebabli, I., Kouaissah, N., & Arouri, M. 2021. Volatility spillovers between stock and energy markets during crises: A comparative assessment between the 2008 global financial crisis and the COVID-19 pandemic crisis. Finance Research Letters, 102363.

[31] Jia, Z., Wen, S., & Lin, B. 2021. The effects and reacts of COVID-19 pandemic and international oil price on energy, economy, and environment in China. Applied Energy, 302, 117612.

[32] Kemp, M. C., and Van Long, N. 1984. The role of natural resources in trade models. Handbook of international economics, 1, 367-417.

[33] Kumar, A., Singh, P., Raizada, P., & Hussain, C. M. 2022. Impact of COVID-19 on greenhouse gases emissions: A critical review. Science of The Total Environment, 806, 150349.

[34] Le, T. H., Le, A. T., & Le, H. C. 2021. The historic oil price fluctuation during the Covid-19 pandemic: What are thecauses?. Research in International Business and Finance, 58, 101489.

[35] Li, R., & Li, S. 2021. Carbon emission post-coronavirus: Continual decline orrebound?. Structural Change and Economic Dynamics, 57, 57-67.

[36] Li, R., Woo, C. K., Tishler, A., & Zarnikau, J. 2022. How price responsive is industrial demand for natural gas in the United States?. Utilities Policy, 74, 101318.

[37] McKinsey & Company. 2021. LNG portfolio optimization: Putting the business model to the test. 2021-4-12.

[38] Mensi, W., Rehman, M. U., Maitra, D., Al-Yahyaee, K. H., & Vo, X. V. 2021. Oil, natural gas and BRICS stock markets: Evidence of systemic risks and co-movements in the time-frequency domain. Resources Policy, 72, 102062.

[39] Meza, A., &Koç, M. 2021. The LNG trade between Qatar and East Asia: Potential impacts of unconventional energy resources on the LNG sector and Qatar´s economic development goals. Resources Policy, 70, 101886.

[40] Mugaloglu, E., Polat, A. Y., Tekin, H., & Dogan, A. 2021. Oil Price Shocks During the COVID-19 Pandemic: Evidence From United Kingdom Energy Stocks. Energy Research Letters, 2(1), 24253.

[41] OPEC. 2020. Organization of Petroleum Exporting Countries, Monthly Oil Market Report (MOMR). https://www.opec.org/opec_web/en/publications/338.htm.

[42] OPEC. 2021. Organization of Petroleum Exporting Countries, Monthly Oil Market Report (MOMR). https://www.opec.org/opec_web/en/publications/338.htm.

[43] OPEC. 2021. Organization of Petroleum Exporting Countries, Monthly Oil Market Report

(MOMR). https://www.opec.org/opec_web/en/publications/338.htm.

[44] Ruszel, M. 2022. The development of global LNG exports. In The Future of Energy Consumption, Security and Natural Gas(pp. 1-20). Palgrave Macmillan, Cham.

[45] Sadik-Zada, E. R., & Gatto, A. 2021. Energy security pathways in South East Europe: Diversification of the natural gas supplies, energy transition, and energy futures. In From Economic to Energy Transition(pp. 491-514). Palgrave Macmillan, Cham.

[46] Setiawan, E. B., Agusinta, L., Suryawan, R. F., Ricardianto, P., Sari, M., Mulyono, S., & Sakti, R. F. J. 2021. Changes in demand and supply of the crude oil market during the COVID-19 pandemic and its effects on the natural gas market. International Journal of Energy Economics and Policy, 11(3), 1-6.

[47] Sharifi, E., Larbi, M., Omrany, H., & Boland, J. 2020. Climate change adaptation and carbon emissions in green urban spaces: Case study of Adelaide. Journal of Cleaner Production, 254, 120035.

[48] Shen, Y., Su, Z. W., Malik, M. Y., Umar, M., Khan, Z., & Khan, M. 2021. Does green investment, financial development and natural resources rent limit carbon emissions? A provincial panel analysis of China. Science of the Total Environment, 755, 142538.

[49] Shi, X., & Shen, Y. 2021. Macroeconomic uncertainty and natural gas prices: Revisiting the Asian Premium. Energy Economics, 94, 105081.

[50] Wang, B., Yu, M., Zhu, Y., & Bao, P. 2021. Unveiling the driving factors of carbon emissions from industrial resource allocation in China: A spatial econometric perspective. Energy Policy, 158, 112557.

[51] Wang, J., Dong, K., Dong, X., & Jiang, Q. 2021. Research on the carbon emission effect of the seven regions along the Belt and Road—based on the spillover and feedback effects model. Journal of Cleaner Production, 319, 128758.

[52] Wang, J., Dong, X., & Dong, K. 2021. How renewable energy reduces CO_2 emissions? Decoupling and decomposition analysis for 25 countries along the Belt and Road. Applied Economics, 1-17.

[53] White, S. 2021. Brexit and the future of the UK constitution. International Political Science Review, 0192512121995133.

[54] Williams, J. H., Jones, R. A., Haley, B., Kwok, G., Hargreaves, J., Farbes, J., & Torn, M. S. 2021. Carbon - neutral pathways for the United States. AGU Advances, 2 (1), e2020AV000284.

[55] World Bank. 2015. The economic impact of Ebola on sub-Saharan Africa: updated estimates for 2015. World Bank Group.

[56] Wu, J., Cui, C., Mei, X., Xu, Q., & Zhang, P. 2021. Migration of manufacturing

industries and transfer of carbon emissions embodied in trade: empirical evidence from China and Thailand. Environmental Science and Pollution Research, 1-13.

[57] 艾尚乐. “一带一路”背景下中国对外贸易发展新格局分析[J]. 价格月刊, 2021(11): 58-63.

[58] 安琪. 后疫情时期全球能源发展趋势展望——国际能源署《世界能源展望 2020》评述及对我国启示[J]. 中国经贸导刊, 2020(21): 57-60.

[59] 白俊, 张雄君. 对于组建国家油气管网公司的思考及建议[J]. 天然气工业, 2019, 39(07): 127-132.

[60] 柏松. 中国石油进出口贸易的风险和管理分析[J]. 现代经济信息, 2019(12): 160.

[61] 包兴安, 杨洁. 成品油价现年内最大降幅　发改委部署三桶油稳定供应[N]. 证券日报, 2021-12-04(A02).

[62] 步晓兵. 中美贸易摩擦对我国油气贸易的影响及对策研究[J]. 石油化工管理干部学院学报, 2020, 22(01): 62-66.

[63] 曾诗鸿, 李根, 翁智雄, 等. 面向碳达峰与碳中和目标的中国能源转型路径研究[J]. 环境保护, 2021, 49(16): 26-29.

[64] 查道炯. 关于当前世界能源安全形势的分析与思考[J]. 人民论坛・学术前沿, 2016(22): 6-15.

[65] 陈慧. “双循环”新发展格局: 深刻内涵、时代背景与发展路径[J]. 天水行政学院学报, 2021, 22(01): 80-84.

[66] 陈蕊, 朱博骐, 段天宇. 天然气发电在我国能源转型中的作用及发展建议[J]. 天然气工业, 2020, 40(07): 120-128.

[67] 陈书建. 液化天然气接收站 LNG 气化服务费影响因素及降低措施分析[J]. 化工设计, 2021, 31(06): 42-45+2.

[68] 陈晓明, 杨涛, 梁坤, 等. 油气勘探规划数据一体化建设及应用[J]. 科技风, 2021(35): 72-74.

[69] 陈欣维, 张倩. 海洋石油勘探开发对海洋环境的影响及环保措施[J]. 化工管理, 2021(28): 73-75.

[70] 陈瑜. 天然气价格快速上涨引发多方担忧[J]. 中国石油企业, 2021(09): 36.

[71] 程春华. 新冠肺炎疫情给全球清洁能源转型带来不确定性 [N]. 中国石油报, 2020-06-02(006).

[72] 程鉴冰. 中美贸易摩擦: 演变过程、政治博弈及政策选择[J]. 对外经贸, 2020(01): 6-9.

[73] 楚海虹. 坚持天然气进口多元化　加强价格预测预警 [N]. 中国石油报, 2021-10-19(006).

[74] 戴鄂. 中美油气贸易 暂停还是前进[J]. 国企管理, 2018(16): 98-101.

[75] 戴厚良. 以数字化转型驱动油气产业高质量发展[J]. 国企, 2021(01): 36.

[76] 戴家权，霍丽君. 后疫情时代国际石油市场趋势展望[J]. 中国远洋海运，2021(06)：30-35.
[77] 单卫国，何春蕾. 新冠肺炎疫情对国际天然气市场的影响和中长期气价走势分析[J]. 天然气技术与经济，2020，14(05)：1-6+39.
[78] 单卫国，姜学峰，陈蕊，等. 从液化天然气贸易逆增看全球市场和经营策略[J]. 世界石油工业，2020，27(05)：61-67.
[79] 翟玉胜，胡慧远. 基于"一带一路"战略的中国能源企业对外投资模式选择[J]. 统计与决策，2017(12)：63-67.
[80] 刁海燕，王青，汪平，等. 中国利用海外油气资源成果及展望[J]. 天然气工业，2014，34(08)：147-152.
[81] 董聪，王晨，董秀成. 国际产业转移对各国碳排放的影响研究——基于多区域投入产出模型[J]. 深圳社会科学，2021，4(02)：61-74+119.
[82] 董南，任洁，于浩，等. 原油价格对信用证业务的影响及风险应对研究[J]. 时代金融，2020(31)：88-91.
[83] 董秀成，董康银，王建达. 新冠肺炎疫情背景下全球油气产业分析及未来展望[J]. 中外能源，2021，26(02)：1-6.
[84] 董秀成. 地缘政治演变与我国能源战略选择[J]. 中国石油企业，2019(09)：10-13.
[85] 樊慧，段天宇，朱博骐，等. 燃气电厂与超低排放燃煤电厂环境及生态效应对比[J]. 天然气工业，2020，40(07)：146-153.
[86] 樊吉社. 新冠肺炎疫情下的中美关系：态势与愿景[J]. 外交评论(外交学院学报)，2020，37(04)：49-70+5-6.
[87] 范旭强，陈明卓，余岭. 国际油服公司转型发展战略及思考[J]. 国际石油经济，2021，29(09)：8-15.
[88] 范旭强，汪红，余功铭，等. 近10年全球油气重大发现及趋势分析[J]. 世界石油工业，2021，28(05)：24-29+46.
[89] 付琴. 高质量发展是从"有没有"转向"好不好"[N]. 湖北日报，2018-05-22(004).
[90] 付志明. 长输天然气长输管道失效原因及安全管理研究[J]. 化工设计通讯，2021，47(12)：11-12.
[91] 富景筠. 新冠肺炎疫情冲击下的能源市场、地缘政治与全球能源治理[J]. 东北亚论坛，2020，29(04)：99-112+128.
[92] 高芳. 贸易不确定性对中国企业的冲击及应对策略研究——基于中美贸易摩擦的视角[J]. 价格月刊，2020(03)：83-87.
[93] 高虎. "双碳"目标下中国能源转型路径思考[J]. 国际石油经济，2021，29(03)：1-6.
[94] 高雅. INE原油期货实货交割存在的问题研究[J]. 中国市场，2019(23)：1-2+9.
[95] 高芸，蒋雪梅，赵国洪，等. 2020年中国天然气发展述评及2021年展望[J]. 天然气技

术与经济，2021，15(01)：1-11.
[96] 葛丰. 辩证看待 PPI、CPI 剪刀差[J]. 中国经济周刊，2021(20)：1.
[97] 郭晓霞，展恩强，曾博，等. 全球油田工程技术服务业重大变化及启示[J]. 国际石油经济，2021，29(09)：86-92.
[98] 国家发展改革委，国家能源局. 能源发展“十三五”规划[R]. 北京：国家发改委，国家能源局，2016.
[99] 国家发展改革委，国家能源局. 能源生产和消费革命战略(2016—2030)[R]. 北京：国家发改委，2016.
[100] 国务院发展研究中心资源与环境政策研究所. 中国能源革命进展报告 2020 [R]. 北京：石油工业出版社，2020.
[101] 国务院发展研究中心资源与环境政策研究所. 中国天然气高质量发展报告 2020 [R]. 北京：石油工业出版社，2020.
[102] 韩冰，丁少恒，原诺亚. 中国柴油市场格局演变及趋势[J]. 油气与新能源，2021，33(06)：15-18.
[103] 韩敏. 新时代油服企业国际业务发展思考——以中国石油油服企业为例[J]. 北京石油管理干部学院学报，2021，28(01)：64-71.
[104] 韩书婷，曹于勤，王炳国. 大数据在智能油田中的应用[J]. 信息技术与标准化，2019(03)：63-66.
[105] 何肇. “后疫情时代”国际能源合作要抓住关键 [N]. 中国能源报，2020-05-04(004).
[106] 侯明扬. 后疫情时代油气公司应高度重视能源转型[J]. 中国石化，2020(09)：70.
[107] 皇甫涛. 中国文化贸易高质量数字化发展研究[J]. 技术经济与管理研究，2021，(10)：119-122.
[108] 简新华，聂长飞. 论从高速增长到高质量发展[J]. 社会科学战线，2019(08)：86-95.
[109] 姜岩. 原油期货服务实体功能明显发挥[J]. 中国金融，2020(08)：17-19.
[110] 解景媛. 后疫情时代中美摩擦对中国海外利益的影响及应对分析[J]. 商业经济，2020(12)：4-5+134.
[111] 康金红. 全球能源贸易格局变化下我国能源贸易的前景、挑战及对策[J]. 价格理论与实践，2021(07)：87-90.
[112] 厘清“双碳”目标下油气行业的发展逻辑[N]. 中国石油报，2021-11-23(006).
[113] 李斌，刘伟，毕永斌，等. 智慧油田建设与发展[J]. 石油科技论坛，2018，37(03)：47-52.
[114] 李兵元，赵春雪，王伟，等. 新疆油田油田物联网系统标准化存在问题浅析[J]. 中国管理信息化，2020，23(17)：106-107.
[115] 李农，李海峰，李金华，等. 智能化建设助力炼化企业生产管理技术的提升[J]. 化工管理，2021(01)：1-2.

[116] 李全. 关于开发和获取海外能源资源的分析研究[J]. 宁夏电力，2007(01)：69-72.
[117] 李泉，韩鹏举. “双循环”新发展格局：理论阐释与现实选择[J]. 社科纵横，2021，36(01)：51-60.
[118] 李阳，廉培庆，薛兆杰，等. 大数据及人工智能在油气田开发中的应用现状及展望[J]. 中国石油大学学报(自然科学版)，2020，44(04)：1-11.
[119] 李洋，关春晓，葛苏. 全球LNG贸易特征与发展趋势[J]. 石油科技论坛，2020，39(06)：18-26.
[120] 李志恒. 中国石油进出口贸易的风险和管理分析[J]. 中国国际财经(中英文)，2018(09)：191.
[121] 连瑞. 近三年进出口对国内汽柴油价格的影响分析[J]. 现代商贸工业，2020，41(30)：42-44.
[122] 梁雪莲，陈庆玺，王壮. 船用LNG市场发展现状及趋势[J]. 煤气与热力，2021，41(10)：18-21+45.
[123] 林伯强. 疫情过后中国能源结构如何实现低碳清洁转型[N]. 第一财经日报，2020-08-20(A11).
[124] 刘闯. 煤炭高质量发展内涵与现代化煤炭工业体系研究[J]. 煤炭经济研究，2020，40(04)：76-81.
[125] 刘殿栋. 我国石油和化工行业进出口贸易分析[J]. 化学工业，2021，39(03)：1-9.
[126] 刘贵洲，窦立荣，金宇翔，等. 碳中和时代，石油向左向右？[J]. 中国石油石化，2021(02)：44-47.
[127] 刘贵洲，窦立荣，李冰，等. 全球天然气供需失衡到底多严重[J]. 中国投资(中英文)，2020(Z5)：55-56.
[128] 刘贵洲. 海外“小大非”项目行权更高境界[J]. 中国石油企业，2020(09)：62.
[129] 刘合. 石油勘探开发人工智能应用的展望[J]. 智能系统学报，2021，16(06)：985.
[130] 刘剑文，杨建红，王超. 管网独立后的中国天然气发展格局[J]. 天然气工业，2020，40(01)：132-140.
[131] 刘亮. 未来国际石油市场供需博弈将加剧[N]. 中国石油报，2021-12-21(005).
[132] 刘志坦，叶春，王文飞. 产业链视角下天然气发电产业发展路径[J]. 天然气工业，2020，40(07)：129-137.
[133] 卢怀宝，管尊友. 基于油气生产物联网的“油田智能化管理体系”建设[J]. 中国石油企业，2019(03)：51-57+4.
[134] 陆如泉，林姿汝，徐小峰，等. 基于不同社会环境的中国石油企业海外社会责任行为研究[J]. 中国石油大学学报(社会科学版)，2021，37(02)：11-19.
[135] 陆如泉. 2020年国际能源地缘政治动荡复杂、充满挑战[J]. 中国石化，2020(02)：71-74.

[136] 陆如泉. 当前是否存在全球性能源危机[J]. 中国石化，2021(11)：60-63.
[137] 陆如泉. 俄罗斯为何非将“北溪-Ⅱ”通到欧洲[J]. 中国石油和化工产业观察，2021(06)：38-39.
[138] 陆如泉. 今年全球能源市场新动向[J]. 中国石化，2021(08)：64-66.
[139] 罗娟，张钰. 油气田开发中大数据及人工智能的应用[J]. 中国管理信息化，2021，24(24)：108-109.
[140] 马昌峰，刘申奥艺，郑双喜，等. 中油技服运营管控模式剖析与新设想[J]. 国际石油经济，2021，29(09)：16-23+52.
[141] 马永生，戴宝华. 新“两步走”战略下能源高质量发展思考[J]. 当代石油石化，2019，27(04)：1-4+26.
[142] 孟思琦，孙仁金，刘绪康. 中国可再生能源市场化电价机制优化研究[J]. 价格月刊，2021(10)：1-7.
[143] 宁佳彬，李晓梅. 中美贸易摩擦背景下大连对外贸易策略[J]. 合作经济与科技，2021，(22)：66-67.
[144] 牛士华，徐旭琪，周莎莎，等. RCEP 对苏州外贸发展的影响及对策[J]. 现代企业，2021，(11)：124-125.
[145] 潘继平. 油气进口量创纪录凸显能源安全问题　油企加大国内油气勘探开发力度[J]. 国际石油经济，2019，27(01)：23-24.
[146] 庞军，吴健，马中，等. 我国城市天然气替代燃煤集中供暖的大气污染减排效果[J]. 中国环境科学，2015，35(01)：55-61.
[147] 清华大学气候变化与可持续发展研究院. 中国长期低碳发展战略与转型路径研究 [R/OL]. (2020-10-13) [2021-11-08].
[148] 瞿辉. 原油国际贸易市场化是改革方向[J]. 中国石油和化工产业观察，2021(09)：29.
[149] 任世华，李维明，李博康. 新冠肺炎疫情对煤炭行业后续影响研判及对策建议[J]. 煤炭经济研究，2020，40(04)：31-34.
[150] 上海市能效中心与上海石油天然气交易中心签订“双碳”服务战略合作协议[J]. 上海节能，2021(11)：1267.
[151] 宋国友. 中美经贸关系：再融合、强竞争、弱脱钩[J]. 复旦学报(社会科学版)，2020，62(04)：125-131.
[152] 苏俊，王永洵，王强. 全球能源安全的格局演变与地缘博弈[J]. 自然资源学报，2020，35(11)：2613-2628.
[153] 隋晓影. 全球原油市场供需格局“变数”加大[N]. 期货日报，2021-12-22(003).
[154] 孙海萍，张胜军，徐立昊，等. “双碳”目标下中国油气行业低碳发展措施与路径探讨[J]. 油气与新能源，2021，33(06)：27-31+45.
[155] 孙仁金，刘绪康，李涛. 机构言论和关键事件对国际油价的波及效应研究[J]. 国际石

油经济，2021，29(11)：83-91.

[156] 孙仁金，于楠，董秀成，等. 2020年中国成品油行业运行特点与近期展望[J]. 国际石油经济，2021，29(05)：53-59.

[157] 孙晓艳，段红梅，闫强，等. 新冠肺炎疫情对我国化石能源供需格局的影响分析 [J]. 中国矿业，2020，29(11)：1-6.

[158] 孙玉琴，姜慧，孙倩. 中国与中东地区油气合作的现状及前景[J]. 国际经济合作，2015(09)：64-69.

[159] 田原. 我国对外投资合作现状、展望及发展策略[J]. 中国国情国力，2021，(10)：66-71.

[160] 推进农业发展全面绿色转型——农业农村部有关负责人解读《"十四五"全国农业绿色发展规划》[J]. 中国农垦，2021，(11)：4-6.

[161] 汪三贵，刘明月. 从绝对贫困到相对贫困：理论关系、战略转变与政策重点[J/OL]. 华南师范大学学报(社会科学版)，2020(6)：1-12.

[162] 王宝光. 炼化行业如何应对能源转型与短缺[J]. 能源，2021(12)：30-33.

[163] 王丹蕾 . 钢铁行业超低排放改造进展超预期"十四五"可能纳入碳排放权交易市场 [EB/OL]. (2020-09-26)[2021-11-17]. http://finance.cnr.cn/jjgd/20200926/t20200926_525277612.shtml.

[164] 王海滨. 新冠肺炎疫情冲击国际能源合作[J]. 中国石化，2020(08)：66-68.

[165] 王涵，卓泓，陈嘉媛. 可持续投资：历史、现状与展望[J]. 国际金融，2021(07)：17-25.

[166] 王南，裴玲，雷丹凤，等. 中国非常规天然气资源分布及开发现状[J]. 油气地质与采收率，2015，22(01)：26-31.

[167] 王宁，桑广书. 中国天然气进口的空间格局分析[J]. 世界地理研究，2010，19(02)：148-154.

[168] 王佩. 后疫情时代的全球石油市场走势分析[J]. 当代石油石化，2020，28(07)：6-12+54.

[169] 王雪东. 原油价格对成品油进出口贸易影响[J]. 今日财富，2018(01)：15.

[170] 王永中，周伊敏. 中美油气贸易投资的状况、潜力与挑战[J]. 国际经济评论，2019(03)：101-116+6-7.

[171] 王越. 以全球视角分析新冠肺炎疫情对我国石油行业的影响[J]. 中外能源，2020，25(03)：1-5.

[172] 王震，张安. 落实国家创新驱动发展战略　推动油气行业高质量发展[J]. 石油科技论坛，2020，39(02)：6-12.

[173] 王中杰. "十四五"时期新能源汽车和网联汽车发展对策研究[J]. 时代汽车，2021(22)：109-110.

[174] 吴韬. 关于社会网络分析的世界天然气贸易格局演化[J]. 中国产经，2021(22)：51-53.

[175] 习近平. 决胜全面建成小康社会 夺取新时代中国特色社会主义伟大胜利[N]. 人民日报，2017-10-18(001).

[176] 徐群. 我国石油企业进出口贸易面临的障碍及排解策略探析[J]. 现代经济信息，2019(11)：187.

[177] 徐远震. 加油冬奥，我们准备好了[N]. 中国石油报，2021-12-30(002).

[178] 薛明，翁艺斌，刘光全，等. 石油与天然气生产过程甲烷逃逸排放检测与核算研究现状及建议[J]. 气候变化研究进展，2019，15(02)：187-195.

[179] 延廷军. 炼化技术的发展现状及趋势[J]. 化工管理，2021(12)：18-19.

[180] 闫娜，蒋海军，王敏生. 埃尼公司数字化转型的经验及启示[J]. 国际石油经济，2020，28(09)：33-40.

[181] 闫坪卉. 炼化工程技术要为产业转型发展提供坚强支撑[N]. 中国石化报，2021-06-28(002).

[182] 杨启生，戴桂林，王亚静. 中国油气国际多边投资及其复杂网络稳定性研究[J]. 管理现代化，2018，38(05)：38-41.

[183] 杨义，陈进殿，王露，等. 中国储气库业务发展前景及运营模式发展路径探析[J]. 油气与新能源，2021，33(04)：11-15+38.

[184] 叶晓红. 关于中国海外能源获取模式的探讨[J]. 企业家天地，2007(06)：84-86.

[185] 尹红，李尚鑫. 关于中国成品油价格市场化改革的几点思考[J]. 中国价格监管与反垄断，2021(04)：55-58.

[186] 余本善，任惠琴. 油田工程技术服务行业市场现状与展望[J]. 国际石油经济，2020，28(09)：57-64.

[187] 袁海云，梁萌，徐波，等. 中俄油气贸易通道的战略布局[J]. 油气储运，2018，37(09)：961-966.

[188] 袁杰，袁中玉，杨云帆，等. 全球新冠肺炎疫情对国内外油价冲击的实证研究[J]. 现代计算机，2021，27(28)：14-20.

[189] 张强，苗龙，汪春雨，等. 新时代中国能源安全及保障策略研究——基于推进“一带一路”能源高质量合作视角[J]. 财经理论与实践，2021，42(05)：116-123.

[190] 张生玲，胡晓晓. 中国能源贸易形势与前景[J]. 国际贸易，2020(09)：22-30.

[191] 张文昊，赵洁，顾洪，等. 中国极地油气资源开发装备产业现状及发展策略建议[J]. 国际石油经济，2021，29(03)：33-38.

[192] 张焰，伍浩松. 全球能源需求和碳排放量将因新冠肺炎疫情下降 [J]. 国外核新闻，2020(06)：3.

[193] 张永峰，陈蕊，史宇峰，等. 大型国际石油公司液化天然气资产配置趋势分析[J]. 国

际石油经济，2020(6)：45-50.

[194] 张天顶，刘竞择. 上海原油期货与国际原油价格联动性问题研究[J]. 世界经济研究，2020(12)：3-18+132.

[195] 张跃军，邢丽敏. 国际原油价格预测的研究动态与展望[J]. 电子科技大学学报(社科版)，2021，23(04)：92-105.

[196] 赵国洪，曾卓. 中国天然气供需形势分析与发展政策建议[J]. 天然气技术与经济，2021，15(02)：1-6+78.

[197] 赵国洪. 中国天然气市场发展潜力与推进政策及措施[J]. 化工设计通讯，2021，47(07)：108-109.

[198] 赵唯. LNG、管道气、炼化、深海油气开发，中国海油将来如何发展？[J]. 新能源经贸观察，2018(04)：75-78.

[199] 郑秀坤. "十四五"时期江苏国际贸易投资与"一带一路"交汇点建设研究[J]. 中国商论，2021，(21)：13-15.

[200] 中国石油新闻中心. 2019 年全球能源类二氧化碳排放量止增[EB/OL]. (2020-02-18)[2021-01-22]. http://news.cnpc.com.cn/system/2020/02/18/001763318.shtml.

[201] 钟雁明. 天然气进口助力实现"双碳"目标[J]. 中国海关，2021(08)：54-55.

[202] 舟丹. 中国石油将全力推动国内陆相页岩油发展[J]. 中外能源，2021，26(10)：96.

[203] 舟丹. 中美贸易战对油气行业影响明显[J]. 中外能源，2020，25(06)：25.

[204] 周希. 我国成品油市场化定价放开后的市场变化与思考[J]. 石油库与加油站，2021，30(05)：41-44+8.

[205] 周琰，江鹰，刘寒，等. 冬供季天然气销售如何量质齐升？[N]. 中国石油报，2021-12-16(005).

[206] 朱天白，王忠禹. "双碳"形势下石油石化行业发展的思考[J]. 当代化工，2021，50(11)：2644-2647.

[207] 朱晓中. 三海倡议及其地缘政治和经济意义[J]. 俄罗斯学刊，2021，11(05)：5-26.

[208] 朱子涵，白俊，张雄. 全球首次碳中和 LNG 拍卖，玄机何在[EB/OL]. (2020-09-18)[2021-11-25]. http://www.tanpaifang.com/tanzhonghe/2020/0918/74091.html.